成长的颜色

——科研、深耕、发展

王　玲　赵海旺　主编

首都师范大学出版社
CAPITAL NORMAL UNIVERSITY PRESS

图书在版编目(CIP)数据

成长的颜色：科研、深耕、发展 / 王玲，赵海旺主编. —北京：首都师范大学出版社，2024.7

ISBN 978-7-5656-8379-4

Ⅰ. ①成… Ⅱ. ①王…②赵… Ⅲ. ①中学教育—教育研究 Ⅳ. ①G632.0

中国国家版本馆 CIP 数据核字(2024)第 097010 号

CHENGZHANG DE YANSE

成长的颜色

——科研、深耕、发展

王 玲 赵海旺 主编

责任编辑 王 晶

首都师范大学出版社出版发行

地 址 北京西三环北路 105 号

邮 编 100048

电 话 68418523(总编室) 68982468(发行部)

网 址 http://cnupn.cnu.edu.cn

印 刷 北京印刷集团有限责任公司

经 销 全国新华书店

版 次 2024 年 7 月第 1 版

印 次 2024 年 7 月第 1 次印刷

开 本 710mm×1000mm 1/16

印 张 22.25

字 数 472 千

定 价 65.00 元

编 委 会

主 编 王 玲 赵海旺

编 委 （按姓氏笔画排序）

王元胜 王 聪 田秀红 丛路平 任运强

江明科 孙 晨 孙 默 李保伶 李莉芳

李凌志 李 颖 杨笑竹 吴思杨 张文福

陈丽娟 陈迎春 季 飞 周 申 宛宇红

赵永红 郭 然 熊 禹

序　一

辞旧迎新之际，伴着2024年元旦的朝阳，在欣喜感动中，我拜读了北京市丰台区丽泽中学王玲书记、赵海旺校长主编的《成长的颜色——科研、深耕、发展》育人成果文集。这本很接地气、活力十足又立意高远的书令我深受启发和教益，我更为学校党政领导率领全体教师向高质量育人进发的奋斗精神所感染。这是新时代党组织领导的校长负责制背景下丽泽中学全体教师交出的出色育人答卷！

没有理论指导的实践是盲目而肤浅的，理论指导下的实践是深刻而精彩的。《成长的颜色——科研、深耕、发展》是理论与实践的结晶，充分体现了丽泽中学党政领导注重教育科研引导力提升的觉悟和探索的深度。该书内容丰富，包括党建类、管理类、教育教学类三篇，每个篇章都聚焦问题，基于学生健康成长需求，深度探索了学科德育、党建育人、立德树人的理念、途径和方法，内容丰富，视角多样，方式方法新颖，效果显著。第一篇中，王玲、孙晨、常俊兰老师合作撰写的《"丽泽号"党建品牌创建实践研究》，王玲、罗君霞、常俊兰老师合作撰写的《党组织在"立德树人"中引领作用发挥的实践研究》，王玲、陈迎春、李颖、王媛、姜佳仪合作撰写的《厚植爱国情怀　展现时代担当——多学科综合式微党课》等文章，从党建与学科育人深度融合的视角，展现了丽泽中学党组织如何有效发挥教书育人的政治核心作用、战斗堡垒作用、组织保障作用，育人色彩突出。第二篇中，王玲撰写的《"丽泽号"党建品牌引领下人才培养战略思考与实践》、赵海旺撰写的《继承丽泽文化　推进学校发展》等文章，从学校教育治理与文化建设、党建与管理融合的视角介绍了学校党政领导同心同德、立德树人的集体智慧和探索成果。第三篇充分反映了广大教师在教育教学、学科育人、实践育人中的风采，如王琳撰写的《学科育人在英语课堂真实地发生》、吴东升撰写的《在校本课中培养"友善"价值观，难吗？》等文章，问题情境突出，从个性化教学的视角折射出教师高尚的灵魂和卓越的智慧。老师们卓有成效、丰富多彩的教学探索，为本书奠定了扎实的根基，注入了实践的活水。

多年以前，我到丽泽中学考察学习，就发现丽泽中学的文化品牌建设非常突出，传统与现代、个性与共性有机统一，学校文化焕发着独特的光彩！

立德树人的路途伟大、漫长而艰辛，学生成长的变化性、阶段性、复杂性时刻考验着每一位学校领导和老师。学校管理者及教育者应积极开展理论指导下的实践研究，基于问题解决和方法创新，读懂教育教学实践规律，读懂学生的内心变化，也读懂育人者自己的灵魂，使教育教学从感性走向理性，从自发走向自觉。这是时代的呼唤，也是丽泽中学所焕发出的立德树人的精神色彩。

谢春风

北京教育科学研究院德育研究中心主任、研究员

2023 年 12 月 31 日

序　　二

本书是丽泽中学干部教师在管理和教育教学实践中的课例、案例、论文、经验总结、研究报告等成果。粗浅地阅读学习后，我有三点学习体会和观察感悟：一是学校非常重视党建工作，从规范化建设深入到课题研究、品牌创建；二是学校不断提升干部管理素养，干部严谨自律、重学悟道；三是学校积极推动教师持续学习和思考，保持对日常教学和工作的研究态度。

无疑，以上三点也构成了中国大地上基础教育阶段一所中学最基础的架构：健全党的领导、重视干部引领、激发教师内因。一个学校，如果能把这三件事情做好，便也是一所好学校了。如果我们想更深入地了解丽泽中学，或者研究新时代基础教育，这三点是很好的窗口。我也从中更加了解和读懂丽泽中学，得到一些启发和借鉴，丰厚了自己的教育管理实践。

丽泽是博大的。学校由丰台师范和三中整合而成，师范毕业生一度支撑起丰台教育大半边天，目前许多人依然在重要岗位上，丽泽中学老师言行里早已经把对教育强国的使命融入这个学校的血脉中。

丽泽是坚韧的。学校内依旧是两校合并时的旧貌，生源都是周边就近入学的孩子，在“内升外引”等区域教育改革中也没有特殊性，但学校早已进入示范校建设行列，诸多成绩诠释着学校用坚韧书写了一所普通中学不普通的样子。

丽泽是深情的。丽泽中学最值得骄傲的是老师，他们谦逊内敛、执着情深，一直坚守和崇尚扎扎实实地教学、认认真真地研究、和和善善地对待学生，学校涌现出高比例的正高、特级、骨干等优秀教师群体，全体教师诠释着做“大先生”所应拥有的教育情怀和朴实作风。

丽泽如泽。这让我想起海尔张瑞敏写的那篇《海尔是海》，博大、坚韧、深情也正是这“如泽”的学校最丰厚的财富，愿学校始终像水、像海一样，浸润中拔节孕穗，通达里广育英才，把丰台教育的家国情怀厚植在校园中；愿老师们守住每一个平常日，滴滴之水，坚韧不屈，书写平凡中的坚守，坚守百年育人之业；更希望老师们做最朴实的学习者和研究者，带着人生为一大事的情感工作，纳百川利万物而不傲不卑不屈，为幸福生活和复兴事业守护花开。

如此，我们才可以自信地说，丽泽就是泽！

杨联文

北京市丰台区委教工委副书记

2023 年 9 月

目　录

第一篇　党建类

第二篇　管理类

第三篇　教育教学类

第一篇

党建类

“丽泽号”党建品牌创建实践研究

王　玲　孙　晨　常俊兰

党建品牌建设是推进基层党建创新、提升基层党组织组织力的重要途径，是基层党建工作特色经验的集中体现。面对新时代下学校党组织提质考验，我校结合学校党组织工作内容，挖掘学校自身特色资源和文化内涵，围绕党建工作，寻找适合我校党情、校情、师情、学情的党建品牌搭建路径，从而更好地推进各项党建工作，突出党组织工作品牌效应。

一、问题的提出

党的十九大指出：“党的基层组织是确保党的路线方针政策和决策部署贯彻落实的基础。要以提升组织力为重点，突出政治功能。”自此，“组织力”成为基层党组织工作的重点。专家学者就“基层党组织组织力”进行了大量研究。

随着深化教育领域综合改革的时代背景，学校党组织也面临着新的挑战，如何通过党建品牌建设来提升党组织组织力，需要学校从党情、校情、师情、学情出发，进行积极探索和思考。

我校党建品牌建设主要是在基层党建工作中引入现代化品牌经营手段和管理理念，通过借鉴经济领域的品牌建设经验，促进基层党建工作的创新发展。党建品牌在中小学党建领域可借鉴的搭建路径并不丰富，本研究成果是通过党建路径搭建测试，形成具有科学性、独特性、一定影响力和示范性的中学党建品牌，创建内涵解析、生成逻辑和提升路径的实践研究。

二、研究过程与方法

按照“文献研究—调查分析—建立品牌—培育品牌—输出品牌—总结完善—成果呈现”的具体技术路线分阶段开展研究。

(一)第一阶段(2020 年 8—10 月)

1. 填写立项申请书，进行文献研究，进行立项申报。

2. 成立课题组，明确研究职责和分工，完善研究方案，开展学习培训。

3. 进行课题开题，完善开题报告。

(二)第二阶段：研究阶段(2020 年 10 月—2021 年 11 月)

1. 品牌孕育阶段(2020 年 10 月—2021 年 1 月)。

2. 品牌培育阶段(2021 年 3—11 月)。

3. 品牌输出阶段(2021 年 11—12 月)。

(三)第三阶段：总结阶段(2021 年 11 月—2022 年 5 月)

梳理研究资料、形成研究成果、撰写结题报告。

三、研究结果与分析

(一)梳理形成党建文化，为研究提供擎架

丽泽中学是一所具有深厚文化底蕴的优质中学，至今已走过 60 余载春秋。2000 年北京市丰台区师范学校与北京市丰台区第三中学合并，更名为首都师范大学附属丽泽中学，2010 年成为首批丰台区示范性普通高中、全面实施素质教育优质校。为更好发挥优质中学的辐射作用，2017 年 4 月，丰台区第七中学整合并入丽泽中学，成立了教育集团，形成了一校三址，跨区域、跨学段的新的发展格局。在基础教育综合改革的背景下，如何抓住机遇，形成合力，创建学校品牌，党组织思想引领至关重要，必须加快形成丽泽中学的核心价值。

“丽泽”源于《周易》兑卦，“丽”为相连，“泽”为水，“丽·泽”即为两泽相连，两水相通，成为水域，润泽万物，营造生生不息的教育生态。我们在反复研讨基础上，对学校文化进行凝练、再造、传承和发展，形成了“丽·泽”党建文化，同“丽泽”之意，滴水穿石、信念坚定，水水相连，汇聚力量，同向同行，这也正是丽泽党组织的精神内核。结合学校党建工作实际，形成丽德、丽才、汇泽、悦泽和润泽五大党建课程板块，并组织丽泽党员成立“君朋讲习团”，君朋小组一方面保持了“同质”，即按学校党委统一部署开展工作，同时实现“异构”，即根据各党支部和党小组实际情况，挖掘优势，打造特色。“同质异构”保证了党委中心工作在各方面的落实和深入，提高了党组织活力(见图 1)。

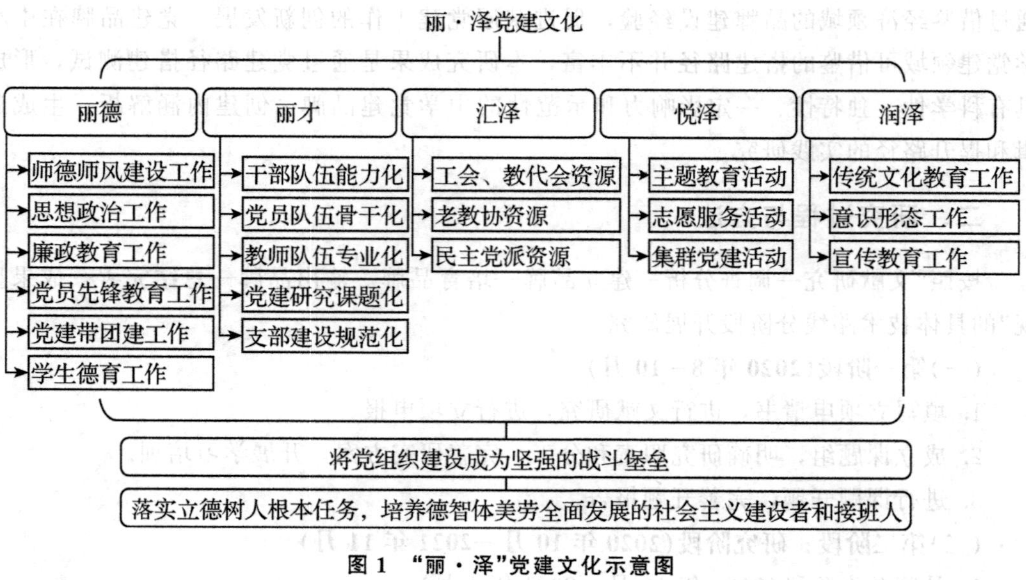

图 1 “丽·泽”党建文化示意图

(二)建立完善制度机制，为研究提供保障

党组织通过"一核、三级、五带、多点"的组织机制，将党建工作统筹起来，将具体任务串联起来，在加强党对教育的全面领导的同时，找到带领群团组织协同发展的增长点，形成整体推进的合力，形成党建品牌的综合效应，以品牌影响力进一步提升党建工作整体效能。

一核：党委。

三级：党委、党支部、党小组。

五带：纵向纬度下构建(群团组织工作带、行政干部和后备干部工作带、中共党员和入党积极分子工作带、德育队伍和思政教师工作带、青年教师工作带)。

多点：横向纬度下构建。

基础党建工作：三会一课、组织生活会、民主生活会、党统数据、党费收缴、党员发展、党务公开、党员学习教育、党务工作者学习培训、业余党校与业余团校等。

特色党建工作：特色主题党日活动、双培养工作、志愿服务、党员微心愿、向党献祝福、知识闯关赛、丽泽人讲丽泽事、思政课教师队伍建设、党员名师工程、集群党建工作、牵手民办校等。

"一核、三级、五带、多点"的组织机制，加强了党对教育的全面领导，实现了丽泽党组织形象"亮"起来、工作"暖"起来、党员教师提升"实"起来、主题教育活动"活"起来，为"丽泽号"党建品牌的掷地有声提供保障。

(三)创建三大识别系统，打造"丽泽号"党建品牌，为研究服务创新

1. 理念创新支撑品牌规范建设

品牌化，是创建和培育品牌的起点。本研究迁移企业识别系统，首创提出的"党建理念文化识别、党建视觉文化识别、党建行为文化识别"三大识别系统为规范创建品牌提供理论基础，为创建党建品牌起到规范支撑与可借鉴应用的作用。

理念识别系统是党建品牌建设的核心，是引领我校党建工作的指导思想，是统一党员价值观和思想的基础，是学校党建发展战略和党员发展的高度统一，其目的就是告诉党员我们的组织使命、组织精神、组织价值观和组织目标。

视觉识别系统则是设计静态的识别符号，使其具体化、视觉化地直观传达，将学校党建理念、文化特质、服务内容、组织生活、党建规范等抽象语意转换成为具体的符号概念，我们的"丽泽号"党建品牌视觉识别系统是通过品牌名称、象征图案、标准字、标准色等进行外显，让党员们参与其中、作用其中、接受其中、宣传其中，实现党建视觉识别化外显。

行为文化识别则定义为党员在学校党组织中全方面的组织生活。其行为包括党组织行为、党员干部行为、先进党员模范行为、全体党员行为，等等。行为文化识别也是党建品牌系统化、标准化、规范化管理的具体表现。

2. 路径清晰保驾品牌按期实现

(1)品牌孕育阶段

①调研分析

研究初期，学校进行了"十四五"党建发展规划党员问卷调研，通过分析调研结果，我们发现反映比较突出的共性问题有两个：一是党员认为学校是北京市党建示范点，党建工作突出，但缺乏叫得响的党建品牌；二是党员认为学校党建信息化建设与党员智能服务差异还很大，现阶段主要是利用公众号单向进行学习宣传，形式单一，无法满足自主选择网络培训内容和参与表达。这些调研结果分析为品牌孕育奠定了扎实基础。

②梳理学校党建文化的发展

课题组通过学习学校校史、翻阅历史材料、老党员访谈、走访4位退休党组织书记，深挖学校党建文化的发展过程，梳理出学校的党建优势与特色，提炼出学校党组织的精神内核，在这个过程中，品牌的雏形也就慢慢初显。

③确定党建品牌

如何让党建文化真正成为每名党员的理念认同和内在自觉，形成共同的价值观，无疑需要一个叫得响，喊得亮的品牌。党建品牌是学校党建工作的凝练和概括，结合党建优势创建品牌，有利于党员更加认同，有利于品牌更加落地，用共同目标激发人，用良好形象凝聚人。课题组经过系统思考和广泛征求意见，最终确定了"丽泽号"党建品牌。

(2)品牌培育阶段

"丽泽号"是丽泽人自己的品牌，是全体党员智慧的结晶。党委组织党员深度参与到创建党建品牌中来，创建的过程也是思想合力、行动聚力的过程。课题组对全体党员进行品牌培育调研征集，梳理党员提出的核心价值关键词，广泛征集标识，组织美术教师手绘草稿、党员手写"丽泽号"评选等活动，我们在每个环节的初心就是从党员中来，到党员中去，我们相信这样的品牌培育过程一定能增强组织力，提升党建质量。

3. 丰富内涵确保品牌落地生根

品牌名称："丽泽号"党建品牌。

品牌核心价值：先锋、奋进、同心、同行。

品牌释义：党建文化标识采用中国传统篆刻印章的表现形式。红色印章热烈而庄重，表达对党的郑重承诺；圆形图案象征在党的领导下，用情怀与智慧画出教育最大同心圆。印章中央，三段极具冲击力的遒劲线条勾勒而成的高速列车奔驰向前，蕴含"党委先锋引领""上下同心同行""学校奋进有为"之意。

"丽泽号"手写汉字为学校范围内广泛征集评选所得，充分凸显"知晓度高、参与度广"的党建文化初衷，其行楷书体与印章虚实相济、灵动自然的轮廓相得益彰。整个标识以篆刻中的阴刻入画，彰显"甘于付出，默默奉献"的初心本色。

在金色党徽的照耀和指引下，"丽泽号"定将以忠诚勤勉、笃行致远的责任担当精神，赋能学校办学高水平提升，引领区域党建科学创新发展。

品牌内涵："丽泽号"有两重内涵，第一重取自"和谐号"，学校如一列疾驰的动车，党组织就像"车头"，先锋引领，把握方向，每一名党员、每一个支部小组、每一类群团组织就像"车厢"，履职尽责，积极实干，丽泽中学在车头与车厢的同心同行中奋进有为。第二重取自"集结号"，学校党组织号令每一名教职员工同心同德，共创学校美好未来，号召区域内党组织相互学习，共谱党建崭新华章。"丽泽号"的双重意蕴与校名"丽泽"相得益彰："丽泽"源自《易经》中的"丽泽，兑，君子以朋友讲习"，取"两泽相连，两水相通，相互滋益，相互欣悦"之意。"君朋讲习"意为：君子效法自然，乐与朋友讲习，相互受益，欢欣喜悦。"同心同行"的党建品牌价值观所追求的"共同发展"即与此一脉相承。"丽泽"在蕴含"兼收并蓄、包容润泽"之魂的同时，亦呈"激流澎湃、一泻千里"之势，正如丽泽中学党组织，以"柔"汇聚人心，凝聚力量，以"刚"坚毅果敢，勇往直前。刚柔并济，正凸显了"丽泽"赋予时代列车"踔厉奋发、笃行致远；上善若水、立己达人"的新动能。

品牌行动："初心"行动强政治素养、"潜心"行动育人才队伍、"贴心"行动增育人能力、"暖心"行动兴党建文化、"匠心"行动出教育精品。

行为识别系统："丽泽号"党员云家庭党建平台。

四、研究结论与建议

此次的课题研究，是学校党建品牌形成与创建的过程，是学校党建工作再梳理与再提升的过程，更是学校党组织在"丽·泽"党建文化引领下，凝聚人心、汇聚力量、筑强堡垒、促进发展的过程。从理念和技术层面，还很粗浅和稚嫩；从课题研究角度，还不够严谨和规范，但课题组力求在整个创建过程中党员的参与性，因为"丽泽号"党建品牌是丽泽人的家，理应由丽泽人来创建，经过两年多的课题研究，党员们的组织认同感更深了，课题组成员的党务专业能力更高了，党组织的组织力和凝聚力更强了，成为学校发展和师生成长的引擎。

以此得出，学校党组织通过党建品牌建设提升党组织组织力，形成提升党组织组织力的有效路径，并尽可能梳理出可供参考和借鉴的有效经验。在此基础上，未来课题组还将结合时代发展和教育发展的新形势、新要求、新方向，继续丰富"丽泽号"党建品牌的内涵，搭建起"丽泽号"四梁八柱，使其具有完整的组织框架，进而最大化发挥党建品牌的引领力和影响力，成为响亮的"丽泽号"。

总之，在立足学校现有党建现实需求、广泛调研和查阅相关文献资料的基础上，课题组确立的通过党建品牌创建实践研究提升我校党组织组织力和领导力，对实践研究提供了有效的指导，形成了研究成果。

参考文献：

[1]赵大朋，简皎洁．论新时代基层党组织组织力的内涵与建设路径[J]．社会主义研究，2019(5)：120—126.

[2]倪继明．学校党组织提升组织力建设的创新实践[J]．上海教育，2020(19)：56—57.

[3]梁丽敏．红色种子　行实先锋：北京市房山区良乡中心校党建品牌建设文集[M]．北京：中国书店，2018.

[4]赵文红．卓秀先锋　旗帜引领：北京市房山区良乡小学党建品牌文集[M]．北

京：九州出版社，2019.

[5]洪伟，高江丽．以党建品牌建设提升学校党组织组织力的思考[J]．中国教育学刊，2021(S1)：58－60.

[6]刘朋．基层党建品牌创建指南[M]．广州：广东人民出版社，2019.

[7]高振岗．新时代党的基层组织提升组织力的理论探源与实践路向[J]．探索，2018(2)：101－106.

党组织在“立德树人”中引领作用发挥的实践研究

王　玲　罗君霞　常俊兰

新时代教育要求学校落实“立德树人”这个根本任务。在中央、市、区发布的《关于加强中小学党的建设工作的意见》文件中，也明确要求“把抓好德育和思想政治工作作为中小学校党组织的重要任务”。我校党组织把引领学校“立德树人”作为重要使命，以“发挥党组织在学校‘立德树人’过程中的引领作用”作为党建研究课题，开展了一年多的实践研究。学校构建了德育课程体系，建立“立德树人”的组织结构模式，党员、教师进行课题研究的过程中，不断提高认识，提升了课程育人的能力，推出一批课程育人典型，进行交流推广，发挥了党组织在“立德树人”过程中的引领作用。

一、问题的提出

(一)新时代教育的必然要求

党的十八大报告提出“把立德树人作为教育的根本任务，培养德智体美全面发展的社会主义建设者和接班人”。党的十九大报告中指出“要全面贯彻党的教育方针，落实立德树人根本任务，发展素质教育，推进教育公平，培养德智体美全面发展的社会主义建设者和接班人”。

习近平总书记在全国教育大会上指出：培养什么人，是教育的首要问题；我们要把培养德智体美劳全面发展的社会主义建设者和接班人作为根本任务，要在六个方面下功夫。习近平总书记还强调：要把立德树人融入思想道德教育、文化知识教育、社会实践教育各环节，贯穿基础教育、职业教育、高等教育各领域，学科体系、教学体系、教材体系、管理体系要围绕这个目标来设计，教师要围绕这个目标来教，学生要围绕这个目标来学。

(二)基层党组织建设的重要使命

2016年、2017年，中央、北京市、丰台区先后印发了《关于加强中小学党的建设工作的意见》(以下简称《意见》)，《意见》强调“把抓好德育和思想政治工作作为中小学校党组织的重要任务。建立党组织主导、校长负责、群团组织参与、家庭社会联动的德育工作机制”。

2017年8月17日，教育部发布了《中小学德育工作指南》(教基〔2017〕8号)，提出：“要把中小学德育工作作为教育系统党的建设的重要内容，摆上重要议事日程，加强指导和管理。党组织要充分发挥战斗堡垒作用，切实加强对学校德育工作的领导，把握正确方向，推动解决重要问题。要完善党建带团建机制，加强共青团、少先队建设，在学校德育工作中发挥共青团、少先队的思想性、先进性、自主性、实践性优势。”

2018年1月20日，中共中央、国务院发布了《关于全面深化新时代教师队伍建设改革的意见》，指出“百年大计，教育为本；教育大计，教师为本。为深入贯彻落实党的十九大精神，造就党和人民满意的高素质专业化创新型教师队伍，落实立德树人根本任务”。党组织不仅要当好学生德育的引路人，而且要在教师队伍建设中要“突出师德，把提高教师思想政治素质和职业道德水平摆在首要位置，把社会主义核心价值观贯穿教书育人全过程，突出全员全方位全过程师德养成，推动教师成为先进思想文化的传播者、党执政的坚定支持者、学生健康成长的指导者”。党组织要在教师队伍建设中“确保方向”，“充分发挥党组织的领导和把关作用，确保党牢牢掌握教师队伍建设的领导权，保证教师队伍建设正确的政治方向”。

(三)学校发展的必然趋势

丽泽中学教育集团一校三址，是一所公办完全中学，中学阶段是学生形成人生观、价值观的重要阶段，是培养德智体美劳全面发展的社会主义建设者和接班人的重要时期。

学校现有教职工299人，其中中共党员130人，占全体教职工人数的43%，党员整体学历基础好，科研意识强，是落实“立德树人”工作任务的先锋和中坚力量；学校干部、年级组长、教研组长、班主任等重要岗位人员绝大多数为中共党员；近年来，学校教育教学工作中涌现了大批优秀共产党员，发挥这些党员的示范引领作用和先锋模范作用是党组织领导德育工作的重要内容。

习近平总书记强调要把立德树人融入教育各环节，教师要围绕这个目标来教，学生要围绕这个目标来学。课堂教学是细化落实德育内容，渗透育人的主渠道。我校党委将“发挥党组织在学校‘立德树人’过程中的引领作用”确定为党建课题，带领全体党员开展研究，落实课堂教学的德育主渠道作用，将“课程育人”作为探究党组织引领“立德树人”有效方式的首要内容，大力推动党组织引领作用的发挥，以引领学校更好地落实“立德树人”。

二、研究过程与方法

(一)研究过程

第一阶段：2017年4月—8月，教委将丰台七中整合并入丽泽中学，成立丽泽中学南校区，丽泽教育集团成立。学校党组织在了解原课题情况的基础上，根据新形势对课题研究的时间、研究内容、责任分工等进行调整，为了更切实、深入地开展课题研究，学校党组织申请课题研究延期。

第二阶段：2017年9月—2018年7月，党组织带领各党支部、各学部、团委，开展课题实践研究。

1. 营造育人氛围，拓宽立德树人渠道

党委组织教职工深入学习十八大、十九大会议精神，宣传贯彻“立德树人”思想。

通过全体大会、党员大会、支部活动、党课、党员微信群互动等形式和途径开展学习宣传活动，形成良好的学习氛围，强化思想理论武装，向教师们提出学习要求，明确"立德树人"根本任务，学校课题研究情况等，发挥社会主义核心价值体系的导向作用，从思想上形成"立德树人"的共识。

2. 延展师德内涵，提升团队教育品质

党组织注重加强师德师风建设实践，发挥优秀党员的引领作用。党委将师德建设贯穿教育教学全过程，结合"四有好教师"和"四个引路人"开展"君子风度教师评选"；开设"立德树人"德育论坛，围绕教育问题深入研讨。开展"我讲我的教育故事"活动，弘扬高尚师德，引领教师以德立身、以德立学、以德施教、以德育德。多位老师获得北京市师德榜样、丰台师德先进个人等光荣称号，学校荣获师德先进集体称号，学校有2名党员教师先后被评为全国优秀教师。

3. 开设丽泽讲堂，打造育人家园特质

党委找准着力点，精心设计思想政治教育内容，做到有计划、有落实、有总结，从分析国际国内形势，解读重要教育政策，到聚焦学校教育热点，每次选取不同角度，采取不同方式，举办丽泽讲堂活动。例如"读书，发现诗与远方"分享会、"丽泽人讲丽泽事"系列活动，从老师、学生和家长三个角度来讲好丽泽故事，分享教育感悟。

4. 强化党建带团建的领导机制

充分发挥党组织在学校德育工作中的主导地位，把理想信念教育摆在突出位置，把社会主义核心价值观贯穿教育全过程，牢牢抓住学生德育教育的关键方位、关键事件、关键节点，党建带团建，党建带队建，开展主题团日活动，开设党校团校，全面关注学生讲堂、学生课堂、学生活动等教育阵地，加强对学生的政治思想教育、爱国教育、社会主义核心价值观教育等，为学生将来成为社会有用人才奠定思想基础。

第三阶段：2018年8月—12月，推进课题研究，形成中期研究成果，召开课题研究中期交流会。

1. 构建以立德树人为核心的课程体系

学校以促进学生全面而有个性的发展作为课程理念，以培育"具有民族情怀、国际视野、德才双全、身心两健、善于学习、勇于创新"的当代君子为目标，通过德育课程培养人。在整个课程建构中我们紧紧围绕学生的核心素养和四个关键能力创设，将四个关键能力贯穿于所有课程的始终，将核心素养细化、明确为每个领域中的主要素养标准，形成既可以促进学生全面发展、提升学生综合素养，又可以开阔学生视野、激发兴趣，发展学生特长，满足学生个性化发展需求的五大特色育人课程。

2. 开展以课程育人为主体的课题研究

我们认为德育的主渠道是课堂。在课题研究过程中，我们将课程育人作为课题的重要内容，将中小学德育内容细化落实到各学科课程的教学目标之中，融入渗透到教育教学全过程，充分发挥课堂教学的主渠道作用。我们以党支部、党小组为单位，组织党员走进课堂，听党员授课，大家一起评课，充分挖掘课堂教学中的德育资源，探讨如何更好地将德育内容有机融入各门课程教学中，充分发挥党组织的引领作用。

3. 开发以君子课程为载体的育人路径

“君子品格养成”系列特色校本课程是我校依据教育部《完善中华优秀传统文化教育指导纲要》的指导精神，以“大美丽泽、涵养修身、当代君子、文化担当”为君子课程价值观，将中华优秀传统文化中的君子品格养成分为修身之道、社交礼俗、名人明鉴、艺术精粹四大领域，涉及怀德、行孝、重礼、仁爱、诚信、平和、敬礼俗、知古今、赏雅韵等50余节文化主题课，已全面覆盖初、高中起始年级的近20个班级。通过学习，学生加深了对当代君子内涵和外在表现形式的理解，形成了对当代君子的共识，并内化成为丽泽师生的精神品质。

4. 交流、互动，发挥育人辐射作用

2018年12月，在对前期课题研究成果进行梳理、总结的基础上，我们召开了“发挥党组织在学校‘立德树人’过程中的引领作用”课题中期研究交流会。丰台教工委领导、丰台教科院党建研究室领导、丰台分院、科技园区教育集群等单位的党组织书记，丽泽集团全体党员参加了本次交流会。会上，我们汇报了前期课题研究的做法和成果，获得与会领导和同人的肯定。作为北京市中小学党建示范点，学校党组织多次在省、市党建交流活动中介绍党建工作，分享党建工作经验；学校党委还多次代表丰台区参与北京市党建调研，发挥了示范辐射作用。

第四阶段：2019年1月—9月，继续深入开展研究，并对整个研究过程资料进行综合、归纳、总结，撰写结题报告，将研究成果分类、汇总并推广。

中期研究交流会后，我们继续深入开展课题研究，以《北京市义务教育阶段学科德育指导纲要(修订版)》为指导，结合学科核心价值观，更好地将社会主义核心价值观的内容和要求融入课堂教学，促进学科教师改进教学方法，增强德育的针对性、实效性。引导教师依据课程标准和学生实际需求，设计相应的教学活动，努力做到每堂课不仅传播知识，而且传授美德，让社会主义核心价值观的种子在学生心中生根发芽，深入推进课程育人的实践成果。

继续推进君子品格养成课程等方面的实践探究，深入进行党组织引领“立德树人”活动方式的探究，继续发挥党组织在学校“立德树人”中的引领作用。2019年度，北京教育学院丰台分院课程发展中心以“提升学生的问题解决能力”为主题，开展地方、校本课程及跨学科主题教学优秀课堂教学设计征集与评选活动，我校君子品格课程四位教师获得二等奖。

回顾、梳理整个课题研究过程，对课题研究过程资料进行综合、归纳、总结，准备课题研究结题申请表，撰写课题研究结题报告，着手将研究成果进行分类、提炼并推广。

(二)研究方法

1. 文献法

通过查阅相关文献资料，为研究提供理论支持，为党的教育的实践工作奠定基础。

2. 行动研究法

从学校具体情况出发，以实践作为研究的起点，通过制订计划、实施、调整、再实践等一系列研究步骤，探索出以党委为核心，探索各方协同合作落实"立德树人"的方法、有效策略等。

三、研究结果与分析

(一)在党建文化引领下，构建"立德树人"的组织结构模式

学校党委牢牢把握"人在哪里、党员在哪里，党建工作重点就在哪里"的基本原则，以"丽·泽"党建文化实现引领，凝聚力量，形成合力，画出教育最大同心圆。以"丽·泽党建文化"为引领(见图1)，构建丽德、丽才、汇泽、悦泽和润泽五大党建课程板块。

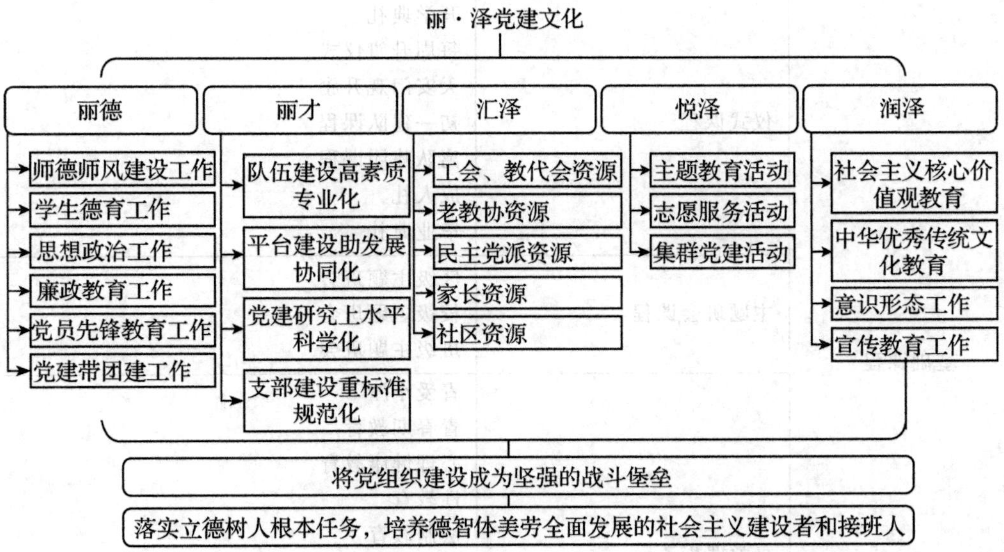

图1　丽·泽党建文化

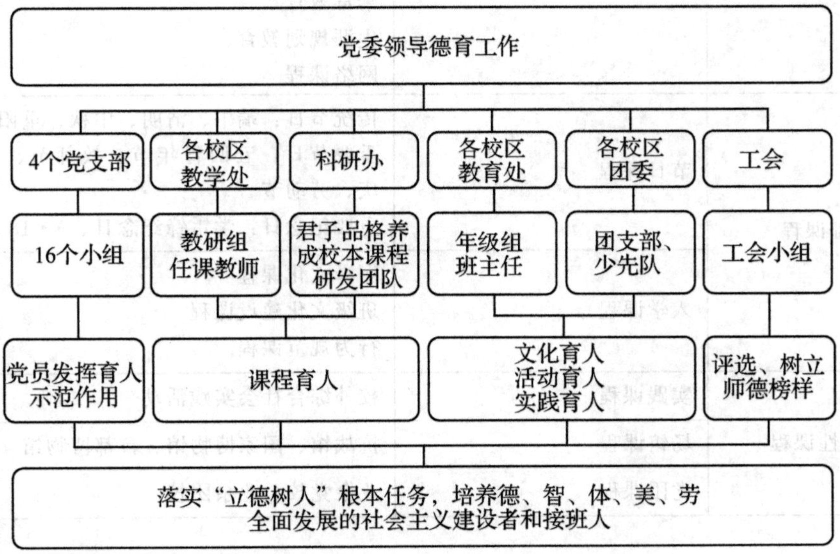

图2　党组织引领"立德树人"组织结构模式图

学校党委领导德育工作，带领四个党支部、各校区教育教学处、团委、学校科研办、工会，有组织、有计划地落实教育部《中小学德育指南》中要求的课程育人、文化育人、活动育人和实践育人，形成党组织引领“立德树人”工作组织结构模式(见图2)。

(二)构建并逐步完善“立德树人”为核心的德育课程体系

坚持德育为首，探索德育一体化育人途径，构建以“立德树人”为核心的，涵盖基础课程、拓展性课程、研究性课程(研学课程)三大领域的德育课程体系(见表1)。

表1 丽泽德育课程体系

课程领域	课程设置	课程内容
基础课程	仪式课程	开学典礼 每周升旗仪式 天安门观升旗 初一建队课程 离队建团课程 成人礼 毕业典礼
	主题班会课程	区级主题班会 校级主题班会 班级主题班会
	青爱课程	青爱小屋 青春期教育 心理健康教育 性教育 法制教育 安全教育 预防艾滋病教育 禁毒教育 生涯规划教育 网络课程
基础课程	节日课程	传统节日：端午、清明、中秋、重阳、春节 重要节日：五四青年节、教师节、元旦、国庆、劳动节 重要纪念日：学雷锋纪念日、9·18纪念日
	入学课程	丽泽文化课程 班级文化建设课程 行为规范课程
拓展性课程	实践课程	校外综合社会实践活动
	场馆课程	抗战馆、国家博物馆、首都博物馆
	党团课程	业余党校、业余团校

（续）

课程领域	课程设置	课程内容
研究性课程（研学课程）	传统文化之旅	京味儿文化：胡同文化、皇家园林文化 祖国文化寻根：徽州文化、关中行、儒家文化、中原行
	主题式研究性学习	假期德育主题作业

根据学校德育课程体系，我们每学期开展系列实践活动课程，确定活动目的、主题、活动内容、活动形式、课程评价等，实现实践育人(见表2)。

表2　综合实践课程群

模块	课程名称	课程目标	活动内容	活动形式	课程评价	实施年级	涉及领域
爱国打底色	"四个一"活动	社会主义核心价值观教育	1. 天安门广场观升旗 2. 参观首都博物馆 3. 参观国家博物馆 4. 参观抗战馆	实地考察	学习任务单	初一 初二	品德与社会
	影视教育	坚定理想信念、厚植爱国主义情怀	百部优秀影视作品赏析	观看影片	学习任务单	所有年级	品德与社会
	主题展览参观	激发学生对党、国家和人民的热爱	实效性部分主题展览参观，如：新中国成立70周年主题展	实地考察	学习任务单	所有年级	品德与社会
文化增自信	文化研学	帮助学生发现中华优秀传统文化的魅力，积淀自身人文底蕴，树立文化自信，培养学生的家国情怀	1. 北京市——"京味文化" 2. 安徽、陕西、山东、山西、河南等地文化寻根之旅	市、内外研学旅行	研学手册	高一 高二	品德与社会 人文与科学
文化增自信	文化感悟	认同中华文化，汲取中华优秀传统文化精华	1. 中国智慧系列 2. 中国精神系列 3. 中国诗词系列	实践展示	汇报比赛	初一 初二 初三	多领域
	文化传承	认同中华文化，汲取中华优秀传统文化精华	非遗实践课程。如：宫灯制作、毛猴、面塑等	实践	实践操作	初一 高一	艺术与审美

2018年，我们在制定完成初高中六年一贯制德育培养目标的基础上，完善原有重点德育课程，开发新课程，以新闻时事、社会热点、国家在科技、军事、农业等方面的发展为课程资源，开发时事教育德育课程，激发学生爱国情怀，加强理想信念教育，引导学生树立正确的社会主义核心价值观(见表3)。

表3 主题教育活动1

时间	活动
2018.9	全民国防教育日活动
2018.9	走进张裕爱斐堡青少年实践活动基地
2018.11	科技节系列活动
2018.11	走进汽车博物馆
2018.11	鸡蛋撞地球活动
2018.11	科技讲座传承航天精神　筑梦新时代
2018.10—12	首届丰台区时事辩论赛
2018.12	丽泽中学首届时事辩论赛决赛
2018.12	国家宪法日及宪法宣传系列活动
2018.12	“品诗词之美　颂丽泽之韵”——初一年级诗歌朗诵大赛
2018.12	元旦联欢活动
2019.3	“讲述中国故事　培育中国精神”——中国故事讲述人大赛
2019.4	“四个一”活动，走进中国人民革命军事博物馆
2019.4	中国智慧：“我眼中的二十四节气”——初二年级综合实践活动汇报展示
2019.4	中国影视大乐园开展实践活动
2019.5	初二年级学农活动
2019.5	初三毕业典礼暨中考倒计时三十天誓师活动
2019.5	传承优秀传统文化　感悟国粹艺术魅力——戏曲进校园专题讲座
2019.5	“四个一”活动，走进首都博物馆
2019.6	“歌唱祖国　唱响丽泽”合唱比赛

2019年，我们紧紧围绕庆祝新中国成立70周年“我和我的祖国”开展系列活动，开展对学生爱国爱党的教育(见表4)。

表 4 主题教育活动 2

序号	主题教育活动	时间
①	全体师生学唱国歌，开学典礼高唱国歌及《我和我的祖国》	2019 年 7 月—8 月
②	认真实施升降国旗制度，开展宣传《国旗法》、学习《国旗法》活动	2019 年 9 月
③	以“我爱你中国”为主题开展国旗下讲话	2019 年全学期
④	认真开展“四个一”活动的行前、行中、行后课	市区安排
⑤	“我和我的祖国”庆祝中华人民共和国成立 70 周年主题班会评选	2019 年 10 月—11 月
⑥	自主主题教育活动“时事新闻眼，少年有态度”	2019 年 9 月—10 月
⑦	开展“强国有我”秋季综合社会实践活动	2019 年 10 月
⑧	积极组织参加第二届丰台区中学生时事辩论赛	2019 年 11 月

(三)发现课程育人的典型，推广育人经验

在课题研究过程中，我们通过党小组研究课、党支部示范课，发现很多课程育人的典型。李敏、姚晓雪、路秀敏、颜丽娟、马芬、王媛等很多教师将育人理念融入课堂，让课程成为德育教育的载体，让自己的课堂充满温度，实现课程育人。

物理学科李敏老师，在全体党员教师大会上以“以物寓理，德润心田”为主题，和大家分享了关于加强对学生科学精神、科学方法、科学态度、科学探究能力和逻辑思维能力的培养，促进学生树立勇于创新、求真求实的思想品质的具体做法，以及归纳出四条渗透课程育人的主渠道：渗透爱国主义教育，增强学生的民族自豪感与自信心；渗透辩证唯物主义教育，树立正确的人生观与世界观；恰当地运用合作学习方式对学生进行集体主义教育；开展灵活多样的物理活动进行科学、探索精神教育。李老师的做法为广大教师进行课程育人做了很好的示范。

数学学科马芬老师从“真、善、美”三个维度，用三个关键词“求真、向善、达美”给大家阐释了自己对数学学科落实立德树人根本任务的认识和做法：引导学生追求真实的科学态度，感受数学的理性精神，呼吸数学的文化气息，在对数学文化的拓展中抒发“善”的情怀，从而达成“美”的境界，促进学生真正成长为有道德的人，实现数学教学促进学生身心成长的终极目标。

典型引领，带动全体，老师们在自己的课堂上，结合自己学科特点，引领学生，在教授知识的同时，种下社会主义核心价值观的种子，党支部党小组深入推进课程育人的实践成果，带领老师们在德育教育的路上前行。

(四)形成中华优秀传统文化课程群基本结构

学校立足在传承中华优秀传统文化方面的优势，在原有各类型传统文化课程的基础上，重点开发、设计了“君子品格养成”的校本课程，构建了传统文化课程群，通过这样的路径不断落实学校的培养目标(见图 3)。

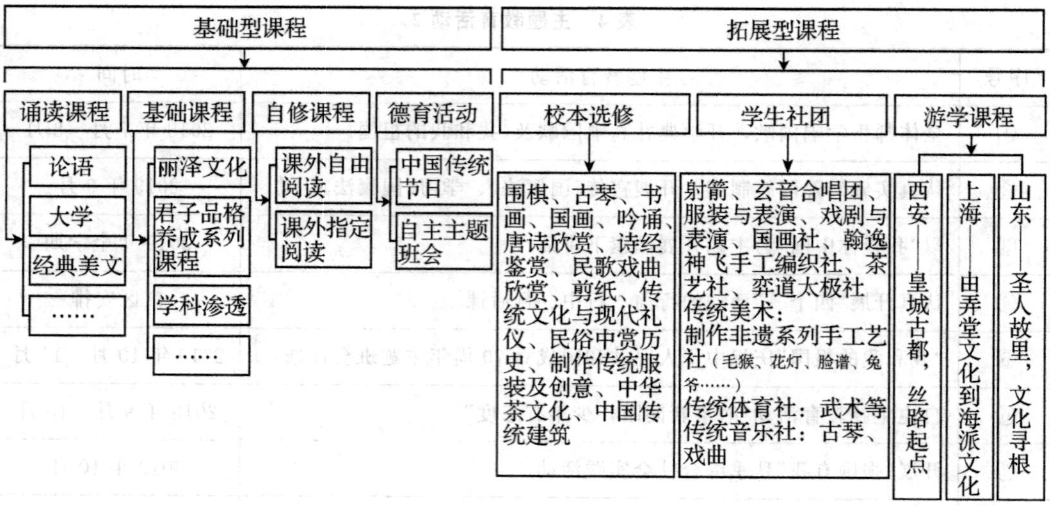

图3 中华优秀传统文化课程

四、研究结论与建议

(一)研究结论

最大化发挥党组织在“立德树人”过程中的引领作用。在课题研究过程中，党组织注重思想引领，党员教师增强了育人的责任意识，对课程育人、实践育人和活动育人都有了充分的认识，在实践中探索构建出学校德育课程体系，保障了党组织在学校“立德树人”工作发挥引领作用。在研究过程中，我们做到与时俱进，及时了解新形势、新思想，多渠道展开交流互动，分阶段有序落实课题研究内容和任务，将党组织引领“立德树人”的作用发挥到了最大化。

注重实践调研，增强研究效果。在课题研究中，用学习到的理论指导实践，及时发现问题，及时进行调整、实践，持之以恒地开展研究，这是课题研究得以顺利进行，取得良好效果的保障。例如：初中基于调研问卷呈现的问题——“学生家国情怀、责任担当意识不足”，分析其深层原因：一方面，初中生年龄偏小，对理想和信念的价值观还停留在比较朴素和原始的自我实现阶段；另一方面，可能家庭和学校在这方面的教育比较欠缺或片面。意识到这个问题之后，学校就开展一系列有针对性的教育活动，取得明显效果：在2018年学生家长对学校各项指标满意度调查中，“社会主义核心价值观教育情况”和“学生理想、信念与价值观”得分，分别比前一年提升2.6个百分点和6.7个百分点(见表5)。

表5 学生家长对学校教育工作各单项指标满意度得分情况综合分析

调查内容	校得分			2018年			较前一年进步状况
	2018年	2017年	2016年	学段区均值	全区最大值	全区最小值	
社会主义核心价值观教育情况	92.5	89.9	86.5	93.9	98.7	89.1	+2.6
学生的理想、信念与价值观	88.4	81.7	84.2	90.4	98.4	83.9	+6.7

注重中期交流，推进课题深入开展。课题中期研究交流会的召开很有必要，且非常重要。这既是对前期课题研究进行梳理和小结，同时也能从中发现问题，归纳出合理化建议，及时调整研究策略，启发课题下一步继续深入研究。在 2018 年 12 月，我们顺利召开了课题研究中期交流会。我们在梳理中期研究报告过程中，发现可以以《北京市义务教育阶段学科德育指导纲要(修订版)》为指导，结合学科核心价值观，更好地将社会主义核心价值观的内容和要求融入课堂教学，促进学科教师改进教学方法，增强德育的针对性、实效性，从学科课程方面继续进行深入研究。中期交流后，我们将前期的思考落实到研究实践中，引领“立德树人”研究更加深入展开，推进了课题后期研究的有效实施。

(二)建议

党建课题研究与一般的课题研究既有相同之处，又具有党建课题的特性。因此，我们在开展党建课题研究过程中既要规范研究流程，努力做到课题研究过程中重要、关键环节、节点的不缺失，又要采用党建课题的特有语言，让党建课题具有“党性”味道。

党建课题研究过程中，党组织要发挥引领作用，聚合各个党支部、教育处、团委、科研办、党员教师等多方力量，在实践中真抓实干，开展有效的课题研究，解决党建工作中的重点问题和疑难问题。

整个研究过程中，对研究资料要全面及时地进行梳理、归纳和总结，并经常性开展反思，多途径交流，对深入推进课题研究具有很重要的意义。

厚植爱国情怀　展现时代担当

——多学科综合式微党课实践

王　玲　陈迎春　李　颖　王　媛　姜佳仪

一、授课专题

爱国主义专题。

二、授课对象

党员。

三、教学目标

1. 知识与技能：认识"在厚植爱国主义情怀上下功夫"提出的时代背景、现实意义，并理解其含义。

2. 过程与方法：通过多学科教师综合讲授，使党员立体多维理解厚植爱国主义情怀的途径和方法。

3. 情感、态度、价值观：引发思想共鸣，激发爱国情怀，增强党员对学生进行爱国主义教育的责任感和使命担当。

四、教学重点、难点

如何在厚植爱国主义情怀上下功夫。

五、教学辅助手段

PPT 课件、视频。

六、教学过程

(一)导入

在 2018 年全国教育大会上，习近平总书记提出培养社会主义事业建设者和接班人要在六个方面下功夫。若问中华民族根植最深、影响最大的精神品质，必定是爱国情怀，因为"做人最大的事情，就是要知道怎么样爱国！"爱国，对于一个中国人来说，是心之所系，情之所归；对于一个中国青年来说，是立身之本，成才之基。我们作为新时代教师，要紧紧抓住青少年价值观形成和确定的关键时期，教育和引导他们热爱拥护中国共产党，立志听党的话、跟党走、扎根人民、奉献国家！

【设计意图】通过讲述习近平总书记在全国教育大会提出的“六个下功夫”，进而引出“在厚植爱国主义情怀上下功夫”的时代意义，提出党课主题，引发授课党员从教师和学生两个主体，从思想和实践两个层面，围绕“如何在厚植爱国主义情怀上下功夫”展开话题。

(二)新授

丽泽中学一直把爱国主义融入教职工思想政治教育，融入教育教学全过程，培养爱国之情、砥砺强国之志、实践报国之行，让爱国主义精神在师生心中扎根！在厚植教师爱国情怀上下功夫，我们有着丽泽的表达。

1. 党员干部讲学校如何厚植教师的爱国情怀

爱国是怎样的一种情怀呢？我们看一段视频来感受一下。

这是咱们区教育系统师生歌唱的《我和我的祖国》，我在“学习强国”上看到时，又激动又兴奋。我校参与拍摄的几位老师都说，现场气氛特别热烈，唱到高潮时许多人都哭了。这种对祖国最自然最朴素的认同情怀就是爱国。(PPT 呈现“学习强国”《我和我的祖国》视频节选)

【设计意图】通过“学习强国”北京学习平台丰台区教育系统师生快闪视频的引入，党员感受到师生们的爱国热情，切身感受爱国情怀所蕴含的力量。

我是学校的一名党员干部，在厚植教师爱国主义情怀上，我们下了不少功夫。

每学年我们都给老师配书，举办读书分享会。读《陶行知》《习近平讲故事》《改革开放 40 年》等，书的作者和书所传递的思想，都会潜移默化地影响老师。“我会以陶行知为榜样，既要教好书更要育好人”，“我要向总书记学习，讲好中国故事，培育时代新人”。分享会上老师们的发言质朴而真诚。(PPT 呈现学校读书活动照片)

【设计意图】通过读书活动举例，使党员认识到读书是提高思想政治素质、培养爱国情怀的一条捷径。

每个月的“丽泽人讲丽泽事”讲堂活动，学校都精心设计，先后有近百位老师走上讲堂。我校全国优秀教师寇富弄说：“在人民大会堂受到习近平总书记接见，是我一生的荣光，我要把全部的生命献给党的教育事业。”走上讲堂的还有许多普通的班主任、教师和职员。他们说：“学生对自主主题班会‘琐事杂谈’最感兴趣，我就抓住他们感兴趣的新闻和身边事，来培养社会主义核心价值观。”“我在课堂上要不断拓宽教学资源，让爱国主义教育落地生根。”我校校医说：“守护学生健康，就是守护国家的未来。”立德树人、立足本职，这就是教师的爱国情怀。

我校还通过主题党日、师德演讲、教师志愿者活动等，组织大家学习党和国家最新方针政策和习近平总书记的教育思想，开展中华优秀传统文化论坛，组织“我的微教育故事”征文。做“四有好教师”和“四个引路人”已经成为丽泽中学教师自觉的价值追求。

厚植教师爱国主义情怀，我们永远在路上！(PPT 呈现学校各项教师活动照片)

【设计意图】通过教师活动的例子，使党员认识到学校开展的各种培训活动、教研活动、党员活动、工会活动，都能成为厚植教师爱国主义情怀的途径。

亲其师，信其道。一个充满爱国情怀的教师所传的道必将成为学生的精神引领，我们在课堂教学、主题教育、团队活动等多个方面下功夫，爱国已经成为孩子们内在的精神品质。下面就有请老师们来讲一讲。

2. 文科教师讲如何在课堂教学中培养学生爱国情

我是一名语文老师，说到厚植学生的爱国主义情怀，我这心里头，满满的自豪感和强烈的责任感。说心里话，语文课本上专门的爱国主义作品还真挺有限的，这可怎么“厚植”啊？我想了两个办法，今天就跟大家说一说。

有一次，学习《茅屋为秋风所破歌》。那句“安得广厦千万间，大庇天下寒士俱欢颜”一下子就让学生读出了杜甫心系苍生的爱国情感。这可是个爱国主义教育的好机会，绝不能错过。“孩子们，让我们走进历史长河中那些荡气回肠的爱国诗篇。”就这样，我们从屈原说到陆游，从辛弃疾说到谭嗣同。之后，我深情地告诉学生：“中华民族之所以能够几千年来生生不息、薪火相传，其原动力就在于拥有着以爱国主义为核心的民族精神，我们一定要将它发扬光大!”当孩子们用昂扬洪亮的声音朗诵这些诗句的时候，他们深情而坚毅的目光告诉我，“爱国情”已经在他们的心底生根发芽。(PPT呈现上述人物的爱国诗句和配图)

【设计意图】以杜甫诗《茅屋为秋风所破歌》的教学为例，谈在语文课中用“拓宽爱国主义教育资源”的方式厚植学生爱国主义情怀的具体做法，让学生在历朝历代优秀爱国诗文学习的同时，深切感受到中华民族悠久的爱国主义传统，从而使爱国主义情怀在心底牢牢扎根。

还有一次，学习“以和为贵”。孩子们兵分四路，认领课题，查找资料，合作探究。两天后，每个组都分享了精彩的研究成果。课后，孩子们簇拥着我，兴奋地说：“李老师，这次的学习不仅有意思，收获还特别大。‘和’文化的内涵太丰富啦，‘以和为贵’还能对文化繁荣、生态文明，乃至世界和平起到积极的作用，真是太了不起啦!”孩子们高度的民族文化认同感和自豪感告诉我，“爱国情”已经在他们的心底结出甜美的硕果。(PPT 呈现学生自主搜集“和”文化资料全过程的照片)

【设计意图】以“以和为贵”教学为例，介绍学生通过自主探究和教师深度引导的方式学习中华优秀传统“和”文化的全过程，与“拓宽爱国主义教育资源”的方式构成递进关系，同时，也体现出爱国主义情怀更深远的教育作用——引领学生积极主动地学习中华优秀传统文化，用传统文化的精髓打好自己的精神底色，为弘扬优秀传统文化打下坚实的基础。

小故事讲完了，我更想透过它们分享我对“厚植学生爱国主义情怀”的理性思考：实现“厚植”，必须最大限度地拓宽爱国主义的教育资源；实现“厚植”，必须放手让学生学会学习——学习优秀传统文化，学习蕴含其间的民族精神，并使之成为行动的自觉。这才能够为学生打下最厚重、持久的爱国情怀底色。

培育爱国之情，更要砥砺强国之志。让我们一起，继续倾听……

【设计意图】总结提炼出前面两个小故事所蕴含的厚植学生爱国主义情怀的两条有效途径：其一，拓宽爱国主义教育资源；其二，教会学生学会学习优秀传统文化，增强其民族文化认同感和自豪感，为学生打好爱国主义的精神底色。

3. 理科教师讲如何在课堂教学中激发学生强国志

著名爱国人士梁启超曾说："少年智则国智，少年富则国富，少年强则国强。"（PPT 呈现名言内容）

【设计意图】从梁启超的名言引入，使党员意识到要引导学生从小立下强国之志的重要性。

我是一名化学教师，在很多学生眼里，理科学习就是在公式、数字中求、算，枯燥无味。当我把国家最新的热点科技素材引入课堂时，一切变得不同，好奇心引起了热烈的讨论，这场景仿佛是往平静的池塘里扔了一颗石子，泛起阵阵涟漪，让人陶醉。（PPT 呈现引入科技素材前后学生的课堂表现）

一次有机课上，我讲到了屠呦呦，孩子们沸腾了，"老师，她是第一位获得诺贝尔生理学或医学奖的中国本土科学家。""老师，她发现的青蒿素是治疗疟疾的高效药。""老师，我们应该称她为屠奶奶。"……"大家说得真好，"我说道："屠奶奶 40 年来，对科学执着追求，锲而不舍，她遍访中医发现的青蒿素是中医奉献给世界的礼物。我们要勤勉学习，牢记科技强国的时代使命！"从同学们认真倾听的眼神中，我感受到强国志的种子已悄然播下！（PPT 呈现屠呦呦与青蒿素内容）

【设计意图】从化学学科教师的角度谈课堂教学如何渗透爱国主义教育、树立科技强国志向。

我是这样做的，我身边的老师们也是这样做的：

通用技术老师向大家展示了港珠澳大桥的图片，拥有 400 多项专利、尊重生态发展、将茫茫大海划成两半的伟大建筑赢得了孩子们的慨叹："厉害了，我的国！"学生们迫不及待地拿起手中的材料，在老师的指导下一丝不苟地模拟起建筑结构："老师，这个模型搭建可真不容易，真是实践出真知啊！"（PPT 呈现港珠澳大桥与学生搭建模型配图）

物理老师讲述了"华为总裁任正非接受央视采访"的一段话："5G 技术别人两三年追不上，美国芯片、操作系统华为会做，也能做。"这强大的底气来源于中国科学家、企业家踏踏实实地发展电子工业。（PPT 呈现任正非讲话内容）听罢，同学深有感触地说："学习就是强国，少年要怀赤子之心，强国之梦，将科技兴邦的使命坚持到底！"（PPT 呈现学生感触）

【设计意图】通过举例，使党员认识到把国家最新热点科技素材引入理科课堂，对学生进行强国志的教育具有独特优势。

如何用科技梦托举中国梦？我的回答是：三尺讲台，发挥学科优势，不断激励学生勇立时代潮头，树立强国之志，助推中华民族伟大复兴！（PPT 呈现片段内容）

培养爱国之情，砥砺强国之志，更要实践报国之行，让我们继续倾听……

【设计意图】通过结语，党员感受到一位理科老师坚定发挥学科优势，培养学生科技强国之志的信心。

4. 班主任讲如何在班级教育活动中实践学生报国行

我是一位普通的班主任，这是我的(2)班和我的孩子们。

在我眼中，初中阶段，班主任要做学生“拔节孕穗期”的好农夫，要让孩子们将激扬的爱国情和强国志，扎根心底，化为行动。（PPT 呈现习近平总书记在纪念五四运动100 周年大会上的讲话）

班主任有更多的时间与学生相处，能更细致地洞察他们的思想动态、把握教育契机。工作中，我将爱国主义教育融入班级管理，依托学校自主班会的平台，开展了以“拳拳爱国情　殷殷报国行”为主题的系列教育活动。（PPT 呈现班主任引导学生将爱国情、强国志转化为报国行过程中的三点优势，以及所开展的系列主题教育活动的实施方案）

【设计意图】承上启下，阐述班主任在引导学生将爱国情、强国志转化为报国行过程中的优势，以及班级教育管理工作中的具体设想和实施手段。

班级刚组建时，我组织开展了“升国旗仪式感”的主题班会，之后，孩子们还自发开展了“我来讲国旗”“我来讲国徽”等自主班会，一系列讨论使他们产生了强烈的情感共鸣。此后，每周一的升旗仪式，大家都能以最昂扬的面貌向国旗致敬。

您看，这张照片是(2)班公认最美的全家福，这是孩子们第一次承担升国旗任务，照片中，大家的笑容温暖而有力量，飘扬的五星红旗是最鲜亮底色。（PPT 呈现学生在“我来讲国旗”“我来讲国徽”等自主班会上的照片及周一升旗仪式的照片、全家福照片）

此外，我们还利用自主班会的时间关注新闻、交流时事、观看热门影片。孩子们不仅从中感受到了祖国的繁荣与发展，更激发了脚踏实地、努力奋斗的决心。看完《流浪地球》后，张子琪在记事本中写道：“老师，我深深感受到了祖国的强大和身为一名中国人的自豪，我也要丰富知识、武装头脑，赶快行动起来”。（PPT 呈现学生们观看、交流过的新闻、时事话题，热门影片、纪录片名称，以及学生张子琪在记事本上所写的《流浪地球》观后感）

【设计意图】通过分析对所开展的一系列自主主题班会活动的解读，解决党员对于在实际工作中培养学生实践报国之行的困惑。

您看，这是每天的早午自习，孩子们都在自觉学习、积极讨论。

为了广泛阅读、开阔视野，大家还自发捐赠了班级图书角。

这个学期，孩子们还代表学校参加了丰台区定向越野比赛和中小学生运动会，学习之余大家都热爱运动、强健体魄。

这是一张向新疆和田地区捐赠图书和冬衣的记录单，全班 33 个孩子都积极参与、传递温暖。

我和孩子们对爱国的理解和行动就是在这一件又一件的小事中凝练而成的。（PPT 呈现班级图书角、学生早午自习、学生参加丰台区定向越野比赛和中小学生运动会以及向新疆和田地区捐赠冬衣和图书的照片）

【设计意图】通过实例，分析班级中学生在一些小事和细节上的实际做法，阐述培养学生实践报国之行的效果和意义。

一代人有一代人的使命和担当，未来的日子里，我会更坚定、更用心地引导孩子们把至诚至深的家国情怀镌刻进自己的青春，热爱祖国，勇于担当！（PPT 呈现班级参

加学校展演、运动会、朗诵比赛及课堂教学班级布置等照片）

【设计意图】结束话题，升华主旨。通过结语强调培养爱国之情，砥砺强国之志，更要实践报国之行。

（三）结束语

“世界上有许多美好的地方。但是，那里有黄山吗？有黄河吗？有长江吗？有长城吗……既然这些都没有，那么，祖国就是一个不可替代的地方。”当年路遥的这段文字，激发起多少人爱国奋斗的精神。今天，我们离梦想如此之近，美好的未来就在前方。我们将不忘初心、牢记使命，持续不断地在厚植爱国主义情怀上下功夫！

【设计意图】通过路遥的文字，总结提升，激发广大党员爱国之情，凝聚爱国之力，增强爱国担当，使听课党员产生思想共鸣，立志在教育岗位上持续不断“下功夫”。

理论铸魂　信念强基

——学习理解“中国式现代化”

唐雪松

一、授课专题

理论铸魂。

二、授课对象

党员、教职工。

三、教学目标

1. 知识与技能：了解党的二十大关于中国式现代化的相关论述，掌握中国式现代化的鲜明特征、本质要求以及遵循的基本原则。

2. 过程与方法：通过视频、图片等直观视觉形式及文本阅读帮助大家提取有效信息，结合历史史实讲解帮助大家对中国式现代化这一新概念进行深入思考。

3. 情感、态度、价值观：认识到中国式现代化是一个接力奋进的历史进程，深刻领会“以中国式现代化全面推进中华民族伟大复兴”这一中国共产党的中心任务，把理想信念建立在对科学理论的理性认同上，增强自信心、责任感、使命感。

四、教学重点、难点

如何理解“中国式现代化”这一概念既是重点又是难点。

五、教学辅助手段

PPT、视频。

六、教学过程

(一)导入

举世瞩目的中国共产党第二十次全国代表大会已落下帷幕。大会的主题为“高举中国特色社会主义伟大旗帜，全面贯彻新时代中国特色社会主义思想，弘扬伟大建党精神，自信自强、守正创新，踔厉奋发、勇毅前行，为全面建设社会主义现代化国家、全面推进中华民族伟大复兴而团结奋斗”。在党的二十大报告中指出，从现在起，中国共产党的中心任务就是带领全国各族人民全面建设社会主义现代化强国、实现第二个百年奋斗目标，以中国式现代化全面推进中华民族伟大复兴。

【设计意图】展示二十大图片，开篇点题“中国式现代化”。

(二)新授

1. 中国近现代史与“中国式”

说到“中国式”，不得不提到中国近现代史。自1840年鸦片战争后，中国陷入长达百年之久的屈辱之中。其间，无数有志之士抛头颅、洒热血，试图救国救民于水火之中。康有为、梁启超试图依托光绪皇帝开展维新变法，尝试“英国、日本式”变革，建立君主立宪制国家，失败；孙中山为首的革命党人掀起资产阶级民主革命，尝试“美国式”道路建立民主共和国，失败；早期中国共产党人以城市为中心发动工人武装起义夺取政权，尝试“苏俄式”道路，失败；中华人民共和国成立初期，照搬苏联经验，按苏联模式开展社会主义建设，很快也遇到挫折……回顾历史，直至以毛泽东为领导的中国共产党人开创“工农武装割据，农村包围城市”的“中国式”革命道路，才最终赢来了中华人民共和国的成立，中国人民才真正站了起来；直到以邓小平同志为代表的中国共产党人实行改革开放，走中国特色社会主义道路，中国人民才真正富了起来。

“中国式现代化”是以习近平同志为核心的中国共产党基于中国历史经验、基于中国国情及时代形势，在不断探索现代化规律的实践中提出的，是在新时代推动构建人类命运共同体过程中塑造人类文明新形态的现代化。

【设计意图】通过回顾中国近现代史相关内容，凸显中国式现代化是一个接力奋进的历史进程，是中国共产党人基于中国历史经验、基于中国国情及时代形势，不断探索现代化规律，在新时代推动构建人类命运共同体过程中塑造人类文明新形态的现代化。

2. 习近平新时代中国特色社会主义思想的现代化观

(1)世界上既不存在定于一尊的现代化模式，也不存在放之四海而皆准的现代化标准，不能用西方现代化的已有模式去框定后发国家现代化的道路。从历史进程看，西方发达国家是“串联式”，我国应该是“并联式”。“串联式”发展过程，工业化、城镇化、农业现代化、信息化顺序发展，而我们的“并联式”要追赶回失去的二百年，工业化、城镇化、农业现代化、信息化叠加发展。

(2)各国的现代化道路同革命道路、民主建设一样，应该由本国人民自己选择，由本国人民自己去创造，找到一条符合本国国情的道路和模式。任何想用自己的现代化的模式去限制他国的做法都是错误的。

(3)中国式现代化是一个接力奋进的历史进程，是一代人接着一代人去努力的过程。从第一个五年计划到第十四个五年规划，一以贯之的主题就是把我国建设成为社会主义现代化国家。我们走过弯路，也遭遇过一些意想不到的困难和挫折，但建设社会主义现代化国家的意志和决心始终没有动摇。

【设计意图】了解习近平新时代中国特色社会主义思想的现代观，为下一环节对“中国式现代化”的理解奠定基础。

3. 中国式现代化的鲜明特征

中国式现代化，是中国共产党领导的社会主义现代化，既有各国现代化的共同特征，更有基于自己国情的中国特色。

(1)中国式现代化是人口规模巨大的现代化。大家可以看看这幅中国人口占全球比重图，如此众多的人口也使中国的现代化面临西方发达国家从未遇到过的难题。攻克这个难题，中国的现代化将大大增加全球进入现代化的人口的绝对数量和比例。

(2)中国式现代化是全体人民共同富裕的现代化。西方现代化的直接恶果是贫富两极分化，富者可敌国，贫者无立锥之地。中国共产党坚持以人民为中心，中国式现代化必须自觉主动解决地区差距、城乡差距、收入分配差距，促进社会公平正义，既要有利于激发各类市场主体活力、解放和发展生产力，又有利于促进效率和公平有机统一，不断实现共同富裕。

(3)中国式现代化是物质文明和精神文明相协调的现代化。我们一直强调"两手抓、两手都要硬"，要求把社会主义物质文明和精神文明建设都搞好，国家物质力量和精神力量增强，全国各族人民物质生活和精神生活都改善。物欲横流，这绝不是我们想要的现代化。

(4)中国式现代化是人与自然和谐共生的现代化。大自然是人类赖以生存发展的根本，中华优秀传统文化中关于人与自然关系的论述比比皆是。建设人与自然和谐共生的现代化是广大人民群众的迫切要求，"绿水青山就是金山银山"这一理念必须牢固树立和践行。

(5)中国式现代化是走和平发展道路的现代化。西方发达国家的现代化道路是血腥的，是建立在对殖民地半殖民地暴力掠夺的基础上的，是以牺牲他国利益为代价换取自身的发展，正如马克思所言，"征服、奴役、劫掠，总之，暴力统治占优势"。二十大明确指出，我国不走那种损人利己、充满血腥罪恶的老路，不给广大发展中国家人民带来深重苦难。中国是和平崛起，如"一带一路"建设，合作共赢。

【设计意图】通过人口数量、脱贫攻坚、一带一路等图片，帮助大家理解中国式现代化是有别于西方发达国家现代化道路的，是具有社会主义性质、中国气派、世界情怀、人与自然和谐共生的现代化。

4. 中国式现代化必须把握的重大原则

视频片段：中国共产党的国际形象宣传片节选之一(《人民日报》)。

在中国式现代化的前进道路上，必须牢牢把握几个重大原则，即坚持和加强党的全面领导，坚持中国特色社会主义道路，坚持以人民为中心的发展思想，坚持深化改革开放，坚持发扬斗争精神。这是历史的选择、人民的选择，只有坚持这几个原则，才能走得稳，走得久，才能完成中华民族伟大复兴的夙愿。

【设计意图】通过中国共产党的国际形象宣传片视频片段的播放，重温初心，充分认识只有中国共产党领导的中国式现代化才能使中国真正强起来。

(三)小结

视频片段：中国共产党的国际形象宣传片节选之二(《人民日报》)。

【设计意图】通过视频片段，进一步理解中国式现代化是接力奋进的历史进程，呼应前面几个环节，增强以中国式现代化推进中华民族伟大复兴的责任感、使命感。

雪域高原上的人间天路

赵　琦

一、授课专题

“读懂中国”专题。

二、授课对象

党员。

三、教学目标

1. 知识与技能：了解青藏铁路修建的艰难过程及动人事迹；理解青藏铁路精神的内涵；增强党性修养，坚定历史自信。

2. 过程与方法：通过看视频、学事迹、讲身边事迹等多种方式，引导党员深入历史，了解史实，感悟精神。

3. 情感、态度、价值观：领悟青藏铁路精神的时代价值，激励党员发扬青藏铁路精神，踔厉奋发、勇毅前行。

四、教学重点、难点

1. 教学重点：通过了解青藏铁路修建的艰难历程及动人事迹，引导党员领悟青藏铁路精神内涵。

2. 教学难点：通过党课学习，引导党员领悟青藏铁路精神的时代价值，理解中国共产党人的初心与使命，激励党员赓续红色血脉，弘扬伟大精神。

五、教学辅助手段

PPT 课件、音频、视频。

六、教学过程

(一)导入

(出示图片：2017 年本人乘坐青藏铁路的照片。)

讲述：2017 年，怀着对雪域高原的向往，我踏上了进藏之路。虽然做了半个月准备，但是刚上高原就全身不适，伴随着剧烈头痛，开始一路吸氧。青藏铁路，简称青藏线，是中国 21 世纪四大工程之一，是通往西藏腹地的第一条铁路，也是世界上海拔最高、线路最长的高原铁路。

【设计意图】从自身经历导入，拉近与听课者的距离，激发兴趣，渲染气氛，为课程讲授做铺垫。

(二)新授

1. 一条通往幸福的梦想之路

提问：美国旅行家保罗·索鲁在《游历中国》中写道："有昆仑山脉在，铁路就永远到不了拉萨。"中国准备43年、考察960公里，建成了青藏铁路——我们为什么一定要排除万难建成青藏铁路呢？

(1)实现夙愿。让铁路延伸到西藏，是西藏各民族的百年梦想，是几代中国人的夙愿。早在1919年，孙中山先生在《建国方略》中就提到青藏铁路设想。在那个动荡不安的年代，这是一个不可能实现的命题。在20世纪上半期，这条铁路始终只处于概念阶段。新中国成立后，"铁路进藏"的梦想才付诸行动。

(2)助力发展。基础设施薄弱历来是阻碍西藏发展的"瓶颈"。青藏高原交通闭塞，物流不畅，直至1949年，整个西藏仅有1千米多便道可以行驶汽车，水上交通工具只是溜索桥、牛皮船和独木舟。公路、航空运输压力很大，远远不能满足经济社会发展的需要。正因为如此，西藏经济发展落后，人民生活水平低，西藏与内地的交往也比较缺乏。青藏铁路是国家西部大开发战略中的重点工程。青藏铁路建成后，将为西藏提供一条全天候、大能力的运输通道，推进西藏高原特色经济与内地经济的融合，有利于西藏人民生活水平的提高和全国人民的共同富裕。

(3)民族团结。青藏铁路的建成有利于促进我国各民族的共同繁荣，进一步巩固平等团结互助的新型民族关系；有利于我国边疆的稳定和国防的加强；有利于少数民族人民当家作主地位的体现和国家政权的巩固。

【设计意图】通过三条道路讲述中国为什么一定要排除万难建成青藏铁路，突出青藏铁路修建的重要意义。

2. 一条充满挑战的神奇天路

提问：修一条铁路需要多久，一年？十年？面对建设的极大难度，当时苏联专家说："让铁路横穿昆仑山和唐古拉山，至少需要100年的时间！"

那么，修建青藏铁路面临哪些难题呢？

讲述：修建青藏铁路的三大难题——高寒缺氧、多年冻土、生态脆弱。

讲述修建青藏铁路的过程："青藏铁路要修，要修到拉萨去。""看来还得修青藏铁路。"……新中国成立后，党和政府始终高度重视修建青藏铁路。20世纪50年代，中共中央作出决策：要把铁路修到拉萨。1958年，青藏铁路西宁至格尔木段开工，同时格尔木至拉萨段开始大规模勘测。但经历缓建、停工、复建，直到1984年西格段才建成通车。受限于恶劣的自然环境、经济实力等多方面因素，格拉段只能停建。

教师：21世纪，党中央从推进西部大开发、实现各民族共同发展繁荣的大局出发，作出修建青藏铁路格尔木至拉萨段的重大决策，提出建设世界一流高原铁路的目标。

20多年的准备，就是为了克服工程建设面临的多年冻土、高寒缺氧、生态脆弱等三大世界性工程技术难题。在冻土科研工作者40年的不懈努力下，成功破解。2001年3月，青藏铁路建设项目被正式列入《中华人民共和国国民经济和社会发展第十个五年计划纲要》。同年6月，青藏铁路格拉段正式开工，总投资330.9亿元人民币，建设资金全部由国家出资，“天路”工程再次启动。

除了要穿越连续多年冻土区550公里外，青藏高原上含氧量只有平原地区的50%—60%，高寒缺氧，筑路工人们随时面临着生命危险，为此，全线共设置了144间医院，无数医护人员走上高原。

2006年7月1日，总历时50年，全长1956公里的青藏铁路全线通车，建设者们在世界屋脊创造了9项世界铁路之最，结束了西藏不通铁路的历史，有力推动了雪域高原的跨越式发展和各族人民生活的改善，成为西藏社会经济发展的“输氧线”，更是打破了“有昆仑山脉在，铁路就永远到不了拉萨”的断言。

【设计意图】介绍青藏铁路修建的艰难历程，为讲述青藏铁路精神做铺垫。

3. 一条凝心聚力的奋斗之路

教师：为什么中国能排除万难建成青藏铁路，打破“有昆仑山脉在，铁路就永远到不了拉萨”的断言？

建成青藏铁路，关键在于党的领导和坚定的国家意志。从新中国成立后，党中央始终心系青藏铁路的建设。像青藏铁路这样投资巨大、建设周期超长的大型工程，需要在坚定的国家意志、长远的战略规划、超强的资源调配能力下才能完成。青藏铁路全路段的建成通车体现的是国家力量的强大，是社会主义制度的优越性保障了这一伟大工程。

(1)建成青藏铁路，关键在于建设者“挑战极限”的顽强斗志

提问：“到了昆仑山，气息已奄奄；过了五道梁，难见爹和娘；上了风火山，进了鬼门关。”这首西藏当地的民谣表达出了什么呢？

教师：这首西藏当地的民谣道出了青藏铁路沿线生存环境的险恶。但青藏铁路人不害怕高原，相当一部分人是争着上青藏的。2001年青藏铁路二期中标的消息在中铁二十局集团公司1.4万名职工中引起了强烈的震动。短时间内，就有7000多人主动递交了申请书，坚决要求重返高原，再建青藏铁路。

在这7000多名申请者中，有一封是18名当年在风火山上战斗过、快要退休的老兵写下的。他们联名请战，情真意切：“谁说我们老了，问问西宁到格尔木的每一条钢轨、每一根枕木，它们都知道我们是多么能干。求求领导，让我们上吧，就是不给报酬我们也上。”

青藏铁路人知道有险有苦，知道高原病对身体甚至对生命的危害，但没有彷徨，没有畏惧，毅然抛家舍亲上高原。这种敢于挑战极限的雄心壮志，筑起青藏铁路精神的坚固内核。10多万人组成的建设大军在“生命禁区”，以惊人的毅力和勇气挑战极限，以国家需要为最高需要，以人民利益为最高利益，牢记党和人民的重托，长期奋战在条件异常艰苦的雪域高原，创造了人类铁路建设史上的非凡业绩。

(2)建成青藏铁路，关键在于建设者“勇创一流”的钻研精神

讲述：2000 年 7 月，中铁十六局集团青藏铁路竞标负责人程红彬带领技术人员勘察青藏铁路现场。刚上高原的他不停地大口喘气，全部感知神经都传递着胸闷、气短、头痛、腿软的讯息。在无人区建铁路，谈何容易！青藏线上许多施工技术，多数职工过去闻所未闻。当年 7 月，葫芦沟大桥开工，这是 16 标段施工的第一座冻土钻孔桩大桥，程红彬和总工程师带领技术人员在现场日夜蹲守，测算参数。正值极寒和缺氧时节，强烈的高原反应折磨得每个人筋疲力尽。有天夜里，取暖设备出故障了，零下 30 多摄氏度的寒夜，人缩在冰凉的被窝一动也不敢动，大家的意志和体力几乎都消耗到极限。见此情形，程红彬强忍身体不适，召开了动员会，他说：“不求名垂青史，唯愿今生无悔。只要精神不滑坡，办法总比困难多……”一番话感染大家，大家振作精神，经过数日现场观察和认真测算研究，终于发现和掌握了冻土钻孔桩施工的关键技术，排列出合理的施工工序，形成了科学有效的方案。

【设计意图】在内容上与前面两个问题串联，介绍修建过程中的动人事迹，着重讲述青藏铁路建成的重要因素，引导听课者感悟青藏铁路精神的内涵。

4. 升华——一条跨越时空的精神之路

一条“天路”联通雪域内外，一种精神贯穿过去与未来。面对建路的极限难度，青藏铁路建设者以坚定的意志和精神在雪域高原上筑起了中国铁路建设新的丰碑，也铸就了挑战极限、勇创一流青藏铁路精神。

(播放歌曲《天路》及视频。)

讲述：74 年前，新中国动用四万峰骆驼向西藏运输物资，平均每行进一公里就要消耗 12 只“沙漠之舟”，如今一条钢铁天路绵延千里，列车一日便达。苍茫雪域、巍峨昆仑，铸就了铁路修建史上的奇迹，也铸就了挑战极限、勇创一流的青藏铁路精神。这种精神，饱含着爱国主义的高尚情操、顽强拼搏的英雄气概、自主创新的科学精神、团结协作的优秀品质，是中国共产党人精神谱系的重要组成部分，这种精神走过几十年的风雨历程仍历久弥坚，依然焕发着令人仰止的青春朝气，似号角般在时代的天空鸣响。

讲述：在我的身边就有这样的前辈，在雪域高原上，面对严峻的考验，秉持着共产党人的坚定信念，不断奉献奋斗，争创一流，他们的故事是对新时代青藏铁路精神的最好诠释。

(出示西藏支教老师照片，讲述支教故事。)

教师总结升华：青藏铁路已达终点，但精神之路没有终点。今天，站在“两个一百年”历史交汇点，作为青年教师，我们要学习发扬青藏铁路精神，立足教师岗位，敢于挑战，乐于奉献，坚持勇创一流、开拓奋进，以攀登高峰的志向，以追求卓越的恒心，不断创造佳绩。

【设计意图】结合身边教师援藏事迹，阐释青藏铁路精神的时代价值，启发广大党员发扬青藏铁路精神，不断开拓奋斗。

抗战精神薪火永相传

马晓正

一、授课专题

“读懂中国”专题。

二、授课对象

全体教职工。

三、教学目标

1. 知识与技能：全面认识抗战历程及其重大事件，正确理解抗战精神的内涵。

2. 过程与方法：通过播放视频、讲述案例等方式，带领听课者重温抗战历程，了解抗战史实，分享抗战英雄事迹，领悟抗战精神内涵实质。

3. 情感、态度、价值观：启发、激励听课者从艰苦的抗战历程和伟大的抗战精神内涵中汲取智慧和力量。以抗战英雄的事迹，体会革命先烈英勇无畏的革命斗志和精神，激发传承抗战精神的责任感和使命感。

四、教学重点、难点

1. 教学重点：通过以时间轴全面回顾抗战历程和重大事件引导听课者明确抗战精神内涵，剖析传承抗战精神的现实意义。

2. 教学难点：传承抗战精神的现实意义的实践把握，破解新时期引导学生时刻保持革命精神、革命斗志的实践课题。

五、教学辅助手段

PPT 课件、音频、视频等。

六、教学过程

(一)导入

1. 出示中国共产党人精神谱系图片

中国共产党百余年的光辉历程，铸就了具有丰富时代内涵和民族特征的中国精神。中国共产党人的精神谱系，集中彰显了中华民族和中国人民长期以来形成的伟大创造精神、伟大奋斗精神、伟大团结精神、伟大梦想精神，成为中国共产党人的精神支柱和宝贵财富。中国精神谱系犹如一曲恢宏的乐章，永远激励中国人民克服一切艰难险阻，为实现中华民族伟大复兴而奋斗。

2. 出示歌曲《长城谣》创作背景及歌词内容

抗战时期，一首朗朗上口的歌谣，激起了无数海内外中华儿女同仇敌忾的爱国热情。“万里长城万里长，长城外面是故乡。高粱肥，大豆香，遍地黄金少灾殃。”一曲《长城谣》，既描绘了家乡的美好，又控诉了日寇的暴行，激发了一种伟大的抗战精神，一种革命加拼命的强大中国精神。山河为证，精神不朽，薪火长传。“四万万同胞心一样，新的长城万里长”，伟大的抗战精神，是中国人民弥足珍贵的精神财富，我们今天就来一起感受伟大的抗战精神。

【设计意图】从一曲旋律优美的《长城谣》引入中国共产党人精神谱系的精神之源，有利于正确而全面地认识中国精神的内涵，为话题的展开做好理论铺垫。

(二)新授

1. 时间轴线追忆抗战岁月

(1)回顾14年的抗战历程

下面我们一起通过一段视频来回顾那段艰苦的抗战岁月。(播放视频)

(2)介绍抗战所经历的两个时期

①局部抗战时期：1931年9月18日—1937年7月6日

此时期先后历经“九一八事变”“一·二八事变”“华北事变”“一二·九运动”“西安事变”。1935年8月1日，中国共产党发表《为抗日救国告全体同胞书》，呼吁全国各党派、各阶层、各军队团结起来，停止内战，一致抗日。1935年12月9日，北平学生举行抗日救国游行，反对日本帝国主义侵略。“一二·九运动”掀起全国抗日救亡运动新高潮，西安事变推动了抗日民族统一战线的建立。

②全面抗战时期：1937年7月7日—1945年9月2日

此时期主要分为三个阶段。一是战略防御阶段：1937年7月7日—1938年10月。1937年7月7日，日本挑起卢沟桥事变，发动全面侵华战争，全民族抗战开始，历经淞沪会战、徐州会战、武汉会战、平型关大捷和百团大战等大的战事。二是战略相持阶段：1938年10月—1943年7月。1938年10月广州、武汉失守，战事基本相持，国民党抗战总体上趋向消极，先后三次掀起反共高潮，把主要精力放到消灭敌后抗日武装和根据地上面。三是战略反攻阶段：1943年7月—1945年9月。共产党领导的敌后军民在华北、华中、华南地区，对日伪军普遍发起局部反攻，1945年8月，日本宣布无条件投降。

【设计意图】通过时间轴及重大事件回顾抗战历程的视频播放，整体感知14年抗战的艰苦历程，厘清时间线和重大事件，激发抗战取得卓绝胜利的强烈共识。

2. 悲壮史诗述抗战精神内涵

(1)真实事例阐释抗战精神内涵

抗战时期，年轻的前辈为祖国的兴亡呐喊：“祖国如有难，汝应作前锋。”当一个民族处于黑暗中，它最年轻的力量会怎么选？是“战”还是“降”？是做主人拼死在疆场，还是做奴隶"青云直上"？

1935年10月，南京国民政府不仅继续推行不抵抗政策，还积极筹备晋察政务委员会来回应日本出台的所谓华北五省"防共自治运动"，这个时候，爱国学生再也按捺不住自己的怒火，清华大学救国会的爱国学生在《告全国民众书》中怒吼道："安心读书"吗？华北之大，已经安放不得一张平静的书桌了！愤怒的学生振臂高呼："停止内战，一致抗日"，"打倒汉奸卖国贼，打倒日本帝国主义，收复东北失地"。他们高高举起的是抗日救国的火种，他们勇敢地撕裂了卖国贼和侵略者的白日梦。各地工人纷纷罢工，支持学生斗争，全国各地学生群起响应。

1935年12月9日北平军政府调集大批军警，为阻止青年学生游行队伍，在王府井大街南口布置了一道严密的封锁线，军警用水龙头对着学生队伍猛烈扫射，同学们的脸上、身上顿时挂上一层薄冰，穿的棉袍霎时变成了冰袍。一群青年学生迎着棍击、刀砍、水龙头喷射，同军警搏斗。他们高举着"停止内战，一致抗日"标语，向国民党当局请愿。这场看似简单的示威游行，最终激起了全国的抗日救亡运动。一二·九的传奇正是在这里开始书写。

迅速席卷全国的"一二·九运动"，推动了抗日民族统一战线的建立，极大地促进了中国人的觉醒，标志着中国人民抗日民主运动新高潮的到来。抗日战争激发起了中华民族团结御侮的巨大能量，使中华民族的团结达到了前所未有的高度，史无前例地增强了中国人民天下兴亡、匹夫有责的爱国情怀。面对民族存亡的空前危机，中国人民的爱国热情就像火山一样迸发出来。正如毛主席所讲："这个战争促进中国人民的觉悟和团结的程度，是近百年来中国人民的一切伟大的斗争没有一次比得上的。"中国人民抗日民主运动的新高潮，在那一刻到来。

(2)抗战精神内涵

播放2020年9月3日习近平总书记在纪念中国人民抗日战争继世界反法西斯战争胜利七十五周年座谈会上的讲话(视频)

伟大战争铸就伟大精神，中国人民在抗日战争的壮阔进程中孕育出伟大抗战精神，向世界展示了天下兴亡、匹夫有责的爱国情怀；视死如归、宁死不屈的民族气节；不畏强暴、血战到底的英雄气概；百折不挠、坚忍不拔的必胜信念。

【设计意图】通过对四个抗战精神内涵的阐释，多方面诠释伟大抗战精神是中国人民弥足珍贵的精神财富和对中国人民克服一切艰难险阻，为实现中华民族伟大复兴而奋斗的巨大激励作用。

3. 新时代抗战精神薪火相传

(1)提出问题，激励教师在育人过程中传承抗战精神

老师们，抗战好像离我们很远，我们为什么还总提起抗战精神？作为一名教师，我们的重要任务是引导青年健康成长，培育出能够担当起民族复兴大任的时代新人。那么，在学校中我们是如何引导学生时刻保持革命精神、革命斗志，努力成为中国特色社会主义合格的建设者呢？

在新时代、新阶段、新征程中，我们必须发扬伟大的抗战精神，挺起中国的脊梁，

不畏艰难困苦，怀着必胜信念和对理想的信仰，坚持到底，取得胜利。

因此，新时期引导学生时刻保持革命精神、革命斗志，努力成为中国特色社会主义合格的建设者就是摆在教育工作者面前的新课题。为此，要有意识地在教育教学中设计有效的教育活动，引导学生传承伟大的抗战精神，需要形成提升新时代中学生抗战精神培育的整体策略。

(2)结合我校的主题教育活动引导学生学习和传承抗战精神

我校作为丰台区首批“新时代学校思想政治理论改革创新基地校”，在我校党建品牌“丽泽号”育人课程的引领下，我们结合学校的主题教育活动，在“行”“讲”“研”三个维度下功夫，引导学生学习和传承抗战精神，发动学生成为抗战精神的调查员、讲解员和宣传员。

“行到实地”——学生分别走进中国抗日战争纪念馆全面学习抗战精神；走进长城喜峰口赓续革命忆抗战；走进延庆区跟随历史的足迹，探访平北红色第一村、昌延联合政府、平北抗日烈士纪念园，让学生成为抗战精神的调查员。

“讲至心扉”——初中部将它与每周的升旗仪式相结合。学生以班级为单位，将所学、所见、所感，通过歌舞、朗诵、演讲、视频等多种形式，利用升旗仪式分享给全校师生，让学生成为抗战精神的讲解员。

“研出精彩”——班级将学习过程、收获与感受，撰写成研究性学习报告，以新闻稿的形式发表在学校的公众号上进行宣传，让学生成为抗战精神宣传员。

【设计意图】通过学校育人活动的实践将抗战精神融入学生活动中，努力提高活动育人的针对性、实效性。梳理经验，为后续育人活动提供基本框架，增强教师承担为党育人、为国育才历史重任的责任感和使命感。

(三)升华

一段峥嵘岁月，波澜壮阔，刻骨铭心。一种伟大精神，穿越历史，辉映未来。抗战时期，千千万万的英雄儿女以血肉之躯筑起拯救民族危亡、捍卫民族尊严的钢铁长城，谱写下惊天地、泣鬼神的爱国主义篇章。革命先烈浴血奋战、敢为人先的抗战精神绵延至今，指引我们从建设新中国到建设社会主义，再到实行改革开放，中国人民否极泰来，向世界展示了一幅惊天动地的山河无恙图。现如今，中国青年依旧在不同的时代中发出同样有力的强音。在抗疫、抗洪等重大任务中，他们不畏生死；在“嫦娥”“北斗”“九章”等科研项目中，他们潜心钻研；在打破脱贫攻坚战役中，他们响应号召，奔赴贫穷落后的腹地；还有中国的“00后”青年们也已经崭露头角，他们当志愿者，不辞辛苦，不惧危险，他们在奥运赛场上得奖牌，为国争光。新时代中国青年正在努力成长为担当民族复兴大任的时代新人。

百年大计，教育为本。党的二十大明确指出，我们要坚持为党育人、为国育才，全面提高人才自主培养质量，着力造就拔尖创新人才，聚天下英才而用之。对今天的教育工作者而言，时刻保持为党育人，为国育才的历史使命感，时刻引导学生在学习生活中致敬革命先烈，传承抗战精神，振奋民族精神，弘扬爱国主义精神。抗日战争所凝聚和升华的抗战精神在这片土地上生生不息，成为中国人民攻坚克难的精神基因和制胜密码。

【设计意图】阐明传承抗战精神、弘扬家国情怀，依然是重大而现实的时代命题，具有重要价值。激励听者传承抗战精神，承担起实现中华民族伟大复兴的中国梦的使命担当。

传承长征精神，走好新时代长征路

邹双黛　王元胜

一、授课专题

“领学四史”专题。

二、授课对象

高中业余党校的学生。

三、教学目标

1. 知识与技能：通过学习长征中4个典型故事，让青年学生理解并传承长征精神，了解新时代下的长征路；通过对长征精神的学习，激发青年学生责任担当意识，并勇于主动担当时代责任，要胸怀世界百年未有之大变局和中华民族伟大复兴的战略全局，有走好新时代长征路的坚强意志。

2. 情感、态度、价值观：通过对长征精神的学习，激发青年学生责任担当意识和爱国情怀，坚定理想信念，不忘初心，要胸怀世界百年未有之大变局和中华民族伟大复兴的战略全局，有走好新时代长征路的坚强意志，奋力走好新时代长征路，走好自己的长征路。

四、教学重点、难点

1. 教学重点：领悟长征精神内涵，了解新时代长征路。

2. 教学难点：将长征精神内化到学生心中，引领学生有主动担当社会责任的意识，即为实现第二个百年奋斗目标、实现中华民族伟大复兴的中国梦而奋力前行。

五、教学辅助手段

PPT课件、问卷、易词云。

六、教学设计背景

这节微党课的设计背景如下：时代背景、内容背景和党校背景。

1. 时代背景

学党史，以史为鉴，以史为师。

习近平总书记说：“历史是最好的教科书，也是最好的清醒剂。”作为一名党员信息技术教师，以增添信息技术的党史教学方式，将党史与现实相结合，引导党员感受革命精神，培养爱国情怀，具有一定的意义。

2. 内容背景

传承长征精神，推进伟大事业。

长征精神，作为中国共产党人红色基因和精神谱系的重要组成部分，已经深深融入中华民族的血脉和灵魂，以长征精神作为本节微党课的内容，引领学生走好新时代长征路。

3. 党校背景

高中业余党校现已开发“思想铸魂、价值引领、道德修养、模范先锋”思维课程。本课内容在“思想铸魂”领域下开发与实施。

七、教学过程

(一)课前学情分析

通过问卷调查“你比较了解哪个长征历史事件?”，了解学生对长征的掌握情况，分析后，设计了以“湘江战役、遵义会议、四渡赤水河和三军会师”4 个历史事件作为本节课的长征故事线。学生自主分成 4 组，各小组合作完成以下课前任务。

一句话概述历史事件：(1)说内容；(2)讲意义；(3)悟精神。

【设计意图】了解学生对长征和长征精神的掌握情况，为优化教学过程、达成教学目标提供依据。引导学生充分利用君朋小组形式开展合作探究式学习，发挥学生的主体作用。

(二)导入环节

以耳熟能详的《七律·长征》诗作为课堂导入，请学生们一起朗读这首诗。“红军不怕远征难，万水千山只等闲，五岭逶迤腾细浪，乌蒙磅礴走泥丸。金沙水拍云崖暖，大渡桥横铁索寒。更喜岷山千里雪，三军过后尽开颜。”诗中提到了 7 个故事，按照故事的时间顺序，本节课挑选出 4 个故事作为本节课的故事线，分别是湘江战役、遵义会议、四渡赤水河和三军会师，以此展开长征精神的学习。

【设计意图】(1)史诗融合，史料实证。以毛泽东的诗词作为课堂引入，该诗词是毛主席带领中央红军翻过积雪覆盖的岷山，在甘肃榜罗镇写下了著名的《七律·长征》诗，是对长征最豪迈的刻画、对长征的整体概述，诗史结合，有利于提高学生的学习兴趣，从而加深学生对长征的感性认识，加深对长征的记忆与理解，也培养学生的综合能力。

(2)人文情怀。体现中国工农红军不畏艰险、英勇顽强的革命英雄主义和革命乐观主义精神。

(三)新授环节

将学生自主分为 4 个君朋小组，分别对湘江战役、遵义会议、四渡赤水河和三军会师内容进行课前学习，并派代表简单介绍该内容。每说完一个故事，将对应的故事贴到对应的时间线上。

长征的背景：国民党对中央苏区发动 5 次围剿，第五次反“围剿”由于敌强我弱和一些“左”倾冒险错误的领导，导致红军遭到重大损失而失败，红军为了生存，被迫实行战略转移，退出江西苏区。

1. 湘江战役

背景：1934 年 11 月 25 日，中央红军决定抢渡湘江。中央红军面对国民党蒋介石集团 30 万大军凭借湘江天险精心构筑的第四道封锁线，与数倍于己的优势之敌苦战一周，以损失过半的惨重代价突破湘江(8.6 万余人锐减到 3 万余人)，粉碎了国民党围歼红军于湘江以东的企图。对此，蒋介石无奈叹道：“无异纵虎归山，数年努力，功败垂成!”

意义：湘江战役是红军长征的壮烈一战，是决定中国革命生死存亡的重要历史事件。

湘江战役是红军长征历时最长、规模最大、战斗最激烈、损失最惨重的一战。湘江之战的惨胜和血的教训，标志着“左”倾冒险主义军事路线的失败，彻底使人们清醒地认识到“左”倾冒险主义军事路线的危害，为一个月后遵义会议召开，确立毛泽东的领导地位奠定了思想基础。

精神：勇于胜利、勇于突破、勇于牺牲。

【设计意图】湘江战役长征路上的第一场战役，具有代表性，可通过数字变化直观显现长征的艰难，也体现出为了救国救民，不怕任何艰难险阻，不惜付出一切牺牲的长征精神。

2. 遵义会议

背景：红军在第五次反“围剿”失败和长征初期严重受挫的情况下，为了纠正“左”倾领导和军事指挥上的错误，1935 年 1 月 15 日—17 日，在遵义召开中共中央政治局扩大会议。

意义：遵义会议是中国共产党历史上一个生死攸关的转折点。遵义会议是中国共产党在政治上走向成熟的标志。遵义会议事实上确立了以毛泽东为核心的党中央的正确领导。这次会议初步确立了以毛泽东为代表的马克思主义的正确路线在中共中央的领导地位。

精神：坚定信念、坚持真理、独立自主、团结统一。

2021 年 2 月，习近平总书记视察贵州时强调，要从长征精神和遵义会议精神中深刻感悟共产党人的初心和使命，落实新时代党的建设总要求，实事求是、坚持真理，科学应变、主动求变，咬定目标、勇往直前，走好新时代的长征路。遵义会议是中国共产党历史上一次具有伟大转折意义的重要会议，在最危急关头挽救了党、挽救了红军、挽救了中国革命。伟大的遵义会议形成的以坚定信念、坚持真理、独立自主、团结统一为基本内涵的遵义会议精神，为实现中华民族伟大复兴中国梦凝聚强大精神力量。

【设计意图】遵义会议是红军长征中的转折点，以此启发学生，遇到问题及时调整，科学应变、主动求变，走新时代的长征路，必须坚持崇高理想不动摇、革命意志不涣散、奋斗精神不懈怠，始终不渝地为实现党的基本纲领和共产主义远大理想而奋斗。

3. 四渡赤水

背景：四渡赤水战役是遵义会议之后，中央红军在长征途中，处于国民党 40 万重兵围追堵截的艰险条件下进行的一次决定性运动战役。

时间：1935年1月19日—1935年5月9日，历时111天。

过程：一渡赤水，集结扎西，待机歼敌。二渡赤水，回师遵义，大量歼敌。三渡、四渡赤水，向南突破乌江天险，调动并摆脱敌人。其中大小战役40余次。

意义：党中央和红军扭转了自长征以来最危险的局面，掌握了战略转移的主动权，从理论和实践上实现了党的战略指导思想的根本转变，红军彻底跳出了国民党反动派组织的包围圈，为红军长征的胜利提供了基础。四渡赤水战役是一场3万人对40万人的悬殊较量，粉碎了蒋介石围歼中央红军于川黔滇边的企图。

精神：坚持真理、坚守理想，践行初心、担当使命，不怕牺牲、英勇斗争，对党忠诚、不负人民。

【设计意图】四渡赤水战役是遵义会议之后，红军以少胜多、以弱胜强，化被动为主动的战役，为红军长征的胜利提供了基础，为三军会师做了铺垫，也能体现坚持独立自主、实事求是，一切从实际出发的长征精神。面对新时代"新长征"，需要坚守党的宗旨信念，坚持党的思想路线。

4. 三军会师

背景：1936年10月，红军一、二、四方面军在会宁会师，标志着具有伟大历史意义的红军长征胜利结束。

意义：粉碎国民党反动派妄想扼杀中国革命的企图，保存了党的基本力量，为以后抗日的胜利奠定了基础。

精神："坚定信念、艰苦奋斗、团结一致、敢于胜利"为主要内容的伟大会师精神。

请同学们总结一下，长征取得胜利的原因，结合自己的生活，说一说如何传承长征精神。

他们走了2.5万里，各路红军总行程6.5万余里，纵横10余省，征服雪山草地重要战役战斗600余次，10余万英烈牺牲。

【设计意图】长征大会师标志着长征的胜利，由此引出长征精神，探讨新时代长征路该如何走，为课程的第二部分做铺垫。

5. 长征精神

长征铸就了伟大的长征精神。这就是：把全国人民和中华民族的根本利益看得高于一切，坚定革命的理想和信念，坚信正义事业必然胜利的精神；为了救国救民，不怕任何艰难险阻，不惜付出一切牺牲的精神；坚持独立自主、实事求是，一切从实际出发的精神；顾全大局、严守纪律、紧密团结的精神；紧紧依靠人民群众，同人民群众生死相依、患难与共、艰苦奋斗的精神。

——《习近平在纪念红军长征胜利八十周年大会上的讲话》

【设计意图】以数据可视化方式将高频词显示出来，利用信息技术手段加深学生对长征精神的记忆和思考。

(四)升华：新时代长征路

一代人有一代人的长征，一代人有一代人的担当。

祖辈“长征路”是二万五千里的长征路，是夺取政权的长征。

父辈“长征路”是改革开放，实现国家的富强。

那我们当下的长征路是什么呢？

什么是新时代长征路？

新时代长征路就是：实现“两个一百年”奋斗目标、实现中华民族伟大复兴中国梦的路。

如何走新时代长征路？

中国共产党的中心任务：

团结带领全国人民全面建设社会主义现代化强国。

实现第二个百年奋斗目标，以中国现代化全面推进中华民族伟大复兴。

2020 年—2035 年：基本实现社会主义现代化。

2035 年—21 世纪中叶：建成富强、民主、文明、和谐的社会主义现代化强国。

如何做？

责任担当：新时代的长征路就是要实现第二个百年奋斗目标、实现中华民族伟大复兴的中国梦，江河万里总有源，树高千尺也有根。新时期的学生要继承和弘扬伟大长征精神，不断战胜前进道路上的一切困难和挑战，夺取新的胜利。对党对国忠诚，为民服务。新时代长征路走的是一条为民之路，必须把人民放在心中最高位置。道阻且长，行则将至；行而不辍，复兴可期。

知行合一：同学们，今天的你们，将成为实现第二个百年奋斗目标的中坚力量，希望你们能够立足当下，坚强克服学习和生活中的各种困难，勇攀知识高峰，希望你们能够志存高远，坚定理想信念，有效履行使命；同时作为一名青年教师的我倡议：让我们每个人内心都奋力吹响自己新时代“长征”的号角，为投身中国式现代化的伟大实践，共同出发！

【设计意图】提出本课程的重点：走好新时代长征路，通过对比不同年代人的长征路，明确自己的长征路。

(五)总结与反思

今天，我们比历史上任何时期都更接近中华民族伟大复兴的目标，实现中华民族伟大复兴进入了不可逆转的历史进程。我们坚信，始终站在历史正确的一边，始终站在人类进步的一边，不畏风浪、直面挑战，风雨无阻向前进，就没有任何力量能够撼动我们伟大祖国的地位，没有任何力量能够阻挡中国前进的步伐！

文化自信与民族复兴

陈迎春

一、授课专题

“砥砺奋进”专题。

二、授课对象

党员。

三、教学目标

1. 知识与技能：通过中国古代强盛史与近代百年屈辱史的对比，引发党员思考国力强盛拥有自信、国力衰弱丧失自信的道理；通过回顾中国共产党带领中国人民夺取若干胜利及中西方抗疫对比，引导党员增强四个自信；通过习近平总书记相关讲话内容，引导党员明确文化自信是最根本的力量。

2. 过程与方法：通过大量的史实图片、视频、实例，培养党员倾听、思考、归纳、总结的能力，加深对文化自信与民族复兴关系的理解与认识。

3. 情感、态度、价值观：通过回顾史上最辉煌的时代与最屈辱的时代，激发党员的爱国情感；通过讲授西方多年对我们展开的舆论战和党带领人民取得的疫情防控的胜利，激发党员要牢牢把握课堂舆论主阵地，帮助学生树立文化自信，激发为实现中华民族伟大复兴而奋斗的动力。

四、教学重点、难点

1. 教学重点：文化自信与民族复兴的关系。A. 国家主权的独立完整，综合国力的强盛，军事力量的强大，是推动文化发展、树立文化自信的前提；B. 文化兴国运兴，文化强民族强，作为教师要坚定文化自信，为实现中华民族伟大复兴培养生力军。

2. 教学难点：党员如何坚定文化自信？

五、教学辅助手段

PPT 课件、视频。

六、教学过程

(一)导入

1. 展示5000多年中华文化的高度自信

师：这是一千多年前，盛唐的一幅图景。当全世界的夜晚陷入一片黑暗时，唯有东方的长安依然灯火辉煌。盛唐时期万国来朝，强大的国力、绚烂的文化、开放包容的气度，将一个超级大国的巍峨形象展现在世界面前。(出示长安不夜城图片PPT)

师：众所周知，在人类历史上相当长的时间里，中国都是领先世界的强国。在灿若星河的诗词绘画、美轮美奂的歌舞艺术背后，是强大的国力、深厚的底蕴和高度的文明，这是中华文明和中华民族自信的源头。(出示强汉、盛唐PPT)

师：毛主席说"数风流人数，还看今朝"。今天，我们所处的这个新时代，既是近代以来中华民族发展的最好时代，也是实现中华民族伟大复兴的最关键时代。

2. 揭示课题"文化自信事关国运兴衰"，导入新课

师：今天我们就来谈一谈文化自信与民族复兴。

(出示讲课提纲PPT)

师：我们从以下几个方面来进行阐释和交流。

※近代百年屈辱史，丧失文化自信 ※中国共产党的胜利，重塑文化自信 ※新时代坚定文化自信，建成文化强国

【设计意图】通过讲授盛唐万国来朝的繁荣、强大的国力和高度的文明交相辉映，引导党员认识到文化自信与民族兴衰息息相关，国力强盛的背后是厚重的文化底色。引入授课主题。

(二)新授

1. 近代百年屈辱史，丧失了文化自信

(1)总说近代中华民族的衰败

师：(出示中美阿拉斯加论坛照片)这张照片相信大家都在各大媒体上看过很多遍了。2020年是辛丑年，"中美高层战略对话"的新闻也让很多国人想起了120年前的《辛丑条约》。100多年前的屈辱，我们不能忘记。1900年八国联军打进北京，清政府被迫签订了丧权辱国的《辛丑条约》，关于赔款一项中国就要赔列强4.5亿两白银，加上利息合计9.8亿两白银。自1840年第一次鸦片战争开始，清政府就在西方列强的坚船利炮下割地赔款，备受屈辱。一页页不平等条约，卷走了中国人民数以亿计的财富，也羞辱了一个泱泱大国的尊严。(出示鸦片战争后中国惨遭列强侵略的PPT)

(2)分说寻找失败的原因

①器不如人

师：那个时候，曾国藩、左宗棠、李鸿章首先提出"器不如人"。认为中国的连续失败，问题出在"器不如人"上，所以他们开始搞洋务运动，学习西方的先进科学技术。

洋务运动搞了30多年，代表“洋务运动”最高成就的北洋水师，实力位居亚洲第一、世界第九，却在甲午战争中全军覆没。(出示洋务运动和北洋水师的PPT)

②制不如人

师：洋务运动失败，康有为、梁启超、孙中山认为中国不是“器不如人”，是政治制度出了问题，提出“制不如人”。康、梁的戊戌变法，孙中山领导的辛亥革命都是改制。结果共和体制建立，巴黎和会照样瓜分了中国，把德国在山东的权益转让给了日本。中国虽然是一战所谓的“战胜国”，自身权益照样被其他战胜国瓜分，于是爆发了轰轰烈烈的“五四运动”。(出示戊戌变法、辛亥革命的PPT)

③思想文化不如人

师：“五四运动”引发了新文化运动，这一运动的先驱有胡适、陈独秀、鲁迅，他们认为中国的问题是“思想文化不如人”，提出了“打倒孔家店”。(出示五四运动、新文化运动、打倒孔家店的PPT)

师：那时候，寻找中国落后原因的仁人志士从器物层面、制度层面、思想文化层面一个一个找，曾经引以为傲的中华文化成为了“原罪”。文化自信遭遇前所未有的冲击，陷入历史的低谷。也正是这一时期的文化反思，为马克思主义传入中国奠定了思想基础和群众基础。马克思主义的传入，掀开了中国革命的崭新一页，同时也掀开了中华文化发展的崭新一页。

(3)总结造成不自信的原因

师：为什么那个时候的人们丧失了文化自信呢?

师：因为洋务运动失败了，戊戌变法失败了，辛亥革命也失败了，国力衰弱接连失败，何来自信?

【设计意图】通过讲授近代先驱者探索救亡图存的历程，得出结论，引发党员思考国力衰败是丧失文化自信的根源。

2. 中国共产党赢得胜利，找回了文化自信

(1)总说中国共产党诞生后带领人民群众取得的胜利

师：就在国家最黑暗、人民最无望的时候，中国共产党应运而生。一批年轻的“马克思”者走上了中国政治舞台，他们凭着一腔热血，浴血奋斗。在中国共产党的领导下，中国人在精神上由被动转入主动。通过艰苦卓绝的奋斗，经过五次反“围剿”、二万五千里长征、抗日战争、解放战争，取得一个又一个胜利。伴随着新民主主义革命的风起云涌，中华文化也开启了全新的发展历程。中国共产党带领人民群众创立的革命文化，如涓涓细流不断汇入中华文化之中，为其增添了“新鲜血液”。这支前所未有的力量，不仅给中华民族带来了胜利，更带来了希望，带来了自信。(播放中国共产党带领中国革命赢得胜利的视频)

(2)分说中国共产党诞生后带领人民群众取得的胜利

①政治上摆脱了颓势

师：首先是在政治上摆脱了颓势(播放1949年毛泽东主席在天安门城楼庄严宣告“中华人民共和国成立了”的视频)。这一声宣告，表明中华文明在政治上摆脱了颓势，

向全世界展示我们找到了适合自己发展的政治体制，我们也能开辟出自己的发展道路。

②军事上摆脱了败势

师：紧接着，在军事上摆脱了败势。(出示抗美援朝夺取胜利的视频)1950 年，中国人民志愿军跨过鸭绿江，与以美国为首的十六国联合军抗衡，把他们压得步步向南退缩。抗美援朝战争是中国共产党人领导新中国人民的一次胜利，我们用事实证明中华文明在军事上摆脱了败势。历史表明：国家主权的独立和完整是推动文化发展、树立文化自信的前提条件，没有强大的军事力量支撑，无论多璀璨的文明也无法生存。

③经济上扭转了劣势

师：然后，是在经济上扭转了劣势。1978 年开始的改革开放，使我们国家迅速成为世界第二大经济体。40 多年的时间，中国人民富起来了。在中国共产党的领导下，全新的国家、全新的制度、全新的文化相互支撑，共同照亮了中华民族伟大复兴的光明前景。(出示改革开放经济取得的巨大成就 PPT)

【设计意图】通过讲授党带领人民群众摆脱了政治上的颓势、军事上的败势、经济上的劣势，引导大家认识马克思主义传入，掀开了中国革命的崭新一页，使革命文化融入中华文化中，我们赢得了主权独立和精神独立，重塑了文化自信。

(三)新时代坚定文化自信，建设文化强国

1. 习近平总书记展现出来的文化自信

师：全国两会期间，习近平总书记看望参加全国政协会议的医药卫生界教育界委员时说：“‘70 后’‘80 后’‘90 后’‘00 后’，他们走出去看世界之前，中国已经可以平视这个世界了，也不像我们当年那么‘土’了……”总书记的一席话引起网上网下广泛共鸣。“平视世界”短短四个字的背后，是中国在世界上地位、实力、影响的剧变，彰显出了今日中国的自信与从容。(出示习近平总书记看望政协委员讲话 PPT)

2. 文化自信与不自信的前后对比

师：回望中国近代史，对于欧美，中国人更多是仰视。曾、左、李提的“器不如人”，康、梁、孙提的“制不如人”，胡、陈、鲁等人提的“思想文化不如人”，与习近平总书记提的理论自信、制度自信、道路自信、文化自信，形成多么鲜明的对比啊！中国由“仰视世界”到“平视世界”，百年之间，沧海桑田，中华民族完成了凤凰涅槃，让一种文明全面复兴。(出示习近平总书记宣讲四个自信 PPT)

3. 国家层面“建成文化强国”的自信底气

师：党的十九届五中全会提出到 2035 年建成文化强国的战略目标，这是党的十七届六中全会提出建设社会主义文化强国以来，党中央首次明确建成文化强国的具体时间表。由强调“建设文化强国”到明确提出“建成文化强国”，一字之别，文化自信的充沛底气、再创辉煌的从容自觉，盈注其间。(出示十四五规划和 2035 愿景目标节选 PPT)

【设计意图】通过 2035 年建成文化强国时间表的确定，展示了国家领导人文化自信的强大底气。

七、小结

师：习近平总书记说："落后就要挨打，贫穷就要挨饿，失语就要挨骂。争取国际话语权是我们必须解决好的一个重大问题。"3月18日中美阿拉斯加高层对话公开面对面交锋，就是中国争取国际话语权的一次成功经验。（播放中美阿拉斯加高层对话视频片段节选）作为教师，我们要主动引领学生关注社会热点话题，主动设置讨论议题，引领学生关心关注国家大事，通过课堂教学和各种主题教育活动，引导学生增强文化自信，讲好中国故事。（学校开展的主题教育活动PPT）

师：最后，让我们再来回顾一下习近平总书记在全国抗击新冠肺炎疫情表彰大会上的讲话。

（播放习近平总书记在全国抗击新冠肺炎疫情表彰大会上的讲话视频片段）

从5000多年文明发展的苦难辉煌中走来的中国人民和中华民族，必将在新时代的伟大征程上一路向前，任何人任何势力都不能阻挡中国人民实现更加美好生活的前进步伐！让我们更加紧密地团结起来，大力弘扬伟大抗疫精神，勠力同心、锐意进取，奋力实现决胜全面建成小康社会、决战脱贫攻坚目标任务，在全面建设社会主义现代化国家的新征程上创造新的历史伟业！

师：提升新时代文化自信，实现中华民族伟大复兴，我们一起加油！

【设计意图】通过习近平总书记视频讲话渲染氛围，激情导行。号召党员努力提升文化素养，把握课堂舆论主阵地，引领学生提升文化自信，努力实现中华民族伟大复兴。

一次不同寻常的学习

张建文

一、案例背景

2019 年是中华人民共和国成立 70 周年，也是我们党在全国执政第 70 个年头，学校党委正在开展“不忘初心、牢记使命”主题教育，其关键是要牢牢把握守初心、担使命、找差距、抓落实的总要求。通过学习研讨，我有了更深刻的理解：守初心，就是要牢记全心全意为人民服务的根本宗旨，以坚定的理想信念坚守初心，牢记人民对美好生活的向往就是我们的奋斗目标，时刻不忘我们党来自人民、根植人民，永远不能脱离群众、轻视群众、漠视群众疾苦。担使命，就是要牢记我们党肩负的实现中华民族伟大复兴的历史使命，勇于担当负责，积极主动作为，保持斗争精神，敢于直面风险挑战，以坚韧不拔的意志和无私无畏的勇气战胜前进道路上的一切艰难险阻。我们作为党员教师，就是要在自己教育教学中，守住立德树人的初心，勇担立德树人的使命，将学生培养成为社会主义的建设者和接班人。

二、案例描述

1. 诉说成长的烦恼

都说学生时代的人最单纯，儿时的快乐最容易，殊不知学生有学生的委屈。有些委屈无人诉说，或者说了也不被相信，长此以往，会长久地影响孩子……

高一过了半学期，某班长因为工作中积累的一些小问题，和同学之间有了一些矛盾，导致同学们不理解、不支持他的工作，班上工作做不好，孩子着急，影响心情，也影响学习，父母不支持孩子做班干部，希望能将精力放在学习上……班长满腹委屈，到办公室找到班主任，准备打退堂鼓……

其实这是学生进入到高中很常见的问题，学生在学习、工作、活动中，处理与同学、朋友、家长和老师的关系，常有很多的困惑和委屈，如何引导学生面对和解决呢？

2. 办公室里探讨习近平总书记“初到梁家河的故事”

我们办公室的三位班主任都是党员，张杰老师、薛永莉老师和我经常在一起研究问题，面对这位班长的情况，我们就结合主题教育学习中收听的纪实文学《梁家河》，和孩子一起开始了一次不同寻常的共同学习。

“梁家河是个神奇的地方，我 15 岁来到黄土地时，我迷茫、彷徨，22 岁离开黄土地时，我已经有了坚定的人生目标，充满自信。作为一名人民公仆，陕北高原是我的根，因为这里培养了我不变的信念，要为人民做实事。无论我走到哪里，永远是黄土地的儿子。”《梁家河》从15岁的习近平开始，记录了总书记的青春岁月……

不同的时代，一样迷茫、彷徨的15岁，习近平经历了什么？他怎么度过？又如何找到了自己的目标？

找到《梁家河》音频，一起听一听习近平15岁的迷茫和彷徨。15岁的习近平初到梁家河，就突如其来地面对了“面包喂狗”“不跟红旗走”的事情，在当时的情况下，他怎么解释，都挡不住大家的议论像风一样传遍整个延川县。这位刚从北京下乡到梁家河的15岁的少年，从生活上还没有适应，立即就遇到如此大的舆论压力，满腹委屈，百口莫辩。第一次经历如此压力的少年，实在经受不住，退缩了，终于“逃”回了北京，然而，面对的却是家中的变故和户口政策、艰辛的劳动……少年习近平该何去何从？

当听到这里，班长似乎忘记了自己的压力，真是为另一位15岁的少年愤愤不平：“那个面包是不能吃的呀，这些人怎么能不理解呢？……”班长觉得这样的压力和困难太不可思议了。“如果是你，你会怎样？”“真的不知道了，不论留在北京，还是回梁家河，好像都没出路……”

班长比我们更着急往下听，想知道到底发生了什么。“家中长辈讲述了自己作为一名学生，如何革命工作，面对不同的人群，如何真诚交流，团结大家，理解并能积极投入到革命队伍中来，摸索面对困难和解决问题的工作方式……”这样的交流，让15岁的少年习近平开始思考自己面对的问题，如何理解梁家河的乡亲，如何认识自己，如何开始新的生活、学习、劳动……一段不是很长的“初到梁家河”的故事，深深打动了大家，大家一起思考讨论——“怎样的青春不迷茫”这一青春课题。15岁的少年习近平再次回到大山深处的梁家河，他说：“我就是个农民，我要从如何做好一个农民开始各种学习。”他观察理解学习体验着乡亲们的生活，生活中习惯地将分给知青的少量的馒头分给地头的妇女孩子，用自己的学习习惯影响着年轻人的精神追求，引领着他们开阔视野，不断成长，一起建沼气池改变着乡亲的生活面貌，一起描绘着梁家河的未来蓝图……乡亲们说：“近平做活不惜力，是把好手……”离开梁家河多年，青年时的小伙伴彼此之间联系不断，遇到解决不了的困难，还会求助于他，感到不好意思时，习近平一句朴实的“谁让我们是朋友”，化解了乡亲的尴尬……

在学习中，不仅班长开始了思考，我们也想到自己的工作中，也会面临着和学生、家长、同事、领导之间的交流，也会产生各种各样的苦恼、困惑和不解，这个过程中，我们想到自己为师的初心，一颗本职之心、一颗责任之心，会激励我们从更多角度去分析问题，解决问题，克服困难，相互理解。我们相信办法总比困难多，会在不断学习和解决问题中开阔视野、提升工作能力。

三、案例分析

1. 榜样的力量

学习中，总是有很多感动自己的故事，感动是因为我们会有共鸣，不同年龄，都会遇到迷茫、困惑……都需要面对问题，“从逃避、到面对、到战胜，解决了自我认识和理解他人”的过程，大家都体验过，成长的过程中，榜样总给我们启发，不论是精神力量还是解决方法。

2. 领路人的成长

我们经常说，要做好学生的四个方面的引路人，要给学生引好路，就需要我们具备引路的能力，好学、深思、力行，在立德树人、学科建设、学科教育问题等方面不断学习、参与、设计、实践。于漪老师说“一辈子做老师，一辈子学做老师”，“教育决不能高高在上，一定要目中有人，走进学生的世界，以全面发展的人为培养目标，构建思维训练为核心，展开自己的教育生涯。”结合我们的教育教学，工作中不断明确这样的方向，一定能谦虚谨慎，戒骄戒躁，也才会有更大的进步。这也是践行初心中，前辈对我们的引领、期待。

3. 党员教师的使命担当

习近平总书记说，教师承载着传播知识、传播思想、传播真理，塑造灵魂、塑造生命、塑造新人的时代重任。从十九大报告提出“培养能够担当民族复兴大任的时代新人”，到全国宣传思想工作会议提出“育新人”，再到全国教育大会要求“塑造新人”，培养人的问题始终是首要问题。教育就要把培养社会主义建设者和接班人作为根本任务，培养一代又一代拥护中国共产党领导和我国社会主义制度、立志为中国特色社会主义奋斗终生的有用人才。

“师者，人之模范也。”教师是“千教万教，教人求真”，学生才能是“千学万学，学做真人”。作为党员教师，更要担起时代重任，积极主动作为，在教育教学实践中走在前，做在前，做好先锋，当好表率。

探“意外”之因 寻“育人”之法

罗君霞

一、案例背景

2018年9月10日，全国教育大会在北京召开。习近平总书记发表重要讲话指出：培养什么人，是教育的首要问题。要在坚定理想信念上下功夫；要在厚植爱国主义情怀上下功夫；要在加强品德修养上下功夫；要在增长知识见识上下功夫；要在培养奋斗精神上下功夫；要在增强综合素质上下功夫。总书记强调：要把“立德树人”融入思想道德教育、文化知识教育、社会实践教育各环节。

2019年，我校的区级党建课题“发挥党组织在学校‘立德树人’过程中的引领作用”课题研究进入深入推进、结题阶段。在课题中期研究交流会后，一方面我们以《北京市义务教育阶段学科德育指导纲要(修订版)》为指导，引导教师依据课程标准和学生实际需求，挖掘学科课程育人价值，设计相应的教学活动，深入推进课程育人的实践成果；另一方面，我们继续推进君子品格养成课程等方面的实践探究，深入实践党组织引领“立德树人”活动方式，继续发挥党员在学校“立德树人”中的引领作用。

我作为党建课题组的核心成员，又是君子品格养成课程研发团队教师，在实践中，将课题研究与学科育人活动结合，不断探索，认真落实课程育人，进行了君子品格养成课的研发和教育教学实践。在育人过程中，我注重在加强品德修养上下功夫、在培养奋斗精神上下功夫，培养具有责任担当、德才兼修、身心两健的当代君子。

二、案例描述

2019年9月，作为君子品格养成校本课研发团队成员教师，我已经致力于君子品格养成校本课的研发设计和授课工作两年多时间。本学期，我继续在高一年级上君子品格养成校本课“此心安处是吾乡”，高一学生对苏轼比较熟悉，也学过苏轼的一些作品，在教学设计中，我挖掘苏东坡身上能体现君子品格的事件和作品，设计相应的情境或活动，希望通过苏东坡的人生经历、文学作品，引导学生在困难、挫折面前，保持乐观、豁达的心态。

上课前，我还是比较有信心的：一是上学期我已经在上届高一年级上过同主题的课了；二是在暑假，我根据专家的意见，对授课内容又进行了修改。因此，我满怀信心，觉得效果应该会不错。可是事实却很“意外”：当我第一次在这个年级上课时，课堂上学生对课堂活动或问题基本不愿意参与，虽然我想着法地结合学生学习、生活，想激发他们参与课堂活动的积极性，但最后整堂课还是在比较沉闷的氛围中度过了。

之后，我认真地对第一次课进行了课后分析：首先进一步了解这个班的学情，学生内向，不愿意在课堂上表达、表现自己，属于内秀型，在其他学科的课堂上也不爱发言，很少参与活动。其次，进行课后反思。课堂上面对不同的学生，如何做，才能达到好的育人效果？经过思考，我深刻意识到，在教学内容中既要挖掘教学内容中体现“涵养修身、当代君子、文化担当”等育人价值相关的内容，又要设计更丰富、生动的教育教学情境，激发学生的兴趣。在之后 5 个班的教学中，我根据时间、学生的不同，选用合适的方法，不断地探索、努力、实践，在课程育人过程中实现对学生的理想信念引领、价值引领作用，取得较好的课程育人效果。

三、案例分析

作为党员教师，我在“立德树人”过程中发挥先锋模范作用，认真践行“课程育人”这项课题的重要内容，充分挖掘课堂教学中的德育资源，细化落实到课程教学之中，将“育人”渗透到教育教学全过程，努力实现课程功能：既开阔学生视野、激发兴趣，发展学生特长，满足学生个性化发展需求，又能引导坚定学生理想信念、锤炼学生品格、增强学生综合素养。

1. 弘扬传统节日文化，丰富课程育人内容

“此心安处是吾乡”所要实现的主要育人功能是：结合苏东坡的人生经历，阅读其文学作品，学习其面对挫折时的乐观、豁达精神品质，引导学生树立正确的人生观。

9 月 10 日，是我在(2)班上君子品格养成校本课的时间，当天是教师节，而两天后的 9 月 13 日，正好是中华民族的一大传统节日——中秋节。我抓住这个特殊的时间点，以苏轼在密州时所作的名篇——《水调歌头・明月几时有》导入，一方面引导学生体会苏轼对长达 7 年未能晤面的弟弟苏辙悠悠的思念之情，感受中华传统节日中秋节传承已久的家人团聚、团团圆圆的文化内涵，珍惜现在能够在中秋佳节与家人团聚的幸福，树立中华文化自信；另一方面，在体会苏轼当时在政治上不能施展抱负，生活上兄弟天各一方的幽怨情思的同时，着重从其名句“人有悲欢离合，月有阴晴圆缺，此事古难全。但愿人长久，千里共婵娟”学习苏轼的哲学思维和他内心深处的豁达心胸。

这样的设计，既实现了对学生进行中华优秀传统文化教育，又教育学生学习历史文化名人品格，丰富了课程育人内容。

2. 引导学生积极思考，深挖课程育人价值

每节课后，我都会根据课程育人价值的实践情况进行反思。有时主动征求特级教师郭老师的意见和建议。在和郭老师的一次交流后，我反复思考他提出的一个问题：苏轼身上除了乐观、豁达的品格外，还有其他更重要的品格吗？

经过思考，我在(6)班上课之前，在原有内容基础上增加设计了一个问题：“苏东坡身上，最可贵的品格是什么？乐观？豁达？还是……”旨在通过这样的设计，引发学生进行深入思考：苏东坡身上最大的人格魅力不仅在于他遇到人生波折时的乐观、豁达，更可贵之处在于苏东坡在经历无数次人生波折之后，他还想着继续向上、奋进、一直想着有所作为，一直想着为一方百姓做实事、谋福利。用我们现在的话来概括，

他一直“不忘初心”，牢记自己的使命，于各种艰难困苦、各类磨难中朝着自己的理想，不断努力。

这个问题的设计，引发了学生深层次的思考，较好地实现了对学生进行抗挫折、抗磨难教育，让课堂成为教育学生坚定理想信念、锤炼品格的主阵地。

3. 发挥学生兴趣特长，活跃课程育人氛围

在给(3)班的学生上课时，为了让学生深入感受苏东坡身上受儒、释、道三家思想的影响，其词作风格既有豪放洒脱的风格，又有唯美婉约的风格特点，我选择了学生之前学过的《江城子·密州出猎》，体现其积极入世的思想；同时又选择了其落魄时，重视亲情、走向内心安宁的词作——《水调歌头·明月几时有》，让学生们朗读，引导学生体会苏轼身上所反映的不同文化风格。

上课时，听说有同学是朗诵社团的成员时，我立即邀请具有诵读特长的一名男生和一名女生，分别来朗诵这两首不同风格的作品。让我惊喜的是：这两名同学朗读时感情拿捏特别到位，极富感染力，获得了满堂喝彩。这样声情并茂的朗读，感染了全班同学对苏东坡作品及对苏东坡的认知。(3)班的育人活动告诉我：善于发现、发挥学生兴趣特长，并调动他们积极展示，可以达到意想不到的育人效果。

学生特长的发挥，激发了学生更大的学习兴趣，展现出学生个性化发展的样态，也利于引导全体学生学习并增强综合素养。

4. 激发学生情感共鸣，提升课程育人效果

经过了前面几个班的活动之后，我发现仅仅给学生一些介绍苏东坡生平的文字资料，不能明显引发他们对苏东坡的经历感同身受，也影响了学生学习其身上可贵品格的效果。为了增强育人效果，我设计了一个新环节：让学生根据所提供苏东坡经历事件的文字资料，画出东坡的人生简历曲线图。

有一个女生在阅读完文字资料、与小组同伴合作画完苏东坡人生曲线图后，情不自禁地说：“为啥他(苏东坡)就那么难呢？他咋那么不顺呢？能不能让他有点顺心的事呢？”学生能由衷地说出这样的话，说明学生在认识到苏东坡曲折坎坷的人生经历的同时，对其产生了情感共鸣，这就为下一步的教学活动打下了良好的基础。

经过不断深入思考、不断研究，不断调整育人内容和方法，不断地实践，在最后一节课时，我播放黄绮珊的歌曲《定风波》时，同学们听得十分认真，看得出来本堂课的学习对他们有很大的触动。在进行完最后一个环节，下课铃声响起时，全班学生全体自发地鼓掌，看着他们脸上流露出的真诚笑容，若有所思的表情，透出的文化自信，我内心生发出作为一名党员教师的幸福感与小小成就感，更加坚定了我做好学生“引路人”的信念，增强了我继续进行课程育人的使命感和责任感。

守初心、担使命，让我涅槃重生

穆　静

一、案例背景

2017 年 10 月 18 日，习近平总书记在十九大报告中指出，在全党开展“不忘初心、牢记使命”主题教育，用党的创新理论武装头脑，推动全党更加自觉地为实现新时代党的历史使命不懈奋斗；2019 年 5 月 31 日，“不忘初心、牢记使命”主题教育工作会议在北京召开。

2019 年 6 月，我校开展了“守初心、担使命，找差距、抓落实”的主题教育活动，根据新时代党的建设任务、针对党内存在的突出问题、结合自己的工作开展。

担使命，就是要牢记我们党肩负的实现中华民族伟大复兴的历史使命，勇于担当负责，积极主动作为，保持斗争精神，敢于直面风险挑战，以坚韧不拔的意志和无私无畏的勇气战胜前进道路上的一切艰难险阻。

2018 年 12 月，休完产假的我要上班了，虽然好多热心同事问我：“你原来的岗位有人接手了，你回来单教课吗？没岗了咋办呢？”“若真的仅仅让我代课，那简直是太幸福了，我一周 29 节课的经历有过近两年，怕什么？通用技术周总课程时才 14 节，估计不会让我那么轻松。”果然，上班前两天，学校通知我：接手人事相关工作，兼任通用技术教学。虽然曾经参加过人力考证学习，知道这个岗位的重要，但真的去接手，去深入工作，心里还有点紧张。但是，我是一名中共党员，组织需要，组织信任，那我只有一个字：干！

二、案例描述

1. 守初心——公仆意识践行初心

作为一位普通老师，对工资、人员的变动非常不敏感，也不清楚，刚上班就接收了工资年统工作。由于 2017 年合校，2017 年的统计工作是分着学校进行，加上原来负责相关的老师的离职，所有的既往数据无从获取，2018 年，我就“摊上事儿了”！

尽管时间紧、任务重、情况复杂，但是我牢记全心全意为人民服务的根本宗旨，以坚定的理想信念坚守初心，牢牢把握人事工作无小事的做事风格！

对情况不熟悉，我就查档案，对数据不了解，我就一个人一个人地核对工资。没有基础数据，我就作出基础数据，从工资系统中，我根据工资情况反推级别，对照 1 月和 12 月份的工资，逐个对照，推出职称晋升和岗位晋升的情况，形成初步的基础报表，由于合并前原来的丰台七中没有数据，我就一个个新增，完成 57 位老师的新增变更。区里要求按时上报数据，加上我又是新手，又没有既往数据，时间更显得紧迫，周末全家齐上阵：奶奶负责把孩子带出去玩（我若在家干活，不满半岁的娃就黏着我，虽然隆冬时节，非常冷，为了工作，不得已而为之），老公负责帮我找学习的技巧（从网络上学习如何隔行插入数据，如何按条件格式查找，如何显示重名的人并标注，如何将邮件合并……），他先学会了再给我讲，让我应用，这样我工作的效率会高一点；看数据表看得眼晕，我就用家里的电脑，两个屏幕同时干活。同时让上初中的女儿给我念，我再核对。经过紧张的学习、周末的加班，统计工作如期准确完成。

在之后的每一项工作中，要迅速吃透要求，统计各类信息，进行审核及汇总处理，最后上报给领导，供领导决策参考。也因为这些数据资料涉及决策，必须保持高度的精准性，不能有半点差错。

2. 担使命——积极主动作为

(1)“烫手山芋”，接还是不接？

2019年6月底，刚刚熟悉的人事工作似乎比领导们的预期要顺利，我对工作也充满了信心。之前有几个同事悄悄告诉我：“领导觉得你挺能干的，原来负责交医保社保的老师觉得工作难度大，下学期不干了，你可千万别接啊，这活太难干！”有几个要好的退休老师也提醒我：“学校退休老师300多人，有各类情况，那些退休的老人可不好伺候，你可受不了他们的气。”还有的说：“社保医保要经常跑外勤，你孩子那么小，去机关办事还得看外人的脸色，你可别给自个找别扭啊！”于是，我想好了各种接不了的措辞和理由。

2019年7月1日，周一上午10：00，校长主任找我谈话。首先指出医保社保的工作重要性，也考虑到我的工作量，但是目前我是最合适人选，而且他相信我能更高效去安排工作，能胜任这项重要工作。之前准备的各种托词一句话也说不出，组织对我的信任，让我觉得我的个人困难不能和这工作并提，我表示：请领导放心，尽全力去完成工作，于是“烫手山芋”没等考虑就装兜里了，放假前完成交接！

(2)面对挫折，放弃还是坚持？

本来想着，都要放假了，医保社保的事儿我先假期里熟悉熟悉，具体事情怎么干，到9月份有具体问题时再具体解决吧，假期踏踏实实地学习公众号相关流程，况且我还有国庆方阵训练的任务。可是，事情就不打招呼地来了。

7月12日，也是我们放假暑假前一天，机关养老科来消息：学校157位退休老师的基础数据有问题，希望在20日处理完成并上报更改。系统怎么使用我还没学呢！这数据错误是不是要和档案核对，变更后如何上报，产生的工资差额如何处理？天哪，这只大山芋就这么任性地开始发烫……而且，我每天只有半天时间能干这项工作，每天下午有国庆游行方阵的训练。如何协调，怎么协调？我顿时紧张起来了……

我调整好思路，作出如下规划：

和上级主管单位沟通，做到少走弯路，一次调整到位；

和原来的负责老师沟通，做到准确无误；

和兄弟学校进行沟通，横向比对，做到心中有数；

第一战，让我心灰意冷

7月16日，酷暑难耐，一动就浑身是汗。坐了18站公交满怀期待的我第一次独自来到机关养老科。带着修改的部分数据，我忐忑不安地排队等待。虽然空调冷气很足，但是我还是不停地出汗，可能是紧张，可能是热。终于轮到我了，我小心翼翼地跟负责的老师汇报我校的情况，恳请她帮忙看看："这样修改您看是否可以？是否有漏项？"

"你不是上报数据，给你看不了。"工作人员按照工作流程回答。

"我第一次接手工作，您帮忙看看，指导指导，我怕我真报了，再有错，157位修改重来，这个太耽误工夫，您就帮审审呗。"我恳求。

"看不了！"说完工作人员就转身倒茶去了。

"您看，要求我们20日前完成纠错，时间太紧，若是反复折腾也来不及啊，我国庆还有训练，您就帮个忙吧。"我没有放弃请求。

"那改不了是你们学校的事情，你给我说这些也没用啊！"社保的工作人员很不客气地回答。

"我是来解决问题的，你看看你什么态度？有这么办事的吗，这哪能全是我们学校的责任……"我的暴脾气没有管住，和他们的工作人员争执起来。

下了楼，我那个委屈啊，给主任打电话，一阵哭，心里那个憋屈，我跟主任说："我干不了了，我干不下去了，我委屈啊。"

第二战，让我无处可求

想到原来负责社保的老师也许有办法，我给原来的老师打电话，没接，然后微信发过去："李老师，在哪里潇洒呢？""还潇洒呢，倒霉啊，我回老家了，没想到啊生病了，现在在医院住院。"紧接着来了第二条："小穆，有事吗，是不是工作中有需要我帮忙的？"李老师很客气。"没事没事，您好好休息，身体要紧。"我自觉关闭了求助渠道。

第三战：情况各异，无法对比

好不容易通过财务的老师加了兄弟学校负责社保的老师的微信，得到的回复是，情况各异，无法参照执行，按照要求完成纠错即可。

面对挫折，我该何去何从？

(3)面对挑战，是卸下担子还是负重前行？

学校的王书记得知情况后，给我发微信说："穆静，知道你刚接手工作，又有训练，家里还有哺乳期的娃，的确不容易，这几天调整调整，读读书，看看咱们假期前发的书《习近平总书记关于"不忘初心、牢记使命"论述摘编》，重点读第23—33页和第173、333页，我相信你！"

读完书，满身正能量，主动去机关养老科道歉，为我的冲动道歉，同时收获了友善的指导和特殊情况的延期宽限；同时，我的心非常清澈和平静，仿佛找到了解决问题的办法，效率很高，快速完成了数据比对；8月10日所有的数据比对核对完成，背着620多页打印盖章的材料和一张支票顺利完成任务。

"越是艰难越向前"的英雄气概和"狭路相逢勇者胜"的斗争精神让我克服自己的心理恐惧和任务重时间紧的难题，这种胜利的喜悦让我爱上了这项有挑战性的工作。

直面挑战、主动作为是这次胜利的法宝。

三、案例分析

1. 惰性，困难面前需要引领人的指点

虽然我是一名中共党员，但是在直面困难、直面棘手问题时也有点畏难情绪，学校党委给予的关爱关怀像一场及时雨，及时扑灭我的消极情绪，及时捕捉到我的畏难心理，进行及时必要的鼓励，让我有重新战斗的勇气。让我勇于自我革命、自我认识。组织给我的力量，让我有无限的动力！

2. 使命呼唤担当、使命引领未来

我们要不负人民重托，不愧历史选择，在习近平新时代中国特色社会主义的伟大实践中，以党的坚持领导和顽强奋斗，激励全体中国儿女不断奋进，凝聚起同心共筑中国梦的磅礴力量。读完《习近平总书记关于“不忘初心、牢记使命”论述摘编》第 33 页的内容，我瞬间释然，面对新的问题，迅速认识到一个时代有一个时代的主题，一代人有一代人的使命，打铁必须自身硬。“烫手山芋”总得有人接，学校有困难，这是责任，是使命，是学校的信任。不畏艰难、攻坚克难是党员的品质，昂扬向上、奋发有为的锐气是党员的特质，接手新工作，是组织信任。作为党员，此时此刻是使命在呼唤，担当是责任！

3. 自我革命的斗争精神引领我不断进步

“居安思危、日慎一日，方能善始善终。”坚持问题导向，保持战略定力，排除错误思想干扰。第 133 页的话让我不断自省，不断反思。从此，我基本做到一丝不苟、精益求精，坚持“文经我手无差错，事交我办请放心”的理念，对于工作中经手的统计表格、工作方案、总结汇报、文字材料等，一条条信息、一个个数据，都要反复核实、反复校对。因为我是一名中共党员，学校交给我的工作，我必须让学校放心！不忘初心“党员红”，坚定信仰“丽泽梦”。

“信仰是远大的，而坚持初心是为了实现信仰。”读书让我充实，《习近平总书记关于“不忘初心、牢记使命”论述摘编》成了我手头最爱看的书。爱党爱国也从来不是一句口号，需要我们表达在实际行动中，作为丽泽中学的一名教师，我从教学处到人事部门，从工作“新兵”到行家里手，从业 19 年，入党 20 年，一直在“幕后”默默坚守自己的初心，甘于奉献、甘为人梯。

君子有“品” 德行有“格”

王 芳

一、案例背景

党的十九大报告中指出“要全面贯彻党的教育方针，落实立德树人根本任务，发展素质教育，推进教育公平，培养德智体美全面发展的社会主义建设者和接班人”。

2018 年 9 月 10 日，全国教育大会在北京召开。习近平总书记发表重要讲话，指出：培养什么人，是教育的首要问题。要在坚定理想信念上下功夫；要在厚植爱国主义情怀上下功夫；要在加强品德修养上下功夫；要在增长知识见识上下功夫；要在培养奋斗精神上下功夫；要在增强综合素质上下功夫。总书记强调：要把立德树人融入思想道德教育、文化知识教育、社会实践教育各环节。

2017 年 1 月，中共中央办公厅、国务院办公厅印发了《关于实施中华优秀传统文化传承发展工程的意见》，围绕立德树人根本任务，遵循学生认知规律和教育教学规律，按照一体化、分学段、有序推进的原则，把中华优秀传统文化全方位融入思想道德教育、文化知识教育、艺术体育教育、社会实践教育各环节，贯穿于启蒙教育、基础教育、职业教育、高等教育、继续教育各领域。

我校多年来一直致力于优秀传统文化课程的建设，但缺乏丽泽校本化表达，为了更好地将传统文化教育与育人目标结合，学校党委带领科研室申请了丰台区“十三五”教育科学规划党建课题“发挥党组织在学校‘立德树人’过程中的引领作用”，在党组织发挥实践引领作用中，开发了“君子品格养成”系列校本课程，旨在传承创新传统文化，以德育人。

二、案例描述

为贯彻十九大精神，探讨在中学阶段学校传统文化校本课程体系建设和开发，发挥课程育人功能，我校结合“君朋讲习”的教学模式，从丽泽特色文化着手，开展“君子品格养成”传统文化传承的教育教学研究，开发特色校本课程，引导学生成为丽泽“当代君子”。

自 2017 年 6 月起由学校党委带头，科研办和语文特级教师共同负责，成立君子品格养成系列校本课程研发团队。为保证课题的质量和价值，研发分两个阶段：第一阶段(2017 年 6 月—2018 年 1 月)团队教师学习，自主研发课题，完成说课和集体讨论再磨课的过程。第二阶段(2018 年 3 月—2019 年 1 月)团队教师在初一、高一全面实践“君子品格”课，对学生学习情况进行问卷调研，修改完善教学设计。在一年半的教学实践中共有29位教师参与研发，开发出51节创新课程，其中党员教师17人，占比59%。承担国家、市级传统文化研讨展示课的老师12人，其中党员教师8人，占比67%。研发团队中教师尤其是教师党员深入挖掘传统文化内涵与时代价值观紧密结合，在传统文化与学科渗透、创新发展上起到了积极的带头引领作用。作为教师党员，我们肩负着传承发展中华优秀传统文化的重任，是中华文化的忠实传承者和弘扬者。如何将立德树人与育人目标紧密结合，如何做好学生锤炼品格的引路人，如何以文化人、以文育人，如何结合时代要求对中华文化继承创新，我们正在实践中不断摸索前行。

三、案例分析

习近平总书记指出，中华民族伟大复兴需要以中华文化发展繁荣为条件，要推动中华优秀传统文化创造性转化、创新性发展，不断增强中华文化的影响力和吸引力，创造中华文化新的辉煌。

1. 君子品格团队教师创搭组合展新貌

开发团队以人文类学科教师为主，由热爱传统文化的各学科教师自愿报名。党员先行，主动承担。融合语文、政治、历史、美术、音乐等学科教师，充分发挥专业所长，将学科特色融入校本课程中。

作为开发团队中的一员，作为一名教师党员，我深感荣耀和自豪，时代给予了我们机遇和挑战。开阔视野，加强学习，自主研发。每一节创新课都融入了团队教师的教育智慧和文化深情。带着我们对传统文化的挚爱和弘扬中华优秀传统文化的决心，我们用心打造了一节节精彩课堂，用中华传统文化的甘泉滋养、润泽学生的心田。

2. 君子品格课程内容创承文化立新意

君子品格养成系列校本课程将君子品格与当代人格、传统美德、传统文化、礼仪文明、家国情怀相互“融合”与“渗透”，创设出品德、文化、礼仪、爱国四大主题，充分延展出中华优秀文化的当代价值和丰富内涵。

(1)君子品格塑当代人格——品德篇

我们精心塑造君子品格，与中华文化讲仁爱、守诚信、崇正义、尚和合的时代价值观，与崇德向善、见贤思齐的社会风尚相融合。例如：“君子之德”“君子尚和”“无信不立”等14节课中塑造君子品格中的仁爱、正义、诚信、友善、孝悌、温厚平和、知行合一等美德行为和修养，不断增强师生的文化自信和价值观自信。努力锤炼自身品格，学习君子之德。

(2)君子品格探文化内涵——文化篇

我们深入探究君子品格的文化内涵，延伸到中华文化中的玉文化、梅兰、竹菊文化、莲文化、慎独文化、服饰文化、饮食文化、古代色彩文化、戏曲文化。例如：“德玉文化”“华夏有衣 大美汉服”“君子梅魂”等13节课在了解相关文化、礼节的同时，深刻感知君子正直、温润、高洁、慎独、清雅、仁义、坚贞气节与高贵品质。立德修身，践行君子之风。

(3)君子品格寻礼仪文明——礼仪篇

我们孜孜追寻君子品格的礼仪文明、处世之道，将中华礼仪中的课堂礼仪、社交礼仪、饮食礼仪、节日礼仪习俗渗入其中。例如："重阳节说'敬老'""中华文化之美——古代课堂礼仪""君子交友之道"等10节课将礼仪文化与现代行为准则、文明规范根植于学生内心。建立孝悌忠信、礼义廉耻的荣辱观念，推崇君子之礼。

(4)君子品格感家国情怀——爱国篇

我们深深感动于君子品格的家国天下、爱国情怀，体悟天下兴亡、匹夫有责的担当意识，精忠报国、振兴中华的爱国情怀。例如："修齐治平""中国古代军事家的君子品格""君子当自强不息"等10节课中将个人命运与国家紧密联系在一起。以"小我"见"大我"，理解重民本、求大同的时代价值观。树立君子之念。

3. 君子品格表现形式创设情境引新风

课程将以文化育与以美化育、以乐化育、以诵化育相结合，创设美育体验机制。表现形式上的创新多彩展现了君子品格的独特魅力。例如："谦谦君子韵律和合""'竹'君风度——水墨表达""吟清音雅调，养君子之风"等4节体验课以音乐、美术、吟诵、辩论等多种形式展现。让学生感受不同形式的君子之德，追求君子之行(见表1)。

中华优秀传统文化蕴含的道德规范，正潜移默化地影响着中国人的行为方式。党的十九大党章修正案在党员义务中增写实践社会主义核心价值观，弘扬中华民族传统美德，具有十分重要的现实意义。传承弘扬中华优秀传统文化，要推动传统文化与现实文化相融相通。要用蕴含其中的精髓精华滋养当代中国人尤其是青少年的精神世界，提振当代中国人的精神力量。习近平总书记指出："不忘本来才能开辟未来，善于继承才能更好创新。"对中华优秀传统文化的内涵加以补充、拓展、完善，激活其生命力，增强其影响力和感召力，实现创造性转化和创新性发展，让中华文化展现出永久魅力和时代风采。悠悠中华，文明千年；谦谦君子，德才双修；立志教育，难忘初心；传承文化，矢志不渝。

表1　君子品格养成系列课程目录

序号	课程名称
1	君子贵诚
2	兼爱天下
3	君子尚和
4	无信不立
5	君子怀义
6	君子向善
7	为孝正名
8	孝思不匮
9	君子之德

（续）

序号	课程名称
10	知行合一真君子
11	仁者见仁
12	君子怀德
13	感悟亲情孝敬父母
14	向善——孙悟空的向善之路
15	德玉文化
16	君子温润如玉
17	君子比德于竹
18	梅与君子之风
19	君子梅魂
20	君子慎处当学兰
21	君子清雅如莲
22	君子当慎独
23	五色文化
24	食亦有道
25	生旦净丑话人生
26	华夏有衣 大美汉服
27	鲁班文化与工匠精神
28	重阳节说“敬老”
29	相见之礼
30	中华文化之美——古代课堂礼仪
31	中国古代节日民俗中的孝亲敬老
32	相见之“礼”
33	人际交往中要重“礼”
34	“小道”亦“大道”道法自然
35	依道交友待花开
36	君子交友之道
37	君子处世之道
38	以民为本
39	修齐治平
40	此心安处是吾乡

（续）

序号	课程名称
41	看西游记作者的爱国情怀
42	中国古代军事家的君子品格
43	君子当自强不息
44	君子也要敢斗争
45	匠人匠心
46	人间烟火中的白居易
47	唐诗天空的日月之李白
48	吟唱中的君子
49	谦谦君子韵律和合
50	“竹”君风度——水墨表达
51	吟清音雅调，养君子之风

五十岁，我加入了中国共产党

寇富弄

一、案例背景

十九届四中全会提出，繁荣发展社会主义先进文化制度，巩固全体人民团结奋斗的共同思想基础。文化兴国运兴，文化强民族强，作为传道授业解惑者，老师应守教育本心，以身示范，且以学生为根本，传做人之道，传助人之知，传解惑之法。塑礼仪之邦，文明之人，学识之人，可用之人。

2019 年 9 月 27 日，我正式被批准为中国共产党预备党员，在发展会上，校党委书记王玲亲自给我戴上了党徽，副校长季飞同志为我颁发了党员政治生日贺卡，我激动得哭了……我发誓：组织上入党一生一次，行动上入党一生一世。今年我正好 50 岁，光荣地加入了中国共产党，我将以此为契机，更好地对学生进行爱党爱国爱社会主义的教育。

二、案例描述

1. 学生质疑，反思自己

2016 年，校团委组织各班积极分子上团课，我班学生小伟拒绝参加团课，我问他："为什么不参加?"

他回答："我不想入团。"

"同学们都积极地想入团，你怎么回事?"

"老师，您也没有入党啊！您是全国优秀教师，我们都很喜欢您!"

"我虽然没有入党，但是我时刻以党员的标准要求自己。"

"我也时刻以团员的标准要求我自己。"

我陷入了沉思……

我是一名通过高考进京的农村女学生，是中国共产党把我培养成为一名全国优秀教师。少年时代，在父母的言传和老师的指导下，我幼小的心灵萌发了对中国共产党的敬慕和向往；中学时代，是我人生观初步形成时期，开始接受了马列主义、毛泽东思想；上大学后，在党组织的培养教育下，我逐步树立共产主义的世界观、价值观和人生观；参加工作以来，我更是坚持在业余时间学习有关党的理论知识，认真学习马克思列宁主义、毛泽东思想、邓小平理论、"三个代表"重要思想、科学发展观、习近平新时代中国特色社会主义思想，始终坚守理想信念，坚持正确方向，坚定四个自信，努力领会马克思主义基本原理和贯穿其中的立场、观点、方法，用科学的理论武装头脑、指导实践、推动工作。虽然时刻以党员的标准要求自己，同时给学生树立好的榜样，我还是应该积极向党组织靠拢。唯一的顾虑是我的年龄是不是太大了。

2. 书记点拨，茅塞顿开

2017年9月的一天，丽泽教育集团党委书记王玲到我办公室找我，询问我为什么没有积极要求加入党组织，我说："其实我很早就渴望加入党组织，慢慢地，年龄大了，心想，算了吧！但是很多活动，例如每年暑假的劳模疗养活动、北京市举办的'紫禁杯'班主任成立30周年活动，看到其他人佩戴着党徽，我真希望自己也是一名党员。只是觉得我年龄大了，还是算了吧！"

王玲书记说："入党没有年龄限制，我曾经参加过一位老师的发展会，这位老师都快退休了。"

我想，原来年龄问题不是问题！

于是，我决定开始写入党申请书，但是，拿起笔来，我的虚荣心又在说，你都这年龄了，申请入党，别人讥笑你怎么办？几次拿起笔，都始终没有完成。

9月30日，学校初高中一起在丰台体育中心开运动会，学校领导给获得单项前三名的学生发金、银、铜牌。同学们分别站在冠军、亚军、季军的领奖台上，像奥运会发奖似的，领完奖还得再拍几张照片庆祝。趁着发奖的间隙，我脖子上挂十几块奖牌和获奖的学生兴高采烈地站在领奖台拍照，这时，王玲书记走过来，和蔼可亲地对我说："寇老师，入党申请书写好了吗？"

我连忙说："国庆节放假，我就写好入党申请书，放假回来第一天，我马上递交，谢谢！"

3. 问题出现，战胜自己

2017年12月，我第一次参加党员活动，去北京展览馆参观，出发前，我心里很忐忑，紧紧跟着我的介绍人宛宇红老师和康成顺老师，千万次地告诫我，若有人问你，你怎么来了？你就高兴地告诉他："我是入党积极分子。"我没有想到的是，当大家都在学校门口等车时，一位老师真的问我了："你来了？"

"嗯，我是积极分子。"我赔着笑脸说。

"您这么大年纪了，还入党？"

我虽然做好了心理准备，但真有人这样问我时，我还是有些心慌。

宛宇红老师接过话茬，说："寇老师明年入党，哈哈。"带着大家转移了话题，帮我解了围。

我知道了，原来年龄真的不是问题，能否战胜心理上的困难才是真正的问题。我从小性格软弱，不敢和别人争抢什么，更不敢和人产生矛盾，我只会认真努力地做好我的工作。但经过这件事情后，我的心理更强大了，敢于面对自己，敢于面对自己的年龄，我深刻地认识到：不管别人怎么说、怎么做，我都要坚定信念，积极向党组织靠拢。

4. 组织培养，坚定信念

通过参加党组织各种活动，不断学习理论，我更加深刻认识到：1921年，中国共产党成立，从此，中国历史揭开了崭新的一页。党的十八大以来，党领导全国各族人民，紧紧围绕坚持和发展中国特色社会主义这个主题，带领全党全国各族人民励精图治、攻坚克难，各项事业取得重大成就，得到广大干部群众衷心拥护和国际社会高度评价。党的这些辉煌历史，是中国共产党为民族解放和人民幸福前赴后继，英勇奋斗的历史，是马克思主义普遍原理同中国革命和建设的具体实践相结合的历史，是坚持真理、修正错误，战胜一切困难，不断发展壮大的历史。中国共产党无愧是伟大、光荣、正确的党，是中国革命和建设事业的坚强领导核心。

在工作中，我接触到了许多优秀的党员同志，他们时刻以党员的标准严格要求自己，吃苦在前，享受在后，勤勤恳恳工作，从不叫苦叫累，我从他们的身上看到了党的优良传统和作风，进一步激发了我加入党组织的决心和信心。

2019 年 6 月，我参加丰台区党员发展对象培训，王宁老师带我们深入学习了党章，杨霄楠老师让我深刻理解了中国共产党成立的历史必然性，董丽燕老师以“坚定理想信念，端正入党动机”为主题，要求我们为党的利益不惜牺牲一切以及全心全意为人民服务。通过这些理论的学习，我由一种朴素的入党情感逐渐更加理性，更加端正入党动机，坚定入党信念。

2019 年 9 月 27 日，党组织批准我为中共预备党员。

三、案例分析

1. 加入党组织，我更加充满力量

我深刻理解了“莫道桑榆晚，为霞尚满天”。我把这句话写在纸条上，放在笔袋里，时刻鞭策自己。2018 年丰台区“寇富弄班主任工作室”成立，工作室的各项工作如何开展，对我来说是全新的问题，我没有退缩，相信自己，在大家的帮助下，充分发挥了工作室的培训、辐射、引领作用。2019 年丰台区工作室展示活动最终得到了大家的认可，我相信以后更有力量面对更多的挑战。

2. 加入党组织，我更加珍视荣誉

2016 年教师节，我得到了习近平总书记的接见并合影。2019 年正月十五，我以劳模身份受邀参观故宫灯会。2019 年 10 月 1 日，我作为观礼嘉宾参加天安门广场庆祝新中国成立 70 周年国庆大阅兵。我把令我感动的场面介绍给学生，对学生进行爱党、爱祖国、爱社会主义的教育，把这些作为激发学生社会责任感和使命感的好时机。我珍视自己是党员的这份荣誉，尤其是在学生面前，通过我的日常工作，让学生感受到党员的先进性，对共产党员的身份心生向往，扩大党员在学生中的影响力，我的学生小伟从高一时“不想上团课”到现在已成为“优秀团员”并递交了入党申请书。

3. 加入党组织，我更加注重发挥先锋模范作用

在工作中，我踏实肯干，任劳任怨，起到了模范带头作用。我从 2001 年调入丽泽中学，一直承担班主任工作，2014 年被评为全国中小学优秀班主任。2023 年带高一，为了更好地了解学生情况，我在暑假就对班级大部分学生进行家访，得到了家长们的好评。由于本班 35 人中只有 2 人不住宿，对住宿生的管理，我投入了大量的精力，我

每天早晨 6 点 40 和学生一起跑步，每天晚上 7 点学生上晚自习后才回家，收到了很好的效果。

4. 加入党组织，我更明白了党员教师的使命担当

我国是中国共产党领导的社会主义国家，这就决定了我们的教育必须把培养社会主义建设者和接班人作为根本任务，培养一代又一代拥护中国共产党领导和我国社会主义制度、立志为中国特色社会主义奋斗终生的有用人才。我要在坚定理想信念上下功夫，教育引导学生树立共产主义远大理想和中国特色社会主义共同理想，增强学生的中国特色社会主义道路自信、理论自信、制度自信、文化自信，立志肩负起民族复兴的时代重任。要在厚植爱国主义情怀上下功夫，让爱国主义精神在学生心中牢牢扎根，教育引导学生热爱和拥护中国共产党，立志听党话、跟党走，立志扎根人民、奉献国家。

“党员就在我身边”

赵 静

一、案例背景

2017年10月18日，中国共产党第十九次全国代表大会在北京召开，习近平总书记代表十八届中央委员会向大会作报告。报告主题的第一句话就是“不忘初心、牢记使命”！中国共产党人的初心和使命，就是为中国人民谋幸福，为中华民族谋复兴。作为一名党员教师，除了认真履行自己的职责，教书育人之外，在日常工作中如何能让学生感受到党员这个群体的先进性，对共产党员的身份心生向往，扩大党员在学生中的影响力，借着班级开展“新时代 新青年 新使命”主题班会的契机，我安排了一个环节，请学校内的党员教师们给同学们录了一段视频，让学生们感受到了党员就在我身边。

二、案例描述

在班会主题确定之初，我问了学生一个问题：“大家在哪看见过党员啊?”学生的回答五花八门：“在电视里!”，“在小区里，有打扫卫生的!”……学生们对党员的了解其实很官方，这个群体好像离他们很遥远，当时我就觉得这样下去不行，和我的学生时代不一样，入团和入党对他们来说好像已经不再是一种追求，而是一件可有可无的事情。但是他们才是我们国家的未来，他们才是未来的主力军，所以在确定了班会主题为“新时代 新青年 新使命”之后，我就想到了我们共产党员的使命。想让学生的认识到位，让他们明确他们的使命是什么，不如先让党员教师们谈一谈作为一名党员教师，我们的使命是什么。让他们意识到党员就在身边，我们都在努力认真地做着我们的工作，完成我们的使命。所以班会的第一个环节，我就安排一个君朋小组分别采访校内的三位党员教师，在班会上播放视频，然后由进行采访的小组谈感受。

在进行采访之前，我让这个小组的四个人分别确定了问三位党员教师的不同的问题，和老师约好时间，准备录像用的工具，四人分配任务，谁是小记者，谁是摄像师，还有和老师如何进行沟通等细节问题。孩子们都完成得一丝不苟、极其认真，由于准备工作充分，拍摄完成得很顺利，基本是一遍或两遍就顺利录完了，然后我再剪辑到一起，做成一个完整的视频，最后在班会上播放。(教师采访实录见附录)

对于三位党员教师，孩子们都问了一个问题：“作为一个新时代的党员，您的使命是什么呢?”三位老师的答案各不相同，教我们班的语文教师岳红艳老师说道：“习近平总书记曾经说过，一名党员应该为人民谋幸福，为民族谋复兴。我觉得我作为一名教师党员最大的使命就是应该让我的学生在我的课堂上有所收获，有所进步，能够快乐地成长。”教学处李颖主任的表达更为全面：“我觉得作为一名党员就是要做好自己的本职工作，我是一名老师，一名教师党员，我的本职工作就是让我教的每一个学生都能成长为更好的样子。那么什么是最好的样子呢？我觉得体现在方方面面。比如说学生思想修养的提升、学习能力上的进步、身体素质的增强。又比如说有坚定的理想信念、有爱国的情怀、有劳动精神、有合作意识、有友爱之心。这些都是我希望每一名学生成为的更好的样子。为了让学生得到全面的发展，我会努力把我的爱和智慧都无私地带给我的学生，让他们都能够成为更好的自己。我想，这就是我作为一名教师党员的使命。”相信老师们的言语能够让学生们深切地体会到我们对自己工作的热爱，对孩子们的责任心。这正体现了一名党员的使命感，党员不再是离他们很遥远的一个群体，而是就在他们身边。同时，老师们的言语也能让他们对自己的使命到底是什么进行深入具体的思考。

在采访小组分享环节，学生们除了提到准备过程的波折、采访过程中的紧张，也谈到了他们真切感受到党员就在身边，也在做着普通人的工作，但是都在自己的岗位上尽职尽责，完成属于自己的使命。

三、案例分析

习近平总书记在十九大报告中强调：“青年兴则国家兴，青年强则国家强。青年一代有理想、有本领、有担当，国家就有前途，民族就有希望。”我们期待我们的学生能够勇敢面对挑战，坚定信念，志存高远，脚踏实地，把个人梦想和中国梦紧密结合，实现自己的个人价值，将来为国家做贡献！中国共产党的正确领导让他们时刻体会到共产党员的先锋作用。作为党员教师的我们就是这样一条纽带，就是身体力行的传播者，我们的一言一行一举一动就代表了党员的形象。

这次班会让学生们意识到了共产党员也是一个个普通的人，每个人所处的岗位、所干的工作也许都是平凡的，但是要把每件小事干好不容易，把每件平凡的事干好就是不平凡。正如毛泽东同志对雷锋同志的评价一样：“一个人做一件好事并不难，难的是一辈子做好事。”所以我们的兢兢业业、尽职尽责能够让学生切实体会到党员这个群体的先进性。让他们感受到党员就在他们的身边，扩大对他们的吸引力和影响力。

附录：教师采访实录

<u>教师篇——岳红艳老师</u>

小记者：岳老师，请问您作为一名新时代的党员，您的使命是什么呢？

岳老师：习近平总书记曾经说过，一名党员应该为人民谋幸福，为民族谋复兴。我觉得我作为一名教师党员最大的使命就是应该让我的学生在我的课堂上有所收获，有所进步，能够快乐地成长。

小记者：谢谢老师的回答。我想再提问一个问题可以吗？

岳老师：好的。

小记者：请您对于我们初一的学生提出一些学习的意见和努力的方向。

岳老师：我提三点吧。第一点就是要踏实求学，扎扎实实学好我们课内的知识，学以致用，以学为乐；第二个我觉得就是要不断地提高我们的道德修养，在学校学习的同时也要学做人；第三点我觉得就是要广泛读书，从书本中汲取智慧，来丰富我们的人生。我觉得就是这三点。

小记者：这次的采访结束了，谢谢您的配合。

教师篇——顾丽娟老师

小记者：顾老师您好，我们小组想问您几个问题，您看有时间吗？

顾老师：可以。

小记者：作为一名共产党员，请问您的使命是什么？

顾老师：同学们都知道今年是我们改革开放四十周年，我们国家正处在实现民族伟大复兴的新时代，也正处在知识信息大爆炸的时代，我觉得我们教师的使命应该有两点，第一个是努力学习，与时俱进，作为一个有现代教育思想的教师；第二个是努力做你们的领路人和领航人，教会你们学会做人，学会求知学会劳动，学会审美学会健体。

小记者：谢谢老师！还有一个问题，您与我们已经相处一个月了，谈谈您眼中的我们是怎样的？

顾老师：老师们，同学们好！跟同学们相处了一个月了，感觉在我们赵老师的悉心教育下，我们(12)班的孩子们，学风正，学风浓，集体荣誉感强，积极上进，我们的入学教育的汇操比赛得了一等奖，开学近一个月以来，我们各科作业交得整齐度很高，王老师跟我说咱们的口琴带得最齐，运动会上咱们获得了入场式奖、集体宣传奖，这些都证明了这一点。我希望这种精神在我们(12)班保持下去，为自己的学校班级和自己增光添彩。

小记者：谢谢顾老师，感谢您接受我们这次采访。

教师篇——李颖主任

小记者：作为新时代的好少年，我们的使命是学习和热爱祖国，您认为作为一名新时代的党员您的使命是什么？

李老师：我觉得作为一名党员就是要做好自己的本职工作，我是一名老师，一名教师党员，我的本职工作就是让我教的每一个学生都能成长为更好的样子。那么什么是最好的样子呢？我觉得体现在方方面面。比如说学生思想修养的提升、学习能力上的进步、身体素质的增强。又比如说有坚定的理想信念、有爱国的情怀、有劳动精神、有合作意识、有友爱之心。这些都是我希望每一名学生成为的更好的样子。为了让学生得到全面的发展，我会努力把我的爱和智慧都无私地带给我的学生，让他们都能够成为更好的自己。我想，这就是我作为一名教师党员的使命。

小记者：您的回答太完美了！还有一个问题，请您对我们新初一的学生提出一些意见和努力的方向！

李老师：如果要用一句最简单的话来说，我觉得就是要做好你们学生的本职工作，那我想问你，你觉得学生的本职工作是什么啊？

小记者：我们学生的本职现在就是好好学习，以后为祖国作出一些贡献。

李老师：非常好，其实在我看来这个本职工作跟你说的是一样的，那什么才叫好好学习呢？那说点简单的吧，比如说每天我们特别有精气神地来上学，我们上课的时候从来不走神，认真去听倾听和记录老师说的每一个重点，回家以后不打折扣地完成每一份作业。同学们如果有了问题，大家能够互相交流，互相启发，共同进步。我觉得，这个就是老师特别愿意看到的一个状态。那如果说对大家提出一些期望的话，其实咱们中华优秀传统文化当中早就给出了答案。今天老师选择了其中三句来跟同学们进行分享。老师还做了纸卡，老师想送给同学们第一句话，出自论语："三军可夺帅也，匹夫不可夺志也。"也就是说，一支军队可以改变它的主帅，但一个人不能改变他的志向。这里面所强调的是，第一，我们要明确志向，第二，我们更要坚定志向。可见在我们一个人前行的路上，方向是多么重要，它能给我们强劲的动力。老师想跟同学们说的第二句话来自韩愈《进学解》当中的一句众所周知的话，叫作"业精于勤，荒于嬉"。那我们来看，学业如果想精通的话，一定要勤奋，但如果要贪玩的话就会荒废了。可见勤奋刻苦在一个人的求学道路上的重要意义。第三句话，大家是不是都特别熟悉啊？它出自《周易》，之所以熟悉是因为里面"自强不息"是我们的校训对吧！"天行健，君子以自强不息。"这个天地宇宙无时无刻不在运动着，那我们作为人来讲，尤其是作为一个君子是不是更应该像天地宇宙一样要永远地不停止我们前进的脚步？所以我们要想实现自己的目标，我想应该要做到这三点。我特别想跟同学们分享的就是从现在开始大家一起行动起来，明确志向，刻苦勤奋，持之以恒，这三点缺一不可。最后老师祝福所有的同学，在丽泽南校区学习生活这特别关键的三年能够有自己的进步和成就，所有南校区爱你们的老师们一定会助大家一臂之力。同学们加油！

小记者：谢谢您接受我们的采访！这次采访到此结束，谢谢您的配合！

后备干部不“后备”

王 芳

一、案例背景

2018年6月29日，中共中央政治局审议《关于适应新时代要求大力发现培养选拔优秀年轻干部的意见》时强调，新时代新使命要求以更长远的眼光、更有效的举措，及早发现、及时培养、源源不断选拔使用适应新时代要求的优秀年轻干部。党组织要健全完善年轻干部选拔、培育、管理、使用环环相扣又统筹推进的全链条机制。

中共中央办公厅印发的《关于进一步激励广大干部新时代新担当新作为的意见》中提出要按照建设高素质专业化干部队伍要求，强化能力培训和实践锻炼，提高专业思维和专业素养，涵养干部担当作为的底气和勇气。

十九大报告中强调：全党要关心和爱护青年，为他们实现人生出彩搭建舞台。广大青年要坚定理想信念，志存高远，脚踏实地，勇做时代的弄潮儿，在实现中国梦的生动实践中放飞青春梦想，在为人民利益的不懈奋斗中书写人生华章。

丽泽中学一校三址，集团化办学对优秀人才的需求日益凸显，学校后备干部队伍建设关系到学校未来的发展。手中有粮，心中不慌，党委按照领导班子建设规律、干部队伍建设规律和干部成长规律，将优秀的后备干部有针对性地进行系统培养、分类储备、动态管理，努力把优秀后备干部储备库打造成为干部使用永不干涸的“蓄水池”。

二、案例描述

丽泽中学有这样一个集体，这是一个温暖的、创新的、有梦的集体，它就是后备干部培训班。

为进一步深化学校教育改革，建立一支年轻化、专业化、政治合格、业务过硬、素质优良的后备干部队伍，促进学校持续健康发展。丽泽中学党委在民主测评的基础上，进行组织考察、公示征求意见，最终确定15名后备干部，2017年3月3日，后备干部培训班正式开班。

我，一名怀揣梦想的教育工作者幸运地成为后备班的一员。开班典礼上学校党委王玲书记从国家的角度、学校的发展、自身的发展等方面解读了成立培训班的意义。要把培训作为提高自身素质的“加油站”，以孜孜不倦的精神坚持学习，以求实创新的态度坚持实践，努力把自己锤炼成为朝气蓬勃、奋发有为、敢于担当的新一代“四有”教师，做学生的“四个”引路人。开班第一讲校长以“责任担当，做有大格局的人”为主题，分享了她个人成长的心路历程，勉励大家要有情怀地去处理工作和生活中的难题，要做一个眼界宽，有大格局、大情怀的人。

书记、校长的话深深打动了我，让我陷入沉思，本是抱着听报告、讲理论的心态来参加“例行”的培训，本以为这又是一次讲形式、枯燥的培训，结果却大大出乎我的意料。务实的内容，创新的形式，真诚的交流，深刻的思考，振奋的激励让我触动颇多、收获颇丰，原本动力不足的我燃起工作热情和斗志。看来后备干部培训班不是要“做做样子”，学校领导也不是“摆摆架子”，而是真的给“干货”。那一刻让我意识到：书记带领后备干部班真的要“大干一场”了，学校迫切需要业务精、素养高、能力强的年轻干部担当重任。我们要撸起袖子加油干了！

为不辜负党组织的信任，不辜负学校的培养，我重新审视自己，摆正心态，做好一切准备，要以更高的要求和更加奋发有为的行动来接受学校的考验，接受后备干部这份挑战和重托。丽泽中学后备干部培训班创新管理思路，以“担当与责任”“眼界与格局”为初心，以“以德修身，以德服众，以德树威”和做有情怀的教师为宗旨展开工作。从此，后备干部班的集体生活就这样拉开了帷幕，它带领我们走进了一个五彩缤纷的世界，走过了两度春秋。与其说是培训，不如说是我人生的第二课堂。我工作中最幸福、最有成就感、最期待的时刻就是和优秀的后备干部们在一起做有意义的事。后备干部培训班让我重拾了初心，走向了更广阔的教育之路。后备干部培训班让我们迎来了别样的春天，让我们的青春焕发出夺目的光彩，也让我们圆了最美的教育梦！

三、案例分析

1. 后备干部培训集零为整，内容成系列专题

后备干部培训班的每一次活动都是由党委王玲书记精心安排策划的，书记早在后备班成立之初就把三年的培训分成初期、中期、后期三个阶段并做了细致学习规划。为了使大家高效学习，争取最大的收获，书记把培训内容集零为整，精益求精，为大家量身定制了学习内容。一次活动设计一个专题，一个专题解决一个问题，一个问题收获一份所得。在近三年学习中，培训内容呈系统化、系列化、专题化，使后备干部在素养、能力和心理上都得到了提高和激励。

党委带领后备干部参与学校特色校本“君子品格养成”系列课程研发，增强了我们的文化底蕴；邀请语文特级老师郭老师与大家畅谈“以读书积淀底蕴”的讲座，让我们深刻认知读书可以提升自我的专业高度，从量变到质变，在读中悟，在悟中践，在践中思，以此提升教师的专业素养和干部的管理能力。特约体育特级老师孙老师为大家做了题为“一名为人师者的卓越追求”的精彩讲座。孙老师的成长之路，是他35年奋战在一线，持之以恒、孜孜以求的拼搏之路。书记还把丰台教育科学研究院董老师请进来，做题为“体验心流　幸福工作”的专题讲座，从管理心理学层面，用生动的案例和形式多样的实验来阐释第三驱动力——天生积极性的探讨，在焕发热情、激发内在动力方面带给我们很多的启示和思考。

2. 后备干部培训标新立异，形式展多样风采

后备干部培训不同于学校的常规培训，从不拘泥于一种形式，每次活动都有新意、

有特色。培训分为座谈式、自学式、任务式、体验式、参与式等，五彩纷呈，总能给大家耳目一新的感觉。我们在培训中从没有过疲惫和倦怠，在享受当前培训的同时又对下一次培训充满了无限期待。

跟心理专家、知名校长、年轻企业家的座谈让我们开阔了眼界、解开了疑惑、找准了方向。我们走出去，到北京教育学院附属丰台实验学校参观学习，与干部团队座谈分享了学校的教育故事和管理经验。我们走出去，到十一中学分校参观学习，与校长座谈交流了学校几年飞速发展的内因和外因，开放式的课程模式给教师和学生搭建了施展才华的舞台。参观与座谈相结合，更能感受到一个学校深厚的文化底蕴和人文情怀。书记邀请卓然成长青春导师虞老师为我们做题为“埋头苦干，抬头看天——做一个勤奋、靠谱的好青年”的专题讲座。聆听了年轻企业家的奋斗成长经历，让我们深刻感悟人生，坚定了踏实前行的决心。东铁营二中校长给我们做了题为“越过山丘”的精彩讲座。校长从学会用辩证方法去观察处理实际问题和善于抓住主要矛盾两大方面生动而翔实地讲述了她的成长经历和管理智慧，激励我们要越过教育的山丘，遇见最好的自己。

除了座谈和讲座，还有专业领域知识和干部管理理论的自学、课程建设与开发相关任务布置、教育管理难题情境再现、茶艺文化课程体验、性格心理类型分析的参与，等等。形式多样的后备干部班培训给我们留下了深刻印象，使我们在职业生涯规划和管理实践能力方面得以提升。

3. *后备干部培训变虚为实，实践让理论落实*

后备干部培训将学习与实践相结合，将实践与能力相融合，将想法与行动相统一，让学到的理论真正落到实处。让“耳听为虚”变成“眼见为实”。后备干部参与“君子品格养成”系列校本课程研发，将理论知识付诸实践过程中，跟随研发团队赴上海名校交流研讨，便有了我们的“上海之约，君子礼遇”。相约复旦附中交流“古诗文教育”，穿梭古今做具有“中国心”的现代文明人。相约复旦附属五浦汇实验中学交流“君子品格养成”，寻古探今，做谦恭博学的当代君子。我们学到了要时刻以君子的行为准则来规范自己，用君子品行影响自己，作为青年教师要摒弃课堂上传统守旧的理念和方法，打开思路，勇于创新实践。与“君”同道，与“礼”同行，在实践和感悟中努力抒发着丽泽的君子之情。

4. *后备干部培训主动出击，锻炼促能力提升*

后备干部班里没有永远的听众，每个人都是这个集体的主人。我们变被动接受为主动出击，在锻炼中促进自身能力不断提升。我们开展班级文化建设，依个人特长分工领取班级委员任务，我们集体讨论将“修竹苑”作为班名，将“低头看路，抬头看天；不忘初心，砥砺前行”作为班训，将“清幽俊雅，坚毅顽强，清俊不阿，高风亮节，奋发谦虚，无私奉献”作为班级精神，用这样的班级文化建设我们的后备班。我们参与学校管理建设，精心策划开学典礼，力求创新典礼方案，使其有创意。我们参与学校宣传建设，积极设计学校微信公众号的推广内容，为学校提升知名度和关注度。我们用心打造后备干部的集体亮相，在学校元旦联欢会上策划精彩节目，树立学校后备干部的良好形象。

后备干部班的培训内容丰富、形式多样、富有创新，学员也是各尽其才、各显其能，在实践中取长补短，感悟反思，不断提升。后备干部不“后备”。如今大家都在各自工作岗位发挥着重要作用，有的已经成长为中层干部，有的在创新工作思路、课程建设中收获累累硕果。后备干部培训班早已是学校党组织领导下的一张亮丽名片，是学校发展道路上的一抹绚丽色彩。这些等待绽放的花朵早已洗尽铅华、超然出脱，香飘满园。不忘初心，饱含情怀，满载梦想，一路踏歌，绽放青春，共创未来！

浅谈如何发挥二级党支部战斗堡垒作用

王　玲

党的十九大报告指出，党支部要担负好直接教育党员、管理党员、监督党员和组织群众、宣传群众、凝聚群众、服务群众的职责，引导广大党员发挥先锋模范作用。党支部是党组织开展工作的基本单元，是党的全部工作和战斗力的基础。“上面千条线，下面一根针。”二级党支部作为基层的基础，发挥着支撑点的关键作用，必须把一切工作落实到二级支部，才能保证党委工作的顺利推进及教育实效。面对新任务新要求，党委必须建强二级党支部，确保平衡发展，解决关键的“最后一公里”。

一、配好班子，抓好培训，增强二级支部战斗力

党支部委员是一个支部的核心，一个强有力的支部班子必然能够带出有战斗力的支部，支部委员的素质和能力直接关系到支部战斗堡垒作用的发挥。首先，党委在选配党支部书记和配备支委班子时，一定要选贤任能和审时度势，要把那些自身政治素质过硬，具有一定的思想理论和政策水平，而且有模范力、影响力和领导力，能够带领党员开展好支部工作，能够团结最广大群众的优秀党员选出来，放在支部委员这个重要的岗位上。其次，党委要抓好支部委员的培训工作，加强计划性和针对性，建立健全必要的规章制度，采取以会带训、案例分析、经验交流、现场观察、传帮带教等多种形式，确保训练落实，提高培训的效果。培训主要学习党务基本知识和党建理论，解决支部委员不会做党务工作，会议不会组织，议题不会确定，意见不会集中，形成的决议怎么执行不清楚的问题，进而掌握党务工作的规律，学会按照这些规律去发现问题、解决问题，逐步形成兼职党务工作者想做、会做和能够做好党务工作的格局。

二、完善制度，规范程序，提高二级支部标准力

党委通过四步走策略建设二级支部工作标准。第一步是基本要求标准化。党委通过不断细化班子建设、队伍管理、组织生活、基础保障等标准，来指导二级支部具体工作，通过不断优化支部内部结构和职责分工，不断加强基层支部的基本队伍、基本活动、基本阵地、基本制度、基本保障“五个基本”建设，提升支部自身内生力。第二步是工作程序规范化。绘制“三会一课”、主题党日、党员发展等工作流程图，明确工作步骤，规范工作程序，通过党委委员支部责任制来规范各支部工作程序。第三步是工作推动手册化。有效运用党支部工作手册，探索应用“党员 E 先锋”，确保会议、工作、活动纪实。第四步是示范引领化。在支部工作过程中，针对某项工作某个支部

工作效果突出的情况，可以在支部之间进行交流，以实现示范引领，从而带动发展，扩大先进支部增量、提升中间支部水平、帮助薄弱支部，坚持抓“两头”，带“中间”，确保一个支部一个堡垒，一名党员一面旗帜。

三、创新形式，点面结合，促进二级支部凝聚力

要坚持党委、支部、党小组三级联动，不断加强和改进党员教育活动方式，形成多维度多层面活动框架，点点成线，形散而神不散，做到活动有主线，设计有主题，构建立体化党员学习教育模式。党委要牢牢抓实党员教育活动，做好顶层设计，以贴近党中央要求、贴近学校党建文化建设要求、贴近学校党员实际需求为原则，厘清过去与现在、主题与专题、大背景与小细节、大规划与小计划之间的关系，做到主题化、研究化、体验化、系列化、特色化，有创新、有总结、有提升、有改进、有意义。二级支部要创新党员教育方式，坚持规定动作和自选动作相结合，严格规定动作，保证基本要求落实到位，鼓励自选动作，突出支部特色。二级支部可以围绕党委教育主题和中心工作自主开展学习教育活动，自选动作要做到既对标，又对表，既有思想、又接地气，充分发挥党组织的思想引领作用，增强二级支部的凝聚力。

四、联系群众，筑牢根基，扩大二级支部影响力

二级支部是党密切联系群众的桥梁和纽带，要充分发挥党支部的宣传和组织作用，通过广大党员去动员、组织和带动广大群众理解、接受和执行党的政治主张。使党员和广大群众团结起来，成为有统一意志、统一行动、统一纪律的有机体。拳头握紧了才有力量，党员群众抱团发力，才能集腋成裘、聚沙成塔，二级支部就是要树立起一面移动的“旗帜”，做到哪里有群众哪里就有党员，以坚实党性、浩然正气，扩大影响力，团结和动员最广大的人民群众，坚持把党的工作链条延伸到每一个领域，使每名群众都能及时找到组织。还要时刻关注并及时将同志们的思想动态、工作生活中遇到的困难，以及合理的意见建议反馈给党委，努力将问题化解在发生之前，打造团结向上、风清气正的氛围。

建设二级支部，要始终坚持党委的统一领导，把关定向，防止递减，防止跑偏。还要抓好培育，促进能力素质提档升级，进而不断增强二级支部领悟上级精神和抓好落实的能力，从而更好地发挥战斗堡垒作用。

一场被打破的旅行

穆 静

一、案例背景

党的十九大报告指出：党支部是党的基础组织，是党在社会基层组织中的战斗堡垒，是党的全部工作和战斗力的基础，担负直接教育党员、管理党员、监督党员和组织群众、宣传群众、凝聚群众、服务群众的职责。自新冠疫情发生以来，一场全国总动员的人民战“疫”全面展开，党和国家高度重视，习近平总书记亲自指挥部署，并作出重要指示批示。这场席卷全球的疫情风暴，阻遏了学校正常的开学时间，全国学子进入居家学习的状态。

疫情就是命令，防控就是责任。为深入学习贯彻习近平总书记对新型冠状病毒感染的重要指示精神，落实党中央、国务院，市委、市政府以及市委教工委、市教委、区委区政府相关工作部署，推进疫情防控工作有序开展，充分发挥关键时刻基层党组织的战斗堡垒作用和党员的先锋模范作用，坚决打赢疫情防控攻坚战，丽泽中学党组织认真贯彻落实党中央、国务院决策部署，严格按照区教工委疫情防控要求，切实加强组织领导，作为丽泽中学行政支部的一名宣传委员，把上级部署要求如何快速传达到位，责任落实到位，如何发挥党员的先锋模范作用，是在这特殊时期的历史责任和使命。

二、案例描述

2020 年 1 月 25 日，大年初一，行政支部接到校党委的疫情防控部署要求，马上行动，因为正值假期，很多老师已经把假期旅行或者探亲的机票酒店等预订好了，支部书记丛老师、吴老师和作为宣传委员的我马上建立微信群，讨论如何快速传达党总支部署要求，确定摸底方法，通知渠道，反馈方法。要求党员先行，舆论正能量。让广大党员认识到疫情的严峻，同时做好正能量的引导，避免恐慌情绪蔓延。对于退票等产生经济损失的党员群众，摸清情况，逐个问询。号召广大党员以大局为重，以生命安全为第一的原则，做好安抚和引导工作。

事件 1：行政支部初中党小组组长反馈，他们部门有位 A 老师，不但自己的寒假都安排出去了，他的亲戚朋友十几个人的外出也一并安排了，往返加中转机票及酒店预付款好几十万，若全部退宿退票损失很大，而且当时国外还没有疫情报道，他很犹豫，一直没退票，想观察下疫情发展再说。基于这个情况，我们支委马上召开支部扩大会议，四个小组长对于类似情况进行梳理，不仅仅针对各组的党员进行摸底调查，也要了解身边的群众情况，及时掌握动态，同时制定出来“劝退”策略。由与A同办公室的老党员来进行引导，联系A的老朋友进行劝说，同时联系A的主管领导去帮他分析利害，之后把谈话情况向支委汇总，进行下一步安排。经过一系列的努力，A顺利退票，重新安排假期，还成了同行者的劝导员。

事件2：行政支部教育教学党小组有几位老师过年回湖北，被隔离，心理发生了比较大的变化。还有一位B老师的父母和兄弟姐妹都在疫情重灾区湖北武汉，他们家楼上有一例新冠病毒感染者，小区几十例，整个小区弥漫着严峻气氛。不敢出门，不能外出的他们居家开始胡思乱想，曾一度问：“国家会不会把武汉舍弃了，会不会不管了。”得知这一情况，我们马上行动，和B老师进行沟通，告诉他北京乃至全国派出了最厉害的专家已经增援武汉，钟南山也亲赴现场，火神山和雷神山医院即将开始建设，请他放心。又请我们的心理老师和B老师沟通，研究说辞，让B老师做好家人的安抚和情绪缓解工作，让他相信疫情终会过去，静候春暖花开。虽然我们不能去一线战斗，但我们确保后方没有问题，坚信国家的力量，坚信中国必胜。

打破了A老师的寒假旅行计划，打乱了A老师的假期安排，作为支部委员，作为宣传委员，如何将国家方针政策和特殊时期的宣传到位，触发了我更多的思考。B老师的家人及情况，他们的焦虑的滋味，让我对宣传工作又一次陷入深思。网络宣传是双刃剑，对于不知情的群众来说，不了解事实真相的时候，网络上不实际的宣传易误导人民群众，会形成负面的舆情。要做到把握舆论导向，面对新形势新情况，必须站稳政治立场、增强政治定力，始终以正确的舆论引导人，以积极的精神鼓舞人，更好地强信心、聚民心、暖人心、筑同心。

三、案例分析

1. 重视舆论宣传，传递抗疫正能量

习近平总书记在全国宣传思想工作上强调：“完成新形势下宣传思想工作的使命任务，必须以新时代中国特色社会主义思想和党的十九大精神指导，自觉承担起举旗帜、聚民心、育新人、兴文化、展形象的使命任务。”

在疫情当前的大背景下，丽泽中学行政党支部的战斗堡垒作用发挥得如何，直接影响防控工作开展效果。(1)提站位，守职责，切实保证宣传阵地的正确政治方向。习近平总书记强调，意识形态工作是党的一项极端重要的工作。始终牢牢掌握意识形态工作的领导权、管理权、话语权，确保对宣传阵地的有效掌控、对舆论导向的有效调控。(2)第一时间跟进学习，认真领会、深入贯彻习近平总书记关于疫情防控工作的系列重要讲话精神，提高政治站位，保证导向正确。(3)通过多方式宣传，众志成城，凝心聚力，为打赢疫情防控的人民战争、总体战、阻击战贡献力量。

2. 抓牢组织建设，提升基层党支部组织力

令行禁止，雷厉风行，组织建设，落实是关键。疫情防控期间，党组织的工作方式也要不断创新。疫情之下，凶险不避，校党委时刻关注师生党员居家办公学习的实时动态，对参与疫情防控一线的同志及时给予思想引领、生活帮扶等。行政支部积极

挖掘资源，与社区基层党组织联合，到社区报到，投入社区疫情防控活动中。例如，通过资源共享，鼓励党员教师到社区进行心理讲座、线上辅导作业、值班值守、小区消杀等助力疫情防控等活动。

党的十八大强调，“团结就是大局，团结就是力量”。面对疫情，面对防控压力，丽泽中学党员先行，教师示范，在2月中旬，党委要求党员下沉到社区，为社区疫情防控发挥党员先锋模范作用，行政支部的党员全都到社区报到，参与社区门口值守、检测体温、外来人员登记、社区消毒等各项工作。行政支部的积极分子吴思杨，主动报名增援无物业的小区值守管理，延期开学期间，他参与到桥梁厂第二社区疫情防控工作中。尽管路途有点远，但他坚持每天开车去社区值守，参与小区及小区市场测温工作。6月初北京疫情再次暴发，吴思杨同志完成学校教学工作，便立即投身到丰台区防控办公室中，暑假期间一直参与信息报送等工作，为北京市疫情防控工作作出了贡献。

疫情防控期间，所有的党员都发挥着战斗堡垒作用，积极投身疫情防控的斗争中，管好自己，管好申报人，带领身边的群众为疫情防控战作出了积极贡献。

正如习近平总书记强调的，实现中国梦必须凝聚中国力量。这是全国各族人民大团结的力量，是14亿人心往一处想、力往一处使汇聚起来的力量，党员先行，团结一致，所到之处，无往不胜。

习近平总书记曾明确指示，“对在斗争一线表现突出的入党积极分子，可火线发展入党”。结合党中央的这一重要部署，校党委指导各基层党支部对奋战在基层一线开展疫情防控的师生员工进行深入全面摸排，重点对有入党意愿的、表现优秀且有群众基础的教师志愿者，通过多种形式进行组织谈话，并号召动员他们参与组织生活，对在疫情防控一线事迹突出、影响较大的志愿者经过组织考察合格，可以予以“优先发展入党”。吴思杨就是其中一个例子。

3. 战斗堡垒作用的发挥还要不断学习、用理论武装头脑

疫情给党支部建设提出新的挑战，同时也提供了一个前所未有的实践和学习机遇，如何把“把疫情当教材”，把疫情防控和支部建设与发展相结合，充分发挥战斗堡垒作用成为支部建设的头等大事。根据上级指示居家学习、居家办公的总要求，丽泽中学行政支部开展了丰富多彩的线上活动。

(1)继续坚持学习强国线上学习

党员继续坚持利用学习强国App学习理论；支部书记亲自抓、带头学，主动打卡、晒分、亮进度，以实际行动树立榜样，引领和带动党员干部的学习热情。“学习强国学习平台，是党员提升文化素养的加油站。”“新闻，知识，观点，文化应有尽有，图文并茂，视频精彩，学上瘾了。”这是一位老党员的现身说法。“现在一拿起手机，就想打开‘学习强国’看一看。”新党员如是说。每天登录“学习强国”进行学习，已经悄然成为党员加强政治理论学习、提高科学文化素养的新模式、新时尚、新热潮，成为党员教育的新载体、凝聚力量的新渠道、支部建设的新阵地。疫情防控期间，为了丰富党员的生活，增添乐趣，开展了“跟着强国学做美食”活动。广大党员在居家学习居家办公期

间，生活比较单一，开展这项活动，让党员同志们增加生活趣味，做美食，晒美食，分享美食的制作过程，为枯燥的居家生活增加点乐趣，大家分享做美食的欢乐，营造爱生活、会生活的和谐家庭氛围。

(2)利用腾讯会议开展线上会议，利用校园OA系统、微信群传达各项举措

学校一方面充分利用网站、公众号，认真贯彻落实习近平总书记关于疫情防控工作的重要指示精神，学习钟南山等先进人物事迹，掌握科学健康的防护知识，真正做到“教师不停教，学生不停学”；另一方面，结合支部建设实际，利用腾讯会议、微信视频等召开支部党员线上会议，进行政治学习、党课授课、防疫知识培训等，党员之间能够实时交流互动，将学校关于疫情防控的要求和安排举措传达下去，由党员先学一步、学深一层，然后再由点到面地传递给全体师生员工，真正发挥基层党支部的战斗堡垒作用，确保疫情防控期间组织生活不断线，政治学习不放松，工作推进不打折。

宣传舆论引导正确，利党利国利民，反之则误党误国误民。疫情当前，丽泽行政党支部除了做好正能量的宣传，分享抗疫的感动瞬间之外，还及时把握党员群众的思想动态，通过宣传平台对在防控工作中坚守岗位、敢于担当的先进人物事迹，进行大力宣传推广，树立模范典范，激发组织成员积极向上的精神引导，充分发挥基层组织的舆论导向作用和先进典型的激励引导作用。时刻关注师生党员的思想、生活、学习状况，对其朋友圈、QQ空间及微博等个人社交平台的舆论动态实时关注，坚决杜绝不良言论出现。利用腾讯会议、微信群经常和党员同志交流，针对疫情防控期间师生因延迟返校而出现的消极情绪或者负面言论等做好引导教育工作，强化疫情防控必胜的信念，积极传递正能量。

在校党委的统一领导下，各党支部不断增强“四个意识”、坚定“四个自信”、做到“两个维护”，通过科学规划，强化落实，多措并举加强支部建设，充分发挥了基层党组织的战斗堡垒作用和党员先锋模范作用，为防控工作有序推进提供了坚强的政治保障和组织基础。“举旗帜、聚民心、育新人、兴文化、展形象”是新形势下宣传思想工作的使命任务。要肩负起这个使命任务，新闻舆论工作必须坚持把政治方向放在首位。这是我们支部在疫情防控工作中的反思，也是今后宣传工作的秉承的原则和方向。

课堂平常“小事件”，立德树人“大作为”

李　颖

一、案例背景

习近平总书记高度重视教师队伍建设，曾多次作出重要指示，对广大教师提出做“四有”好老师、做“四个引路人”，做“经师”和“人师”相统一的大先生等殷切期望。2023年9月9日，习近平总书记在致全国优秀教师代表的信中深刻阐释了中国特有的教育家精神：心有大我、至诚报国的理想信念，言为士则、行为世范的道德情操，启智润心、因材施教的育人智慧，勤学笃行、求是创新的躬耕态度，乐教爱生、甘于奉献的仁爱之心，胸怀天下、以文化人的弘道追求。

初中是基础教育的重要阶段，是学生世界观、人生观、价值观形成的关键时期，教师对学生价值取向的正确指引将关系到孩子一生的精神成长，更关乎社会主义建设者和接班人的基本素养。课堂是立德树人的主渠道，语文学科特有的人文性决定了语文教师课堂教学中进行立德树人更加责无旁贷。

统编版语文教材非常注重对学生理想信念的积极引领，很多文质兼美的作品都是极具育人价值的素材，杨振宁先生写的《邓稼先》一文就是其中之一。该课教学前，为了增强课堂育人的实效性，丰富学生对两位科学家的认知，使其更加全面深刻地了解和领会作品中提及的为国家科技事业发展奉献一切的伟大精神，我精选了有关邓稼先和杨振宁的珍贵图文资料，作为教材内容的补充。哪知，这些资料的补充，让我遇到了一个出乎意料的教学事件。这个事件看似是“小瞬间”，但其背后所蕴含着的是学生的“大问题”，它更新了我对课堂立德树人的“新思考”，激发了我立德树人的“新思路”，也让我更加真切地体会到课堂育人的“大作为”。

二、案例描述

初一(12)班的语文课上，我带领学生学习杨振宁先生写的《邓稼先》一文。我向全班同学问道：“同学们，大家了解邓稼先吗?”一个学生抢着说：“小学政治课讲过，好像是‘两弹’专家。”我面带微笑地表扬了这名学生，并对全班同学说：“同学们，邓稼先是‘两弹’元勋，这个名字应该被所有中国人记住。”

随即，为了加深学生对邓稼先的了解，我又用教学课件出示了邓稼先的照片和简介。就在这个时候，一名男生略带调侃地窃窃私语：“长得真好看!”与此同时，个别学生开始小声地嬉笑。我稍微停顿了一下，瞪大眼睛，用严厉的目光暗示这些学生，几秒钟的时间，教室里恢复了正常。

我继续讲课，紧接着出示了作者杨振宁的照片和简介。此时，另一个男生用十分不以为然又略带哗众取宠的语气说："还活着呢?"然后，是不少学生的随声附和以及在我听来特别刺耳的笑声。

听到这样的话，看到这样的场景，我气愤到了极点。说心里话，我当时真的被气蒙了，以至于脑子里瞬间闪出了一堆训斥学生的狠话，这些话足以让我释放怒气、发泄不满。但很快，我的理智告诉我不能这样，不是说好要利用这课的教学进行立德树人吗？如果说出的话火药味十足，除了让学生反感，恐怕很难使其真正有所触动。转念一想，为什么不抓住这个始料未及的"生成资源"进行教育呢？基于学生出现的问题进行教育，不正是恰当的教育契机吗？和自己的预期相比，只不过是教育的素材变了，育人的目标是一致的呀。

几秒钟的冷静和思考之后，我面对全班同学，语重心长地说了这样一段话："同学们，此情此景，大家的关注点和调侃的话让我感到特别伤心和失望。在我心里，咱们班充满了正能量，每一名同学都明是非，懂道理。我们来看看，邓稼先和杨振宁是什么人？他们是功勋，他们为祖国建设鞠躬尽瘁，把自己的青春奉献给了祖国的科技事业，是值得我们尊敬的人，是我们应该学习的人。而当我们用刚才那样的字眼说他们的时候，是不是觉得特别惭愧和无知呢？老师不喜欢这样的孩子，老师更不希望咱们班出现这样的声音。同学们，今天课堂上出现了如此不和谐的声音，它不同于普通的接话茬儿，它所释放出的信号里有'散漫'，有'亵渎'，有'麻木'……同学们，未来成为什么样的人应该是我们每个人必须思考的，如果你从未想过，或者还没有想好，我想，这一课给了你答案——今天坐在教室里学习，不要只考虑自己未来的口腹之欲，更要为中华民族伟大复兴贡献力量，哪怕只是很微小的力量。同学们，刚刚这不和谐的反应，让老师感到担忧，但刚刚大家仔细的聆听又让我看到希望，我相信，你们都是有理想信念、愿意用自己的才干为国家建设贡献力量的好孩子，只是一时嘴巴出了问题，而绝不是思想出了问题。老师希望这是第一次，也是最后一次。回家以后，一定好好思考这件事情。"

说这段话的同时，我仔细观察每一名学生的反应，特别是那几名犯错的学生。我发现，我的心平气和完全出乎学生的预料，这一次，我的声音不大，他们却听得格外认真，看得出来，我的每一句话都或多或少地走进了孩子们的心里：他们在愧疚，在自责，在反省，在思考……课后，我给学生布置了一项特殊的作业：查阅更多介绍邓稼先和杨振宁的图文和音视频资料，并与全班分享。

三、案例分析

立德树人就是要帮助学生建设人文动力系统，助力其成人成才，走得更远。通过对本节课实施立德树人的再思考，我对课堂育人的科学实践策略有了进一步的认识。

1. 更新教育理念，把握育人契机

在实现中华民族伟大复兴的今天，"为谁培养人？培养什么人？如何培养人?"是每一位教育工作者必须深入思考的问题。作为一线教师，要牢固树立课堂立德树人的理念——教书更要育人，培养合格的社会主义事业的建设者和接班人。如何进行课堂立德树人呢？着力挖掘教学文本内容和课堂生成资源中的育人元素。语文课堂的立德树人要格外观照学生主体，课堂上常常会出现非常有价值的生成资源，这些资源是学生最本能的表现和最真实的认知，教师要随时关注课堂中这些变化着的学生认知和精神状态，这样，教育的情境性和针对性更强，教育效果也会更好。

就本节课而言，课上出现“接下茬儿”现象的时候，我立刻想到：这个问题看似是纪律问题，实则是思想问题。我应及时发现学生的不妥言行，进行正确引导。这是对学生进行“理想信念”教育和引导学生“做奉献祖国的引路人”的良好契机。于是，我对学生进行有针对性的引导和教育，指出学生问题的严重性，剖析问题根源，结合教学内容进行多位一体的育人，使学生深刻认识到此次的“接下茬儿”不是纪律问题，而是思想问题、价值观的问题，不容小觑，从而引发学生的进一步的思考。

2. 注意言行方式，营造教育氛围

立德树人的目标是教育人、影响人，进而塑造人。这就决定了什么是更为科学的方式——能够真正走进学生内心的态度、话语和行为。本节课上的“接下茬儿”很容易被简单粗暴地认为是“违反课堂纪律”，如果是这样的定位，随之而来的一定是疾风暴雨式的“猛烈训斥”或无关痛痒的“简单提示”。

教师的震怒和疾言厉色的主要目的是发泄，不是育人。发怒所形成的态势很猛烈，但于学生而言，除了感到瞬间的表面恐惧和深度反感，不会在心里掀起更多的波澜，因为怒气下说出的话更多是批判、嘲讽和伤害。不言而喻，盛怒之下的话根本不可能引发学生源于内心的共鸣，还何谈教育呢？隔靴搔痒式的“只言片语”，更不可能触动学生的内心世界，甚至都很难引发学生的关注。

立德树人需要营造师生产生共鸣的氛围，教师的着力点必须是直指学生内心，要让学生意识到他真的错了，并且发自内心地愿意认同老师的说法，接受老师的教育。因此，就需要教师的态度平等而恳切，表达要语重心长。这样，才有可能让学生在教师的引导下倾听和反思，也才有可能产生积极的育人效果。这也是我为什么瞬间极度愤怒，却没有“发作”的原因。教师一定要善于把控自己的情绪，一定要确保育人行为是在心平气和的时候进行的，这样，学生接收教师信息才更准确，改善的情况才更理想。

3. 持续跟踪反馈，增强教育效果

育人不是一蹴而就的，无论是强化学生积极的思想行为，还是纠正学生错误的言行举止，都需要多次反复的长周期“持久战”。

反思本次育人事件的处理，我在这方面有一定欠缺。在这堂课“言语”教育之后，第二天，我让学生分享了搜集到的人物资料。除此之外，没有过多的教育追踪。

如果让我重新设想本次育人的路径，我会在分享之后，增加两个教育的细节：其一，组织一次沙龙活动，让学生就此问题进行分组讨论，交流思想，形成认识；其二，在后续的相关教学内容出现时，进行教育的“重温”。

课堂上生成的育人资源很难预见，但是基于教学内容形成的可能性认知以及学生的大概率事件是可以充分预判的。随着教学经历的增多，教师要不断梳理育人方式，让每一处有价值的“小事件”都能够“物尽其用”，如此，课堂立德树人会呈现越来越多的“大作为”。

志愿者——党员教师骄傲的名字

陈迎春

一、案例背景

2017 年 10 月 18 日，习近平总书记在十九大报告中指出，在全党开展“不忘初心、牢记使命”主题教育，用党的创新理论武装头脑，推动全党更加自觉地为实现新时代党的历史使命不懈奋斗。2019 年 9 月，中共中央办公厅在《关于巩固深化“不忘初心、牢记使命”主题教育成果的意见》中指出，要推行党员志愿服务，组织党员结合实际参加党组织开展的志愿服务活动，履行全心全意为人民服务的宗旨。2020 年 11 月，党的十九届五中全会明确提出，要推行党员志愿服务，组织党员结合实际参加党组织开展的志愿服务活动，鼓励和引导在职党员到工作地或居住地党组织报到，为群众服务，广泛开展志愿服务关爱行动。

二、案例描述

丽泽中学党委高度重视志愿服务行动，率先成立了党员志愿者服务队，充分发挥党员先锋模范作用，引导在职党员“不忘初心、牢记使命”，到工作地或居住地党组织报到，担任社区志愿者，切实为群众服务。学校党委还指导工会在会员中建立了教师志愿者服务队，号召干部、教师 195 人在“首都职工志愿服务”App 实名注册志愿者，占教职工总数的 66%。党委组织党员并带领工会，根据教师的职业特点，围绕服务社会、服务社区、服务师生，组织服务队开展了系列志愿服务行动。

从 2017 年至今，服务队开展了“服务社区居民”暖心志愿行动、“关注弱势群体”爱心志愿行动、“倡导文明生活”热心志愿行动。党员志愿者走进居住地社区，参与清除社区、老旧宿舍楼墙上粘贴的“牛皮癣”小广告，参与社区疫情防控，为进社区人员测量体温，参与社区垃圾分类宣传活动，走进丰台花园、北大街北里社区，教市民们学才艺，解答居民育儿困惑等，党员所到之处都在向社会传递着一分温暖，为维护社会和谐稳定发挥了重要作用。学校党员和教师志愿者还共同走进丰台区康助护养院、丰台爱心敬老院，为百岁老人庆生，为患病老人按摩；走进丰台区培智中心学校和儿童福利院，为智力障碍儿童和孤儿们送去玩具和绘本，陪他们做游戏；走进学困生、心理问题学生家庭进行家访，深入了解他们的困难，与家长心贴心制定家校合作方案；走出校门清理学校周边路沿和绿化带中的烟头、纸屑、果皮、宠物粪便，向路人宣导文明生活方式，倡导养成文明生活习惯。

通过参与志愿服务行动，党员教师在无私奉献中不断坚定理想信念，弘扬和践行社会主义核心价值观，续写新时代的雷锋故事；普通教师在服务他人时体会到了“送人玫瑰手有余香”的快乐，激励着自己在工作中更用心地教育学生，服务学生。

三、案例分析

1. 志愿服务行动，促进社会和谐温暖

学校师资是最宝贵的资源，无论是语数英、数理化，还是音体美教师中都有党员，也都有学科骨干，多人荣获优秀共产党员、全国优秀教师、首都劳动奖章、北京市师德标兵等荣誉。组织党员、教师志愿者走下讲台，走到社区居民中间，教居民学唱歌、学舞蹈、学书法、学编织、学太极，丰富了居民的文化生活；与社区居民座谈，倾听他们教育子女、辅导作业、升学困惑等问题，耐心解答、从容支招，增进了居民对教育的理解，转变了教育观念；走进学生家里家访，深入了解了学生，密切了师生关系，增进了家校沟通，更有效地为学生提供帮助。志愿者们专业的知识素养、为人师表的气质、循循善诱的辅导，向社会展示了良好的教师形象，为居民提供了贴心的教育服务，让受助者感到了社会的温暖。

2. 志愿服务行动，创新思政教育途径

参加志愿服务行动，是党员、老师们在完成本职工作之余，额外付出时间、体力、智力和精力去帮助他人、服务社会，没有丝毫报酬也没有任何名利。每次活动前，党组织都会在志愿者招募令中详细介绍活动意义、目的和活动安排，党员、积极分子及普通老师都会踊跃报名，只要穿上志愿者特有的蓝马甲标志服，一种崇高感就油然而生。活动前，党委书记都会带领党员诵读党的宗旨，工会主席会带领老师诵读志愿者宣言；在活动中志愿者们都会精神饱满，真诚付出、无私奉献；活动后及时组织大家进行总结，分享心得感悟和收获。志愿服务行动为党员、教师提供了一条校外实践、锻炼和提升自我的途径，帮助党员进一步锤炼了党性，彰显了理想信念，帮助教师进一步提升了师德素养，增强了立德树人的意识，让参与者得到了思想的升华，成了学校加强教师思想政治教育工作的一条新途径。

3. 志愿服务行动，倡导社会文明之风

志愿服务是现代社会文明进步的重要标志，奉献、友爱、互助、进步的志愿服务精神，是对中华民族团结友爱、助人为乐、尊老爱幼、尊师重教等传统美德的继承和发扬，也是新时代中国特色社会主义精神文明的体现。广大党员和普通老师通过参与“清洁家园，美化丰台”进社区宣传活动、“垃圾分类我先行”社区值守垃圾桶活动、文明餐桌光盘行动监督员等，劝阻了社区不文明行为，倡导了社会文明风尚，用实际行动现身说法，起到了榜样效应。通过参与关爱孤寡老人和残障儿童活动，对社会弱势群体有了更多的了解，在教育教学工作中能更真切地向学生传递孝敬父母、尊敬老人、关爱残障儿童、关爱他人的理念，也用行动推动了社会更多人形成关爱他人的良好风气。志愿服务行动，让党员和老师率先成为良好社会风尚的倡导者、社会主义精神文明的传播者、社会和谐稳定的促进者。

学校党组织开展的志愿服务行动，党员干部率先垂范带头参与，带动更多党员参与其中，也带动了工会成员积极参与，共同进步，用实际行动倡导了互助友爱的社会风气，促进了教师自我成长，进一步密切了党群关系，提升了党的引导力和公信力。穿着蓝马甲的志愿者所到之处，已成为丽泽中学一道亮丽的风景线，志愿者也已成为党员和老师们又一个骄傲的名字。

一次失败的投票

刁志花

一、案例背景

习近平总书记在庆祝中国共产主义青年团成立 100 周年大会上发表重要讲话，勉励新时代的广大共青团员：做理想远大、信念坚定的模范，做刻苦学习、锐意创新的模范，做敢于斗争、善于斗争的模范，做艰苦奋斗、无私奉献的模范，做崇德向善、严守纪律的模范。这不仅对新时代团员青年寄予了深情厚望，也为广大团员青年指明了前进道路和努力方向。

党员教师不仅肩负着对学生传道授业解惑的责任，更要帮助学生树立正确的世界观、人生观、价值观，做学生“锤炼品格、学习知识、创新思想、奉献祖国”的优秀引路人。

二、案例描述

一年一度的优秀团员评选工作开始了，按照惯例，我把符合成绩要求的同学名单投到屏幕上，并对同学们说：“优秀团员的最低要求是学习成绩在班里前 15 名，前 15 名的同学里面有 12 名团员，我们要从这 12 名同学中选出 6 名优秀团员。同学们开始投票。”同学们开始投票、唱票后，有两名同学的票数相同，经过我和团支部商量，决定投 A 同学，我的理由是 A 同学为班级做了很多工作，如负责班级的黑板报工作，学校的手抄报任务，等等。而 B 同学虽然学习成绩比 A 同学好，但是为班级做贡献方面没有 A 同学多，而且 B 同学存在违反学校规定，曾经戴耳钉。所以班主任这一票我投了 A 同学。B 同学知道结果后，直接跑过来质问我：”老师，我的学习成绩比 A 好，为什么不投我?”我没有想到她会直接质问我，当时的我也没有想太多，就把我的理由和她说了，结果 B 同学不服气。和我争辩道：“既然觉得我没有为班级做贡献，我违反学校规定了，为什么还要把我投到屏幕上。”B 同学越说越激动，我知道这种情况下，说什么都听不进去。就让她先自己去冷静冷静，也让同学去劝劝她。开始我只觉得是小女孩耍脾气，一会就好了，就没有在意。下班之后，她妈妈给我打电话，说联系不上孩子，我才意识到问题的严重性，抓紧联系班里的同学，经过多方面打听，最后终于联系上了孩子。回到家后，我反思了这次投票。意识到孩子们现在的心理状态没有那么单纯，现在孩子的自我意识太强了，稍微处理不当，可能会酿成大祸。而作为一名党员教师，更作为一名班主任，有责任帮他们树立正确的人生观和价值观。

第二天，铃声一响，我走进教室，对同学们说：“同学们，今天老师讲一节团课。”

同学们面面相觑，不知道老师葫芦里卖什么药。“首先我们先来一起学习《团章》。同学们，《团章》中要求团员要彰显先锋模范作用，团员要以团章的基本要求为准则，将思想端正、学习勤奋、勇于实践、向善崇德、自觉奉献作为亮明团员身份，彰显团员特质的重要标准，在日常学习生活实践中体现先进意识、先进动力、先进要求和先进表现。这是团员最基本的要求，而作为一名优秀团员，我们应该具备什么样的品质呢?现在来看看我们身边的榜样吧!”PPT 中出现了班长的身影，有课间努力学习的身影，有运动场上拼搏的身影，有课间问老师问题的身影，有帮同学讲题的身影，有为班级画板报的身影，等等。接着我又播放了优秀共青团员的事迹。“好了，现在我们看到了我们身边的团员，也看到了我们不认识的优秀共青团员的事迹，现在我们所有团员进行一次自评。根据自评表，各自给自己打分。”这个环节结束后，我对大家说：“昨天的投票作废，我们改变一下策略，现在想竞选优秀团员的同学上台发表竞选演讲。”10 名同学陆陆续续地完成了自己的演讲。而 B 同学没有上台演讲，我连着问了几遍“还有没有同学上台演讲?”B 同学一直没有上台。我把眼光投给 B 同学，B 同学低下了头。我知道这节团课对她触动很大。“同学们，根据团章中团员的标准，根据他们的竞选发言，根据大家看到的他们为班级做贡献的情况，选出你心目中的优秀团员吧!”这次的重新选举，特别严肃。这次的票数非常一致，6 名优秀团员的票数都很高。

三、案例分析

1. 发挥党员模范作用，把握好教育方向

现在的高中生大多数正处于青春期阶段。这个阶段的孩子心理上形成了很强的自我，这种自我意识又不稳定。有时过高估计自己，甚至盛气凌人；有时过低估计自己，甚至怯懦自卑，抑郁不振，看问题容易走极端，评价别人也难免片面化、情绪化和波动化。而且，他们对别人给予的评价非常敏感和关注。他们要别人理解自己、尊重自己，而自己从不尊敬他人，更不懂得用自己的爱心换取别人的关爱。作为党员和班主任，针对这种情况，必须进行正确的引导，把握好教育的方向。

2. 发挥党员的模范作用，做好学生的引路人

习近平总书记曾经说过：一个人遇到好老师是人生的幸运，一个学校拥有好老师是学校的光荣，一个民族源源不断涌现出一批又一批好老师则是民族的希望。

新时代对教师的要求不仅仅是传道授业解惑，更重要的是当好学生成长的引路人，当学生发展过程中出现偏差，教师要及时发现并想办法加以纠正。

试误理论认为，学习就是在不断尝试错误中获得正确的知识，我们面对的是心智尚未完全成熟、情感冲动、理想思维尚不强大的中学生，身心特点决定他们容易犯错误。教育就是面对一个个错误的过程，学生因错误而成长，教育因错误而变得有价值。

因此，当学生有错误时，切忌深恶痛绝，气急败坏，而是要沉着接受，理性面对，睿智处理，从而游刃有余。没有宽容，就没有教师的大爱，没有宽容，就没有教育的温暖，当然，没有宽容，就没有学生学校生活的幸福。

3. 利用榜样的力量，使教育潜移默化，润物细无声

对正处于青春期的高中生进行单纯的说教反而会激起逆反心理，他们容易接受的

方式是自己心服口服，所以对他们来说榜样的力量大于说教，尤其是身边同龄人的事迹。教师要善于发现班级中的榜样，有意识地宣扬，树立起榜样，引导学生对榜样模范加以学习，在班级中形成良好的风气。榜样教育以一个潜移默化、润物细无声的方式影响着学生，一旦在学生的思想中产生作用，这种效果更加持久。因此，教师要注意在教育中选择适合的学习对象，为学生树立能够使其产生情感共鸣的榜样。只有我们正常对待榜样教育，才能真正使学生受益。

育人，不是班主任又何妨

郝雨辰

一、案例背景

习近平总书记主持召开学校思想政治理论课教师座谈会时强调：亲其师，才能信其道。要用高尚的人格感染学生、赢得学生，自觉做让学生喜爱的人。

学生遇到学习生活困难时，日常思想政治教育作用发挥责无旁贷。青少年阶段是人生的“拔节孕穗期”，此时学生正值“三观”形成的关键时期，往往教师一次公正客观评价，一句嘘寒问暖关心，会让学生产生亲近老师之情，产生更深刻的育人实效，这有利于培养学生成为合格社会主义事业的建设者和接班人，真正做到内外兼修，知行合一。一次，两名学生因不愉快到办公室寻求老师帮助解决，作为科任老师，我仅是做了一些再平常不过的小事，没想到却让学生与我建立了更为深厚的师生关系，为日后的教育打下了坚实基础。

二、案例描述

开学不久后的某天中午，当我上完课回到办公室的时候，发现有两名男生正在围着他们的班主任老师进行相互“控诉”。“老师好！”当学生看到我的时候，他们不约而同地跟我打起了招呼，我也笑着向他们打招呼：“你们好！”然后便坐在工位上，喝了两口水，准备把昨天留的作业判完。

受好奇心驱使，我在手里忙活的同时，也听着和观察着两名男生来办公室的缘由以及情况。一名男生胖胖的，也比较平和，与老师沟通的时候很正常，没有什么明显的负面情绪，另一名男生则眼泪汪汪的，仔细一看，有一只眼睛还长了“针眼”，可能因为还啜泣着，眼睛完全肿了起来，好像在这次矛盾中受了不少的委屈。

眼看他哭个不停，我就拿出办公桌上的纸巾，抽了两张递给他说：“快擦擦眼泪，别哭了，挺帅气的小伙子，再哭眼睛就该肿啦！”他有些不好意思地接过纸巾，一边说着“谢谢老师”，一边擦着眼泪，但依旧没有能停止住哭泣。

这到底是受了多大的委屈呀！我内心暗暗想。于是我放下了手里的笔，开始跟着他们的班主任老师一起处理这个冲突，想让学生们尽快和好，不再沉浸在矛盾和委屈之中。经了解，原来是因为他们俩在班里相互开玩笑，突然就急眼了，便从“口舌之战”升级成了“拳头之战”，动起了手。

同学间因小矛盾产生小打小闹很正常，更多只是脾气一时间上来了产生了不合理情绪宣泄方式，这时候，老师就需要在其中公正地进行分析和疏导，用真心换取学生的理解与和解，较好地解决冲突。基于此，我就配合着班主任老师，正好也活用“道德与法治”课程知识，一起成为学生矛盾的调解员。

“大致情况老师也了解了，你们两个平时关系应该很不错，才会相互开玩笑，相互逗乐子吧！但是你看，我们在和朋友交流沟通的时候，是不是也需要掌握分寸和一些原则方法呀！如果我们处理不好这个度，就会让原来高高兴兴的事儿演变成摩擦，就会产生这种友谊中的冲突，对双方都是一种伤害。”

“是的老师，这个我知道，确实是我先开了个有些不合适的玩笑，导致他生气了，然后就爆发了冲突。这点我认识到了，是我的问题，我向他道歉。”另一位学生说道。

“那你看，他已经向你道歉了。咱们在和朋友交往中产生冲突，受到伤害是很正常的一件事情，你要冷静下来，看看他的道歉你能不能接受呢？他是不是真的伤害到让你没有办法原谅的地步了呢？如果是的话，那咱们和他绝交，也会是正确的选择。在这次矛盾中，咱们也要反思，你有没有问题呢？”

“老师，我也有问题，我脾气比较急，现在想想这个问题不是什么大事儿，我俩能处理好这个事情，没问题的。”一直哭泣的男生说这句话的时候虽然还没止住眼泪，但却笑呵呵的，看起来确实两个人都放下了芥蒂，能够握手言和了。

这时候，我又给男生抽了几张纸，让他把眼泪和鼻涕都擦一擦，打趣地说道：“别哭了，别回去再让同学笑话你，眼睛越来越肿啦！”同时看到他的口罩因为泪水被浸湿了，这种湿乎乎的感觉肯定不舒服，我又起身给他拿了一个新口罩让他换上。他推脱着说自己有，但还是执拗不过我，换上了这个口罩。

眼看事情已经解决，他们临走时，我又跟其中一个学生说：“你这是长针眼了吧。别着急，老师小时候也经常长，除了有点疼又有点影响颜值，过一段时间自然就好了。要多注意眼部卫生，别老用手揉。”他看着我的眼睛说：“老师，我没怎么长过，听您这么说我就放心了，谢谢您。”之后，两名学生便离开了办公室。

对我来说，我只是在学生产生冲突寻求老师帮助的时候，做了一些每个老师都会做的事情，调解、递纸、给一个新口罩、安慰等。但却没想到，自此以后，这名哭泣的男生与我建立了深厚的师生情谊。

下午当我在这个班级上课时，我发现这名男生的听课状态极其认真，我所设计的问题都可以参与和互动，表现得非常突出。下课后，他主动找到我，就课上的一个问题进行了进一步的探讨，临末还问了句：“老师，我这个针眼没关系的对吧。”自此，我就记得了他的名字——杜佳航。

尽管后续的工作中，在与其他任课老师交流中会发现，杜佳航在其他科目的课堂及课后表现仍有较大提升空间，生活中也会在与同学隔三岔五发生矛盾，但每当我找他谈心，进行面对面沟通和教育的时候，他总能对我打开心扉，说着他的想法和感受，也听着我的评价与建议。作为刚刚入职又任教“道德与法治”的老师，我能够不仅仅在课堂上对学生进行着思想政治教育，还能够在工作生活中通过自身作为感染学生、赢得学生，努力成为让学生喜爱的人，成为学生的知心人，心目中的好老师，这对我来说是十分珍贵的，也是无比幸福的。

三、案例分析

对于学生而言，教师不仅仅是知识的传授者，更是成长道路上的引路人。“上好课”是教师立身之本，而“育好人”也应成为全体教师工作的应有之义，以自身人格魅力吸引感召学生，扣好学生人生的“第一粒扣子”，为学校“三全育人”良好局面形成贡献自己的一份力量。

1. 用心守护，赢得学生信赖

教师在工作中应始终牢记教育初心，无论在课上还是课下，要让学生能够感受到来自教师的尊重与理解，双方无论在地位上还是在思想上是可以平等进行对话的，在交流时注意语气语调的运用，语言应准确通俗，在与学生交流中多说真话实话，不要信口开河，讲过头话。同时，在工作中教师还应眼里有事情，心里有学生，通过语言和行为的表达让学生真切感受到老师的守护，理解老师的良苦用心。事情无论大小都有可为，有时做好一件小事更能让学生感受到老师的关切与用意，更能拉近与学生之间的距离。抓住了日常“小事”，真诚地用心守护学生，便能赢得学生的信赖与爱戴。

2. 用心关怀，引领学生成长

立德树人是教育的根本任务也是教育的中心环节。随着时代发展，发展素质教育，推进教育公平，培养德智体美全面发展的社会主义建设者和接班人是党对教育工作提出的殷切嘱托。传统意义上“唯分数、唯成绩、唯特长”已不再是衡量学生的最高标尺，其水平高低亦不代表学生优劣。教师要转变育人思维，用多把尺子衡量学生，始终以发展眼光看待学生，更加注重学生的养成教育。用心关怀学生，不断以德育人、以文化人，用自身强大的感召力引领学生健康成长，让学生在中学阶段向着德才兼修的方向发展，打下坚实的基础，培养卓越的能力，逐步成为党和国家真正需要的优秀人才。

3. 用心参与，助力“三全育人”

有教无类，因材施教是我国优秀传统教育思想，学校是教育的“主阵地”，这就要求学校教育要面向全体学生。单独靠班主任和德育处老师助力学生成长，力量是微薄的。从每学期开学到结束，从周末到假期，从学生迈入校园之时到毕业，所有老师，乃至行政人员都应有意识地投入教育过程之中，充分利用各种教育载体，通过校园文化建设、学风建设、诚信教育、社会实践等多种渠道实现“三全育人”。久而久之，通过创造性地提供更多样化、更高质量的教育服务，家长和社会会对学校、对老师越来越放心与满意。

走出校门，感受爱国之心

赵　静

一、案例背景

习近平总书记在全国教育大会上强调我们的教育必须把培养社会主义建设者和接班人作为根本任务，培养一代又一代拥护中国共产党领导和我国社会主义制度、立志为中国特色社会主义奋斗终生的有用人才。

习近平总书记到北京市八一学校看望慰问师生时也强调，希望广大教师认清肩负的使命和责任，教育和引导学生热爱祖国，热爱人民，热爱中国共产党，教育和引导学生心中要有国家和民族，意识到肩负的责任，牢固树立为祖国服务、为人民服务的意识，立志成为党和人民需要的人才。

作为一名党员教师，我们首先要明确教育最首要也最重要的一个问题，那就是我们到底是为谁培养人，培养一个什么样的人，以上两段文字明确给出了答案。为了将爱国、爱党的教育渗透到平时的教育活动中去，2019年，恰逢祖国70周年华诞，借着班级开展“我的中国我的梦——我与祖国共成长”主题班会的契机，安排了一个小活动，让学生走出家门、走出校门、走上街头，采访收集人们对祖国的祝福，让孩子们感受到每一个中国人对祖国的这种由衷的热爱之情。

二、案例描述

“爱国”这两个字虽然经常出现在学生们的生活中，可以说从小说到大，但更多像一种口号。平时戴红领巾情况、升国旗唱国歌的音量情况都不是非常好，知道和具体做到是脱节的。因此在准备主题班会“我的中国我的梦——我与祖国共成长”时，我设计了一个前期采访活动，让学生以小组为单位，走出校门，走上街头，采访路人。由于采访时间、采访地点、采访对象都是随机的，所以想让孩子们感受到每一个中国人的爱国之心，以此来激发自己的爱国之情。

在动员阶段，首先每个小组明确四个采访任务：

(1)采访路人：“您的梦想是什么？”

(2)采访路人：“在祖国70周年华诞来临之际，请对祖国说一句祝福的话。”

(3)采访路人：“今年是祖国70周岁生日，请对祖国说一句‘生日快乐！’”

(4)采访路人：“请对祖国说‘我爱你，祖国！’”

然后提醒孩子们注意小组集体行动，在采访时注意礼貌问题，说清自己的目的，不愿意接受采访的也要表示感谢，不要与他人发生冲突，有任何问题及时和老师联系，等等。

接下来学生以小组为单位，走进北京的大街小巷、天安门、南锣鼓巷、商场等，采访对象男女老少均有，最后一共交回60多个视频素材。我再对这些素材进行分类、筛选、剪辑，在班会中播放。

在第一个问题“您的梦想是什么”中，有的希望能在北京定居，有的希望能做老板，有的希望自己的女儿能考上北京大学，有的希望能环游世界，有的希望自己的孩子能做一个对祖国有用的人，有的希望平安快乐，有的希望能当一名钢琴家……其中有一位老人的梦想让班会现场的老师们和同学们印象非常深刻，她说：“在祖国成立70周年，作为中国人我们特别自豪，特别是像我这样的到了花甲之年，还要学无止境，要跟祖国一起成长，一起强大，我们要终身学习，在这个年龄也要为祖国作出应有的贡献，为了祖国的强大，为了实现我们的中国梦，为了实现我们每个人的梦想而努力!”

看着一个个普通人的梦想，孩子们感到非常亲切，并再次体会到了“中国梦”的实际意义，“中国梦”不仅是实现民族复兴之梦、强国之梦，更是实现人民幸福生活之梦，既是宏伟的国家梦，也是具体而微小的个人梦。

在后三个对祖国的祝福中，每一个采访对象都表达了身为一个中国人的自豪感，表达了自己对祖国的热爱之情，祝愿祖国越来越强大，每一个人都在说“祖国，生日快乐!”和“祖国，我爱你!”，采访最后在两个小朋友为祖国唱的生日歌中结束了整个视频。

师生们看完了都很受震撼。孩子们在反思中也写到这次外出采访对他们的影响很大，在采访的过程中其实很多人愿意出声，但是不愿意入镜，所以其实愿意参与进来的人还有很多。孩子们不仅感受到了人们对祖国的热爱之情，在这个过程中还锻炼了与人沟通的能力，增加了胆量，提高了小组的凝聚力。

三、案例分析

习近平总书记对老师们提出了要做学生锤炼品格的引路人，做学生学习知识的引路人，做学生创新思维的引路人，做学生奉献祖国的引路人。我认为这一切的前提应该是引导学生要从心底热爱我们的国家，这样在他们学有所成的将来才能为祖国奉献自己的力量，而不是学成之后远离国土为他人效力，所以作为教师，我们一定要明白我们要为谁培养人才，从小的爱国、爱党教育就显得格外重要。

通过这次外出采访活动，想让学生们认识到正是这一个个平凡的中国人在自己平凡的岗位上为祖国做着平凡的贡献，每一个人都有自己的小小的梦想，所有人的梦想合在一起才形成了伟大的中国梦，每一个人对国家的热爱与坚守才能让我们的祖国越来越强大。通过采访能够感受到每一个中国人的这种爱国之心，我们为自己是中国人感到骄傲和自豪。

党建课题研究的几大“法宝”

罗君霞

一、案例背景

2016年6月19日，中央组织部、教育部党组联合印发了《关于加强中小学党的建设工作的意见》的通知，2017年北京市、丰台区先后印发《关于加强中小学党的建设工作的意见》(以下简称《意见》)，在《意见》中强调“加强中小学校党的建设，对于全面贯彻党的教育方针、保证社会主义办学方向、落实立德树人根本任务、办好人民满意的教育，具有重要意义”。

2017年4月，丰台教工委教委将丰台七中整合并入丽泽中学，成立北京市首都师范大学附属丽泽中学教育集团，学校党组织继续研究原丰台七中申报的丰台区“十三五”教育科学规划党建课题(课题编号 YDJ16008)，并根据集团新成立情况，向中共北京市丰台区教育系统党建研究会提交了“课题研究延期申请表”，将结题时间延期至2019年9月，该申请获得了同意。学校党委将党建课题研究作为党建的重要内容，力图通过党组织开展课题研究，来示范引领学校科研工作，发挥党组织的战斗堡垒作用。

二、案例描述

2017年4月，我校党委书记王玲找到我，谈集团党组织将继续研究原丰台七中申报的“十三五”教育科学规划党建课题的事，让我参与到该课题研究中来。书记的信任让我感到荣幸的同时，也让我感到压力巨大，感觉困难重重：一是该课题已经开题，前期的情况我一无所知；其二，虽然我之前做过一些课题研究，但是参与党建课题研究还是第一次；其三，作为一名党员，在党内也就是一名小小的党小组长，面对党建课题，以我这样水平和层次能做好党建课题研究吗？王玲书记看出了我的畏难情绪，谦虚地对我说：“你接触咱们学校老师们科研课题研究比我多些，咱们一起做这次的党建课题研究，我也是边学边做。”听了书记的话，我只好硬着头皮答应了。

在王玲书记的带领下，我们先是找到原课题的申报书、开题报告，学习、了解原课题的研究内容，然后结合集团新成立的具体情况，思考党建工作的主要内容，对课题研究做了适当的修改；接着，我们向中共北京市丰台区教育系统党建研究会提交了“课题研究延期申请表”；延期申请获得同意之后，我们就有计划地开展党建课题研究。

2018年11月底，我们开始梳理前期研究工作，准备起草课题研究中期报告。虽然前期参加过培训，但是写党建课题研究中期报告，筹备党建课题中期交流会，我们是第一次做，也没有特别成熟的经验可循。一开始，我们觉得难度很大，好在有王玲书记引领，同时又有中共北京市丰台区教育系统党建研究会办公室的领导和老师进行答疑解惑，经过1个月方方面面的准备工作，终于迎来了党建课题中期交流会的如期召开。

2018年12月21日下午4：15，"坚持开展课题研究提高党建科学化水平"——首师大附属丽泽中学党建课题中期交流会在丽泽中学教育集团本部讲习堂顺利召开，本次活动获得与会专家、领导的一致好评。

三、案例分析

作为参与本课题研究的一名中共党员，看到课题研究中期交流会成功举办，获得与会领导、专家的肯定，感到由衷的高兴！回想起学校党建课题研究一年多时间里的点点滴滴，想到在书记带领下参与课题研究的各个环节、各种经历，想起为了召开本次党建课题中期交流会，课题研究团队做的一系列梳理、筹备等工作，我真真切切地感受到：党建课题研究要真抓实干，研究才能落地；课题研究要科学规范，才能生根、发芽，茁壮成长，结出丰硕的果实！其实，党建课题研究有章可循、有"法"可依。

1. 党建课题研究要科学化、规范化

无论什么科研课题，其课题申报、开题、中期报告、交流、结题，都有一套规范化的要求，这是课题研究的特点决定的，党建课题研究也不例外。

必要的培训学习是课题研究规范实施的前提条件。2017年12月23日，我参加了由中共北京市丰台区教育系统党建研究会主办的关于课题研究规范化方面的培训，听取了课题研究专家关于党建课题申报、开题、中期报告、结题等环节的规范和要求；回校后，我们就对党建课题研究的相关内容做了相应的调整，将课题题目调整为"发挥党组织在'立德树人'过程中的引领作用"，将党组织在哪些方面发挥什么引领作用作为研究的重点和创新点，并对研究阶段、内容进行了适当的调整。

在筹备召开党建课题研究中期交流会之初，党委书记还特意征求中共北京市丰台区教育系统党建研究会杨主任的意见，再次学习并区分了"课题中期交流"和"中期检查"的不同之处；为了更好地撰写中期报告，我们又将有关"立德树人""基层党建"方面的报告、文件、通知等找出来进行深入学习，为规范化地撰写课题研究中期报告、召开党建课题中期交流会做好充足的准备。

积极参加课题研究方面的培训、抓住一切机会向党建课题研究专家请教、学习，是党建课题研究科学化、规范化的必经之路，也是党建课题研究得以正常、有序开展的坚实基础。

2. 党建课题研究要有计划、重落实

任何浮于表面的课题研究都不是真正的研究，也不能获得真正的研究成果，更谈不上能够真正解决问题。为了让学校党建课题研究真正落到实处，课题负责人王玲书记围绕课题研究主题内容进行统筹部署，将课题研究分为"筹备阶段(梳理调整)、推进阶段(行动研究)、反思阶段(中期研讨)、结题阶段(深入推进)"四个阶段开展研究。

根据课题不同阶段研究的主要内容，党委书记在每学期的党委工作计划中制定丰

富多彩的党组织活动；随着党建课题研究进行到不同阶段，党组织活动的内容和侧重点也会有不同，各项活动都本着真正让课题研究落到实处的目的，在系列活动设计及实施中将“发挥党组织在‘立德树人’过程中的引领作用”党建课题研究落实到位，真正发挥党建课题研究的价值，从思想、价值、实践等方面发挥党组织在学校“立德树人”过程中的引领作用。

3. 党建课题研究要高标准、严要求

在参与课题研究的过程中，我还感受到了党建课题研究“高标准、严要求”的特点。首先是作为课题负责人的党委书记王玲，在课题研究过程中，她亲力亲为，真抓实干，对课题研究的每一个阶段都严格要求、严格把控，认真监督、落实到位。

党委对课题研究的高标准、严要求贯穿于课题研究的整个过程，筹备党建课题中期交流会过程中的几个数据，就能体现出我校党委在党建课题研究方面“高标准、严要求”的特点。2018 年 9 月学期初，书记计划在当年 12 月份召开一次课题研究中期交流会；11月底，我们一起初步回顾、梳理自 2017 年 4 月以来，课题研究开展的情况；12 月初，我们根据前期梳理的课题研究情况，开始起草课题研究中期研究报告；课题研究中期研究报告，前后经历两周多时间，修改 6 次之后，我们才将中期报告草稿发给党建研究室专家审阅；根据专家反馈的意见，我们对中期研究报告进行了第 7 次修改，党委书记再次跟专家沟通、交流；之后进行第 8 次修改，才最终定稿。课题研究中期交流报告 PPT 的制作，经历了 3 天半时间，前前后后反复琢磨、修改无数次，直到交流会召开当天下午会前的几个小时，课题负责人还在反复打磨，不断对交流会的内容和材料进行补充和完善。这样的经历，让作为课题参与者的我，真切体验到了书记带领下的课题研究团队对党建研究的严肃、认真、负责的态度。

4. 党建课题研究要多交流、勤反思

在课题研究中期召开党建课题研究中期交流会，我们知道会面临诸多困难，但是为了推进这个课题研究深入开展，即使将面临诸多困难，我们也毅然决定：排除万难，召开中期交流会。我们知道，虽然我们前期研究做了许多扎扎实实的工作，也通过梳理，整理归纳出了一些研究成果，但是这些研究成果如何，下一步研究的着力点在哪里，如何开展会更好，我们迫切需要通过一次规范的中期交流会，听取各方的意见。我们也期望通过党建课题中期交流会的召开，引领集团、集群科研课题研究工作，起到示范辐射作用。

交流会上，我们如愿获得了与会专家对我们党建课题研究的宝贵意见和建议。结合大家的意见和建议，我们也及时反思课题研究的优点与不足，思考哪些环节、哪些内容存在不足，在今后的课题研究中，可以怎样做才能做得更好。我想：这样及时地交流与自觉反思，应该也是课题研究能够继续顺利进行取得成效的“法宝”吧。

一念之转

宛宇红

一、案例背景

习近平总书记号召广大教师做“四有好老师”，即做“有理想信念、有道德情操、有扎实学识、有仁爱之心”的好老师；做学生的“四个引路人”，即做学生锤炼品格的引路人，做学生学习知识的引路人，做学生创新思维的引路人，做学生奉献祖国的引路人。“四有好老师”要求我们教师要知道“为谁培养人，培养什么样的人，怎样培养人”。“有理想信念”，就是要为祖国、为人民培养良好的接班人；“有道德情操”，就是要培养既有法律意识又有道德情操的好学生；“有扎实学识”，就是要有培养学生成为优秀人才的基本知识和技能；“有仁爱之心”，就是要有爱他人之子如爱亲生儿女的博爱精神。

“四个引路人”更是明确了我们教师的任务和使命。“做学生锤炼品格的引路人”，要求我们通过各种行之有效的方式方法培养学生具有健全的人格和优良的品格，特别是中华民族的传统美德和社会主义核心价值观所包含的各种理念，让我们的学生不仅当一名合格公民，更要当一名优秀的中华儿女；“做学生学习知识的引路人”，要求我们教师自身要有扎实学识，既能教给学生知识，又能教给学生方法，不仅要引导学生学什么，更要引导学生怎么学，还要引导学生不厌学，精益求精地学；“做学生创新思维的引路人”，就是要求我们教师要鼓励学生有创新行为，允许并包容学生在创新时犯错，学会创造性地思考和实践，力争成为创新型人才；“做学生奉献祖国的引路人”，就是要求我们教师教育学生不仅要做一个正常的人，更要做一个对祖国、对社会、对人民有用的人，要有大格局、大视野，不能仅仅思考自己，为自己思考，要“穷则独善其身”，更要“达则兼济天下”。

韩愈《师说》曰：“师者，所以传道受业解惑也。”可见，教师必须教人道理，解人疑惑。教育家陶行知说：“先生不应该专教书，他的责任是教人如何做人。”乃知，教师不光要授人以知识，还必须教人以做人。

二、案例描述

金秋十月，学校的显示屏上呈现两行红字：周五下午四点，党员在讲习堂召开新中国成立69周年主题党日活动。班会课下课之后，很多党员老师都拿着党员手册，准备下楼参会。这时，我看见寇富弄老师回到办公室，表情凝重，忍不住问道：“您怎么了？”寇老师特别严肃地说道：“刚才我班中的学生，问我为什么不去开会？我跟学生说我不是党员，学生都特别诧异，我竟然不是党员。这让我觉得很尴尬。”

寇富弄老师是我校的一名优秀教师，连续 20 年担任班主任工作，被评为全国优秀教师、全国中小学优秀班主任、北京市优秀教师、北京市师德先进个人、丰台区人民教师，并荣获北京市“紫禁杯”班主任特等奖。2015 年她作为北京市教育界代表，受到习近平总书记和李克强总理的亲切接见；2016 年 5 月荣获“首都劳动奖章”；同年 9 月 9 日作为北京优秀教师代表，参加北京市八一学校教师节座谈会，受到习近平总书记接见并合影。

我同寇老师同在数学组又在一个办公室工作，每天都会有很多交流学习的时间，虽然寇老师年龄大了一些，但仍然可以发展为党员队伍中的一员。之后，我便开始关注寇老师，利用身边的每一个小契机，积极与她进行交流，力争早日将寇老师培养成为党员队伍中的一员。

我们一起参观“砥砺奋进的五年”大型成就展，感受在以习近平同志为核心的党中央科学把握当今世界和当代中国的发展大势，团结带领全党全军全国各族人民不忘初心、砥砺奋进，推动党和国家事业发生历史性变革、取得历史性成就；我们一起钻研班主任工作，探讨面对日益变化的学生群体和家长群体，如何开展有效的班级活动、自主班会、班级文化建设，怎样做才能使学生在各科的学习上更加有积极性，怎样做才能使家长、老师与学校之间更好地沟通；我们一起探讨数学教学工作，认真钻研教材、高考题，制定每节课的知识重点和难点，最优的教学步骤，采取有效的教学手段，明确教学定位，注重实效性，教学相长，力争使班级的数学成绩变得更好。

在十九大召开期间，寇老师与我们党员教师一起学习、领悟十九大精神。牢记全心全意为学生服务的宗旨，树立正确的人生观、地位观和利益观。坚持作为党员要为群众服务，作为教师要为学生服务，进一步解放思想，大胆教育创新，做一名廉洁自律、爱岗敬业的好老师。

几年来，寇老师在思想上有了很大的进步，表现积极，定期写思想汇报，找联系人及时汇报自己的思想动态。现在，学校党组织已经把寇老师确定为积极分子，对其进行考察，希望寇老师能早日加入我们的党员队伍中来。

三、案例分析

1. 团结

党的宗旨是为人民服务，对基层党组织的定位是要团结群众、凝聚群众。群众工作是共产党攻坚克难、战无不胜的重要法宝，是每个人都不容忽视的经常性工作。做好群众工作的实质在于深入群众、团结群众，在于一切为了群众、一切依靠群众。我们每一位党员教师，也要牢牢把握团结群众这一重要工作方式，始终坚持从教师队伍中来、到教师队伍中去，加强与每一位教师的密切联系，善于发现、利用好每一次契机，才能使自己从中得到成长，从而推动党的教育事业走向新的高度。

2. 凝聚

作为党员教师，要牢固树立团结意识，切实增强党组织的凝聚力，不断提高教育教学工作效率。在党支部的统筹部署下，每个学期都会有各个党小组的听评课活动，党员教师作为表率，承担上课任务，通过不同形式的课程、班会等，使我们深入了对各学科的了解，也加深了对彼此思想上的沟通。将团结每一位教师作为一种品德、一种素质、一种能力，凝聚每一位教师的智慧和能力，为教育教学工作贡献力量。

3. 榜样

正是面对学生的发问“为什么不是党员”，而促使我们进行反思，积极加入共产党员的队伍中；正是面对不同层次的人不同形式的表现形态，而促使我们需要体现出我们共产党员的先进性。教师的工作是培养人的工作，学生受教育的过程也是一种人格完善的过程。教师要通过言传身教、榜样的力量去感染学生、引领学生，帮他们塑造良好的人生观、价值观和学习观。好教师的一言一行，不仅在潜移默化地对学生产生正向的影响，在此过程中也能不断优化自身。教师成就学生的同时，也成就了自己，更加从容。

谈“君子品格课”的立德树人

贾小丽

一、案例背景

党的十八大提出：“把立德树人作为教育的根本任务，培养德智体美全面发展的社会主义建设者和接班人。”在党的十九大报告中，习近平总书记明确指出：“要全面贯彻党的教育方针，落实立德树人根本任务，发展素质教育，推进教育公平，培养德智体美全面发展的社会主义建设者和接班人。”

教育部党组下发《关于学习贯彻习近平总书记给陕西照金北梁红军小学学生重要回信精神的通知》(以下简称《通知》)，要求各地教育部门和各中小学校深入学习贯彻习近平总书记重要回信精神，坚持以习近平新时代中国特色社会主义思想为指导，把思想和行动统一到党中央对教育改革发展的新要求新任务上来，落实立德树人根本任务，不断提高教育质量，努力把基础教育越办越好，培养中国特色社会主义事业合格建设者和可靠接班人。《通知》强调，各地各中小学校要紧密结合工作实际，把习近平总书记重要回信精神作为根本遵循，全面贯彻党的教育方针，抓住培养社会主义建设者和接班人这个根本，抓好基础性工作，教育引导学生珍惜时光，努力学习，做对国家、对人民、对社会有用的人。培育和践行社会主义核心价值观，落实好中小学德育工作指南，强化价值引领、实践养成，帮助学生“扣好人生第一粒扣子”。

二、案例描述

为了培养具有民族情怀、国际视野、德才双全、身心两健、善于学习、勇于创新的人，学校在课程体系中建构了君子品格课程。在这个框架之下我选择了两个主题：一是“感悟亲情 孝敬父母”，二是“君子当自强不息”。期望通过这两个课程能为学生的培养播下一粒种子。

“感悟亲情 孝敬父母”：“百善孝为先”，“孝悌者，仁之本也”。孝是一切道德的根本，一切品行的教化都是从这里生发的。期待通过这节课让学生树立孝的观念，增强履行家庭义务的责任观念。

“君子当自强不息”：青年是祖国的未来，是国家的希望。在社会生活中，一个有道德的人，就应当学习和效法自然界的生生不息，在人生的全部过程中，自力更生，发愤图强，勇于拼搏。同时，“德才兼修，自强不息”是我们的校训，对于刚入学的初一新生，我想借着学习君子品格的契机，让学生更加了解丽泽文化，热爱丽泽文化，让君子品格课本土化。

三、案例分析

1. 擦出火花，触动灵魂

“立德树人”四个字语境宏阔，语意深远。我以君子品格课的一角来管窥它，难免力不从心，深感任重道远，还好“感悟亲情 孝敬父母”的一堂课上学生的惊讶表现让我倍感欣慰。

这个课的环节之一是介绍白居易的《燕诗示刘叟》，本诗以寓意的方式表达了父母在孕育、养育、培育孩子过程中所付出的辛劳，学生在图片和内容的感召之下，深深理解了父母亲的不易。其中有一个同学谈到自己假期沉迷游戏不能自拔，偷了父亲的钱去买卡，其间虽有所后悔，却没敢承认。而直到读诗的那一刻，他才彻底突破心理防线，准备晚上回家向父母忏悔。我当时很受感动，第一，他勇于在同学们面前撕掉面具给大家看；第二，我被自己的一个环节能唤醒孩子内心深处最柔软的部分而感动。

“君子当自强不息”有一个环节是让学生联系实际谈谈对“自强不息”的看法或是从古人事例中获得的养分，学生积极参与、踊跃发言，有位学生说：“我懂得了自强不息的真正意义，今后打算克服自己爱偷懒的毛病，每天读一点名著，背十个单词，持之以恒，努力做一名合格的丽泽君子。”我窃喜，这不正是我们想要的吗？

2. 正我三观，提高修养

“君子当自强不息”课后我让学生写心得，其中有一份对我们校区的所有君子品格课做了总结，有一句提到了：“这个课能使我们有高尚的品德和正确的三观，中国古代为什么能够发展成如此庞大的帝国，统治并管理，就是因为有信仰半径，而不是管理半径文章。”“君子品格课让我不但提高了自身修养，还提高了社会情商，所以我对这个活动印象深刻，它是教育学生的良好途径。”

“信仰半径”说得太好了，“立德树人”就是鼓励学生有崇高的信仰，有崇高的追求。生活很多时候是平庸的，在平庸中仰望星空，这是人和动物根本的区别。汉代司马迁，受宫刑之辱，但他忍下来了，因为他想写一本史书，藏之名山，传诸来人；清人郭嵩焘完全有条件歌舞升平、醉生梦死，但为了国家富强、民族昌盛，他下决心将自己做大使时所看到的中西文明差距写出来……这些君子自强不息的力量，引导我们努力接近君子，然后去培养君子，立德树人，任重道远，笃定前行。

第二篇

管 理 类

“丽泽号”党建品牌引领下人才培养战略思考与实践

王　玲

干部教师是培养人的人，是学校的第一资源。丰台区“强基工程”工作目标第一项是要用6—9年的时间，培养一支名师引领、结构合理、充满活力的干部教师队伍。在党组织领导的校长负责制背景下，面对一校六址集团化办学新课题，丽泽中学党委做好学校党建工作顶层设计，在“丽泽号”党建品牌引领下进行人才培养战略布局，绘制人才培养蓝图，做好人才培养规划，搭建人才培养四梁八柱，在组织领导、调研分析、谋划项目、优化管理上下功夫，在多维润才、帮带成才、平台练才、大胆用才上做文章，构建干部教师人才培养新格局，形成以党建引领为“链”，以课程改革、教学创新、育人方式、服务能级等为“环”的“一链多环”丽泽人才培养方案。

一、抓好干部队伍，提高治理水平

学校干部是“丽泽号”动车的核心车厢，在“党组织”车头的带领下，凝聚党支部、党小组、党员、教师、学生等同向同行。党委重视干部队伍建设，整体统筹干部岗位设置，系统设计培训课程，合理使用严格管理。为推进强校建设，精心打造以“提升现代治理能力、保障重点中心任务、构建良好政治生态”为目标的“领头雁工程”。党委从研判干部队伍的功能、结构和需求入手，加大对各校区各部门的统筹，对标班子结构需要和干部个人特点，实行精准选配，盘活资源，改善结构，增强功能，努力建设一支忠诚、干净、担当的高素质干部队伍。

1. 整体规划，做好顶层设计

党委坚持党管干部，以目标为导向，以人才成长规律为遵循，从学校持续发展的战略高度做好干部培养的整体设计。通过党组织班子和行政班子双轨并行的培养模式和四步培养策略，打造一支“视野有宽度、思想有深度、境界有高度、情感有温度、纪律有尺度”的“五有”干部队伍。为了更好地引领课堂教学、课程建设、行政管理等各领域遵循教育规律和育人规律，党委不断优化治理体系，以保障、配合和促进教育教学中心工作，更好落实三全育人。配合新一轮干部聘任对原有组织结构进行调整，保留三大学部，强化级部管理，同时以引领服务为导向，整合成立学生发展中心、教师发展中心、后勤服务中心和行政服务中心四大集团中心。党委委员肩负党建与行政双重责任，除分管党内工作外，还要兼任学部或中心的主管领导，以此推动组织分工与行政分管综合贯通，确保党建和业务同谋划、同部署、同落实，切实把正确的政治方向、价值导向落实为可操作的机制办法，并融会贯通到教育教学全过程。坚持“把党组织建在教书育人一线”的原则，将党支部建在学部和中心，由副校长担任党支部书记，统筹党建和业务工作要点，使支部设置与管理区域匹配、支部工作与业务活动结合，实现党建业务两手抓、共促进。通过建设双强型干部队伍，实现干部队伍专业化，服务师生精准化。

2. 系统培训，助力领导力提升

党委以习近平总书记关于教育的重要论述为指导，以学校党建品牌建设为驱动，研究制定丽泽教育集团干部领导力素质模型，即具备三种思维使学校发展有方向、具备三种品格使干部个人有追求、具备三种能力使学校组织有活力。基于领导力素质模型开设后备干部领导力进阶三大课程模块(见表1)。

表1 后备干部进阶课程表

模块名称	培训目标	培训内容	培训方式	学习评价
理论课	提高后备干部政治站位和理论修养，始终与党中央在政治上、思想上、行动上保持一致	马克思主义经典理论、习近平新时代中国特色社会主义思想、习近平关于教育的重要论述、教育方面的文件等	专题讲座、论坛、党课、读书会等	学习心得、读书笔记、党课课例
党性课	提高思想觉悟、精神境界和道德修养，保持共产党人的政治本色	四史、中国共产党人的精神谱系、党章、党纪党规等	专题讲座、现场教学、党课等	学习笔记、现场教学学习单、党课课例
本领课	克服本领恐慌，提高引领力、研究力、执行力和危机化解能力	领导力、执行力、课题研究、心理调适与压力管理、应对风险挑战并适时化解危机、团队拓展活动等	专题讲座、课题研究、调研分析、专题研讨、方案制定	案例分析、课题研究、调研报告、工作方案等

3. 岗位赋能，促进实践型成长

学校党委坚持干部在学中干、用中练，在岗位上成长，在实践中提升的原则，淬炼干部的执行力和担当力。干部要掌握理论知识，更要把掌握的理论运用到实践中，做好系统设计，作出科学决策，透过现象看清本质，有效解决学校发展中各类实际问题，并能够带领组织制定科学目标，谋划正确道路，不断提高管理效能。党委梳理干部的岗位职责、任期目标和考核指标等，做好工作分工，厘清上下隶属，在调整组织结构过程中，不断完善制度重构，夯实常态管理，引导激发干部工作活力，迸发工作智慧，在确保学校平稳有序发展的基础上，推动重点工作。党委带领干部在岗位锻炼中做发展之思，谋发展之策，聚发展之力，行发展之举，积累形成经验，梳理形成方法，凝练形成特色。

4. 后备培养，形成全链条机制

党委通过“五步培养法”对青年后备干部进行系统培养，把储备库打造成蓄水池。

党委开展前期调研，制定培养方案，通过自荐与推荐、民意调研、组织考察、公示等环节，确定后备干部，针对他们不同基础、特点和经历，将自我分析和组织诊断相结合，通过“项目推进、干部培训班、跟岗学习、导师带教”四种培养方式，在“政治理论和党性教育、干部品德和师德师风教育、专业理论和实践能力”三个方面全面提升后备干部队伍素养。强化过程性考核评价，建立一人一案，实行动态、电子管理，做到优中选优、优中培优、优中用优、优中管优。党委结合后备干部个人特点和工作岗位，确定20个跨学部的研究项目，形成集团、校区、学科三级育人项目体系。后备干部将围绕研究项目开展项目规划、组建团队、科研立项、课程转化、举办活动、品牌推广等多项活动。在党委会前，随机抽取1个项目，由后备干部介绍项目进展、所遇困难和下一步计划，导师进行点评，党委班子成员帮助协调解决困难，学期末还将以多种方式向全校进行项目成果展示。在推进项目研究实践的过程中，不断激发追求专业发展的自觉性和内驱力，积累形成经验，梳理形成方法，凝练形成特色，还带动影响了年级组、学科组及行政部门的整体发展。

二、抓好教师队伍，实现育人目标

党委着力建设优秀的师资队伍，不断创新培养模式。在学部和学校不同层面分析基础上，制定以高质量发展为目标，以提升师德素养为基础，以提高育人能力为核心，以分级分类培养为策略的三年人才培养方案。开展“校本强师工程”，整体搭建人才培养的“四梁八柱五路径”结构，做好教师发展规划，培养造就一支师德高尚、业务精湛、结构合理、充满活力的高素质专业化教师队伍。

1. 党建引领，锻造先锋团队

党委充分发挥领导作用，创建“丽泽号”党建品牌，全面引领学校高质量发展。以党委为核心，以助力学生发展为靶心，建立“一核三级五带多点”党建工作机制，树立“四好”党建工作理念，形成“一二三四”党建工作思路，开展党员骨干双培养工程，构建“1＋N”特色活动体系。党组织把关定向，引领发展，全力保障，以水的“包容润泽”汇聚人心，以水的“激流澎湃”勇往直前，实现党建工作与教书育人同心同向同行。聚焦党建引领，开展“向党爱党”“志愿服务”“党员示范”“课程思政”“丽泽讲堂”等特色活动，形成品牌效应，发挥先锋作用。聚焦“双骨干”，通过组织培养、个人努力，形成双向互促，思想业务齐头并进。建立党员责任区，把入党积极分子、入党申请人、团员和普通教师与党员划在网格中，绑定组团，统筹管理，在支部形成若干“君朋小组”，实现党员队伍建设不放松，业务工作落实不掉队，党委着力培育双强型领军教师群和教师共同体，锻造一支凝聚力强、战斗力强的教师先锋团队。

2. 思政教育，筑牢思想根魂

党委系统设计，整体构建了面向全体教师的思想政治教育课程体系，进一步提升思政素养，涵养师德修养，提高育人能力，将教师的思政教育贯穿于教师教育培养的全过程。党委在党建品牌的核心价值引领下，构建“教师进德先锋课程、学生立德笃行课程、思政学科奋进课程、课程思政致远课程”四大课程群，围绕“教师思想政治素质提升、教师师德素养提升、党员先锋作用发挥”三个层面的发展目标从“思想铸魂、价值引领、师德涵养和党员示范”四个维度，进行课程的整体设计，分期、分层、分类、分岗开展培训，全员、全面、全线、全程进行培养，课程设计涵盖了学校思政教育的内容和要素，形成了“三全育人、四维融合、多位一体”整体推进大思政育人新格局，筑牢了人才培养的根基。

3. 调研分析，抓住核心问题

习近平总书记强调指出，调查研究是谋事之基、成事之道，没有调查就没有发言权，没有调查就没有决策权。为了找准问题，抓准核心，党委开展教师人才现状调研，各学部结合实际情况，从基本情况、优势问题、有效举措、突出成绩、主要策略等方面进行了详细的分析，准确地把握了学部的核心问题。学校整体也进行了全面的分析，与学部进行比对和匹配，从而找出共性问题和个性问题，明确培养重点和难点，在充分调研分析的基础上，从宏观、中观和微观三个层面系统谋划，确定“形成领军人才效应、发挥党员先锋作用，促进校区同质发展、强化过程增值评价、提升服务管理能级”五个核心问题。

4. 梯队培养，形成培养机制

通过自我分析认知、职业发展规划、成长蓝图勾画、督导评价反思，构建学校教师“入格、升格、风格”三级培养体系。

(1)通过“3＋2＋1＋1＋1”平台加强青年基石人才“入格”培养

“3＋2＋1＋1＋1”平台是指面对入职3年之内的青年教师，党委统筹教师发展中心和团委，通过三组织培养法、双导师制、一个青年教师培训班、一个新苗共同体和一个志愿服务队来完成入格培养。党委组织新教师学习校史和学校文化，组织新教师参加学校专项工作，组织新教师参加区里量身定制的入职培训。配备“双导师”，即学科教学和班级管理的指导教师，进行“二对一”指导。组织青年教师培训班，进行为期三年的系列培训，通过积分制强化培训过程。党支部、党小组成立新苗共同体，成员包括支委1名、党小组长和入职3年之内的新教师，与日常的工作相结合，加强对新教师的思政素养和师德修养的培养。参加团委牵头组织的学校志愿服务队，通过服务尽快融入团队。通过登峰行动引领青年教师带着问题钻研学术，带着困惑研究课堂，带着爱心关注学生，带着热情顺利入格。

(2)通过“1＋2＋N”平台加强骨干先锋人才“升格”培养

“1＋2＋N”平台是指一个研修班，两类系列课程，N个参加交流轮岗的骨干教师。学校聚焦骨干教师，夯实名师后备队伍，将为区校级骨干教师量身定制成立优秀种子教师研修班。研修班将必修课和选修课采取积分制进行过程评价和结果评价。必修课程包括以先进教育理论为指导，促进教师教育理念更新与行为改进；以教育研究为载体，创建教师专业发展共同体；以一案众评为抓手，提升教师解决实际问题的能力等，选修课程是学校列出课程菜单，教师进行申报，聘请市级以上骨干为导师团队进行专项指导：如何做课题，如何撰写著作，如何进行答辩等。通过建立合理有序的集团内骨干教师流动机制，赋能骨干教师再上新台阶。

(3)通过“1＋N”平台加强拔尖领军人才“风格”培养

“1＋N”平台是指一个学术团队和N个培养路径。党委将统筹教师发展中心成立教师学术团队，筹建名师工作室和工作坊，以领军教师带动骨干教师和青年教师，从而辐射全体教师。学校将在课程研修、教学实践、教育理念、学术影响力、育人示范力等方面，为领军教师搭建“成长立交桥”，筹备召开教育教学思想研讨会，助力领军教师形成个人风格、鲜明特色及思想体系，扩大辐射力和影响力。作为学校领军人才，深度参与学校发展、党建引领、教育教学等方方面面的工作，为学校发展贡献智慧与力量，真正成为学校的学术专家和教育大家。

5. *君朋讲习，构建研学共同体*

(1)成立党团员共同体促教师综合素养提升。党委在党建品牌的引领下，逐步推进“一支部一品牌”的党建特色建设。坚持“支部建在连上”，以党建引领德育、教学、科研、管理等全过程，使党支部成为学部和中心的领导核心。将在党支部和党小组内，成立党团员共同体，建立支部带领党团员共同体定期研究支部建设、教情学情、党团员队伍建设、德育一体化、支部党建课题等例会制度，以提升素养为目标、以科学研究为视角、以岗位锻炼为路径、以解决问题为根本，不断强化党团员党性修养和思政素养，不断提升分析问题和解决问题的能力，从而成为支部的骨干和后备力量。党团员共同体将表率作用与工作成效相融合，将党性修养与担当作为相融合，将完成工作与攻坚克难相融合，将组织建设与业务发展相融合，成为学校教师素养提升的能量供给站。

(2)打造教科研共同体促教师专业能力提升。教育科研是教师专业发展从自觉走向自为的标志，通过打造教科研共同体，以教科研为纽带，将有共同研究愿望的老师凝聚在一起，用教研推动科研，以科研促进教研，实现二者互动并融合，以科学化的方式促进教科和科研的协同发展，不仅能够凝结教师的智慧，还能在很大程度上为教师解决工作中遇到的问题，使其实现专业化发展的目标。要突出学习和交流在打造科研共同体中的重要作用，通过多种方式，为成员提供更多学习更多表达的机会，使老师能够将所学内化成为自己的思想并表达出来，促进专业成长。学校以“典型引路，点面结合”的思路推进教科研工作，“典型引路”就是抓好一批在市区立项且有影响力的课题，由市区骨干教师领军，重头推进、重点推广，力求对学校发展产生重大影响；“点面结合”就是要抓住一个点，即在重要课题研究过程中培养一批骨干和种子教师，同时铺开面，推动全体教师全面开展“问题即课题”的研究，实现学科人员全覆盖。

继承丽泽文化 推进学校发展

赵海旺

北京市首都师范大学附属丽泽中学(以下简称丽泽中学)是丰台区一所公办完全中学，是丰台区五大集团校、丰台区"强基计划"的"十强学校"之一。2000年1月，建校于1958年的丰台师范与建校于1963年的丰台三中合并，成立丽泽中学。2017年3月，原丰台七中并入丽泽中学成为南校区，丽泽中学开启集团化办学。2022年7月，新建的葛洲坝配套中学、黄土岗中学、黄土岗小学并入，丽泽中学成为一校六址的教育集团。到2024年3月，丽泽中学发展成为"一集八校十二址，一高四初六小学"的教育集团。

丽泽一词源于中华优秀传统文化，学校以丽泽为名，以丽泽文化为学校核心文化，经过二十多年的探索和发展，已经形成了内涵品质高、品牌辨识度强、师生践行面广、教育伙伴认可度高的丽泽文化。稳定而深邃的丽泽文化为学校坚定文化自信，实现长期和可持续的发展奠定了基础。丽泽文化已成为学校长期发展的文化基因和核心价值，这一文化根脉不会因为学校内外的人员和环境的变化而改变，放弃丽泽文化，改弦更张，将是对学校发展历史的否定。同时伴随着时代的进步和教育的发展，不断丰富丽泽文化内涵，实现丽泽文化创新，引领学校各方面工作再上新台阶，是不同时代丽泽人必须担当的时代使命。

一、继承丽泽文化育人成果

2001年5月18日，学校举行隆重挂牌仪式，正式冠名为北京市首都师范大学附属丽泽中学，自此学校开启了丽泽文化建设探索，实施了以丽泽文化为核心的学校育人改革的全面实践，形成丽泽文化引领下的系列育人成果。2012年3月，学校成立了文化建设领导小组，多次召开专题会，研讨制定校园文化建设方案，从《易经》中汲取教育智慧，围绕丽泽文化核心"君朋讲习"这条主线，在全校开展了以传统文化为导向的文明校园创建活动。通过队伍建设、"两端式教学"改革、班级文化建设、校园环境建设、学校制度建设等，促进了师生主动发展，取得了阶段性建设成果，提高了学校的办学层次，初步形成了具有丽泽特色的浓郁传统文化氛围。

1. 丽泽文化核心要义阐释

"丽泽，兑。君子以朋友讲习。"

这句话源出《周易·兑卦》，"泽"原指沼泽，古人感怀它润泽万物，生生不息、和美动人，故用"泽"作为卦象，囊括世界上所有具有润泽功能的事物。"丽"指"相连"。"丽泽，兑。君子以朋友讲习。"借两泽相连、相互润泽，比喻君子通过互相讲习而道德日进，学问日长。“君朋讲习”具有相互融通共同发展之意，是学校文化的核心内容，学校各方面文化以“君朋讲习”这一传统文化概念为核心全面建构起来，学校各方面的工作也按照“君朋讲习”所蕴含的交流、悦纳、进步的价值观全面开展。

以“君朋讲习”为圭臬，丽泽中学的学生培养目标遂表述为：培养具有民族情怀、国际视野、德才双全、身心两健、善于学习、勇于创新的当代君子。

丽泽中学首任校长臧富仁寄语丽泽师生：“丽泽师生当以弘扬中华民族优秀传统文化为己任，效法自然，君朋讲习，成为‘道德日有所进，才能日有所长’的当代君子。”这一校长寄语镌刻在各校区教学楼门厅，一直沿用至今，成为学校继承和发扬丽泽文化的见证。

2. 两端式的教学模式持续探索

“丽泽，兑。君子以朋友讲习。”

这句话强调学习主体的能动性和交互性，丽泽人将这一文化精髓与西方建构主义理论相结合，在教学改革中独创“两端式”教学模式。两端式生态课堂呈现出一种师生互动、双向反馈的教学生态效益，课堂上教师的主要作用应该是启发、指点和引导，学生在教师的启发下积极参与、主动解决问题，学习的主动性与独立性充分被激发出来。

学校通过实践研究、课题引领，不断探索、逐步深化“两端式”课堂教学改革，探究有效的教学方式与学习方式，现已构建起“两端一组六步”的课堂文化特色。多年来，学校累计举行以“两端式”课堂教学为主题的培训会、研讨会、阶段总结会、教学改革评价月等活动近 30 次，形成了 130 多份各类诊断报告，先后展示了 2418 节课堂实践研究课。

研究的深入开展促使老师们不断深入反思自己的教学，一批深入把握了两端式教学理念和方法的带头人脱颖而出；众多新颖的教学设计、鲜活的教学案例伴随而来；百余篇老师们撰写的两端式教学论文、案例、教研组研究报告以及经验总结等收录在《两端式教学论文——案例集》中正式出版发行。

3. 君朋小组合作学习长期实践

“丽泽，兑。君子以朋友讲习。”

这句话启发丽泽人基于小组合作的学习方式进行了校本特色研发，开创了“君朋讲习”的合作成长育人模式。在课程教学实施过程中，君朋小组是开展教与学的基本学习单元和重要组织形式，同学们在组内、组外比学赶帮，共同成长。君朋小组还是班级文化建设、年级班级团建、学校德育活动开展的基本组织单位。由学生之间的君朋讲习推演开去，师生之间、教师之间、校内校外则建立起了更广泛的君朋讲习关系。

丽泽中学的君朋小组建立在平等互助心理层次需要基础之上，在班级内各君朋小组的组建一般遵循“同质异构”的原则。“同质”是指组员实力相对均衡，有利于小组之间的竞赛；“异构”是指特长不同、学科优势不同的学生在一个组内。“同质异构”保证了君朋小组在各方面开展“君朋讲习”活动的质量。最大限度地发挥群体的功能，培养了学生自主、合作、探究性学习能力，提高了个体的学习动力和能力。

4. 课程体系凸显优秀传统文化

"丽泽，兑。君子以朋友讲习。"

在这句话中，君子是讲习的主体，而君子养成也是讲习的目标，因此培养当代君子也就成为丽泽中学的学生培养目标。学校以当代君子核心素养为基准，以当代君子成长需求为导向，深入研究学校培养目标"当代君子"的文化基础，致力于研究中华优秀传统文化教育的功能与作用，将中华优秀传统文化课程作为"三层五领域"丽泽课程体系的内核，将优秀传统文化融入课程，进行校本化实施。

丽泽中学中华传统文化课程包括"传统文化诵读课程""传统文化基础课程""传统文化自修课程""传统文化德育课程"等课程群。传统文化课程已从初中到高中，从单一学科到学科综合，从学科教学到班级管理，呈现出多支点、全方位、立体化的网状格局。学校建立了国学六馆等育人空间，保障传统文化课程实施。课程面向全体学生，引领学生普及传统文化常识，熟读中华基本经典，感受民族语言文字之美，培育民族思维方式，提高传统文化素养，完善君子品格。

丽泽中学优秀传统文化课程群，拓宽了课程育人功能，真正实现了弘扬中华优秀传统文化，落实立德树人根本任务，增强了丽泽课程体系的适应性，扩大了丽泽课程体系的品牌影响力，为学生发展创造更大的成长空间和机会。

5. 丽泽文化标识系统全面建立

"丽泽，兑。君子以朋友讲习。"

这句话所包含的丰富传统文化元素为学校的标识文化系统的建立提供了有力支撑。学校发扬丽泽文化，创建了优美的物质环境，营造了良好的文化氛围。

集思广益重新命名"丽德楼""丽才楼""润泽楼""汇泽楼""悦泽楼""讲习堂""丽泽厅"7个楼名名称。新楼宇名分别包含"丽""泽"二字，且与校训"德才兼修"有机结合，含义宽广、寓意深远。

高中部校门至校园有 50 米走廊，东侧墙建设了 10 块浮雕，展现丽泽文化渊源、核心思想、丽泽书院创始人、丽泽赋等内容；西侧建设了"丽泽文化赞"竹简，和"效法自然、君朋讲习"篆字窗棂，形式和内容的完美结合，形象地诠释了博大精深、源远流长的丽泽文化内涵。丽泽园则由一石、两水、讲习长廊、扬帆起航景观组成，建在高中部东侧。

初、高中教学楼走廊名称通过向师生征集确定，分别为君朋廊、讲习廊、明志廊、致远廊，取"君朋讲习""明志致远"之意，寓意踏入校门的同学们结成君朋关系，在一起通过讲习来提高品德和才能，树立远大志向实现理想抱负。

二、发扬丽泽文化深刻内涵

二十年来，学校不断发扬丽泽文化的教育价值，团结带领丽泽师生取得了骄人的育人成果。进入 21 世纪 20 年代，新的发展形势要求丽泽人进一步阐发丽泽文化的时代新意，推动学校育人模式推陈出新。

习近平总书记在庆祝中国共产党成立一百周年大会上的重要讲话中，首次提出"两个结合”的重要论断，“中国在五千多年中华文明深厚基础上开辟和发展中国特色社会主义，把马克思主义基本原理同中国具体实际、同中华优秀传统文化相结合是必由之路”。习近平总书记的论断为推进中华优秀传统文化的创造性转化、创新性发展指明了方向，提供了根本遵循。习近平总书记高度重视中华优秀传统文化的传承与发展，指出“要重视历史文化保护传承，保护好中华民族精神生生不息的根脉”。我们以传统文化名词“丽泽”为名，以中华优秀传统文化立校，以弘扬中华民族优秀传统文化为已任，这是我们丽泽人引以为傲的无上光荣。

党的二十大把教育、科技和人才工作“三位一体”专章部署、一体谋划，凸显了教育在第二个百年目标实现过程中的重要地位。2035 年中国将实现教育现代化和教育强国目标。2023 年，丰台区教育发展强基计划启动，学校发展面临新的机遇和挑战，迫切要求我们与时俱进，进一步阐释丽泽文化的时代内涵，发扬丽泽文化强大的精神感召力，增强全体丽泽人的凝聚力和认同感，全面推进 2035 丽泽强校目标的实现。

此前学校对丽泽文化的阐释主要来自“丽泽，兑。君子以朋友讲习”。这句话源于《周易·兑卦》的象传。《周易》六十四卦，每一卦的内容分为《易经》和《易传》两部分，相传《易经》为周文王姬昌所作，《易传》为孔子所作，《易传》又分为“彖传”和“象传”。晋人张华在《博物志》中说：“圣人制作曰经，贤者著述曰传。”由此可见，经的地位高于传。经是作为思想、道德、行为等标准的著作；传是后人对经的解释、注释。经指的是儒家经典，传是对经的解释，最典型的就是《春秋》与《春秋》三传（《左传》《公羊传》《榖梁传》）的关系，三传是对《春秋》的解释和注释性著作。由此可见《兑卦》中“经”的内容比“传”的内容更重要。

在推进中华民族伟大复兴的今天，我们的教育工作也要有中华气派、中华风格，我们要全面深入研究中华优秀传统文化，推动中华优秀传统文化创造性转化、创新性发展，在波澜壮阔的建设教育现代化的伟大实践中，以时代精神激活中华优秀传统文化生命力，铸就丽泽中学的办学新辉煌。因此，我们对《周易·兑卦》中丽泽文化的研究由《易传》部分转向《易经》部分。

《易经》部分第一句话是：“兑，亨，利贞。”字面意思是《兑卦》是亨通、吉利的贞卜。元、亨、利、贞是《易经》的四德，《兑卦》中四德占据三项，可见《兑卦》象征着吉祥顺遂。随后《周易·兑卦》六爻的第一句爻辞是：“初九：和兑，吉。”这里的“兑”就是“悦”，意思就是和谐、喜悦、吉祥，“和兑”概括了《周易·兑卦》的核心观念，《周易·兑卦》也是《易经》六十四卦中唯一论述喜悦的卦。丽泽作为两泽相连的卦象，两泽相互流动，相互补充，相互悦纳是交流合作的动态过程，最终结果是达到和谐相处、共享喜悦的和悦状态。

经过以上分析，《周易·兑卦》表示的现象是两泽相连，相互作用是君朋讲习，发展结果和预期理想是丽泽和悦。

“两泽相连”见证丽泽三次并校的快速壮大。

2000 年，第一次两泽相连，丰台师范与丰台三中合并，两校师生相互融合，相互悦纳，共同奋斗，把丽泽中学打造成为丰台区示范高中和北京市优质高中。

2017年，第二次两泽相连，原丰台七中并入，更名为丽泽中学南校区，两校师生相互融合，相互悦纳，共同进步。六年来南校区办学质量显著提升，过去三年连续获得区优质校、优类校称号。

2023年，第三次两泽相连，7月份原黄土岗中学全体师生加入丽泽集团，我们将继续相互融合、相互悦纳，共同努力，快速提升新校区的育人质量，满足周边市民对优质教育的期盼。

“君朋讲习”是过去十余年学校跨越式发展的根本方法论。从两端式教学模式到君朋小组合作学习，再到教师君朋教研合作成长，都深深体现了“君朋讲习”这一方法论的具体应用。

基于新时代教育发展的新要求，我们进一步挖掘丽泽文化内涵，在丽泽文化既有“两泽相连”“君朋讲习”这两项基本内涵的基础上，增加“丽泽和悦”新内涵。“丽泽和悦”指的是两泽相连、效法自然、君朋讲习、相互悦纳，最终达到了生态和悦的状态，这样就形成了丽泽中学的和悦教育理念。

和悦教育的本质是生态教育。生态教育是一个人一生中顺应自然人性的教育，是全社会自觉形成一种人生态度，是终身教育观。生态教育能够促进全社会形成一种新的生态自然观、生态世界观、生态伦理观、生态价值观、可持续发展观和生态文明观，实现人类、社会、自然的和谐发展，构建一个和谐的社会。和悦教育将把生态学思想、理念、原理、原则与方法融入教育过程，以实现师生可持续发展和创建生态文明社会的需要。

和悦教育以实现和谐、喜悦的美好教育生态为追求。“教育学首先是关系学”，和谐教育关系是实施好的教育的前提。丽泽中学在办学的过程中，各主客体间应该高扬人性的善良，积极向周围的人传达善意，“让天使跳舞”，每个人都向上向善成长，从而实现校内外各种关系的和谐融洽。丽泽中学致力于做给教师、学生、家长及其他教育伙伴带来喜悦体验的教育。这里喜悦不是简单的快乐，也不是娱乐至死，而是和谐的喜悦。丽泽中学不做简单的快乐教育，也不做苦累教育。学生学的过程、教师教的过程、行政服务的过程、家校互动的过程，都追求和谐喜悦的教育生活体验，也追求和谐喜悦的育人成果，最终实现校内、外教育生态的和谐。

三、关照师生真实校园生活

2022年的义务教育课程标准在课堂教学改革部分明确提出：“注重‘做中学’，引导学生参与学科探究活动，经历发现问题、解决问题、建构知识、运用知识的过程，体会学科思想方法。加强知识学习与学生经验、现实生活、社会实践之间的联系，注重真实情境的创设，增强学生认识真实世界、解决真实问题的能力。”2017年的高中课程标准也要求：“关注学生学习过程，创设与生活关联的、任务导向的真实情境，促进学生自主、合作、探究地学习，注重对学生学习过程的评价，推进信息技术在教学中的合理应用，提高课程实施水平。”

发扬丽泽文化，观照现实生活内涵，落实最新的课改精神，丽泽中学将全力打造既有学习又有生活的新校园。

“生活即教育”，社会生活是最大的学校，学生的学习过程实际上是他的生活过程，最好的教育是从生活中学习，从做中学。因此，丽泽教育要让真实火热的校园生活全面进入具体的教育安排和教学设计，让真实的校园生活成为教师教学和学生学习的媒介和载体，彻底填平教育、教学与学生真实生活之间的鸿沟，在师生共同编织的校园生活中完成教与学。

“教育即生活”，学校是经典社会生活的浓缩，校园生活是社会生活中最为宝贵的部分。校园生活应该是让学生在进入真实社会之前先活一遍，先活一遍是学生全面尝试、不断试错，最终完成生涯选择的过程。因此，丽泽师生要通过教育创造比现实生活更美好的生活，并积极影响周遭世界，从而使社会生活更加完美和美好，即以教育实现自我成长及周围世界进步。

习近平总书记指出：“只有全面深入了解中华文明的历史，才能更有效地推动中华优秀传统文化创造性转化、创新性发展。”我校以传统文化名词“丽泽”为名，师生以发扬中华优秀传统文化为己任，我们对丽泽文化的研究、转化、创新仍然任重道远。

一案众评

——班主任培训的有效方式

陈丽娟

我校班主任、年级组长在经过近年的新老交替之后，德育队伍呈现年轻化趋势。现有班主任及年级组长占全校教师的33%，其中近一半为有5年以下实际工作经验的班主任。年轻的班主任有朝气、有热情、有干劲，但缺乏实际工作经验也是最突出的问题。

通过与班主任座谈、学生交流、家长反映等方式，我们了解到，在班级的组织管理中的一些常见问题或者突发事件的处理上，有相当比例的班主任老师教育观念陈旧或缺乏经验，不能有效地采取有针对性的措施和方法，导致问题处理不当，不但学生有时不接受，而且家长也会产生不同意见，由此使问题复杂化，不利于班级的和谐发展。

基于以上原因，现阶段我校以班主任工作实践中鲜活的、典型的教育案例为载体，围绕典型的、共性的或突发性的专题内容进行一案众评，为建立并完善我校班主任校本研修的系列培训做了很好的尝试。

一、一案众评的基本步骤

对于一案众评我们从起步就注重了程序的有序和规范，针对这种案例的专题研讨活动的基本程序如下。

1. 班主任个人层面的分析与思考

提前1—2周将研讨的专题案例印发给班主任，要求班主任围绕4个方面进行自我分析。

(1)认真体会案例中蕴含的教育思想和成功之处。

(2)思考案例解决过程是否发挥出了班主任工作的优势与长处，是否真正解决了问题，是否有待改进的地方。

(3)思考如果自己遇到此类情况，还能怎样做使效果会更好，形成个人解决方案。

(4)谈谈此案例对自己的启发是什么。

2. 年级层面的交流研讨

利用班主任例会的时间由年级组长牵头，组织班主任在年级组内对专题案例进行分析、研讨、交流，并汇总本组的情况，特别是提炼出解决问题的关键要点和可行性强的解决方案，组内达成共识。

3. 学校层面的汇报研讨

利用班主任例会的时间由学校组织年级间的汇报交流，一般分以下三个环节。

(1)请案例提供人进行中心发言，阐述自己的解决方案、实际效果、反思。

(2)由各年级代表汇报年级组交流、整理的情况。

(3)请学校的优秀班主任作为专题案例点评人进行现场点评。

二、一案众评的基本原则

1. 案例选择的代表性原则

由于我校共有25个教学班，每个年级都有300名左右的学生，不同年级、不同年龄的学生在生理和心理上都存在着很大的差异，因此选择内容典型、能代表年级共性问题的案例作为专题，是保证研讨质量的关键因素。为此，在研讨专题的确定上我们把握代表性原则，进行了以下准备工作。

(1)分年级召开交流会。由年级组长组织本年级班主任围绕本年级在班级组织管理和学生教育过程中遇到的典型问题进行讨论交流，整理汇总后提炼出2—3个本年级共性的、突出的或亟待解决的问题。

(2)所有班主任针对提炼出的典型问题，回顾梳理自己的工作，围绕典型问题根据自己的亲身经历，选择解决成功或需要改进的具体事件撰写专题案例。

(3)学校收集班主任撰写的专题案例，组织年级组长、市区优秀班主任进行筛选，选择出3—4个内容真实、逻辑清楚、教育效果明显或能引起班主任反思的案例，确定为学校培训的专题内容。

2. 案例研讨的参与性原则

现阶段，我校把一案众评作为班主任校本培训的主要方式，所以全体班主任、年级组长都参与其中。首先每个案例都安排了1—2周的个人思考时间，然后在年级汇总时，每个班主任都要发表自己的看法，在此基础上进行年级内的讨论，汇总整理出年级意见，最后学校交流时，案例的提供者作为学校研讨的中心发言人，向其他老师描述案例发生背景、介绍案例解决过程、反思案例解决效果等，不但使全体班主任对事件有了更为清晰的认识，而且也使自己更加深入地分析其中的利与弊、得与失。除此之外，年级也指定专人向全体老师汇报，学校还聘请市、区优秀班主任进行专题点评，提出他们宝贵的建议，为班主任工作起到示范引领作用，这些措施有效地保证了案例研讨的参与性。

3. 案例点评的启发性原则

一案众评的根本目的是要使班主任通过对案例的剖析，澄清一些自己的模糊认识，感受其中蕴含的教育思想，触类旁通地学会处理类似事情的解决策略，所以对案例的点评意见要具有启发意义，对参与案例研讨的班主任的后续工作有一定的借鉴性。

比如我们曾经研讨了一个学生间伤害事件的应急处理案例。这个案例的研讨，使很多班主任明确了偶发事件中学生受伤情况的处理程序，也使一些班主任意识到做班级工作要学会抓住教育契机，处理班级的偶发事件时适当召开班会进行集体教育也是必不可少的环节，既教育当事人，也教育其他同学，这就是所谓的推己及人，这对于避免类似事件的发生起到了防患于未然的作用。

三、一案众评的效果

我校在班主任校本培训内容的确定上，主要落脚点是针对班级管理中学生出现的一些常见的、典型的、突发的具体问题进行专题研讨和交流，加上集体的智慧和优秀教师的指导，对于提高班主任的德育管理水平有很好的推动作用。

这样的培训能够引导班主任从具体实例的解读分析中感悟德育的新理念，帮助班主任从实际解决不同问题的交流中提炼德育的新方法，培养班主任从自己深入实践的思考中总结德育的新思路，增强班主任根据学生实际情况灵活采取有效措施的能力，从而提升班主任的德育管理理念。

我校采取的校本培训的形式主要针对专题案例的多种解决方案的交流，丰富班主任根据学生实际情况灵活解决问题的有效方法，提高班主任处理问题的基本技能，促进我校班主任队伍的专业成长。

一案众评的多层面研讨，避免了班主任个人行为的单打独斗，促成了年级、学校等研究共同体的形成，搭建了班级管理经验的交流平台，打造了共同解决学生问题的群体智囊团，这对于提升德育队伍的整体素质是有益的尝试。

丽泽中学高中学生发展指导工作的思考与实践

季　飞

一、学生发展指导背景

（一）教育改革与政策要求

学生发展指导是学校根据青少年身心发展需要，运用一定的专业知识和经验，帮助学生了解自己、认识世界、解决问题，从而更好地适应学习和生活，实现最大限度发展的过程。2010年颁布的《国家中长期教育改革和发展规划纲要（2010—2020年）》明确指出，要“建立学生发展指导制度，加强对学生的理想、心理、学业等多方面指导”。教育部发布的《普通高中课程方案（2017版）》中提出学校应“切实加强学生发展指导。开展多种形式的指导活动，帮助学生树立坚定的社会主义理想信念，正确地认识自我，更好地适应高中阶段的学习与生活，处理好兴趣特长、潜能倾向与社会需要的关系，选择适合的发展方向，提高生涯规划能力和自主发展能力”。2019年国务院办公厅印发的《关于新时代推进普通高中育人方式改革的指导意见》提出，“加强学生发展指导”，强调“注重指导实效”，“健全指导机制”。2020年教育部新修订的《普通高中课程方案》强调，“学校应建立学生发展指导制度，采用专职教师与兼职教师相结合的方式，组建专门队伍，加强对学生的理想、心理、学业、生活、生涯规划等方面的指导”。建立高中学生发展指导制度是国家教育改革与发展的要求，本质上也是全面实施素质教育的要求。当前伴随新高考改革与“双减”政策的稳步推进，学生的选择权不断扩大，学生发展指导的内涵不断充实和完善，对实践工作的要求也逐渐具体化和规范化，各学校必须加强和改进学校教育教学工作，有效地推进学生发展指导工作。

（二）学校办学文化与育人目标

丽泽中学是一所全日制普通公办完全中学，学校系统地推进了以“丽泽文化”为特定内涵的学校文化体系理论建构，确立了“尊重差异、扬长补短，人人得到更好的发展”的办学宗旨。明确了以培养“具有民族情怀、国际视野、德才双全、身心两健、善于学习、勇于创新”的当代君子为育人目标。

（三）优势基础

在学校半个多世纪的发展历程中，为国家输送了一批又一批人才。学校近年中考成绩在丰台区一直名列前茅，高考成绩始终稳定在全区前五名之列；高中毕业生本科上线率达到100%；近年来学生在北京市青少年科技创新大赛、北京市未来工程师竞赛、北京市青少年机器人竞赛、北京市高中生技术设计创意大赛等国内国际竞赛上均收获一、二等奖，学校合唱团多次获市区级奖励，跆拳道、游泳、毽球等体育项目也屡获佳绩。学校现已获得北京市优质高中、北京市教育先锋先进集体、北京市基础教育科研先进校、丰台区全面实施素质教育优质校、首批北京市文化建设示范校、北京市文明学校等荣誉称号。学校注重学生全面发展，是北京市科技教育示范校、北京市艺术教育特色校、北京市体育传统项目校。在建校和发展的不同阶段中，丽泽人秉承师范初心，提出我们要做教师中的“导师”，学生中的“名师”，文化口碑一脉传承，首师大附属丽泽中学教育集团现已成为具有深厚文化底蕴的北京市优质中学。学校发展得到社会各界的关注和好评，丽泽教育集团品牌作为区域教育的骨干力量，正牵头丰台科技园区教育集群，以其雄厚的办学实力和丽泽特色品牌效应带动集群内29家中小幼成员单位共同发展，在区域内发挥着越来越大的示范辐射作用。

1. 学校特色的文化与办学理念

丽泽中学“丽泽文化”引领学校特色建设，形成了独特教育理念打造学校特色的经验，被专家认定为全市中小学办学理念建设的四条路径之一。2012年，经市级专家组评审，在全市确定的“基础教育课程教材改革试验项目学校”“开展高中特色发展试验项目学校”“探索拔尖创新人才培养模式试验项目基地”“深化基础教育学校办学体制改革试验项目学校”中，丽泽中学被遴选成为全市45所开展高中特色发展试验项目学校之一。丽泽文化以“君朋讲习”为核心理念，已经深植于师资队伍建设、课堂教学实施、班级文化构建等教育教学活动之中，初步建构了具有特色的课程文化、课堂文化、学生文化、教师文化、管理文化、环境文化。以“丽泽”校名为契机，以弘扬中华民族优秀传统文化为己任，学校系统地推进了以“丽泽文化”为特定内涵的学校文化体系理论建构，确立了办学宗旨：尊重差异，扬长补短，人人得到更好的发展。明确了育人目标：培养具有民族情怀、国际视野、德才双全、身心两健、善于学习、勇于创新的当代君子。

2. 丰富的课程体系

丽泽课程体系的构建是基于学校办学理念、培养目标，对学校课程建设进行总体的规划、整体设计，以当代君子核心素养为基准，以当代君子成长需求为导向，深入研究学校培养目标“当代君子”的文化基础，以学生个性化发展为目标，以课程结构、课程实施、课程资源、课程建设的制度与管理为主要内容，通过课程设计整合现有课程，拓宽课程平台，体现课程的基础性、实践性、多样性和选择性，以课程结构创新为突破口，优化丽泽课程体系结构，增强丽泽课程体系的适应性，课程建设上突出重基础、高质量，多样化、有特色，分层次、可选择的属性，为学生发展创造更大的成长空间和机会。丽泽中学以“促进学生全面而有个性发展”为学校课程建构的基本理念，构建以中华优秀传统文化课程为特色的“三层五领域”丽泽课程结构。

(四)劣势分析和改进必要性

有效推进学生发展指导、促进学生全面而有个性的发展是新高考改革背景下普通高中所面临的一项重要任务。但在具体实践中，学校对学生发展指导理解浅表化，将“发展”指导等同于“选考”指导；具体实施过程碎片化，缺乏系统思考；对学生发展指导所需资源支持不足。目前学校已开展的相关中华传统文化课程、生涯指导规划课程体系、家校共育工作更缺乏一定的系统性，相关课程与活动之间的内容关联性、顺序承接性较差，使得无论是从学校管理上还是从学生接受教育的层面上连贯性都较差，学校课程结构在课程整体设置与课时比例安排中仍学科整合不完善，还需要更加适应不同学生发展需求，体现课程结构的综合性、选择性、多样性、均衡性，培养学生的关键能力和必备品格，让学生发展核心素养真正落地，实现学生全面而有个性的发展。

二、学生发展指导工作目标

(一)总目标

加强学生发展指导工作，要以科学发展观和北京市长期教育改革和发展规划纲要精神为指导，以增强学生的社会责任感、创新精神和实践能力为重点，促进学生整体素质全面健康发展，培养学生适应个人及社会未来发展，以培养弘扬中华优秀文化，具有"当代君子"品格为总体目标。

进一步厘清学生发展指导分别与学生发展、高考改革和学校发展之间的关系，进一步明确其价值定位；立足本校学生的发展需求，对学生发展指导工作进行整体规划、持续推进、动态调整，建成较完善的课程体系；加强对教师的培训，促进相互交流，提高教师对学生发展的指导意识和能力；拓宽思路、优化整合，构建开放的资源网络，为推进学生发展指导提供资源保障。

(二)具体目标

学生发展指导的根本目的是促进学生发展，但对于不同的学校、不同的学生，其具体目标有所不同。学校应基于办学理念和育人目标，分析学生发展特点和需要，制定本校推进学生发展指导的具体目标。结合丽泽中学培养"当代君子"的育人理念，加强学生发展工作的具体目标如下。

1. 不断完善学生发展课程体系建设

(1)完善"丽德"课程体系，大力开发学校德育课程的人力资源、学科资源，推进德育课程的制度机制建设，完善导师制，实施全员育人、全科育人、全程育人。

(2)完善"丽才"课程体系，着力于人文精神、科学精神的培育，着力于认知能力、合作能力、创新能力和职业能力的培育。厘清学生发展指导分别与学生发展、高考改革和学校发展之间的关系，进一步明确其价值定位，全面地、高质量地实施2020年版国家普通高中课程方案、国家课程标准以及北京市新高考改革方案，进一步明确各类课程的功能定位，与高考综合改革相衔接。

(3)加强"悦泽"课程建设，推动丽泽学子的文化学习和体育锻炼协调发展，帮助学生在体育锻炼中享受乐趣、增强体质、健全人格、锤炼意志，弘扬中华体育精神，推广中华传统体育项目，帮助学生掌握1—2项运动技能基础上，进一步发展学生运动专长，引导学生养成健康生活方式，形成积极向上的健全人格。

(4)以学科融合理念加强"润泽"课程建设，大力推动学校美育与德育、智育、体育、劳动教育相融合，充分挖掘和运用各学科蕴含的体现中华美育精神与民族审美特质的心灵美、礼乐美、语言美、行为美、科学美、秩序美、健康美、勤劳美、艺术美等丰富美育资源。同时，全面开齐开足美育课程，尤其是音乐、美术、书法、舞蹈、戏剧、戏曲、影视等课程，不断优化资源配置。

(5)进一步加强“汇泽”课程建设，增强劳动教育效果。当代君子应是弘扬劳动精神的先锋，满怀劳动情怀、具备劳动能力的时代骄子。

2. 加快推进学校一体化人才培养机制

以深化高中育人方式改革为契机，实施一元化战略，推进一体化育人，进一步推进丽泽中学特色发展为工作目标，建设一体化的集团乃至集群内的初高中衔接育人制度机制，整体设计和优化课程体系、教学体系、评价体系，探索学生一体化培养的综合化育人，大力开拓一体化培养的多渠道、多方式、多模式，形成学校一体化育人特色与学生生涯发展相互促进的良性循环。

三、学生发展指导工作要素分析

(一)基本原则

中学阶段是人生身心发展的一段最重要里程。生涯教育是为帮助学生更好地认识自己、认识社会、认识时代，逐渐形成自身积极、恰当的人生定位，进而明确个人发展目标，更好地促进自身全面成长，是全面推进素质教育的重要载体。结合目标要求与学生实际，本次学生发展指导改进工作原则如下。

1. 立德树人，树立正确导向。坚持正确的教育质量观和人才观，帮助学生树立远大理想，自觉践行社会主义核心价值观，培养中国特色社会主义合格建设者和可靠接班人。

2. 以人为本，突出主体作用。尊重学生主体地位，指导学生科学全面认识自我，培养学生的自主学习、自我规划、自由发展的能力。

3. 因材施教，尊重个体差异。遵循学生成长规律，坚持多元评价，合理确定不同年级、不同学生的发展指导内容与重点。

4. 坚持协同育人。充分利用校内外教育资源，构建多方参与、学科融合、家校共育、路径多元的学生发展指导格局。

5. 夯实理论基础、完善指导制度、打造学校品牌，提高教育实效。

(二)具体内容

1. 加强课程体系建设，规范科学指导的过程

开齐开好开全课程，对学生进行系统的规划与指导。学校将通过课堂讲授、专家讲座、社会实践等方式开展。做好学科融合教育。将学生发展指导渗透各个学科，通过对本学科核心素养、发展趋势和相关职业等内容的教育教学，充分挖掘各学科的发展指导因素，丰富课程资源。逐步构建我校完整的学生发展指导课程框架体系。在整合上级相关发展指导课程的基础上，开发出适合我校学生的，根据不同年级、不同阶段规划的指导课程，并初步建立我校学生发展指导课程体系。

2. 做好师资培训与配备，提高科学指导的能力与效果

丰富教师的培训形式，进一步提高各指导教师的科学指导水平。通过定期的外出

培训、专家讲座、网络学习、校本研讨等形式的培训学习，不断提升指导教师的指导能力和业务能力。探索出以学校生涯规划工作室为核心的学生发展指导队伍，通过科学的方法来指导学生了解自己的性格特征、兴趣特长、优点缺点等，正确看待个体的差异，认识和发现自我价值，准确定位自身角色，树立正确的世界观、人生观、价值观。

充分发挥党组织、共青团、社会指导员、家长委员会、学生会在学生发展指导工作中的作用，形成工作合力，保证科学指导的效果。加强学生发展指导教师的配备，通过双向选择与个别确定的形式，为每名学生配备指导教师。负责指导学生了解中学各年级课程设计、学科知识体系和学习能力要求，明确个人学习目标，科学安排课程修习计划，培养良好的学习习惯和独立思考能力，挖掘学习潜能，提升学业水平。指导学生了解高等院校专业的基本信息和就业情况，了解高校专业选考科目要求，正确处理个人兴趣特长与社会需要的关系，科学合理地确定选考科目和专业志愿。指导学生高质量地完成学生综合素质评价中的各项内容的填写与上报。

3. 创新活动形式，丰富学生发展的途径

大力推进家校社会共育，组织开展家长职业联盟或其他类似活动，通过家长委员会等多种方式邀请不同职业背景的家长或校友走进课堂，介绍相关职业发展情况。深入推进与高校联合育人工作，邀请高校专家、教授定期为高中学生做大学专业选择辅导报告。积极拓展校外渠道，加强与党政机关、企事业单位、高等学校、社会组织联系协作，组织开展丰富多样的职业体验活动和社会实践活动，增强学生的职业认知。

4. 科学评估，确保指导效果的可视

评估是促进学生发展指导工作的重要方式。学校内部要建立相应的机制，及时而准确地对学生发展指导工作进行评估，重视评估结果的反馈和后续的跟踪改进，切实推动学生发展指导。评估要贯穿始终。首先，评估目标定位和实施路径设计，其关键是在坚持促进学生全面发展、准确把握学校发展方向和学生现状的基础上，评估目标与路径的科学性、合理性与可行性。其次，评估过程，既要关注学生发展指导是否按预先设计的目标和路径有序推进，也要关注当前工作推进是否符合学生的实际需要。再次，评估结果，通过学生和教师调查，了解学生发展指导是否发挥了积极作用，还存在什么样的问题，以及问题产生的原因。评估本身不是目的，评估的最终目的在于关注评估结果的反馈与后续的改进。学生发展指导是一个没有绝对终点的过程。当学生发展出现“新动态”、社会对人才培养出现“新要求”、技术发展推进“新资源”的涌现时，学校需要立足自身与学生发展的需要，再次审视本校学生发展指导的目标、路径、实施和评估，进而作出相应的调整和优化。

学校依托综合素质评价系统为每名学生建立成长日志，适度借助科学诊断工具、测量量表，对学生发展进行诊断评估，了解学生职业发展倾向。充分发挥学校学生发展指导中心的作用，帮助学生在个人成长的过程中碰到的实际问题和思想困惑。学校把学生综合素质评价与全员育人双导师制相结合，注重过程记录，形成学生的个人档案，为每个学生建立属于自己的个人档案，记录学生生活的点点滴滴，并最终保存在学校的档案室中。

(三)重难点内容

学生发展的课程体系建设与实施过程是本次工作方案的重难点之一。完善“丽德”“丽才”“悦泽”“润泽”与“汇泽”课程建设，学校通过“一体化设计”和“一体化实施”，推进更好促进学生全面发展的新丽泽的课程体系形成。与此同时，推进初高中一体化递进式生涯规划课程群研发，学生生涯规划课程秉承“悦丽身心，色泽生活”的课程价值理念，将中国传统文化中的“大生涯观”与源于西方的现代职业生涯规划技术相结合，以综合家校社三方力量和“教、讲、习”多种手段，进行初高中学段一体化设计与实施为原则(见图1)。分年级开设“美好世界”“炫目时代”“成就自我”“蓄势扬帆”“锁定目标”“超越自我”的递进式课程。

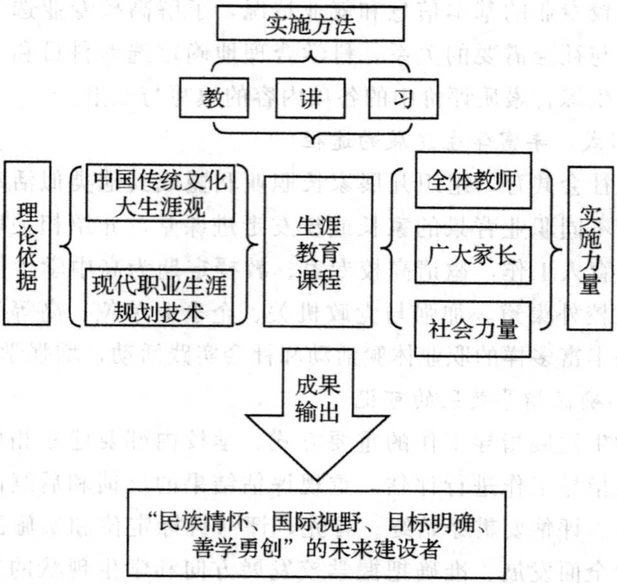

图1 生涯教育课程体系实施方法

(四)可利用资源

充分利用校内现有的课程资源与师资力量，同时将校外资源融入学校课程体系；促进家校合作，建立学校家庭共同开展学生指导的渠道；充分发挥社会资源的教育作用。利用通过社区服务、参观访问、实践探究活动、举办社区活动等途径和方法，利用社区资源开展学生指导工作。充分利用爱国主义教育基地、博物馆、科技馆、企业等丰富学生发展指导工作；充分利用大数据与网络信息技术，调研跟踪学生发展情况。

四、实践与思考

基本达到工作目标，厘清学生发展指导分别与学生发展、高考改革和学校发展之间的关系，进一步明确其价值定位；立足本校学生的发展需求，对学生发展指导工作进行整体规划、持续推进、动态调整，建成较完善的课程体系；加强对教师的培训，促进相互交流，提高教师对学生发展的指导意识和能力；拓宽思路、优化整合，构建开放的资源网络，为推进学生发展指导提供资源保障；形成学校特色的一体化育人机制，更好促进学生全面发展，形成学校特色与学生发展相互促进的良性循环。

同时固化实践研究成果，形成系列文本数据资料：《学生发展生涯规划》《学生发展生涯教案汇编》《选修课课程和成果汇编》《设计学业跟踪手册》《学生优秀课题集》《教师生涯教育论文集》等。

加强对学生发展的评价与指导，采取过程评价和目标评价相结合，定性评价和定量评价相结合，自评、他评和互评相结合。每学期对学生生涯教育指导中心的工作计划落实情况进行全面考核。重在评价学生发展指导中心是否帮助学生解决了学习生活和心理发展中的实际问题，是否促进了学生的学业进步和身心健康的发展。对学生发展指导工作成绩突出的老师予以必要的奖励。充分运用普通高中学生综合素质评价信息管理系统，为每名学生建立个性化成长档案。

守正创新　行稳致远

唐雪松

党的二十大向世界展现了中国的伟大成就，也对教育强国做了重要阐释，再次彰显教育乃党之大计、国之大计。党对教育在不同时期有着不同的战略定位，但不管是办人民满意的教育、教育均衡发展，还是教育优质均衡发展、教育高质量发展，都以人民为中心，都是对人民关切的回应，充分体现了党对教育的重视和期待。丰台教育作为首都教育的重要组成，如何高质量发展？

一、问题导向，守正创新

首先是坚持问题导向，减少不满意。二十大报告中提到坚持问题导向，从区级层面来看，立足区情，充分调研不同层次、不同规模的学校，调研不同的教育参与群体，全面调研包括但不限于软硬件建设、政策机制、资金投入及使用等情况，了解人民对丰台教育什么地方最不满意，对区域在教育发展上的短板和不足有清醒的认识和科学归因，要明确是历史欠账造成的还是政策机制局限性或资金制约影响所致。学校层面也如此。前期满意度调查、联合视导座谈等已有了良好基础，需要做的是更细更实。

其次是守正创新，弘扬正能量。所谓守正即要守住立德树人这个根本宗旨，为党育人，为国育才，要把握二十大提出的培养德智体美劳全面发展的社会主义建设者和接班人，培养担当民族复兴大任的时代新人。创新是在此基础上的创新，无论是教育体系、课程体系、教学体系抑或是治理体系的创新，统统都要为此服务。目前丰台区已有不少好的案例，值得推广和加大宣传，如课程上，行走的思政课把红色基因传承和“爱丰台”“探索丰台”等有机结合，打造出丰台区域内宛平城—抗战馆—卢沟桥等精品课程路线；再如教学上STEM项目的研究和推进，包括丽泽中学两端式教学和其他各校的课堂教学变革探索等，对学校教与学的转变意义匪浅。在今后阶段，可以把学校和学生评价作为一个创新的抓手，通过多元的、科学的评价方式，重在诊断、激励和引导，推动教育高质量发展。

二、现代治理，协同育人

高质量的教育必然要有高质量的管理、高质量的教研、高水平的师资、高质量的课堂、高品质的课程(实践)。要达到这几点，推动现代治理，加强协同育人不容忽视。

首先，坚持全面依法治国本身是党和国家的要求。现代教育治理强调依法治校、依法治教。目前学校基本都有依法治校的制度和措施，但要把依法治校完全变为学校的自觉行为还有一段路要走。对学校治理来说，师生员工全员、全方位、全过程参与是依法治校的有力保障，也是推动教育高质量发展的重要环节。党组织领导的校长负责制推行关键在党，教代会、工会，基层党组织建设等本身也是全面依法治校的保证。

其次，强调教育参与主体的多元化，协同育人。教育部关于校长专业标准的阐述：营造育人氛围，调适外部环境。通俗来讲，高质量教育我们也可以用学生喜欢、家长满意、政府认同、社会欢迎这几个维度来做参考。这里面已经涵盖了好几个主体了，这要求从传统的干部教师学校管理向包括干部教师、家长、上级及属地部门、社会力量参与的学校治理转变。现代学校治理应该主动开放办学，有效整合内部外部资源，将学校、学生置于社会之中，而不应成为所谓的象牙塔。谈到这里也想提提课后服务与暑期托管，完全可以不局限于把孩子送到校园，而是合理利用社区、邻里力量在居住地就近开展，学校提供教育专业支持与帮助，这应该会有利于学生成长。

三、系统设计，行稳致远

二十大明确提出，教育、科技、人才是全面建设社会主义现代化国家的基础性、战略性支撑，提出要教育优先发展，要坚持以人民为中心发展教育，加快建设高质量教育体系。

首先，谈教育体系的系统设计。教育的高质量发展也体现在高质量教育体系的建设上。结合二十大报告内容来看，既强调发展素质教育，促进教育公平，又强调着力造就拔尖创新人才。谈到文化自信时，着重提到要发展面向现代化、面向世界、面向未来的，民族的科学的大众的社会主义文化。鉴于此，从学校来说，应结合自身办学历史、学段特点，在课程的开发与设置等方面强调普及性(面向全体学生，有教无类)、独特性(拔尖创新人才，因材施教)，并自觉传承中华优秀传统文化。从区域教育来说，要考虑到教育体系的方方面面，不同类别、不同学段、不同层次的学校在布局、评价、干部教师队伍建设等方面均要有系统设计，要在优质均衡发展的基础上推动学校优质特色发展，在保障教育公平，营造和谐氛围的同时，进一步提升办学质量，加强拔尖创新人才的培养，让不同的孩子找到自己的生长点。令人振奋的是丰台区在“十三五”“十四五”期间已经着手进行布局调整，初见成效。

其次，行稳致远。教育生态其实是社会经济政治发展的折射，有着鲜明的时代特征。但毋庸置疑，十年树木，百年树人，教育有着自身发展的规律，教育要高质量发展必须有创新，要自我革命，但这些必须基于以下前提：遵循客观规律，遵循教育规律，遵循青少年成长规律，遵循社会组织发展规律。二十大报告中提到中国式现代化，在中国共产党领导下，既有各国现代化的共同特征，更有基于国情的中国特色。套用到丰台和学校教育可如此表述：推动教育高质量发展，既要有各区域各学校高质量发展的共同特征，更有基于丰台区域和学校实情的丰台特色、学校特色。比如在课程建设上花乡地区纪家庙小学的花卉文化课程、丽泽中学以传统文化为内核的三层五领域课程、十中生命课程等，在学生评价上北京教院、丰台实验的天地学子评价体系，在人才培养上大成学校的美术特色，等等。总之，方向要准，路径要清，措施要实，行稳致远。

发挥工会在学校师德建设中的重要作用

陈迎春

教育大计，教师为本；教师大计，师德为本。2014年9月9日教师节前夕，习近平总书记在同北京师范大学师生一起座谈时讲到，一个人遇到好老师是人生的幸运，一个学校拥有好老师是学校的光荣，一个民族源源不断涌现出一批又一批好老师则是民族的希望。高素质的教师队伍是推进教育现代化、建设教育强国的需要。中共中央、国务院《关于全面深化新时代教师队伍建设改革的意见》强调，在教师队伍建设中要突出师德，把提高教师思想政治素质和职业道德水平摆在首要位置，突出全员全方位全过程师德养成，推动教师成为中国共产党执政的坚定支持者、先进思想文化的传播者、学生健康成长的指导者。

一、学校师德建设现状需要工会发挥积极作用

立德树人是学校教育的根本任务。师德是教师应有的道德和行为规范，一个具有高尚情操、渊博学识、人格魅力的教师，会对学生一辈子产生好的影响。教师被誉为人类灵魂工程师，承担教书育人的神圣职责，其职业本身对思想觉悟和道德修养提出了更高要求。我们的广大教师总体来看能做到为人师表，他们辛勤耕耘，尽职尽责，赢得了学生、家长和社会的尊重，这是好的方面。但互联网不时曝光的一些老师体罚、侵害学生的事例，暴露出个别教师在师德方面还有所欠缺，在社会上产生了不良影响，损害了教师的形象。

(一)奉献精神需要加强

从个人角度看，教师工作在学校，生活在社会，不免受社会不良风气的影响，个别教师受社会上的一些拜金主义、实用主义等思想影响，不再把教书育人当作塑造人类灵魂的崇高事业，而仅仅看作一种谋生的手段。有的教师看中的是个人利益，在意的是个人得失，暗中从事有偿补课、有偿家教的教师依然存在。随着互联网的普及，学生获取知识的渠道不再单靠老师，老师的权威感下降，自身价值感降低，面对繁重的教育教学任务，职业倦怠感增强。面对这种情况，单靠学校外在的管理制度、职评、考核、绩效等手段来调动教师工作的积极性，不能从内心激发教师的职业使命感，不能真正转化教师的工作热情，从而影响了教育教学质量。

(二)重智轻德现象仍然存在

从学校角度来看，受中、高考升学考核因素的影响，重智轻德的现象还不同程度

存在于一些学校干部、教师的意识中。以学生的考试成绩、升学率作为衡量教师教育教学效果的标尺，导致很多老师在日常工作中只重教书不重育人，认为提高学习成绩就是尽职尽责，育人是德育干部和班主任的事；很多学校对于教师的师德要求也仅停留在道德约束层面和说教层面，缺乏对各岗位教师提出明确、具体的师德要求，缺乏科学规范的师德评价、考核制度，教师将精力更多集中在如何提高教学能力和提高分数上，忽视了自身师德修养的提高。

二、工会在学校师德建设工作中的优势和作用

《中华人民共和国工会法》赋予了工会四项社会职能，即维护职能、建设职能、参与职能、教育职能，抓好师德建设就是履行工会教育职能的具体体现。《中共中央关于加强和改进党的群团工作的意见》中对加强职工思想政治教育提出了明确要求，工会应该积极发挥教育职能作用，主动帮助教职工提高思想政治素质、职业道德素质和科学文化素质。这一要求落实在学校工作中，就要求工会在教职工中广泛开展理想信念教育，引导教职工遵守师德规范，提高师德修养，提高育人能力和水平。

学校工会是职工自愿结合的群众组织，是党组织联系广大教职工的桥梁和纽带，是教职工呼声的代言人、合法权益的维护者、广大会员的娘家人。学校在职教职工都是工会会员，工会小组覆盖学校各个处室，这为开展全员师德建设提供了群众基础和组织保证。

以我校为例。我校共有 289 名教职工，其中 9 人专兼职工会委员，15 人为工会组长，他们都是群众选出来的有较强业务能力并愿意为大家服务的工会干部，在教职工中有较高威信，加上一批音体美学科教师为主体的工会积极分子，为工会开展师德建设工作提供了重要支持力量。学校工会有固定开展活动的场所如教工之家，还有业余教师社团组织 10 支，他们在师德建设中都能发挥特有的作用。学校工会有独立的活动经费，能为开展师德建设工作提供一定的经济保障。我校工会开展有丰富多彩的主题教育活动、业余文体活动、岗位竞赛活动、节日文化活动、志愿服务活动，通过这些活动能团结教师、凝聚教师，增强归属感，帮助教师提高政治素养、文化素养、道德素养，潜移默化地提升师德修养水平。工会也应该充分发挥这些独特的优势，协助党政抓好师德建设，提升教师的师德修养，打造一支党和人民满意的高素质教师队伍。

总体来看，学校工会在师德建设中重要作用表现在：一是参谋作用。做好党政领导的参谋助手，积极建言献策，全方位了解和参与学校教育教学中心工作，落实党政交办的任务，成为学校发展不可或缺的工作力量。二是协调作用。随着教师人事制度改革，劳动关系的矛盾在学校日益凸显，工会要切实维护好教职工合法权利，建立稳定和谐的劳动关系，调动教职工的积极性。三是桥梁作用。工会是学校党政与教职工沟通的桥梁纽带，要依托自身组织体系优势，及时了解掌握教职工的各种心态、意见和需求，让学校党政领导了解真实情况，积极加以处理与调节。四是凝聚作用。努力为群众服务是工会一切工作的出发点和落脚点。帮助教职工解决工作生活困难、举办

文体活动丰富校园文化生活，这些都是工会实干、团结凝聚教职工的重要手段。五是教育作用。开展有针对性的群众谈心交流，组织具有教育意义的主题活动，选树宣传先进典型，都让工会站在师德建设的第一线。

三、工会做好师德建设工作的途径和方法

工会参与做好师德建设途径方法很多，关键是要结合实际，求得实效。以我校为例，主要有以下几方面的积极探索。

（一）强化关怀服务，成为教职工贴心的“娘家”

工会要为教职工办实事、办好事、解难事，赢得教职工的信任、信赖和亲近，营造融洽和谐的工作氛围，才能在师德建设中发挥有效作用。我校每逢教职工生病住院，家中有婚丧嫁娶等重大事件，党政工领导都会及时到家里探望、慰问；对教职工因病去世，本人患有大病或家庭成员患有大病的困难教师，都会及时伸出援手，送去慰问金；教职工如有工作不顺心，生活不开心，工会小组长们都会第一时间嘘寒问暖。工会还为全体会员上了重疾保险和意外伤害保险，为女职工上了特殊病保险，建了母婴关爱室、暖心驿站。为缓解教师工作压力，放松身心，工会根据老师们的爱好特长，成立了合唱、舞蹈、瑜伽等10余个教师社团，课余时间老师们都穿梭于各个社团的学习中，丰富了文化生活，放松了身心，陶冶了情操。这些举动让工会越来越有温度，成了教职工可信赖的“娘家”。

（二）开展主题教育活动，增强师德建设实效

师德建设重在实践，要使师德建设取得实效，学校工会就须面向全体教职工开展丰富多彩、行之有效的教育活动，其中培训讲座是一个重要抓手。如我校工会在党委的领导下，负责教师师德培训内容的设计、组织工作。近年来，工会先后邀请专家到校从中华优秀传统文化、核心素养、礼仪教育、法制教育、“四史”教育等不同方面，为全体教职工做培训讲座。专家们深厚的理论功底与实践感悟，引发了教职工深入的思考，帮助教职工转变了教育观念，老师们的教育情怀一次次被点燃，激发了立德树人的使命和责任担当。

师德建设重在氛围营造，一个人人讲师德、正师风、树师表的校园氛围能起到润物无声的作用。我校每年党委牵头，工会都组织开展“师德承诺”活动、“我的微教育故事”征文活动、“我的育人故事”演讲活动，专门开设丽泽讲堂，宣讲体现老师高尚师德的真人真事，引起台下老师的强烈共鸣。每年工会都把读书活动列入工作计划，先后为会员配发了《习近平讲故事》《亲爱的孔子老师》《共和国勋章》《为了初心和使命》《先生之德风》等书籍，举办优秀读书笔记、读后感展览，隆重举行读书报告会。老师们分享的读书心得，无一不对照从书中读到的感悟，反思自己的教育理念和方法，增强了育人的使命感，营造了全员育人的良好氛围。

（三）开展志愿服务活动，增强教师社会责任感

2014年9月，《教育部关于教师参与志愿服务活动的指导意见》中提出：结合教师

职业特点和优势，发挥教师志愿服务的示范效应和育人功能，立足教育，服务社会，将志愿服务与促进学生成长相结合，与提升教师品德修养和学识水平相结合，努力做党和人民满意的好老师。从 2016 年至今，工会在学校党委领导下，先后组织志愿者老师走出校门清理学校周边路沿和绿化带中的烟头、纸屑、果皮、宠物粪便，向路人宣传文明生活方式，倡导养成文明生活习惯；走进社区开展清除老旧宿舍楼墙上的小广告，参与社区疫情防控、垃圾分类活动；走进丰台花园和社区讲堂，教居民们学才艺，解答他们的教子困惑；走进丰台区康助养老院、丰台敬老院，为百岁老人庆生，为患病老人按摩；走进丰台区培智学校和儿童福利院，为智力障碍儿童和孤儿们送去玩具和绘本，陪他们做游戏；走进我校学困生、特困生、心理问题学生家庭进行家访，深入了解他们的困难，与家长心贴心制定家校合作方案。

通过参与志愿服务行动，老师们在服务他人、奉献社会中体会到了“送人玫瑰，手有余香”的快乐，弘扬和践行社会主义核心价值观，续写新时代的雷锋故事，向社会传递了一分温暖。老师们也在志愿服务活动中，在社会的广泛赞誉中净化了心灵，增强了师德意识，对学校师德建设起到了很好的示范带动作用。

（四）完善师德建设机制，提供制度保证

师德建设不能仅停留在思想上、活动上，还需要借助考核、评价、奖惩这些手段，建立相应的激励、约束机制。2021 年，市区教委加大了师德专题教育的工作力度，我校新修订完善了《绩效奖励分配方案》《教师师德考核办法》《职称评聘工作方案》，均加大了有关师德考核的要求，明确了硬性约束教师的言行举止。这些事关学校发展的大事、关系到教职工切身利益的大事，工会事先都广泛征求教职工意见，经教代会审议通过后再执行，增强了教职工对执行规章制度的自觉性。在每学年的绩效考核中，在评优、评先、职称晋升等管理环节中坚持实行师德一票否决制，使师德建设工作向着制度化方向发展。激励与约束相结合的管理运行机制极大地调动了老师们工作的积极性、主动性，形成了教书育人、为人师表的良好风范。

（五）评选表彰师德先进，发挥榜样作用

在开展师德建设工作中，应发挥榜样引领作用。我校工会十分注重发掘、选树、宣传师德先进典型，发挥榜样引领作用。结合教育处多年坚持开展的“我最喜爱的老师”“我最喜爱的班主任”学生网络评教评学活动，和全体教职工参与的线上师德先锋、师德榜样无记名投票结果，推选产生年度校级师德先锋候选人。通过将候选人事迹发在学校微信公众号上，让更多人了解到老师们日常教育学生的点滴故事。这些先进事迹都会被转发到干部群、教师群和家长群，候选老师都会获得来自领导、同事和家长的点赞，增强荣誉感，这个故事也会被更多老师“复制”，使更多学生得到及时的教育和引导。工会通过举办师德演讲比赛、师德先进事迹报告会、师德橱窗展等方式，构建了学校师德交流平台，树立了师德典型，营造了良好的师德师风氛围。

榜样的力量是无穷的。近年来，我校涌现出多名全国优秀教师、北京市优秀教育工作者、北京市师德标兵等楷模，他们不仅成为学校教师的学习榜样，也在市区教育系统发挥着示范引领作用。学校也获得北京市先进职工小家、丰台区师德建设先进集体等荣誉。师德建设是一项重要且长期的工作，工会组织应结合自身性质和特点，充分发挥职能作用，推进学校师德建设创新，协助党政打造一支高素质的教师队伍。

参考文献：

[1]张安顺，郭凤萍．新编基层工会工作实用手册[M]．北京：中国言实出版社，2015.

“双减”的思考

李凌志

2021年7月，中共中央办公厅、国务院办公厅印发了《关于进一步减轻义务教育阶段学生作业负担和校外培训负担的意见》(以下简称《“双减”意见》)。这是一份以减轻义务教育阶段学生过重作业负担和校外培训负担为目标，以切实提升学校育人水平，持续规范校外培训为重点，以建设高质量教育体系，构建教育良好生态，促进学生全面发展、健康成长为方向的重要文件。

近年来，义务教育阶段特别是初中阶段普遍出现短视化、功利化的问题，校外培训机构无序发展，“校内减负、校外增负”现象越来越严重。

教育是民生之基，社会各方密切关注。习近平总书记曾在全国两会上指出：“对群众反映强烈的突出问题，对打着教育旗号侵害群众利益的行为，要紧盯不放，坚决改到位、改彻底。”《“双减”意见》的印发实施，正是坚持以人民为中心，增强人民福祉、回应百姓教育关切的生动体现。《“双减”意见》传递了党中央从实现中华民族伟大复兴的战略高度，坚决防止侵害群众利益行为，构建教育良好生态的坚强决心，是从国之大计、党之大计角度作出的重大安排。

《“双减”意见》统筹校内和校外两个方面，强化学校教育主阵地作用，深化校外培训机构治理。在校内方面，要求学校教育教学质量和服务水平进一步提升，作业布置更加科学合理，学校课后服务基本满足学生需要，学生学习更好回归校园。在校外方面，全面规范校外培训机构培训行为，使学科类校外培训各种乱象基本消除，校外培训热度逐步降温。兼顾校内校外，体现出对当前义务教育突出问题和深层矛盾的系统思考、综合施策。另外，《“双减”意见》力求统筹服务国家战略和促进学生全面发展。一方面，要求从服务国家战略需求和社会主义现代化建设的高度，扭转“唯分数”“唯升学”的不科学的教育评价导向，培养创新精神、创新能力和综合素质，为党育人、为国育才；另一方面，要求从促进学生全面发展的角度，将学生从过重的作业负担和校外培训负担中解放出来，将本该属于学生自由探索、身心健康发展的时间还给学生，发挥兴趣和特长，引导学生全面而有个性发展，真正体会到学习的愉快、童年的幸福，成长为德智体美劳全面发展的社会主义建设者和接班人。

落实“双减”政策，就是要以促进学生全面发展为导向，提升校内教育质量，规范校外教育培训，明确教育治理的边界，以系统观念推进教育领域综合改革。在具体做法中，我认为需要解决好以下三个关键问题。

一是要解决好落实“双减”和“教师减负”的冲突问题。实施“双减”，进行“5＋2”的课后延时服务，责任主体是学校和教师。对于“每周 5 天，每天 2 小时”的课后延时服务，如果没有切实可行的保障落实机制，很有可能会演变成为针对教师的课后延时“增负”服务(原来每天 8 小时工作制演变成为“8＋2”小时工作制)。在落实“双减”政策过程中，可以实施教师“弹性上下班”“错峰上下班”等方案。

二是要解决好“课后延时服务”度的问题。在课后延时服务过程中，原本只是在自愿前提下为有需要课后延时服务的学生和家长提供服务，但是由于不能够正确地把握课后延时服务的内容和效能的度，比如规定只能培优辅差，不讲授新课，最终有可能演变成为变相的上新课，提前抢跑，导致造成新的教育不公平，产生新的社会焦虑，使原本的个别化服务工作演变成了全体性补课。这样一来，就意味着未来所有的学生可能都需要参加“课后延时服务”，不然会有可能就会“跟不上”，间接地增加了全体家长、教师和地方财政的负担。

三是要解决好教师的“顾虑”问题。老师们早已习惯了原来的工作时间，然而，在延迟服务政策落实之后，老师每天工作时间需顺延 2 个小时，即使有加班费，大部分教师也不愿意为此轻易牺牲自己的休息时间。尤其是那些家里有孩子，有老人需要照顾的老师，在下班之后，也要去接送自己孩子，照顾老人，还有一些教师因为年龄问题或者身体问题不能够承担“课后延时服务”，造成了教师群体内的“不平等、不和谐”，进而为学校的管理带来新的难题。

“双减”工作是一项系统工程，涉及众多利益群体。家长和社会均是做好“双减”工作的重要责任主体，密切家校联系、营造良好的社会育人氛围，统筹学校、社会、家庭力量，真正形成相互理解、支持的三位一体育人格局，才能确保治理效果的最大化。尽管落实“双减”工作会遇到种种问题，但是相信在学校精心组织实施下，学生过重作业负担和校外培训负担、家庭教育支出和家长相应精力负担一定能显著减轻，教育质量终将进一步提高。

德育，从“心”开始

田秀红

德育归根结底是对人的教育，面对多元世界、多元学生，“摇篮”就该是动心的乐园。因为面向现代化、面向世界、面向未来的是他们——我们的学生。因为他无论是好、是坏，哪怕他是有缺点、有问题的学生，哪怕他的行为已引起“公愤”，但他一样也需要关爱。因为在他未成年前，从“心”开始，一切皆有可能。

一、案例描述与分析

(一)案例描述

背景：疫情防控期间发热学生需回家休息三天，有传染性的复课时学生要持有医生诊断证明。

事件：小山(班中非班委类的“小头头”)，凭借“小聪明”想不上课就能不上课——趁老师不注意，量体温时把体温计倒甩、体温计示温 37.8℃，不明原因的班主任小文老师遂打电话请家长接回。第二天，小山来上学，不知情的小文老师按规定不让小山进班，小山就跟老师玩捉迷藏，以致出现小文老师拿着笤帚在操场追赶小山离校的“笑话”。

(二)案例分析

1. 一般资料

小山：男，13 岁，黑瘦，但身体健康，初中一年级，普通中学。生父做生意，生母全职在家，生父母常因教育孩子问题争吵。生父母无精神疾病史。

2. 个人陈述

我觉得所有人都不喜欢我，小学时就这样，校长和老师动不动就给我告状，请我家长，还让我转学，是我爸妈再三求着他们才让我留在学校，最终毕业。

3. 观察和他人反映

小山表现：打架，骂人，厌学，常歇斯底里地发脾气；目无尊长、无事生非、不服管束，更有甚者是在形势极为严峻的情况下戏耍老师。

咨询师观察：小山说话时声音时低时高，说到动情处流了两次泪，在回答问题时反应正常，思路清晰。自知力完整，无幻想、错觉。

同学反映：他上课老爱说话，或搞怪动作逗别人笑，下课老爱招惹别人，还经常骂人。

老师反映：上课经常发呆，不带学习用具，上课常说话逗别人笑。

二、行动研究轨迹

(一)初次交锋——丢盔卸甲

第一回合，运用多年的教育教学经验——教学生学做人的常规教育方法：尊重+语重心长、苦口婆心式的说教，开始还不错，但两个月后败下阵来。

表象——小山(班级中的"小头头")似乎很听我的话、服从我的管理，但总是在我不在时掉链子、出问题。以致有人曾对我说："我现在开始怀疑这样的学生真的可以转变吗？你的付出是否值得！"

小山错误情景再现——某周三下午近5：00进修结束返回办公室后。

一声"报告"震动了我的耳膜，心中也一震，莫不是小山又犯错了。小山进来后，我问："你怎么了？"小山答："老师说我捣乱。"我问："为什么？"小山答："我哪知道啊？"……

我说："你的保证就在这儿，你自己看吧，老师已经多次给了你机会，那现在就按我们约定的做——打电话请家长来吧(注：没与小山言明、请家长的另一个原因——就是小山近两天总说烦、活着没劲)！"

小山答："请就请吧！"

……

不久，其生母来到学校(现实是小山一直与生父一起生活且抚养权归生父所有，并且小山根本不听生母的话)。

我说："怎么不是你父亲来，不是早跟你说好了吗？跟你父亲一起住就要服从父亲的管理吗？你还是给你爸打电话吧！省得你父亲着急。"

小山答："我家长不是来接我了吗？你就让我走吧，不让我走，我就不知道会发生什么事了。"

我说："你不打，我打。"

生母在旁默默无语，暗示小山走。

小山扭头走出办公室，我叫其回来，小山不停，跑到围栏翻栏杆跑了。

其母随后慢条斯理走出来说："他脾气就这样，你让他跟我走不就没事了。"

我说："您还是先找孩子吧！找到后麻烦您给我打电话。"

其母走后，我赶紧给其生父打电话，大致说了一下经过和请家长的原因，让其速去找。

不久其生父打来电话，说小山在生母处，晚上就去接。

……

是啊，我真的能转化他吗？我的付出会不会是竹篮打水？

这一事件警醒我不断思索，瞬间脑海中出现了陶行知先生谈教师发展时所说的话："夫教育之真理无穷，能发明则常新，不能发明之则常旧。"尊重和爱虽是学生健康成长的重要因素、促其生命成长和发展的原动力，但老套路怎能解决新问题，育人先要育心，我还是先听听他的心声吧！

(二)再次交锋前——沟通交流

这次事件后的促膝交流、让我进一步加深了对他的了解、体谅了他心中那些苦：其一，又累又烦——想学好，可什么也学不会，上英语课如听天书，不会还要安静坐着；其二，不好意思——想做好孩子，就是有时控制不了自己，总给老师与家长添麻烦；其三，心有余悸——害怕请家长(因为其生父说再犯错请家长就打断他的腿)。

这次事件后的促膝交流，让我进一步明白：面对这样的家庭教育环境、面对这样的学生，决不能用学习成绩的利刃刺伤受教学生的心，因为不管学习成绩如何，未来的他们都要有一番作为、都要承担起建设祖国的重任。

转变这样的学生仅凭一个教师的力量是不够的，该是发挥班本教师团队的集体作用的时候了。因为班本教师团队是学生健康成长中的一种创造性整合力量，是学生健康成长的摇篮；因为新时代的教师，面对新时代的学生，完成新时代所赋予我们的责任，就要运用新时代办法开发他们的多元智能，以促使其在新环境下健康快乐地成长。

为了这个责任、为了这个目标，身为班本教师团队成员的我们携手在共勉中前行。

(三)再次交锋中——干预调试

通过团队集体的不断反思、交流，我们终于找到了能让小山乐学、愿学，能做事、会做人的有效方式——结合学生特点、改变目标实施策略。

1. 教方法——帮他从零开始、养成良好的行为习惯

交往中给小山一个冲突(当他与同学间发生矛盾时)，让他自己去化解；使其从中感悟出合格中学生应具有什么样的道德素养(爱国守法、明礼诚信、勤俭自强、团结友善、社会责任感、环保意识)、文化素质、健康素质、艺术素质、社会适应能力，你身上存在什么问题、该怎样去做。

2. 教学习——帮他养成学习习惯、提高他的文化素养

教师上课时，预留给小山一个思考问题、思考空间，引领他自己往前走。

3. 搭台子——成功体验激活小山的求知欲、提高他的心理素质

在开校运会、班会或能发挥其优势的活动时，积极鼓励他参加，促其体验成功喜悦的同时、感悟学习的重要性。

4. 树信心——我们相信你、你一定可以，提高他的社会适应能力

具体操作中，团队的每位教师会结合学科特点给小山一个任务——不干扰别人学习，让他从中学会自律；一个对手——控制过去的小山再现，促其形成自律；一个题目——如何改进自己的学习成绩，让他去完成。

注意事项如下：

团队每位教师要先了解学生的身心状况、家庭状况、学习状况和养成的行为习惯；

团队每位教师不仅要因时调整课程内容、要求和策略，还要向班主任及时反馈小山信息；

班主任不仅要向任课教师及时征询意见，还要及时向家长了解小山在家中的表现；

班主任不仅要及时发现小山的闪光点予以激励，还要向家长及时反馈小山的变化赢得支持。

三、成效与反思

(一)成效

在预设的特定环境里，经近一年时间调整，我们看到小山身上一天天发生着量的变化：他已不再是人见人烦的、上蹿下跳的捣蛋鬼——他不仅心性渐渐定下来、犯错频率降低了，还犯错时知道了不好意思，懂得了尊重老师与同学，知道了学习。就连原来坚持要把他送工读学校的老师都说："小山真的变了。"

小山身上虽然还存有不足之处，如学习的主动性还没有确实形成、做事尚欠持之以恒的决心和勇气，但我们知道，如果所有的老师都能换个角度去看、去帮他，那他就一定能成为21世纪的有用之材。

(二)反思

1. 今天想起这件事，可以说是感动多过于艰辛——能得到教师的关爱，是每个孩子的心愿，因为心与心的沟通会鼓励、鞭策孩子成长、进步。高尔基说："谁爱孩子，孩子就爱谁。只有爱孩子的人，他才可以教育孩子。"如果教师只用一把尺度(考试成绩)去衡量学生，那教师与学生就会永远深陷于深深的苦恼中，谈不上教学相长，谈不上幸福、快乐、成功。

2. 新时代的教师要学会关爱学生。因为学生的不良习惯不是一天养成的，要改变也不是几天就能见效的。相信只要给予他足够的关爱、相应的养分，他就一定能开花结果。

3. 新时代的教师要懂得关注差异。俗话讲，"尺有所短，寸有所长"，我们面对的学生也是如此——都是独一无二的，就像天空中的星星，有的灿烂耀眼、有的暗淡无光。我想如果所有的教师离他们近些就会发现：如果学生的任务不是学习，教师身边就不会有那么多的后进生，因为所谓的后进生长处正在放大；如果学生的任务不是学习，在我们的正确引导下，就会有更多的后进生成为老师心目中的优等生。

4. 育人要育心，师生同发展。我们曾不倦地教诲学生要以感恩之心面对生活，其实教师也应该以感恩之心面对学生。因为有了学生我们的情感才不那么单调；有了学生，我们的眼界才永远那么新鲜。

5. 有效沟通利于师生家长成长。在近几年的家访反馈中发现，多元、多变世界中的孩子，需要多元体系配合的教育。因为在孩子教育方面，不仅老师心力不足、沟通不愉快，家长同样明显感觉如此，都想获取更多的知识和多角度的支持。

参考文献：

[1]陈爱苾. 教师职业道德修养——敬业·爱生·师格[M]. 北京：北京出版社，2003.

培养良好行为习惯，助学生绽放耀眼光彩

杨笑竹

不知从何时开始，我很想静静思考下这三年的班主任工作，却始终以自己事务繁忙为借口推脱着。是的，我是被学生所喜爱的那类班主任，但我却始终弄不明白，为何年纪轻轻、初为人师的自己能够被如此多学生所喜爱；为何自己的班级无论学业成绩、行为品德都很优秀，甚至参与区级、校级活动都是全校极为积极出色的班级之一。这次我想细细品味这三年班主任工作，品味我和班级在良好行为习惯的帮助下共同成长的三年。

刚刚走出大学校园的我步入初中的校园，成了一名普通的班主任。说实话，我是犹豫、忐忑不安的，远离中学校园已长达十年之久，面对43个陌生面孔的我不知所措，只好向有经验的班主任们请教起来。开学伊始，有经验的班主任们都在提醒我该给学生们立好规矩，并讲清立规矩的道理。搜索网络相关文章，心中甚是佩服新班主任们立的各种规矩，例如每日早晨必须7：30前到校，在校不能吃糖……如若能够完全遵守这些规矩，将来定能成为不错的学生。可是我却发现有许多学生并没有遵守班主任的规矩，特立独行，常常作出些在他人看来出格的事情。

“师者，传道受业解惑也!”《中小学班主任工作规定》第二条更是指出：班主任是中小学日常思想道德教育和学生管理工作的主要实施者，是中小学生健康成长的引领者，班主任要努力成为中小学生的人生导师。对，我不仅要传道、授业、解惑，更要成为学生的人生导师。故为培养初一学生良好的行为习惯，我从自身努力，严于律己，努力成为遵守行为习惯的典范。

故此我班隆重举行了“我给班主任定规矩”“我给同学定规矩”等活动，罗列出学生独立提出的班主任规矩、同学规矩各十条。起初学生显得异常兴奋，上了六年学终于能够“折磨”班主任啦，努力思考该如何给班主任、给同学定规矩。例如学生在《我给班主任定规矩》中写道：1. 每天7：40到校，如开会或外出学习请您提前告诉我们；2. 如无重大事件或特殊情况，希望您能每天按时放学(PS：我们知道您是为了我们好，可是怕您太累了)；3. 希望老师每天都能笑口常开，为班级增加欢乐气氛；4. 能够适时地陪班内同学打打篮球，运动运动；5. 课间操可以和同学们一起跑步；6. 希望您能够多保护眼睛，和我们一起做眼保健操；7. 能够找些时间与我们交交心，谈一谈，说说旅行经历或者求学经历；等等。在《我给同学定规矩》中写道：1. 进教室前将所有杂念都消除掉，进教室不许大声喧哗，认真学习，虚心请教，并把鞋跺干净保持教室内

的卫生；2. 在学校内不可以随便乱吃东西，吃什么就写作文谈谈吃的东西什么味道，至少400字；3. 课间操时间，为了自己的健康认真做眼保健操、广播体操，动作不到位、态度不认真者，晚自习时间在讲台前为大家展示规范动作；4. 放学应直接回家，不在校门口逗留或去其他地方玩耍，一经发现写400字以上检讨……

隆重公示后，学生则显得有些将信将疑，他们不确定我是否会遵守他们所定的规矩。一天、两天、一周……两年、三年，我始终坚持着他们最初给我定的规定，始终严格要求自己的各项行为规范。

每个学期初，(3)班都会隆重举行“我给班主任定规矩”“我给同学定规矩”活动，正是由于每学年初的学情班情不一样，每个学期同学们所定的规矩都会有所不同。例如在初一下学期，优秀学生由于转学流失严重，在《我给同学定规矩》中学生写道：“都别怂，(3)班不败的精神需要我们扛起，我们要团结起来把英语、语文平均分提上来。”在初二上学期，由于青春期叛逆心理作祟，在《我给同学定规矩》中学生写道：要学会与父母交流，谈谈在校生活，每周与父母合作完成一项或两项家务劳动或集体劳动。同时，在初二上学期，给我定了一条规矩：如果在时间允许的情况下，请您多和我们爸妈聊聊除了学习之外的事情，能成为传音筒，起到沟通桥梁的作用。在初三下学期，由于后进生的差距进一步拉大，在《我给同学定规矩》中学生写道：作为一个集体，我们不会埋怨不会抱怨，只要我们每天都做一件或几件对班级有益的事，成绩差又能怎样，继续努力罢啦……

其实每学期所定的规矩正是在同学们眼中当前班级的不足之处以及亟待解决的问题罢了！班主任确实应该有敏锐的观察力，但往往有些深层的问题很难被发现；即使班主任每天数次进班，也不如学生观察到的班级问题准确；同时，当学生意识到这些问题，愿意发现寻找班级问题，并勇于提出并改正时，班级素质自然会提高不少。

慢慢地，我便更放心让学生投入班级管理之中，按照学生能力以及自身意愿，将几乎所有学生能够胜任的班内事务都交给学生来管理。大到通知学生家长该生在校情况、作业反馈、校内各项比赛的准备，小到讲台、窗台的擦拭都会有专人专项负责。在(3)班真正实现了人人都是副班主任，消除了没人管的事和没事管的人。学生曾经在班级日记这样写道：“班主任杨老师像个半径很大很大的圆，我们像圆内的点，有序自由地移动着。”

庆幸的是，学生也并没有让我失望，三年来遵守自己的规定已成了一种习惯。当早晨其他班仍然喧哗，(3)班的教室里早已全员到齐，书声琅琅；当课间操跑圈时，其他班数人“假装”见习、偷懒系鞋带时，(3)班整齐地仰头向前奔跑着；当放学后，其他班数人在校门口逗留嬉笑时，(3)班早已按要求“两点一线”到了自己温暖的家……

许多学生及学生家长与我交流，正是从初一定规矩开始便慢慢喜欢上了这个严于律己、努力做行为典范的班主任。正是良好行为习惯的养成，让(3)班学生无论是在校级区级各项竞赛中还是在2017年中考中都取得了非常优异的成绩。感谢良好行为习惯的养成，让(3)班的学生们提升了自己，相信良好的行为习惯会伴随(3)班学生一生，在他们将来的学业上和工作上都能继续帮助他们绽放耀眼的光彩。

筑牢思想从严治团 凝聚青春奋进力量

赵永红

习近平总书记在庆祝中国共产主义青年团成立100周年大会上的重要讲话，全面概括了从严治团的目标任务。北京市首都师范大学附属丽泽中学校团委深刻领会习近平总书记重要讲话精神，全面落实从严治团目标任务，不断提升团的引领力、组织力、服务力，让团员青年焕发绚丽光彩。

一、深化“君朋讲习”，增强吸引力和凝聚力

校团委组织建设规范，工作制度健全。校团委充分依托学生会和社团开展工作；借助对团支部“星标定级”、团员的教育评议、校（区、市）级的评优评先以及和教育处的团结合作，引导各团支部向前发展；认真规范做好团员发展、“三会两制一课”、团费收缴等工作，高中部团的工作具有活力和实效性。

同时，校团委进一步深化丽泽团特色的“君朋结对”，实现在团干部、团员和青年层面的互帮互助，增强吸引力和凝聚力。君朋结对形式有高低年级团干部的纵向结对、同一年级团干部的横向结对、结合支部“君朋小组”分组团员结对以及团员和青年结对，通过定期开展团员大会、支部委员会、团小组会等形式，发挥团干部和团员的先进性，激励自己并带动周围同学不断进步，成效显著。

二、强化政治引领，聚焦思想学习

创新“三会两制一课”形式和内容，开展各种团队活动。组织团员参与线上党团课学习。组织团员青年参加团课学习“团的光辉历史”，包括“年轻的中国共产党创建了更为年轻的中国共青团”“有‘群众党’必有‘群众团’”“共青团继续奋进、自我革新”等9部分内容的视频团课，并进行交流体会，也增强了团员参与感，提高了学习的质量；各支部组织团员青年庆祝中国共青团成立100周年，学习习近平总书记在庆祝中国共青团成立100周年大会上的重要讲话精神和党的二十大报告的深入团课，组织优秀团员参加了中学生业余党课培训学习，内容主要包括“中国共产党的性质和宗旨”、“以实际行动争取做一名合格的共产党员”、《国际歌》创作背景和学唱“党的光辉历史”、“伟大的建党精神”、“党的伟大成就”、“中国共产党的独特优势”等，做加强对团员青年的思想教育，牢牢把握培养社会主义建设者和接班人这个根本任务，不断增强团员青年做中国人的志气、骨气、底气，让革命薪火代代相传！

三、聚焦主题实践，引领团员青年进步

校团委组织系列活动教育引导青年学生赓续红色血脉、担当时代责任，引领青年学生坚持中国共产党领导，同人民一道，为实现“两个一百年”奋斗目标、实现中华民族伟大复兴的中国梦而奋斗。各个班级举行以“感悟百年征程 赓续红色血脉”“青春献礼二十大 奋斗有我新征程”为主题的班团会、朗诵比赛、板报比赛等团的主题活动；校团委组织团员开展清明节向革命先辈致敬，“走进丰台花园，祭奠崔大庆烈士”活动、“牢记历史勿忘国耻——南京大屠杀公祭日”活动，宣传展板宣传“两弹一星”元勋事迹和精神等，引导团员青年常怀报国之志，常思肩上之责，常怀感恩之心，牢记使命，自觉担当尽责，努力成为中国青年永久奋斗的先锋力量，自觉听从党和人民召唤，到新时代新天地中去施展抱负、建功立业，争当伟大理想的追梦人，争做伟大事业的生力军；组织开展高三成人仪式，引导学生正确行使公民权利，积极履行公民义务，自觉遵守社会公德，热爱社会主义祖国，拥护中国共产党的领导，做一个有理想、有道德、有文化、有纪律的社会主义公民，为中华民族的富强、民主和文明，艰苦创业，奋斗终身；在学校公众号开设“青春心向党 建功新时代”专栏，陆续发布团员青年教师的青春风采和教育梦想，宣传青年教师牢记责任与担当，不忘教育初心，牢记为党育人、为国育才使命，与时俱进，更好地担负起培养合格接班人的使命与担当。

在学校党委的领导下，校团委常态化开展志愿服务，弘扬志愿服务精神，打造丽泽志愿服务品牌。积极组织青年教师参与新冠疫情防控工作；校团委成立的“文明餐桌·光盘行动”宣传志愿服务队，全体团员和入团积极分子参与，引导学生逐步形成节约光荣、浪费可耻的思想观念，使勤俭节约的美德在全体学生中蔚然成风；垃圾分类活动中，学生会和团员发挥先锋模范作用。各班垃圾分类管理员和学生会干部、团委会干部组建为校园垃圾分类志愿者，负责校园垃圾分类的管理和引导，并在上岗前进行志愿者培训。各班在志愿者的指引下，完成垃圾的分类和投放，取得较好的效果；在校园石凳卫生清洁志愿服务工作中，各班团干部带领本班团员成为校园石凳清洁志愿服务队，通过对校园石凳的打扫，为大家营造了一个干净卫生的学习生活环境，为美丽校园注入生机与活力！

校团委以团内激励激发全面从严治团的主动性，不断保持和增强团员的先进性和荣誉感，面向全部团员青年开展典型选树，大力宣扬，发挥典型示范的引领作用。校团委在学校党委的领导下，将从严治团贯穿团的建设始终，全身心投入奋进实践中，把共青团建设得更加坚强有力、更加充满活力，开创我校共青团工作新局面。

第三篇

教育教学类

学科育人在英语课堂真实地发生

王　琳

一、案例背景

习近平总书记高度重视教师队伍建设，提出了广大教师要做“四个”引路人的要求：做学生锤炼品格的引路人、做学生学习知识的引路人、做学生创新思维的引路人、做学生奉献祖国的引路人。

2019 年，全党开展了“不忘初心、牢记使命”主题教育，总要求是守初心、担使命，找差距、抓落实。育人是教师永恒不变的初心和使命。作为一名党员教师要勇担职责和使命，立足课堂、勇于实践、敢于创新、践行学科育人。

2019 年 11 月国家颁布的《新时代爱国主义教育实施纲要》强调，培养社会主义建设者和接班人，首先要培养学生的爱国情怀。要把青少年作为爱国主义教育的重中之重，将爱国主义精神贯穿于学校教育全过程，推动爱国主义教育进课堂、进教材、进头脑。

二、案例描述

在庆祝中华人民共和国成立 70 周年群众游行中，“致敬”方阵的第一辆礼宾车，再次向六位新中国缔造者致敬。

带着对周总理的崇敬，我和家人一起参观了江苏淮安的周总理纪念馆。当我们瞻仰纪念馆前周总理的雕像时，我看到了一位六七十岁的老人，站在周总理的雕像前哭了，在通往雕像后面纪念馆的路上，老人是边走边哭。我有些疑惑，究竟发生了什么，或者总理做了什么事，能让他现在看到总理的雕像还会不禁哭起来！带着这样的疑惑我走进了纪念馆，站在每一个展板前我仔细阅读总理的一生，从共产党诞生初期一直到新中国成立再到新中国成立初期中国经济建设和外交工作，周总理都起到了重要作用。当我走到最后一部分，了解到：周总理自 1974 年 6 月 1 日住院到 1976 年 1 月 8 日逝世，共做大小手术 13 次，平均 40 天要动一次手术。只要身体尚能支持，他仍继续坚持工作。这一时期，他除了批阅、处理一些文件外，同中央负责人谈话 161 次，与中央部门及有关方面负责人谈话 55 次，会见外宾 63 批，在会见外宾前后与陪见人谈话 17 次，在医院召开会议 20 次，出医院开会 20 次，外出看望人或找人谈话 7 次。这些数字一次次地刺痛我的心，最后我忍不住地哭了！

伟人的事迹激励着我们，作为一个平凡的党员教师，作为一名英语学科的教师，我该如何做到总书记提到的“四个”引路人？这次参观，促使我对做好“四个”引路人有了更多的思考。

1. 作为党员教师，要努力挖掘学科育人价值，厚植学生的爱国主义情怀

我以中华人民共和国成立70周年为契机，挖掘学科素材的德育因素，寻求学科教学与育人的最佳结合点，挖掘学科育人的价值，教育学生爱国爱党爱社会主义，为学生终身发展奠基。国庆节前，和孩子们一起阅读*Teens*报纸上祖国70年巨变的文章：《辉煌70年，我们一起见证祖国巨变》(*Our thoughts on China*)、《共和国因他们而伟大》(*China's greatest people*)、《中国南极长城站》(*China's Antarctic studies*)等，国庆节后一起阅读《努力奋斗，创造中国更美好的明天》(*Looking to a great future*)、《看，国庆祝贺大会我们的身影》(*Pride on Parade*)等文章，增强他们的民族自豪感和荣誉感！课上我和学生一起通过不同的思维层次分析这些文本，课下我让学生们和家人讲讲他们的所学和所获，并运用到英语的写作中，渐渐地孩子们在写作中就会写道："I am from China. I am proud I am Chinese! I hope China will continue to grow!"我们要做好学生奉献祖国的引路人。

2. 作为党员教师，要重视发展思维品质，助力学生创新思维发展

新的英语课程标准的修订完成后，我不断学习新课程标准，不断运用新课程标准提出的理念指导自己的教学，实践英语学习活动观，促进核心素养的有效形成。通过思维导图和信息化结构图，培养学生获取与梳理、概括与整合、分析与判断、想象与创造的能力。我们要做好学生创新思维的引路人。

三、案例分析

周总理用自己的一生诠释了一位伟大的共产党员的初心和使命是为中国人民谋幸福，为中华民族谋复兴。伟人的事迹激励着我牢记党员的初心和使命，作为一名党员教师，我的初心和使命就是育人，就是要努力做好学生四个方面的引路人。我要在自己的英语教学中，寻求学科教学与育人的最佳结合点，挖掘学科育人的价值，立德树人，在青少年学生中培育和践行社会主义核心价值观、引导青少年学生爱国爱党爱社会主义，将学生培养成为社会主义事业的建设者和接班人。

在校本课中培养“友善”价值观，难吗？

吴东升

一、案例背景

习近平总书记在全国教育大会上强调“培养什么人，是教育的首要问题。我国是中国共产党领导的社会主义国家，这就决定了我们的教育必须把培养社会主义建设者和接班人作为根本任务，培养一代又一代拥护中国共产党领导和我国社会主义制度、立志为中国特色社会主义奋斗终身的有用人才”。“要把立德树人融入思想道德教育、文化知识教育、社会实践教育各环节，教师要围绕这个目标来教，学生要围绕这个目标来学。”

我结合学校关于传承中华优秀传统文化与学校课程一体化建设的课题，开发并讲授了校本课程“北京方言”。作为党员教师，我紧紧抓住课堂育人的主阵地，将培养学生社会主义核心价值观落实在每一节课中。

二、案例描述

“北京方言”校本课程是以老舍的短篇小说《柳家大院》为学习内容。教师首先引导学生体会北京方言的魅力，之后让学生们按照教师的要求，自己创造并表演场景片段。这样北京方言与戏剧结合起来，学生无论是对语言的理解，还是对语言所描述的人物都会有深刻的感悟。在学习过程中融入社会主义核心价值观的教育，学生在体验中感悟会更深刻。下面的两节课是融入“友善”价值观的教育。

有一节课是学习故事情节 2、3。其中有两场景是描写小媳妇总是受气（见图 1）。

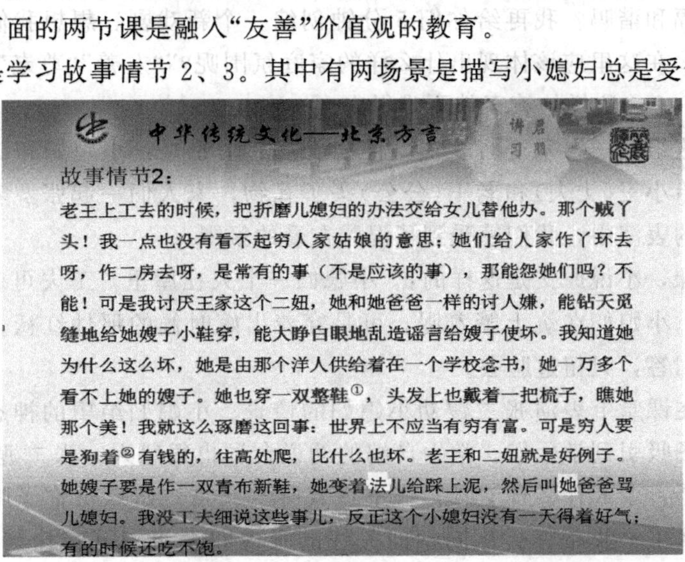

（1）

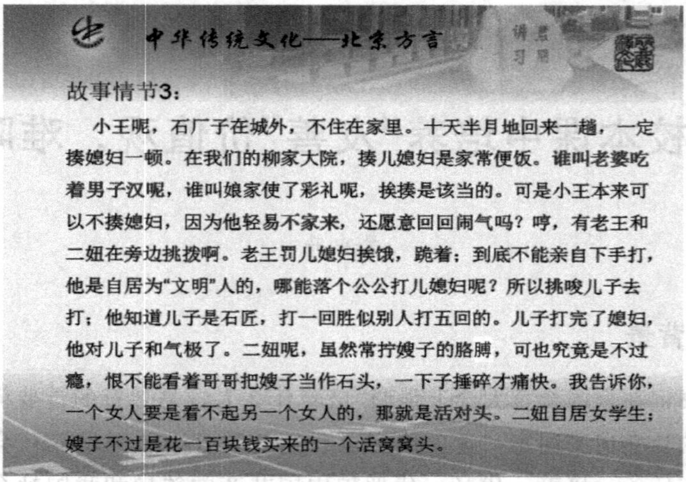

（2）

图 1 上课时用的 PPT 截图

在学习完故事情节中的北京方言内容后，学生先用 5 分钟对原情景创编戏剧，按小组进行表演。接着，我提出“如果是现今，你希望他们的关系怎样呢?”这一问题。我备课时，预设的是学生表演出关系融洽、团结友爱、尊老爱幼等场景，这也正是进行“友善”的社会主义核心价值观的教育环节。

有一组同学主动要求进行展示。当他们表演的时候，我拿起手机给他们拍摄小视频，出乎意料的是剧情有 180 度的大转弯。小媳妇在家指使小王干这干那，而她自己什么都不干，态度还不够好。我笑着说：“的确，在现实生活中有这种情形。这样的关系说明什么呢？小媳妇的地位变了。”同学们也笑了。

这时候，我感到我设计的内容没有达到预期，于是我引导道：“这样的关系有利于他们的家庭幸福和谐吗？我再给你们 5 分钟创编一个新戏剧。想想我们倡导的社会主义核心价值观，在这里应该体现出什么样的家庭氛围呢?”“友善”“尊老”“互敬互爱的和谐的家庭氛围”…… 这样的答案就不难得出。

这次我点这组同学再来进行表演。他们表演的情景是：小媳妇和二妞（小姑子）逛街买衣服，还给小王（丈夫）和老王（公公）买了礼物，家人们一起张罗着做饭，共进晚餐等。从他们的表演中，我们感受到了温馨友爱的氛围。

还有一节课，小说原文是这样的：“小媳妇一个人在屋里，工夫可就大啦。张二嫂又过来看一眼，小媳妇在炕上躺着呢，可是穿着出嫁时候的那件红袄。张二嫂问了她两句，她也没回答，只扭过脸去。”

两位学生在课堂上表演张二嫂劝小媳妇的情景。小媳妇绝望的神态、张二嫂的焦急的表情一下子吸引到学生们。学生自编的劝说台词也很感人。张二嫂：“小媳妇，怎么穿上这红袄了，今天什么日子呀？咋不理我呀？又是二妞欺负你了吧？你跟我说句话呀，到底怎么了？我帮你!”从同学们关注的眼神和表演完沉寂片刻后的掌声来看，我知道在场的同学们都被感动到了。

我引导道：“咱们同学在学习生活中难免也会遇到不顺心的时候，要相互关爱，帮助处于心情不好的同学走出低谷。”

通过这两节课的学习，学生们学习北京方言，传承方言文化，在校本课上落实“友善”的社会主义核心价值观不难。

三、案例分析

1. 党员教师具备高度的文化自信才能培养好学生的文化自信

作为一名党员教师，首先对中华优秀传统文化要有着高度的自信。平时也要注重不断学习。文化是民族的血脉，是人民的精神家园。文化自信是更基本、更深层、更持久的力量。只有教师自身有了高度的文化自信和渊博的知识，这样才能够弘扬好中华传统文化，以增强学生们内心深处的自豪感和文化自信。

2. 党员教师率先践行教育理念才能把握好学生的价值观的方向

作为一名党员教师，要勇于成为践行教育理念的先锋，把握好培育学生价值观的方向。在教育、教学实践中弘扬中华优秀传统文化，融入社会主义核心价值观的教育。教师要抓住课堂育人阵地，在备课中有意识设计、实施，取得效果之后要及时总结和交流，以带动更多人参与践行教育理念。

3. 党员教师持之以恒教育才能达到对学生的潜移默化的影响

作为一名党员教师，面对中华传统文化的多元性和复杂性，我们要选用优秀的传统文化，即能够培养社会主义核心价值观的文化，来对于学生进行持之以恒的教育；网络能够让学生接触到纷繁复杂的世界，他们正处于人生成长关键期，我们要有持之以恒的精神对他们进行社会主义核心价值观的培养，才能够对学生产生潜移默化的影响，把学生培养成为社会主义的建设者和接班人。

水袖上的鞋印

任天娇

一、案例背景

2017 年 1 月 25 日，中共中央办公厅、国务院办公厅印发了《关于实施中华优秀传统文化传承发展工程的意见》，报告指出，文化是民族的血脉，是人民的精神家园。文化自信是更基本、更深层、更持久的力量。党的十八大以来，在以习近平同志为核心的党中央领导下，各级党委和政府更加自觉、更加主动推动中华优秀传统文化的传承与发展，开展了一系列富有创新、富有成效的工作，有力增强了中华优秀传统文化的凝聚力、影响力、创造力。

2019 年 11 月 12 日，中共中央、国务院颁发《新时代爱国主义教育实施纲要》，指出要充分发挥课堂教学的主渠道作用。培养社会主义建设者和接班人，首先要培养学生的爱国情怀，要开发体现爱国主义教育要求的音乐、美术、书法、舞蹈、戏剧作品等，进一步增强吸引力和感染力。

我作为一名戏曲教师，作为一名共产党员，一定要在戏曲教学中带头践行，培养学生爱国情怀，提升文化自信。

二、案例描述

有一次我给学生们上戏曲形体课——水袖组合，刚开始学生们整体表现非常好，当我拿出水袖让学生们穿上体验时，学生们反应各不相同，有的穿上后比较害羞，有的同学比较兴奋好奇，有的会尝试着去做一些动作，有的同学甚至直言说：“老师，我是纯爷们，这是什么？我不想穿这个。”学生的这些反应我在备课中已经预设到了，并准备了相应的对策。但是让我没有想到的事情发生了，其中有两名男生用水袖开始互相嬉戏打闹起来，在打闹期间其中一名男生的鞋踩在了白色的水袖上面，瞬间雪白的水袖上出现了一个非常刺眼的黑色鞋印，正当我前去制止时，只听“刺啦”一声，水袖从戏服上被扯断了一半。

“你们在干什么?！把水袖脱掉！”

当时那刻看到这个情况我非常愤怒，那根耐性的神经没有绷住，爆发了：“弄成这样还怎么穿？怎么上课?”教室瞬间安静了下来，孩子们也呆住了。怎么办？是继续斥责？大发雷霆？还是摔门而去？我冷静地分析，学生之所以会有这样的举动，是因为他们对戏曲文化的不了解，之后我把原本的教学内容进行了调整，由一节普通的戏曲形体课调整为戏曲理论课，专门对戏曲的服装以及服装背后的文化进行讲解，虽然内容并不是很全面，但是我希望通过这节课让学生们对戏曲艺术或多或少有一个新的认识和了解。

“老师，对不起，我给您拿去洗洗吧!”下课后，鞋印的“主人”手捧着叠好的水袖一脸愧疚向我走来。

通过这件事情，我更加清晰地认识到，作为一名教师，我们除了教给学生知识以外，更重要的是要传递给孩子们精神上的文化内涵，让孩子们树立文化自信，只有了解文化才能做到自信，才能做到对戏曲文化真正意义上的尊重。

三、案例分析

2017年10月习近平总书记在十九大报告中指出，要坚定文化自信，推动社会主义文化繁荣复兴。文化是一个国家、一个民族的灵魂。没有高度的文化自信，没有文化的繁荣兴盛，就没有中华民族的伟大复兴。在学校要对学生加强教育引导，实践养成，深度挖掘中华优秀传统文化蕴含的思想观念、人文精神、道德规范，结合时代要求发展创新，让中华文化展现永久的魅力和时代风采。

作为一名党员教师，在教授戏曲课堂中，我要努力挖掘戏曲课程中的育人价值，要在教育教学实践中做好学生的引路人，抓住课堂教学主阵地，把课堂上的40分钟充分利用起来，提高课堂教学质量，增强学生对中华优秀传统文化的理解力，提高对中华优秀传统文化的认同感，让我们的学生了解戏曲，喜欢戏曲，甚至可以表演戏曲，并在学习的过程中感受我们中国的传统美德。

作为一名党员教师，要发挥先锋模范作用，我要努力通过自己在教学实践中做好带头人，带着我身边更多喜欢艺术的老师们，一起来研究探讨戏曲教学课程，为学校的戏曲文化课程发展作出贡献。通过我们每一个人这样的努力，我们最终就能实现中华民族伟大复兴中国梦的目标。我更加希望通过戏曲课程，孩子们可以在未来的发展道路上，推动中外交流，讲好中国故事，传播好中国声音，阐释好中国特色，展示好中国形象。

就像新中国70年的发展之路，“筚路蓝缕，从烽火中走来，凯歌高奏，迎向更美好的未来。”我想，这就是我作为一名党员教师的使命。

植根实践　以实际行动入党

刘海雅

一、案例背景

我做学校教育处教导员工作，每天的服务、合作对象是15—19岁的高中生。天天和学生们打交道，学生们随着年龄的增长，入校时间长，慢慢熟悉了学校管理，尤其是有些学生干部，有时候和我聊天无阻碍。聊到“信仰问题”“如何加入中国共产党问题”确实觉得我自己知识储备有限，有时候无法回答。因此说工作中有欢乐、有烦恼，但是“烦”并“快乐着”。快乐的事容易忘记，烦恼的事印象深刻，只有乐观面对，积极想办法解决。

2018年，2017年版普通高中课程方案和语文等学科课程标准正式实施，在此次“新课标”改革中，正式将人工智能、物联网、大数据处理正式划入新课标。在教学内容上，修订后课程重视将党的十八大、十九大提出的重要思想、重要观点、重大判断、重大举措等，结合各学科的性质和特点，与课程内容有机融合。努力呈现政治、经济、文化、科技、社会、生态等发展的新成就、新成果。因此高中生的学习任务越来越重，课程的压力越来越大。每个学期我们教育处“牵头”的学生活动几乎分布在每个周五。为了完成德育计划、学校计划，为了学校工作有所“创新”，为了促进学生更好发展，各项活动任务的落实过程中学生干部承担很多工作，他们不仅“上传下达”完成学校要求，而且每项活动策划、执行过程都投入了大量精力、时间，需要团队合作才能完成。高中生对每件事有自己独到看法，希望自己得到理解、得到认同。尽管在思想意识上有些片面，有些主观臆断，但是他们接受新鲜事物快，勇于挑战新事物，并且思维活跃、记忆力强、联想力丰富。因此学生干部在工作中有很多创新想法，老师不能简单独断命令式地要求他们“就要执行学校的决定”。而是要寻求科学的解决途径，先解决他们思想意识上的问题，才能在完成工作中让干部带动干部、同学影响同学，以活动促成长、促成材，让更多的同学得到锻炼，综合素质得到提升，也才能心悦诚服地完成学校布置的工作。

二、案例描述

一次学生会干部例会后：一名学生干部问我，老师，我和您探讨一个问题。

看到我用专注的眼神看着他，他问：“写了申请书就肯定能入党吗?”

我没正面回答，而是欣喜地说：“太好了！你在同龄人中有这样的想法太好了，太难能可贵了!”

听到我鼓励，他继续说："我姐姐上大学时在大四入了党，后来当老师，一年后不做老师去了外企工作。她问过她公司的老板，她的党组织关系转到哪儿。"

我没有继续回答他的问题(我真不知道，无法回答)。而是换个角度说："你回家后和年长一些的人，比如1960年到1970年之间出生的，甚至还要早于60年代出生的共产党员，和他们聊聊身边的变化。听听他们说说改革开放四十年来在中国共产党领导下，我们国家日新月异的变化和飞速发展，哪个角度聊天都行，衣、食、住、行……你已经上高三了，结合我国国情也行——我国正处在中国特色社会主义新时代，是经济社会发展到一定阶段发生的必然历史性飞跃，这个新时代具有丰富的思想内涵……"

听着我滔滔不绝地说，懵懂少年似乎得到一些启示。但是表情有点木讷，于是谈话结束。他带着问题离开了。

过了几天，在我几乎忘记这件事的时候，他来了，眼神儿亮亮的："老师，我已经手写了入党申请书，您帮我看看吧。"

"好的，好的。我看完后及时找你啊。"

我找到他的时候，首先肯定、表扬了他入党申请书写得好，比我第一次写入党申请书好很多。我从个人角度鼓励他行动上积极向党组织靠拢。"行动上怎么做?"学生问。"我们上次聊的内容就是你的答案入手。"由于是"开放的答案"，学生说得头头是道："奶奶说小区的环境整治了，变干净了。公园不收门票了。奶奶享受到'一老一小'了，想起她自己年轻的时候病了，没钱根本不敢去看病，差一点儿就因为小病死了……老师，我觉得只有在中国共产党的领导下，才有14亿人的幸福生活。除了共产党，任何一个政党也做不到。比如人口问题，是我国面临的全局性、长期性、战略性问题。"我欣喜地鼓励他："你刚刚18岁，在老师眼里仍然是个孩子，通过自己的了解有了独到见解，并对共产党这一先进组织有了初步了解与向往。"我继续鼓励他说。又和他聊到我校是丰台师范学校时候，发展过学生党员(预备党员)。某种意义上说共产党员就是处处做表率，是青年学生中优秀代表、是榜样，是普通同学的学习目标。

这件事引起我深深地思考，尤其是党的十九大以后在青年学生中如何宣传党的知识，将"习近平新时代中国特色社会主义思想"传达给高中生，解释什么是"实际行动入党"确实要进行深入的理论学习。结合学生实际，在日常学习中、学校活动中起到宣传作用，在中学时代就对中国共产党有一定的了解，为今后升入高校甚至参加工作后坚定入党信念，为共产党注入新生力量。

三、案例分析

(一)强化学生干部团队核心作用，增强团结协作意识

1. 优秀生团队的核心作用

我时刻在想，一名党员就是一面旗帜。对于高中学生而言，解释"旗帜"的作用就是让他们看到自己身边的榜样，体会榜样的模范作用。一名团员、一位学生会干部就是普通同学的榜样。共青团员要发挥先锋模范作用，使普通同学积极向共青团组织靠拢。学生会干部就要有核心，而这个核心就是干部队伍。建设一支胸怀理想、心系同

学，品学兼优、作风扎实的工作骨干队伍，认真履行工作职责就是优秀生引领作用的落实。

“靠谱”“值得信赖的合作伙伴”是我工作的“口头禅”。哪怕是普通同学，有扎扎实实、认认真真的工作态度，肯付出的行动力，按时完成老师交给的事，即使学习成绩暂时挤不进去年级前六十(学生会干部的条件之一)，但是经过努力也有机会成为学生会干部队伍中的一员。所以说，充分发挥学生会这一自治组织的优势，有助于促成长、促成才、促发展。

2. 通过“星”评选，培养学生自信心

通过对学生干部的管理、激励，改变唯“分数论”评价制度；引导同学们通过自身努力，争创校园、年级、班级之星、劳动之星、校园服务志愿之星等。只要某个方面表现突出，学校就搭建平台大力表扬赋予“星”称号，发奖状、证书。即使是校级证书，但是这是对努力认真工作、敬业奉献的肯定和鼓励。进一步给他“职务”，学生会副主席或者某个部部长、干事。对被评为“星”的同学在升旗仪式上自己宣讲，或者广播、校园微信号上代为宣传闪光点。对他自身是促进，也能让更多同学看到身边的榜样同学，号召同学们去做，向身边榜样学习，学习榜样某个方面的优良作风。目的是带动更多同学进步，使优良校风不断传承。

(二)注重学生干部队伍的传承作用，传承优良工作作风，促进综合素质提升

君子品格养成为我校办学特色。其中“君朋互助”包含学习上的团队互助，锻炼学生坚韧不拔、打破砂锅问到底的意志品质。明确自己学习责任学习义务，每天问今天的自己：你努力了吗？自己的作业独立完成了吗？做到不用父母催促、不用老师提醒了吗？

工作中做到团队互助。对学校管理提出合理化建议是学生会干部职责之一，这个过程不仅锻炼学生参与学校管理的意识，同时也为新加入队伍中的干部同学起到良好的示范作用。明确自己作为学生会干部的责任，知晓自己的权益。

结合学校常规管理各项内容，学生会设置相应的岗位(例如每天监察、每周评比的眼保健操监察制度，由督察部完成)督促学生自我管理，逐步实现“自治”。工作中营造平等氛围，学生干部团队本质是为同学服务，带领团队成员实干、巧干，争取为班级、为学校尽自己最大努力工作。积极引领低年级同学完成学校各项常规管理工作，完成临时任务等。吸引更多乐于奉献、肯于奉献同学加入学生会队伍中来，传承为同学服务的工作本质。学生自己目前是学生会干部中的一员，不仅成为当代君子，更成为同学们榜样，实际行动上做表率，以实际行动向团组织、党组织靠拢。

立德树人，数学何为

颜丽娟

一、案例背景

习近平总书记在 2018 年 9 月全国教育大会上强调："要把立德树人融入思想道德教育、文化知识教育、社会实践教育各环节，贯穿基础教育、职业教育、高等教育各领域，学科体系、教学体系、教材体系、管理体系要围绕这个目标来设计，教师要围绕这个目标来教，学生要围绕这个目标来学。凡是不利于实现这个目标的做法都要坚决改过来。"在区课题的引领下，南校区支部开展了"发挥学科育人功能，探索课程育人"主题课的研讨活动，作为丽泽中学南校区教师二组的一名党员，按照支部计划我接受组织安排上一节关于"立德树人"的党员示范课，刚接到组织任务时，我心情非常忐忑，提到学科育人，我首先想到的是语文、历史、政治这些文科科目，数学学科如何落实"立德树人"，我心中犯了嘀咕。

二、案例描述

平时上课我在教学设计上更多地关注知识的生成过程，例题和习题的设计是否适合学生，如何在数学教学中渗透"立德树人"，经过一段时间的思考，我有了自己的一点想法，数学学科育人要发挥数学学科的特点，用数学的方式育人。本文所介绍的就是我经过思考后呈现给大家的一节"立德树人"的示范课——《勾股定理》。

(一)创设情境

本环节通过利用几何画板课件动态演示神奇美丽的勾股树(见图 1)，向学生介绍勾股树，激发学生的学习兴趣，体会数学中的美。

图 1　勾股树

(二)探究新知

为了更好地体现"立德树人"，在本环节我设计了三个探究活动。

探究活动一：猜想勾股定理

环节一通过几何画板演示及学生计算、观察、猜测勾股定理，体会研究几何问题的一般思路，发展学生的合情推理能力，体会数学家研究问题的过程。

首先利用几何画板动态演示沙漏模型(见图 2)，启发学生思考通过观察模型发现了什么，引导学生得到模型，进入探究活动。

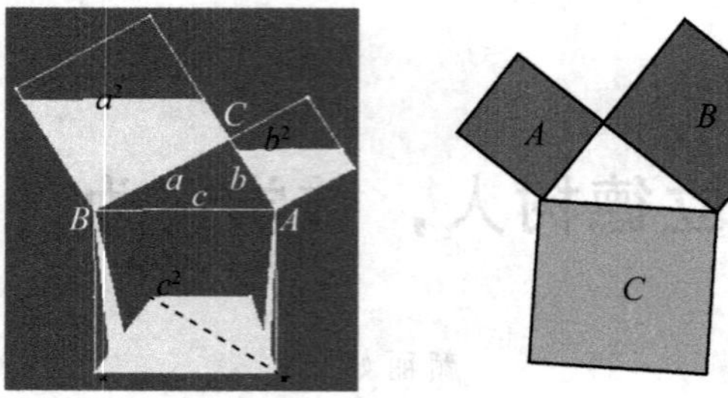

图 2　沙漏模型

然后通过四个问题的引领，从计算图中所示的三个正方形的面积得出结论 $a^2+b^2=c^2$，进而提出问题"所有直角三角形的三边长都存在这样的关系吗？"接着，引出几何画板动态演示（见图 3），通过观察和比较改变直角三角形三边的长度过程中所显示的度量结果和计算结果，更加确认发现，最后得出猜想（见图 4），体会从特殊到一般的研究问题的方法。

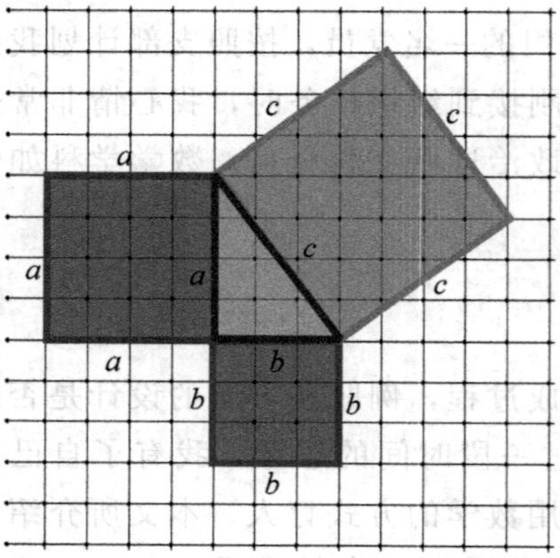

图 3　几何画板动态演示图

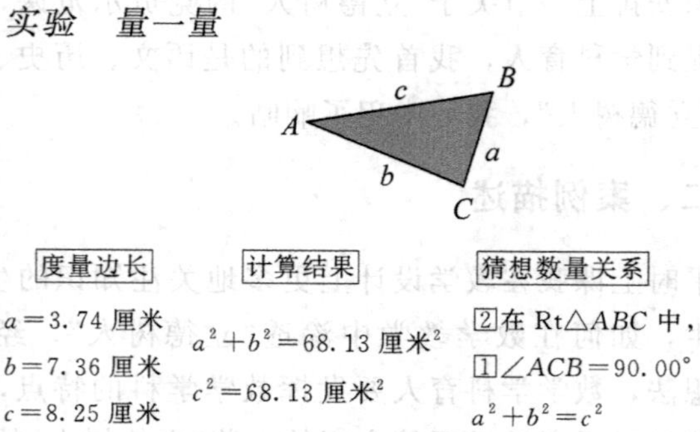

图 4　实验猜想

探究活动二：史料链接，了解渊源

环节二主要向学生介绍了 3 个有关勾股定理的资料，通过介绍勾股定理史料，激发学生的爱国情怀。

资料一：商高与《周髀算经》

我国是最早发现勾股定理的国家之一，迄今在我国发现的最早的一部数学著作——《周髀算经》的开头，记载着一段周公向商高请教数学知识——"勾股术"的对话，并且还记载了勾股定理的一般形式。公元前 1100 年人们已经知道"勾广三，股修四，径隅五"。把直角三角形中较短的直角边称为勾，较长的称为股，斜边称为弦，将此定理命名为勾股定理。

资料二：勾股定理的命名

在中国古代，人们把弯曲成直角的手臂的上半部分称为"勾"，下半部分称为"股"。我国古代学者把直角三角形较短的直角边称为"勾"，较长的直角边称为"股"，斜边称为“弦”。

资料三：赵爽与勾股圆方图

最早对勾股定理进行证明的，是三国时期吴国的数学家赵爽。赵爽创制做了勾股圆方图（见图5），用形数结合的方法，给出了勾股定理的详细证明。

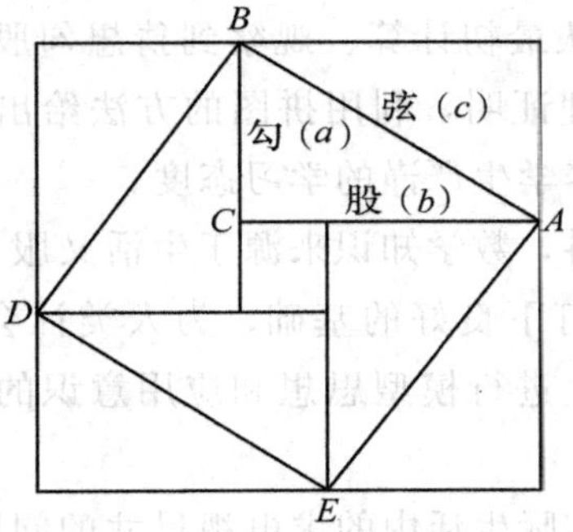

图5 勾股圆方图

探究活动三：君朋讲习，拼图证明

环节三采用君朋讲习的方式开展，通过让学生用四个全等的直角三角形拼出一个正方形的活动为切入点，提高学生的学习兴趣，互帮互助，然后团结协作，根据图形所呈现的规律证明勾股定理，体会数学的严谨性。三种证明方法（见图6）也体现了解决问题的方法的多样性，发展学生思维的广阔性和灵活性。

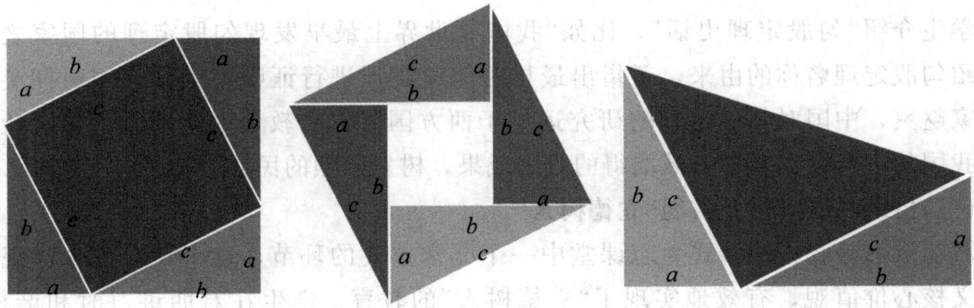

图6 拼图证明

三、应用新知

此环节通过一道实际应用的题目考查学生对勾股定理的掌握，体现数学的应用性。

四、案例分析

数学作为初中阶段的重要学科之一，也担负着立德树人的重要任务，这就要求教师在数学教学中，采用恰当的手段将立德树人作为教学目标融入教学中去，在提升学生数学素养的同时帮助他们形成良好的道德品质。数学学科育人要发挥数学学科的特点，用数学的方式育人。

(一)借助"学科特点"体现"立德树人"

数学是一门严谨的学科，所有的结论都经得起推敲和验证，每一步都有理有据，数学育人的基本途径是对学生进行系统的逻辑思维训练，训练的基本载体是逻辑推理和数学运算，在数学教学过程中教师要用严谨的教学风格和一丝不苟的工作态度，通过自己的示范作用培养学生严谨的学习态度，在对数学理性的追寻中获得"真"知识。

本节课勾股定理的证明从最初计算、观察到猜想勾股定理，符合合情推理，但是定理必须通过严格的演绎推理证明，利用拼图的方法给出三种证明，让学生体会证明的必要性，在这个过程中培养学生严谨的学习态度。

数学还是一门应用性学科，数学知识来源于生活又服务于生活，是一门基础学科，为其他学科比如物理、化学打下良好的基础，为人类社会的发展作出了重大的贡献，数学育人的基本途径是对学生进行模型思想和应用意识的训练，训练的基本载体是数学建模。

本节课最后环节是一道实际生活中的求电视尺寸的问题，应用勾股定理可以解决，体现数学的应用性，在教学中教师要鼓励学生用数学的眼光观察世界，用数学的思维思考世界，用数学的语言表达世界，在学习中体会学习数学的必要性。

(二)借助"数学史实"渗透"立德树人"

在数学课本每章最后都会有一篇关于数学史料的阅读理解，主要介绍中外古今数学家在数学发展方面所做的贡献，特别是我国古代数学家在初等数学领域作出的重大的贡献，数学教师要充分利用数学史料知识，在对数学文化的拓展中抒发"善"的情怀。

"勾股定理"这节课学生非常感兴趣，在教学中我除了讲解勾股定理的知识以外，还向学生介绍"勾股定理史话"，比如"我国是世界上最早发现勾股定理的国家之一"，并介绍勾股定理名称的由来，还指出最早对勾股定理进行证明的人是三国时期吴国的数学家赵爽，中国对勾股定理的研究远早于西方国家，在教学中渗透数学史，让学生了解我国从古至今在数学领域取得的重大成果，树立强烈的民族自豪感。

(三)借助"君朋讲习"实现"立德树人"

君朋讲习是我校两端式生态课堂中一个非常重要的环节，这个环节充分体现了社会主义核心价值观，有效地实现了"立德树人"的教育。学生在君朋讲习时和谐相处，自由平等发言，每个学生都参与讨论交流，在互相交流的过程中互帮互助、团结协作，体现了团队协作精神；小组汇报时学会倾听，尊重他人，学习他人优点，并提出质疑，培养了学生批判质疑的精神，在这个过程中发现了最美的自己。

立德树人的主阵地在课堂教学，把德育贯穿在教学中，把教书和育人统一起来，让学生在学习文化的同时，树立良好的道德观，德才兼修，全面发展。我们应该全面理解立德树人的深刻内涵，认识到数学教育是一种人类理性探索精神的潜移默化的影响过程，是一种数学文化的传承过程，是一种完善人格的教育过程，进而"从数学教学走向数学教育"，不断叩问教育的本质，追问教育的价值，促进学生更加持续、更加合理的发展，真正实现"立德树人"。

学生学习函数概念困难的成因分析

康成顺

众所周知，函数概念的难教难学，已成为多年来中学数学教学实践中不争的事实，为了了解学生学习函数概念困难的形成原因，本人进行了学生问卷调查、学生访谈。根据问卷、访谈及多年的教学实践，本人认为造成学生学习函数困难的原因主要有以下几个方面。

一、函数概念本身的复杂性

数学发展史表明，函数概念从产生到完善，经历了漫长而曲折的过程。不但因为函数概念系统复杂、涉及因素众多，更重要的是伴随着函数概念的不断发展，数学思维方式也发生了重要转折。下面仅以初中函数概念为例进行说明。

(一)函数定义的抽象性

从教师问卷及学生问卷中发现，函数概念学习是函数部分学习的一大难点，也是整个初中学习中最难学的一个概念。

下面以初中阶段的函数定义、因式分解定义、圆的定义做比较，见表1。

表1　例题表

函数定义	因式分解的定义	圆的定义
设在一个变化过程中有两个变量 X 和 Y，在 X 的允许值范围内，对于 X 的每一个值，Y 都有唯一的值与之对应。把 Y 称为 X 的函数，X 称为自变量，Y 称为因变量。	把一个多项式写成几个整式乘积的形式，称为多项式的因式分解。	定义一：把一条线段绕其一个端点按顺时针或逆时针的方向旋转一周，另一个端点所形成的轨迹称为圆。 定义二：到定点的距离等于定长的点的集合。

从上表可以看出：函数概念与其他概念相比较涉及的要素多，蕴含运动、对应、联系的辩证思维，是我们在初中遇到的第一个用“数学关系概念定义法”给出的概念，确实较为抽象。揭示它的本质(对应关系)的叙述方式与先前所学的诸多数学概念的叙述方式是不一样的，函数本身的复杂性、抽象性是造成学生学习困难的主要原因。

变量是函数定义中的一个要素，由于学生在学习函数定义之前思维还停留在常量的范围里，在某个变化过程中常量和变量都是相对的，需具有辩证的思维，因此有的学生在具体事例中找出常量和变量会出现问题。此外，函数定义本身还隐含着定义域、值域、对应等问题，与其他定义相比涉及的面广，要素多，对回答的结果进行分析，反映出只有少数学生能抓住函数概念的本质，而多数学生的回答则表现为理解不正确、不全面或疑惑不解，不能很好地在要素多、蕴含运动变化的数量关系中透彻理解、掌握函数概念的实质。

(二)丰富背景下函数表示方法的多样性

函数的表示方法涉及解析法、列表法、图像法等。数学思维方式也发生了重要转折，要求学生实现数与形的有机结合，在符号语言与图、表语言之间可以灵活转换，这也是造成学生学习困难的原因之一。

如图1，两个一次函数 $y_1=ax+b$，$y_2=bx+a$ ，它们在同一直角坐标系中大致的图像是：

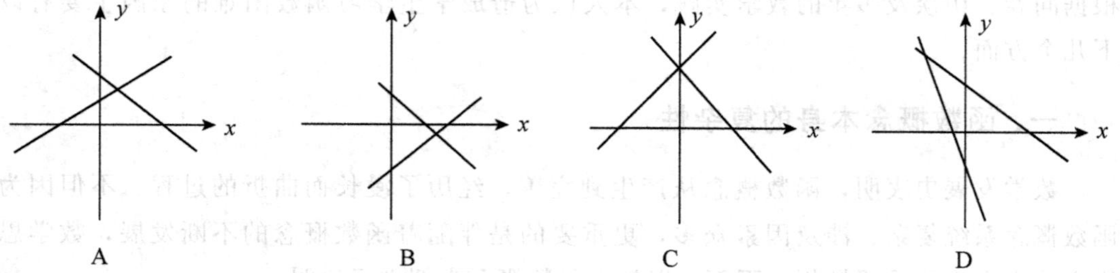

图1　例题图

教师引导学生判断出A、B选项中的 a 和 b 符号，判断出真伪，再让学生自己判断C和D选项中的 a 和 b 符号，判断出真伪。

学生不会的问题中，其中“函数应用(包括实际问题确定解析式、确定取值范围)”更困难，对学生归因分析如下：

(1)找不准定义域；

(2)面积问题会，但与实际问题相结合就困难了；

(3)实际问题看不懂图像，读不懂题；

(4)解决实际问题时，分不清哪一个是自变量，哪一个是因变量，不明白它们之间的关系。

两种移动电话计费方式如表2：

表2　两种移动电话计费方式比较表

	全球通	神州行
月租费	50元/月	0元/月
本地通话费	0.40元/分	0.60元/分

用函数方法解答如何选择计费方式更省钱。

此题中函数是在实际问题背景下以表格形式呈现的，有部分学生不知从何入手，有一部分同学不会做。说明学生对运用一次函数概念解决实际问题困难较大。

甲、乙两个工程队分别同时开挖两段河渠，所挖河渠的长度 y(m)与挖掘时间 x(h)之间的关系如图 2 所示，请根据图像所提供的信息解答下列问题：

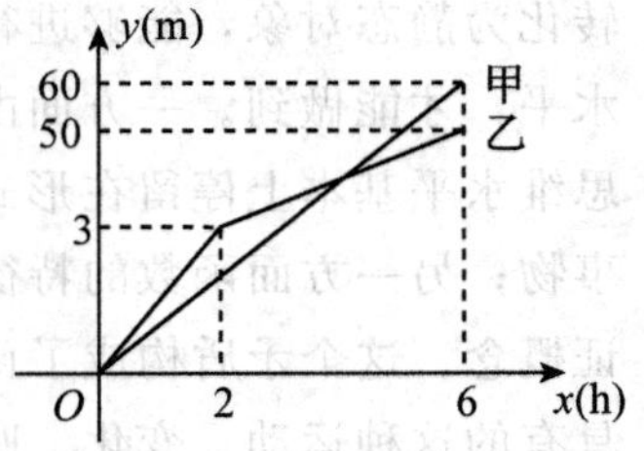

图 2　例题图

(1)乙队开挖到 30m 时，用了______h。开挖 6h 时甲队比乙队多挖了______m；

(2)请你求出：

①甲队在 $0\leqslant x\leqslant 6$ 的时段内，y 与 x 之间的函数关系式；

②乙队在 $2\leqslant x\leqslant 6$ 的时段内，y 与 x 之间的函数关系式；

(3)当 x 为何值时，甲、乙两队在施工过程中所挖河渠的长度相等？

此题中函数是在实际问题背景下以图像形式呈现的，一方面需要学生具备将实际问题转化为数学问题来解决的能力，另一方面还需要学生具有敏锐的观察能力，弄清图形的含义，这也是部分学生不能很好解决的原因。

由上述例题可见，解决丰富背景下的函数关系问题不仅要求学生具有扎实的基本功，还要有敏锐的观察能力、熟练的数形结合的能力、转化的能力，等等。特别是数形结合的能力是部分学生的一个弱点，给学生顺利解决问题带来困难。

(三)函数与其他数学知识紧密相连

函数描述了客观世界中相互关联的量之间的依存关系，因此函数思想的实质是用联系和变化的观点提出数学对象之间的数量关系，并用映射给予严格的形式。从函数的角度链接起了中学数学课程的许多内容，这条主线可以把数学的知识编织在一起。从这个意义上说，函数成为贯穿中学数学的一条主线。一方面，函数的概念与函数的性质、应用以及常见初等函数紧密相连，另一方面是函数与其他高中数学知识之间的紧密联系，如函数与方程、不等式，函数与三角函数，函数与导数，函数与数列，函数与解析几何等紧密相连。

由于函数、一次函数、反比例函数、二次函数等概念、性质交织在一起，并且需要会运用方程(组)解决两个函数的交点坐标问题、求面积问题，需要数形结合、综合运用所学知识解决问题，无疑造成了学生学习的困难。

二、中学生思维发展特点制约

函数的学习困难与中学生思维发展特点有关。中学生数学思维发展特点的制约是其内在因素。心理学研究表明：初中生的思维发展特点是从具体形象思维逐步过渡到形式逻辑思维水平，高中生在继续完善形式逻辑思维发展的前提下，辩证思维发展开始逐渐占主流。但辩证思维是人类思维发展的最高形式，中学生的辩证思维基本上处于形成与发展的早期阶段。由于函数形式的多样性，要求学生根据函数可能出现的一种情形，在思维中构建一个过程来反映“对定义域中每一个特定值都得到一个函数值”这一动态变化过程，同时，还要把函数的三个成分：对应法则、定义域和值域凝聚成一个对象来把握，像这种整体地、动态地、具体地认识对象，同时还要把动态过程转化为静态对象，能够进行静止与运动、离散与连续的相互转化，只有达到辩证思维水平，才能做到。一方面由于中学生的辩证思维发展很不成熟，处于发展的初级阶段，思维水平基本上停留在形式逻辑思维的范畴，学生只能局部地、静止地、割裂地认识事物；另一方面函数的特征是发展的、变化的、与众多数学知识相互联系的，属于辩证概念。这个矛盾构成了函数学习中一切认知障碍的根源。不过，正因为函数概念所具有的这种运动、变化、联系的特性，才使它在促进学生思维发展中起着其他数学内容所无法替代的作用，成为从形式逻辑思维向辩证逻辑思维转化的转折点。

曾国光教授通过调查、分析和推理发现：“学生函数概念的认知发展有三个阶段：作为‘对应关系’的函数、作为‘变化过程’的函数和作为‘算式’的函数。”而贾丕珠教授认为：“先有算式的函数，再有变化过程的次序不太合，并根据函数概念的特点和学生的认知结构，将函数知识建构分为 6 个层次，即经历认识变量、突出关系、区别函数与算式、掌握‘对应’、把握形式化描述、形成函数对象等主要环节。”

以上函数概念的认知发展的三个阶段、六个认知层次均表明函数概念教学要遵循中学生思维发展特点循序渐进地进行，而非一蹴而就，为我们进行函数教学提供了参考与指导。

三、初高中函数教学衔接问题

教学实践证明函数是中学生感到最难理解的概念之一，函数涉及较多的子概念：变量(包括自变量、因变量)、定义域、值域、非空数集、象、原象、对应、对应法则、映射等，这些子概念抽象性很强，其中能揭示函数概念本质属性的主要是变量和对应。初中阶段采用传统定义把函数看成变量之间的依赖关系，在教学中多采用学生熟悉的具体实例，引导学生认识其中的变量关系，在探索过程中，学生可以获得变量之间相互依赖关系的切身感受，由此体验函数关系的产生过程，为后面的抽象概念学习打下基础。高中阶段采用近代定义用集合、对应的语言来刻画函数，通过具体实例让学生体会两个数集之间的一种特殊对应关系(映射)，再用映射来定义函数。

(一)二者的相同点

两种定义从函数的三要素(定义域、值域、对应法则)上看实质是一致的。传统定义中“x 在某一变化范围的每一个确定的值”，说明自变量在某一个范围内是变化的，它揭示了自变量的取值范围(定义域)；“y 都有唯一确定的值和它对应”，它既揭示了因变量的取值范围(值域)，又反映了两个变量之间有一个相互依存的关系(对应法则)。近代定义中把从 A 到 B 上的两个非空集合之间的映射叫做从 A 到 B 上的函数，X 的变化范围是在集合 A 中进行的，因此集合 A 就是函数的定义域，Y 的变化范围是在集合 B 中进行的，因此集合 B 就是函数的值域，从集合 A 到集合 B 的映射就是对应法则。

(二)二者的不同点

(1)叙述的出发点不同

传统定义是从运动变化的观点出发，其中的对应法则将自变量 X 的每一取值与唯一确定的函数值对应起来；近代定义中的对应法则是映射中的对应法则。从历史上来看，传统的定义来源于物理公式，最初的函数概念几乎等同于解析式。后来人们逐渐意识到定义域与值域的重要性，而要说清楚变量以及两个变量间相互变化的关系，往往先要弄清各个变量的物理意义，这就使研究受到了不必要的限制，有些函数如果只根据变量观点，就很难进行研究。例如 $f(x)=3$，对于这个函数如果用变量观点来解释，会显得十分勉强，也说不出 x 的物理意义是什么。但用集合、对应的观点来解释，就十分自然。从这个意义上来说，函数的近代定义更具有一般性。实际上函数的传统定义已经渗透了集合、对应的观点。“如果按照某个对应法则，y 都有唯一确定的值和它对应。”已经十分接近近代定义了。

(2)函数的记法上有区别

传统定义中用因变量 y 来代表一个函数的表达式，如 $y=x^2+3x-6$。近代定义中用体现函数对应法则的 $f(x)$ 来表示一个函数的表达式，$f(x)$ 仅仅代表函数符号，不表示 f 与 x 的乘积，$f(x)$ 也不一定是解析式，只是表示一种特殊的对应关系，在每一个具体的函数中都有特定的内容，如 $f(x)=x^2+3x-6$。另外要注意具体到特定函数时 $f(x)$ 与 $f(a)$ 的区别与联系，如 $f(a)=a^2+3a-6$ 表示当自变量 $x=a$ 时函数 $f(x)=x^2+3x-6$ 的一个特殊值，是一个常量，而 $f(x)$ 是自变量 x 的函数，在一般情况下，它是一个变量。由于函数的两种定义在本质上是一致的，既可以用 y 来表示函数表达式，也可以用 $f(x)$ 来表示自变量为 x 的函数表达式。然而，在实际教学中，部分教师不能很好地把握初、高中函数概念之间的联系与区别，因而教学设计上不能有机衔接，这也是造成学生学习困难的原因之一。

参考文献：

[1]中华人民共和国教育部. 普通高中数学课程标准(2017 年版 2020 年修订)[M]. 北京：人民教育出版社，2020.

[2]王建明. 中学数学卷[M]. 北京：北京出版社，2009.

[3]王尚志，张饴慈，吕世虎等. 理解与实践高中数学新课程——与高中数学教师的对话[M]. 北京：高等教育出版社，2007.

对我校高中学生每天一小时体育锻炼模式的实验研究

杨　成

一、研究背景

体育课程是实现体育目标的主渠道，课外体育活动是体育课程的补充和延伸，是学校的体育文化、学生校园生活重要的组成部分。我校是一所完全中学，拥有200米标准操场，5个独立篮球场，形体教室、足球场、健身房等体育设施，但学生业余时间对体育器材的使用率较低。为进一步贯彻落实教育部提出学生要达到每天一小时体育锻炼的目标，我校体育教师认真学习研究新的课程标准，按照"素质教育"的要求和"健康第一"的指导思想，通过自身的探索和尝试，寻找出了一个内容丰富、有乐趣、充满生机和活力、适合本校学生、地域等因素特点的体育锻炼模式体系，充分保障了学生每天一小时的体育锻炼，并使学生的身体素质和心理机能都得到了很好的发展与提高。

二、研究对象、方法与操作

（一）研究对象

本文研究对象为我校高一、高二年级全体学生，男生264人、女生215人，共计479人。（不含免体学生）

（二）研究方法

1. 实验法

实验时间为2018年9月至2019年7月，前后两次对研究对象进行两项生理指标（BMI、肺活量）和五项身体素质指标[立定跳远、坐位体前屈、仰卧起坐/引体向上、50米跑、耐久跑（男生1000米、女生800米）]的数据测试并对相关数据进行分析和研究从而论证实验的有效性，实验仪器和场地均符合国家体委审核的标准和实施（学生体质健康标准）的规定。

2. 归纳法

查阅相关专业书籍、文件、专著、论文资料等并根据实验结果进行数据的分析与归纳整理。

3. 数理统计法

利用SPSS 22.0对测试结果进行统计，对两次的测试结果做 t 检验进行差异比较。

4. 问卷调查法

发放体育课、课间操相关内容的调查问卷，将两次心理测试的结果进行比较。

(三)实验操作方法

"1-2-1-1"体育锻炼模式即每天一次课间操；每周两节体育课、一节课外活动、一节校本课程。(课外活动和校本课程均安排在没有体育课的日子里进行)

1. 课间操

我校课间操的时间为30分钟，以前的主要内容为跑步、做广播操，内容枯燥单一。为了改变这种现状，充分激发学生练习兴趣，提高积极参与意识，增强自觉能动性，我们发挥团队精神，和学生们一起群策群力。

(1)课间操由校长直接主管，教育处、年级组、班主任、体育组共同协作，明确职责，制定具体的工作细节。

(2)丰富课间操内容和形式，创编健身操等学生喜欢的内容，使得课间操更具有趣味性，学生的自觉参与度更高。

(3)把课间操管理列入学生常规评比，进行量化打分。

(4)创设竞争的氛围，为学生创造展示自己才华的机会和舞台。每班设置标兵轮流带操，对个别做操有问题的学生加强辅导。

(5)每年举办一次课间操比赛，展示班级凝聚力和班风班纪。内容为一套规定操(现场抽签决定)和一套创编操。评分内容包括对做操质量的评价和体育委员组织进退场、队形队列。

2. 体育课

学校体育课是实施素质教育的基本途径，我校体育课为一周两节，各年级授课内容包括过程性考核、课程计划规定的必修课以及选修等相关内容。

体育课堂教学是增强学生身体素质，培养学生自觉锻炼习惯，使之得到全面发展的主渠道。在确立本课题后，学校领导亲自主抓，结合我校实际教学条件和自身特点，对体育与健康课的组织形式、授课内容等方面做了重大的调整。

(1)除开设必修课外，拓展和选修新兴的体育项目，如武术、攀岩、乒乓球、羽毛球、健身球、健美操、形体、民族传统项目等。

(2)每节课的准备活动和结束放松部分，都会给学生一定的时间和空间。通过角色互换，让学生作为"老师"带领同学们一起活动(自编游戏或徒手操)，然后老师和同学们再对活动的效果作出评价。

(3)在课的基本部分教学中，根据课程标准的要求，学生的特点、爱好及本校实际，设计科学合理的教学内容和组织形式。体育课堂教学充分调动了学生的主观能动性和积极性，提高了学生对体育运动的兴趣。

(4)在课堂教学中充分发挥学生的主体作用，给他们充分展示自己的机会，通过自己选择练习的形式作出自我评价，真正做到自己选择、自主练习和自我评价。

(5)"课课练"作为一种素质练习的主要手段，在每一节课的教学中都会出现。所不同的是每节课的练习内容和形式都会随着授课内容、学生特点等因素不断地变化，使学生总有一种新鲜感、成就感，从而充分调动学生练习的积极性，提高锻炼的效果。

3. 课外活动

课外活动一直是学生比较喜欢的一个设置，为了配合落实学生每天一小时体育锻炼，学校以课外活动为切入点，采取了有计划、有时间、有场地、有器材、有专人负责的管理机制。根据各个年级学生的不同特点，利用下午大课间40分钟开设篮球、乒乓球、羽毛球、踢毽、跳绳、拔河、广播操、趣味体育等项目的比赛，让学生有选择性地参加喜欢的体育活动，在教师的指导下有组织地开展体育锻炼活动，做好参赛准备。

从有组织到自觉参加体育锻炼，用竞赛刺激体育活动的开展，用竞赛调动参加体育锻炼的自觉性，让课外活动100%的学生参加，做到人人关心、人人参与。

学校的健身房和室外健身乐园给学生提供了塑造健美形体的空间，教师根据学生、器材的特点给予讲解，使锻炼效果更具科学性和针对性。

4. 校本课程

校本课程的开设充分考虑到学生的兴趣、年龄特点等因素，深受学生喜爱。在校本课程的授课过程中，教师利用形式多样、内容丰富的内容调动了学生参与的积极性，培养和发展了自己的兴趣爱好。

校本课程的教学还把学习技术与竞赛活动相结合，培养了学生竞争意识、忧患意识，并且增强了班级凝聚力，增进了师生间的感情，为学校体育工作的蓬勃开展奠定了坚定的基础。

同时，校本课程的开展还带动了群体的广泛参与，在各级各类比赛中取得了较好成绩，连续多年获得市级先进达标单位。

经过测算，1-2-1-1体育锻炼模式设计的总时间为350分钟，实验后学生每天一小时体育锻炼的实际人均活动时间为70分钟，超过国家规定10分钟，说明学生每天都可以进行足够的体育活动，对于学生的健康成长很有帮助。

三、结果与分析

(一)说明

第一次测试时间为2018年9月，第二次测试时间为2019年6月；两次测试均为我校高一、高二年级学生，共计479人，采用数据率100%。根据测试数据分别对男、女生的生理和身体素质指标进行统计与分析。

(二)结果与分析

1. 生理指标测试结果与分析

表1　实验前后学生生理指标变化统计表

项目	年级	性别	人数(人)	实验前	实验后	增减数	t检验	结论
BMI	高一	男	136	15.496	15.558	+0.062	$t=1.994$ $P>0.05$	差异不显著
		女	112	14.882	14.996	+0.114	$t=1.996$ $P>0.05$	差异不显著

（续）

项目	年级	性别	人数（人）	实验前	实验后	增减数	t 检验	结论
BMI	高二	男	128	15.774	15.823	＋0.049	$t=1.987$ $P>0.05$	差异不显著
		女	103	15.339	15.467	＋0.128	$t=1.992$ $P>0.05$	差异不显著
肺活量（毫升）	高一	男	136	3046.673	3145.887	＋99.214	$t=4.877$ $P<0.01$	差异显著
		女	112	2689.443	2733.364	＋43.921	$t=5.548$ $P<0.01$	差异显著
	高二	男	128	3121.445	3288.996	＋167.551	$t=4.969$ $P<0.01$	差异显著
		女	103	2895.667	2966.332	＋70.665	$t=4.215$ $P<0.01$	差异显著

通过表1比较两次体质测试的数据，可以看出男、女生的BMI指数增长幅度不大，实验结果差异不显著；而学生的肺活量水平都有明显提高，差异显著，说明本实验对学生心肺功能的影响是显著的。

2.身体素质指标结果与分析

表2　实验前后学生身体素质变化指标统计表

项目	年级	性别	人数（人）	实验前	实验后	增减数	t 检验	结论
50米（秒）	高一	男	136	8′432″	8′159″	－0.273	$t=7.225$ $P<0.01$	差异显著
		女	112	8′933″	8′814″	－0.119	$t=6.884$ $P<0.01$	差异显著
	高二	男	128	7′992″	7′743″	－0.249	$t=5.689$ $P<0.01$	差异显著
		女	103	8′774″	8′531″	－0.243	$t=6.921$ $P<0.01$	差异显著
立定跳远（厘米）	高一	男	136	181.884	193.225	＋11.341	$t=4.589$ $P<0.01$	差异显著
		女	112	161.224	169.221	＋7.997	$t=5.829$ $P<0.01$	差异显著
	高二	男	128	186.226	197.225	＋10.999	$t=5.569$ $P<0.01$	差异显著
		女	103	168.994	178.487	＋9.493	$t=5.275$ $P<0.01$	差异显著

（续）

项目	年级	性别	人数（人）	实验前	实验后	增减数	t 检验	结论
仰卧起坐/引体向上（个）	高一	男	136	1.224	2.557	＋1.333	$t=6.358$ $P<0.01$	差异显著
		女	112	38.248	43.779	＋5.531	$t=7.368$ $P<0.01$	差异显著
	高二	男	128	2.887	3.114	＋0.227	$t=5.998$ $P<0.01$	差异显著
		女	103	42.666	47.579	＋4.913	$t=6.235$ $P<0.01$	差异显著
坐位体前屈（厘米）	高一	男	136	10.112	15.237	＋5.125	$t=6.782$ $P<0.01$	差异显著
		女	112	15.558	18.249	＋2.691	$t=6.085$ $P<0.01$	差异显著
	高二	男	128	12.225	17.977	＋5.752	$t=5.280$ $P<0.01$	差异显著
		女	103	13.996	19.779	＋5.783	$t=5.908$ $P<0.01$	差异显著
1000米/800米（秒）	高一	男	136	298′667″	287′448″	－11.219	$t=5.902$ $P<0.01$	差异显著
		女	112	269′326″	251′589″	－17.737	$t=6.783$ $P<0.01$	差异显著
	高二	男	128	272′649″	255′176″	－17.473	$t=5.682$ $P<0.01$	差异显著
		女	103	258′216″	245′338″	－12.878	$t=5.387$ $P<0.01$	差异显著

通过表2从各个项目实验前后数据的对比情况来看，各个项目都在原有的基础上有了不同程度的进步，说明被测试者实验前后有显著性差异，即通过一年的体育锻炼模式的贯彻实施，学生的身体素质有了明显提高。

3. 心理问卷调查结果与分析

(1)说明

我校第一次发放和回收心理调查问卷时间为2018年9月，第二次时间为2019年6月，结果见表3。

表3 “我校开展每天一小时体育锻炼模式”的心理调查情况统计表

时间	项目				
	发放数(个)	回收数(个)	回收率(%)	有效数(个)	有效率(%)
实验前	479	479	100	467	97.49
实验后	479	479	100	471	98.33

(2)分析

表4 调查问卷关于体育课题目设置1、2数据统计表

问题	选项	数据				增减率(%)
		实验前		实验后		
		人数(人)	百分率(%)	人数(人)	百分率(%)	
1. 你喜欢体育课吗?	A. 喜欢	386	80.58	427	89.14	8.56
	B. 一般	81	16.91	47	9.81	−7.1
	C. 不喜欢	12	2.51	5	1.04	−1.47
2. 每次上体育课你觉得愉快吗?	A. 愉快	126	26.30	411	85.80	59.5
	B. 一般	279	58.25	59	12.32	−45.93
	C. 不愉快	74	15.45	9	1.88	−13.57

从表4中我们可以看出，随着我们对体育课内容、形式、组织教法、评价模式的改进，学生主动参与的积极性被调动起来。虽然课上练习密度和强度都在不断地加强，但学生喜欢体育课的程度有增无减，结果表明学生对体育课的喜欢程度和积极参与体育课的兴趣都有所提高。

表5 调查问卷关于课间操题目设置3、4、5数据统计表

问题	选项	数据				增减率(%)
		实验前		实验后		
		人数(人)	百分率(%)	人数(人)	百分率(%)	
3. 你喜欢上课间操吗?	A. 喜欢	45	9.39	254	53.03	+43.63
	B. 一般	226	47.18	186	38.83	−8.35
	C. 不喜欢	208	43.42	39	8.14	−35.28
4. 你喜欢课间操的形式吗?	A. 喜欢	56	11.69	295	61.59	+49.90
	B. 一般	208	43.42	165	34.45	−8.98
	C. 不喜欢	215	44.89	19	3.97	−40.92
5. 课间操对你有帮助吗?	A. 有帮助	49	10.23	361	75.37	+65.14
	B. 一般	172	35.91	104	21.71	−14.20
	C. 没有帮助	258	53.86	14	2.92	−50.94

从表5的问题统计中可以看出，实验后学生对课间操的态度有了明显变化，喜欢上课间操的人数提高了43.63%，喜欢课间操的形式的人数提高了49.90%，认为课间操对自己有帮助的人数提高了65.14%。从变化幅度上说明由于我们对课间操内容和形式的变革，增加了韵律操等更加适宜学生的内容，改变了课间操单一、枯燥的现状，加大了课间操做操质量的管理力度，使学生积极参与的意识得到了提高，对于课间操

的开展具有一定的实效性和积极促进作用。

四、结论与建议

(一)结论

1.“1-2-1-1”学校体育锻炼模式是学校落实每天一小时体育活动时间的有效保障，是素质教育模式的有益尝试。

2.“1-2-1-1”学校体育锻炼模式的实施，实验后学生的身体机能和身体素质指标都有明显的提高。

3.“1-2-1-1”学校体育锻炼模式的实施过程中，通过教师给予适当指导，学生自己制订、编排、组织各种赛事，并担任裁判工作，激发了学生的运动兴趣和主动参与体育锻炼的自觉性，为学生养成终身体育意识打下了良好的基础。

(二)建议

1. 体育是一个开放的学科，但基于当前场地、设施、办学模式、双休日制度等种种因素所限，应充分考虑进一步开发家庭体育、社区体育、社会体育等其他业余锻炼形式，为学校体育教育拓展重要的辐射渠道。

2. 因校制宜，开展丰富多彩、形式多样的课外体育活动不仅是保证学生每天一小时体育锻炼的需要，也是校园体育文化和校园生活的需要，应在此基础上继续挖掘有效的练习模式，全面提高学生的身体机能和心理健康水平。

参考文献：

[1]谭平平. 体育测量学[M]. 北京：人民教育出版社，2017.

[2]张龙. 体育统计学[M]. 北京：北京体育大学出版社，2012.

[3]曲宗湖. 新中国学校体育 50 年回顾与展望[M]. 北京：北京体育大学出版社，2002.

[4]冯忠良. 构化与定向化教育心理学原理[M]. 北京：北京师范大学出版社，2014.

丰台花园的水

——净水、护水 我先行项目式学习案例

马晓正

一、教学主题及教学现状分析

“丰台花园的水——净水、护水 我先行”项目式教学凸显了我校的地域特色，为充分挖掘、利用好丰台区区域化学教育资源和价值，促进学生核心素养的发展，结合人教版九年级《化学》教材和《义务教育化学课程标准(2022 年版)》，基于丰台区的区域特色，进行项目式学习主题的开发和实践。项目注重学生参与，贴近生活，以解决具体问题为驱动，融入探究、实践和体验等多种方式，真正让学生体会到身边的、熟悉的丰台区的自然资源；充分激发学生爱丰台的情怀，努力学习，为丰台未来的发展贡献力量。

让学生实地探访丰台花园的水资源，该项目围绕水的净化及节约用水的热点问题，针对人类饮水安全、水的净化问题而设计，属于化学与健康、资源领域的作品制作类实践活动，具有重要的现实意义。学生在实际生活中发现问题，在身边的公园中寻找水资源，通过对前期调查水污染的了解和学习过程中水净化过程的参与，教育学生关心、爱护、珍惜水资源。学生通过亲自参与水净化过程的实验探究，感受化学对生活、社会的积极意义，增强学习化学的兴趣。学生以水的净化为主要研究对象，通过吸附、沉降、过滤和蒸馏等净化方法，掌握分离方法，综合考虑人体用水的需求，结合自来水厂生产工艺和物质分离原理，选择合适的技术与工程方法自制净水器，帮助建构化学、技术、工程融合解决跨学科问题的思路与方法。

二、项目的育人价值

该项目所属“物质的性质与应用”主题内容，围绕认识物质的多样性的大概念，以自来水厂的净化过程为例，让学生了解吸附、沉降、过滤和蒸馏是净化水的常用方法的核心知识。通过学生自主设计简易净水器并设计完成校园节水宣传海报的实践活动，该项目涉及“科学探究与化学实验”学习主题中基本化学实验技能，关注“化学与社会·跨学科实践”学习主题中健康部分的内容，促进学生进一步发展“系统与模型”跨学科大概念。

三、项目教学目标

1. 了解我国水资源现状，了解水污染的来源，通过调查丰台花园植被变化、水源

分布、状态和组成，调查北京市水资源现状及近年来的变化，感受爱护珍惜水资源的重要性。

2. 通过学生亲自查阅自来水工厂水净化过程，初步形成从自然界的水到生活饮用水的实验思路，感受化学对生活、社会的积极意义，增强学习化学的兴趣。

3. 通过了解自来水的生产流程，知道沉淀、过滤、吸附、蒸馏是常用的净化水的方法。初步学会用过滤的方法对混合物进行分离。

4. 学生通过小组活动自制简易净水器的设计图示及说明，通过展示、分享、交流对自制简易净水器进行评价与改进作品，帮助学生建构化学、技术、工程融合解决跨学科问题的思路与方法。

5. 了解校园中水源分布，根据不同用途将水进行综合利用，从环境和工程视角重新设计校园的水资源利用。从个人、国家和国际层面全方位认识节约用水的理念，增强学生的责任感。

四、活动设计与实施

本项目教学过程中每个活动都包括课内、课外两部分。课外活动主要是完成资料查阅、方案研制等任务，课内活动主要是落实基础、展示交流、实验探究、反思总结和提升学习成果的质量。具体操作为课内需要5课时，其中导引课、探究1、展示课各1课时，探究2课时。项目活动设计与实施见表1。

表1　项目活动设计与实施表

项目任务	驱动问题	项目活动	认知发展目标	素养发展目标
导引课（护水1课时）	1. 为什么要调整花园植被的种类？ 2. 自然界的水含有什么？ 3. 从自然界的水到生活用水需要除去哪些物质？ 4. 如何除去这些物质？ 5. 净化后的水是纯水吗？	1. 课前在丰台花园中调查植被种类及特点，寻找丰台花园的水源分布、状态，形成PPT。 2. 查阅资料，了解我国水资源总体状况、北京水资源现状。 3. 课上，分享自己的调查报告，讨论如何将天然水变成生活可用水，形成项目设计思路。 4. 课下，查阅自来水厂净水过程，并从步骤、作用、状态、组成四个方面进行资料整理。	1. 了解我国水资源现状，通过调查丰台花园植被变化，感受爱护珍惜水资源的重要性。 2. 了解水污染的来源。 3. 初步形成从自然界的水到生活饮用水的实验思路。	1. 对实际生活中发现的问题，在身边的公园中寻找水资源，调查水污染及水资源现状的情况，教育学生关心、爱护、珍惜水资源。 2. 通过学生亲自查阅自来水厂水净化过程，感受化学对生活、社会的积极意义，增强学习化学的兴趣。

（续）

项目任务	驱动问题	项目活动	认知发展目标	素养发展目标
探究1（净水1课时）	1. 自来水厂的净水过程每一步都有哪些作用？ 2. 如何除去水中不溶性杂质？实验室如何进行固液分离？ 3. 如何除去水中不溶性杂质？ 4. 如何除去有毒物质和病原微生物？	1. 课前，查阅自来水厂净水的相关资料，并学会如何获取有效信息。 2. 课上，分享课下学习内容：自来水厂净水过程，并从步骤、作用、状态、组成四个方面进行资料分享。 3. 学生活动：实验室过滤操作。	1. 了解自来水的生产流程，知道沉淀、过滤、吸附、蒸馏是常用的净化水的方法。 2. 初步学会用过滤的方法对混合物进行分离。 3. 知道活性炭具有吸附作用。	1. 发展学生提取和加工信息、分析解决实际问题的能力，发展批判性思维、系统思维等高阶思维。 2. 学生以水的净化为主要研究对象，通过吸附、沉降、过滤和蒸馏等净化方法，掌握分离方法，强化“科学探究与化学实验”学习主题中基本化学实验技能。
探究2（净水2课时）	1. 如何设计自制简易净水器？ 2. 什么因素会影响水的净化效果？如何改进你的净水器？	1. 课前，绘制简易净水器设计图并分享设计原理，动手制作简易净水器。 2. 利用自己制作的简易净水器实现水的净化。 3. 汇报展示：比较不同自制简易净水器的效果。 4. 课下，设计节水宣传海报。	知道简易净水器净化过程中的各部分的作用，并会根据净化效果不同进行反思改进。	1. 形成从科学、技术、工程、社会四个角度评析，评价自制简易净水器，帮助建构化学、技术、工程融合解决跨学科问题的思路与方法。 2. 通过学生亲自参与水净化过程的实验探究，感受化学对生活、社会的积极意义，增强学习化学的兴趣。
展示课（节水1课时）	1. 介绍你的节水宣传方案的设想。 2. 本项目的学习给你带来了哪些收获？	1. 课前，指导学生展示课的节水方案设想及方案改进，小组合作，收获感言。 2. 课上，各小组进行全面的汇报展示，互评互议，教师总结。 3. 课下，走进丰台花园进行展示宣讲，践行节水。	1. 了解身边的水源分布，根据不同用途将水进行综合利用。 2. 从环境和工程视角重新设计校园的水资源利用。	1. 发展总结、反思、协作交流的综合素养。 2. 从个人、国家和国际层面全方位认识节约用水的理念，增强学生的责任感。

五、项目过程性评价(见表 2)

表 2 项目过程性评价表

评价维度		评价等级		
		优秀	良好	合格
作品评价	装置	净水过程包括沉淀、过滤、活性炭吸附等净水的全过程，且组装顺序正确(先除颗粒大的杂质)。	净水过程能够涵盖沉淀、过滤、活性炭吸附等，但是组装顺序不太合理。	净水过程不全，组装顺序不太合理。
	药品及材料	材料选择恰当，采用控制变量的方法，药品用量合理(考虑用量多少会影响分离效率)，产品成本低。	材料选择正确，采用控制变量的方法，药品用量太多或太少(考虑到成本问题但未有效降低成本)。	部分材料或药品选用不当，未合理采用控制变量的方法，药品用量太多或太少(未考虑成本问题)。
	净水效果	净化后的水滴落速度适中，得到无色无味的澄清水。	净化后的水滴落速度较快或较慢，得到的水是有色、有味或有杂质三种情况中的一种。	水能流下，但得到的水是有色、有味或有杂质三种情况中的两种。
	工程技术	操作顺畅，使用便捷，净水器美观。	操作比较顺畅，使用比较便捷。	操作过程中遇到小问题但能及时解决，使用比较便捷。
	反思与改进	能够深入思考并清晰地表达净水成功及失败的原因，并提出合理的改进措施，重新设计和制作净水器。	能够自主思考，分析净水效果成功或失败的原因较合理，且提出较合理的改进措施，但未进行重新设计和制作净水器。	在教师或他人提示下，分析净水效果成功或失败的原因较合理，且提出改进措施。
小组合作	协同合作	小组成员之间能进行有效合作，汇报时分工合理，成员配合默契，遇到突发情况所有成员共同解决。	小组成员之间能进行较有效合作，汇报时有分工，但是每个人单独完成自己的部分，遇到问题个别成员试图帮忙解决。	小组成员之间有小组合作，但是汇报是由一个人完成，遇到问题没有其他成员帮忙解决。
	表达与交流	能说清楚分离顺序、用量及其依据；准确描述净水效果，并对净水效果进行合理分析。	能说清楚分离顺序、用量，但未说明依据，能描述净水效果，但对净水效果分析不充分。	能说清楚分离顺序，笼统说明净水效果，但没有相应的分析。
	文案宣传	分享过程较多亮点，思路呈现语言清晰，展示形式丰富多样。	分享过程较少亮点，思路呈现语言较清晰，展示形式较丰富。	分享照读 PPT，分享过程缺少亮点，思路呈现语言啰唆，展示形式单一。

六、改进措施

1. 导引课

因初中学生第一次接触化学类项目学习，所以建议教师在课前一定要充分实地调研，了解丰台花园的水源分布、状态、组成，为布置学生的课前调研更有针对性做好准备，课前还要为学生留出充足的时间做调研，准备好资料。

上课实施的过程中，导引课的上课时间紧张，正常一节课的教学时间是40分钟，因为情境贴近学生生活、学生学习兴趣高，学生要完成导引课的项目拆解并进行充分讨论的话，建议导引课时长为60分钟为佳。

课上学生在进行项目拆解的过程中，大多聚焦在解决问题的具体方法上，对于项目流程的设计把控比较欠缺，实际项目流程设计规划对于学生来说也是难点。

2. 探究1

学生在上完导引课之后，教师布置了去调研自来水厂的净化流程任务，按正常的教学安排，这需要学生在一天时间完成，时间非常紧张，因为学生放学后还有家庭作业。

课上学生分享的调研成果仅限于在网络上查询的内容，对于调查的广度和深度有所欠缺，课上分享后教师可以模拟自来水厂的净化流程进行净水方法的教学，既让学生感兴趣，也可以将理论应用于实际。

3. 探究2

学生在课上设计简易净水器，因学生带来的原材料有限，在课上制作简易净水器有点困难，回家制作又限制了学生的小组活动，所以在设计图完成后给了学生几天的时间来取材、制作，设计展示后因课上时间只有40分钟，学生在课上完成净水展示和分享后没有充分的时间进行自己作品的改进。

七、优点与特色

以自制简易净水器及设计节水型校园宣传海报为项目作品，通过“护水—净水—节水”三个核心活动，让学生经历完整的问题解决过程。“丰台花园的水——净水、护水我先行”项目式教学凸显了我校的地域特色。

另外让学生实地探访丰台花园的水资源，围绕水的净化及节约用水的热点问题而设计的，该项目针对人类饮水安全、水的净化问题而设计，属于化学与健康、资源领域的作品制作类实践活动，具有重要的现实意义。学生在实际生活中发现问题，在身边的公园中寻找水资源，学生通过对前期调查水污染的了解和学习过程中水净化过程的参与，教育学生关心、爱护、珍惜水资源。通过学生亲自参与水净化过程的实验探究，感受化学对生活、对社会的积极意义，增强学习化学的兴趣。学生以水的净化为主要研究对象，通过吸附、沉降、过滤和蒸馏等净化方法，掌握分离方法，综合考虑人体用水的需求，结合自来水厂生产工艺和物质分离原理，选择合适的技术与工程方法自制净水器，帮助建构化学、技术、工程融合解决跨学科问题的思路与方法。

唤醒运动渴望　体验运动快乐

李昕恺

情感教育理念是现代教育关注的热点问题，也是体育新课程的主要目标之一，它强调在组织教学的过程中，关注学生的学习态度、情绪、情感等问题。在小学体育教学中运用情感教育，有助于营造融洽的师生关系、和谐的教学环境，激发学生对知识的探索欲和锻炼身体的积极性，在激发学生的创造潜能，塑造健全的人格，完善道德品行等方面都发挥着重要作用。

一、情感教育目标分类理论

情感教育是教师“在充分考虑教学中的认知因素的同时，又充分重视教学中的情感因素，努力发挥其积极作用，以完善教学目标，改进教学的各个环节，优化教学效果，促进学生素质的全面发展。”卢家楣教授有关情感教学模式的研究，指导我探索情感教育在小学体育教学中的课堂实践有着非常重要的意义。卢教授从心理学角度出发，将情感教学目标分为三个维度，分别是乐情度、怡情度、融情度。“乐情度指的是教学能促进学生对其喜欢的程度。怡情度是指教学能使学生获得积极的情感体验的程度。融情度是指教学能够使学生与教师和周围学生情感融洽的程度。”这三个维度层层递进、相互促进。

可见，在小学体育的课堂教学中，可以通过创设轻松愉快的学习氛围促进学生对体育课堂的喜欢程度；加深对教学内容的把握，根据学生情况因材施教，把教学内容中有关情感方面的积极作用充分发挥出来，陶冶学生的情感；通过多种形式的师生分享、生生分享，使师生情感、生生情感融洽，最终实现情感教学的三维目标。

二、小学体育教学中情感教育的实施策略

1. 以境激情：营造融洽、和谐的体育课堂教学氛围

师生关系融洽，课堂气氛轻松和谐，就会激发学生的学习欲望，如何让学生快乐运动呢？我认为应该从以下几个方面入手。

(1)教师以热情饱满的情绪带动学生

生活中的琐事难免会影响教师的情绪，教师又是学生的模仿对象，切忌带着不稳定的情绪进课堂，这将直接影响课堂教学的质量。所以，课前教师要调整好自己的情绪，将最饱满的热情投入课堂教学中来。

体育教师要学会幽默。几句幽默的话语就可以拉近师生间的距离，调节课堂气氛，

让学生感觉到教师的亲切，愿意积极参加课堂活动，在轻松愉快的氛围中学习。比如在低年级的体育课堂上，个别学生会有不遵守纪律的情况，当发现有学生开小差，离开队伍时，教师可以以一种疑惑的语气说："你们看(用手指)，他在那里干什么?"这个学生就在大家的热切关注下快速地跑回队伍中来，这样既没有影响学生的学习情绪，又很快地在学生的欢笑中集中了注意力，师生关系更加亲密，课堂氛围也更加和谐。

(2)教师以十分精心的准备活跃气氛

教师在备课的过程中要充分了解学生的特点，选择最优的教学方法来调动课堂气氛。在体育课堂实践中，为了让学生得到充足的锻炼，我把本班学生最感兴趣的足球和跑步进行合理的搭配，跑步不再是单纯的绕圈跑，而是分小组比赛带球过障碍物跑，除此之外还开展了接力跑、游戏跑等等，这极大激发了学生的学习兴趣，每一名学生在活动的过程中也是拼尽了全力，身体得到锻炼的同时，还培养了学生的团结合作精神，让学生在欢乐的体验中运动，促进情感教育。

2. 以情育情：有温度的教师和体育课堂引发学生情感体验

(1)教师以发自内心的情感感染学生

教师情感教育的核心是热爱学生，只有真正热爱学生的教师才有可能成为一名优秀的教师。教师对学生发自肺腑的爱，可以产生巨大的感染力，这种感染力可以极大地激发学生的学习兴趣，建立良好的师生关系，最终提高课堂的实效性。有了这种爱，学生对老师就有了敬仰之情，并会把这种感情转化为对老师所教内容的喜爱上。心理学研究表明：人们总是趋向于模仿他所爱的人，而不愿意模仿他所嫌弃的人。可见，教师对学生的这种爱有助于学生产生积极的情感体验。

在寒冷的冬天，学生大多不愿意参与到体育锻炼中来，尤其是冬季的长跑训练比较枯燥，偷懒的现象就更加普遍了，这就需要教师用一颗真诚的心去关心、关爱学生。首先要让学生明白，教师安排的课堂活动有益于心肺功能及呼吸系统，其次在跑步的过程中，调整跑步节奏，合理增加锻炼的强度，适时鼓励学生，逐步消除学生的心理障碍，培养学生不怕困难、迎难而上的拼搏精神。

(2)挖掘教材中蕴含的情感因素，陶冶情操

教师在研究教材的过程中，要有意识地深入挖掘教材中蕴含的丰富情感。比如在低年级跳跃课上，教师由谜语引出主人公"青蛙"，并演示了青蛙"跳跃"的动作要领，同学们纷纷模仿起来。这时可引导学生："还能怎样跳?"学生就想到了"兔子跳""单脚跳"等多种练习方式，丰富了课堂，学生的想象力和创造力都在课堂中得到了发展。

3. 以动融情：开展有质、有量的体育课堂教学互动

在设计体育教学内容的过程中，保证学生互动的数量，以满足学生的表达欲望。充分考虑好学生情况，预设好学生互动的时间和内容，并根据学生生成，及时调整，以达到最优的效果。这里的互动不仅指师生之间，也指生生之间，在交流分享的过程中相互启发。为了达到这个目标，可以在体育课程学习时有意识地培养学生互动的意识和能力，设计个体与个体之间、个体与小组之间、小组与小组之间等的互动形式，避免多次重复的互动给学生带来单调感。

在体育课堂教学的过程中，仅仅保证互动的数量还是不够的，还要提高互动的质量，不要为了互动而互动，也不要以为学生互动的数量足够了，学生就一定有所得。在设计教学环节时，要充分预设，根据学生生成及时反思，以确保能够因材施教，设计更有实效的互动。

三、实践反思

1. 教师转变教育教学理念是体育课堂开展情感教育的基础

教师需要树立正确的学生观。新时代的教育理念强调，学生不再是装载知识的“容器”，教师也不再是知识的“搬运工”，每个学生都是有思想的独立个体，对教师所教授的教学内容，可以有选择地接受、加工、处理、实践等。师生是平等的、相互尊重的，学生是学习的主人，要让学生真正参与到课堂活动中来，表达自己的真实想法。

教师也需要树立正确的教学目标。教育的最终目的不是传授知识，而是唤醒他人的创造力，由一个心灵去“唤醒”另一个心灵。教育意义的落脚点是在学生生活的举手投足之间，对学生来说，情感教育远比知识能力教育更重要，它对学生产生的影响持久而深远，多年以后学生忘记了知识本身，却不会忘记成长过程中的美好。

2. 教师转变教学行为是体育课堂开展情感教育的保证

教师要转变传统的体育课堂教学模式。在传统的教学模式中，教师讲解示范，明确做什么和怎么做之后就和学生一起分解练习，这样做虽然对学生身体素质起到了积极的作用，但是学生在课堂学习中一直处于被动状态，不利于学生主体作用的发挥。教师需要学习现代教育模式，比如：“快乐体育”模式，让学生在运动中感到快乐；“主动体育”教学模式，发挥学生的积极性和创造性；“成功体育”教学模式，培养学生的体育兴趣；等等。

总而言之，情感教育是教育过程中不可缺少的一部分，也是体育课程实现三维课程目标的有效方式。通过对学生的了解，设计学生感兴趣的教学内容和形式，引发学生的情感体验，提高学生人际交往能力，让学生在体育学习中健康、快乐地成长。

参考文献：

[1]卢家楣．情感教学模式的理论与实证研究[M]．上海：上海人民出版社，2008.
[2]卢家楣．课堂教学的情感目标分类[J]．心理科学，2006(6)：1291—1295.

真实情境下微项目常态化教学实践

——以“安全运动，正确选择护具”为例

王雨菲　刘　佳

项目式教学(Project-Based Learning，PBL)是一种设计学习情境、以问题为导向的教学方法，是基于现实世界的以学生为中心的教育方式。目前存在的项目式教学设计通常存在“项目群”体量大、耗时长、知识容量多、实施困难等特点。因此在日常教学中较难落实。

在生活中，人无时无刻不在进行运动。随着社会的发展，学生接触到的运动种类也越来越丰富多彩。在初中阶段，学生将面临体育中考，日常进行频繁且有一定强度的体育训练成为必然。如何做到既能有效运动，又能利用护具保护自己，达到科学安全运动的目的？在独自购买护具时能够正确挑选合适自己的护膝；能辨别家人购买的护膝是否适合自己；在进行多种运动时能辨别使用适合的护具。这些实际生活问题要求学生能够对护具在运动中的使用情况进行测评。结合“动物的运动”内容，设计3课时，由两个子项目组成的微型项目式学习教学设计。实施中，学生使用运动发生的相关知识解释、解决系列现实问题，关注运动安全，学会运动时选择正确的护具，在科学指导下健康地生活。

一、项目背景

“动物的运动”是人教版教材第五单元第二章第一节内容。主要涉及“运动系统的组成”“骨、关节和肌肉的协调配合”等相关知识，是《生物学课程标准(2011年版)》一级主题“动物的运动和行为”中二级主题要求的内容。课标中的具体要求为：“说明动物的运动依赖于一定的结构。”活动建议为：“观察某种脊椎动物的肌肉、骨骼、关节的基本结构。”该部分内容涉及的重要概念是：“动物因逃避敌害、争夺食物和栖息地、完成繁殖所进行的运动，是在神经系统和内分泌系统的调节下，由骨骼和肌肉共同完成的。”

二、确定项目目标

1. 通过问卷调查和课外调查活动，发现问题，拆解问题，明确任务目标，规划科学解决问题的路径方法，提高逻辑思维能力。

2. 通过动物关节及骨骼肌解剖实验以及“伸肘屈肘运动模型”模拟实验，说明人的运动依赖于一定的结构，一个运动的形成需要骨、关节以及多组骨骼肌的协调配合，

体会生物体结构与功能相适应。

3. 通过实验测评及穿戴测试，应用运动结构及形成等知识，对运动护具的功能进行测评，基于测评数据分析护具的性能，提升学生跨学科探究能力及科学思维能力。

4. 通过小组合作制作运动护具测评报告并展示，在自我评价与同学评价的基础上，进行护具测评报告产品迭代。

5. 通过从关注个人运动安全上升至向他人宣传“正确选择护具，关注运动安全”的重要性，渗透社会责任。

三、微项目实践过程

(一)真情景真问题

1. 课前准备

对初中学段学生进行问卷调查，收集学生使用护具现状。共收集 179 份结果。92%的学生在运动中使用护具。64.2%的学生会自行购买护膝，66%的学生护膝是由家人提供，27.16%的学生会佩戴同一种护膝进行多种运动。在运动中正确使用护具，能够提高学生运动的安全性。确定项目核心问题：如何测评护具，确定护具在运动中的保护性能，并制作测评报告。针对这一问题开展教学对学生学会正确使用护具，在运动中保护自身运动结构具有现实意义。

2. 学生课外调查活动

教师根据项目核心问题发布并说明调查任务，提示调查注意事项。

任务：对护具购买现状进行市场调查。

聚焦问题：购买何种护具？为谁挑选护具？选购时关注哪些方面？

学生调查后以图文、PPT 或小视频形式提交调查报告。

(二)导引课：明确核心规划流程

学生展示课前调查结果，引出核心任务：制作测评报告并展示。引导学生对核心任务进行分解，分组讨论并交流：解决核心任务具体要怎么做？还需要哪些支持？学生在拆解子项目的过程，明确各个子项目的意义。明晰项目整体流程。

依据学生分析情况，“安全运动，正确选择护具”项目结构如图 1。

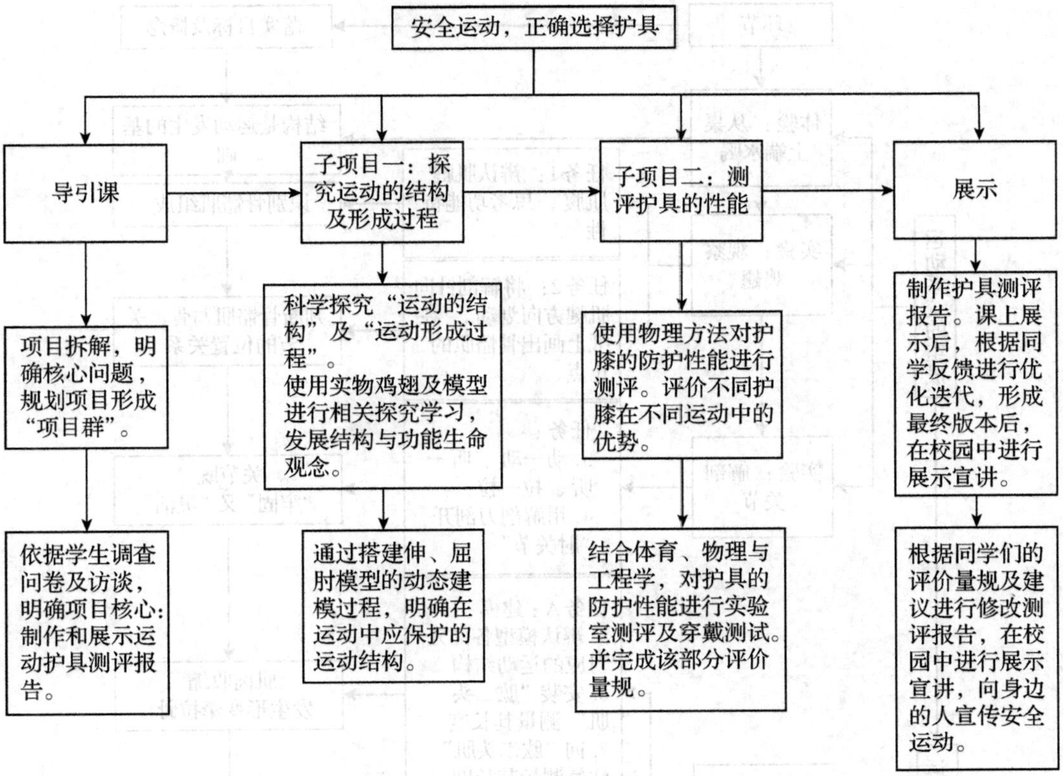

图 1　“安全运动，正确选择护具”项目结构图

(三)子项目一：实验建模，真探究

在子项目一中，学生通过实验和模型认识运动系统的基本结构，并通过建模的过程学习运动发生的机理。最终解决运动时哪里会受伤，如何保护，为什么能保护这些实际问题。此部分拆解为 9 个小任务(图 2)，引导学生逐一掌握概念，达成目标。

实验选择带有肘关节的鸡整翅，剥离尺骨和桡骨外侧皮肤，使肌肉完全裸露(图 3A)。学生对照肌肉结构模式图，辨认肌腱、肌腹，思考各部分功能、特性。并用解剖针穿过骨骼肌下方，来回划动，观察肌肉与骨、关节间的位置关系。要求学生在图 3B 中画出骨骼肌“止点”，引导学生对观察到的信息进行提取、凝练、抽象并反馈。(图 2，任务 1、2)在对骨骼肌的结构建立初步感性认识后，学生动手操作。通过“动、听、拉”的感官感受认识关节的结构特点：用双手各握住鸡翅肘关节前后的一段，扭动肘关节观察活动范围；关注过程中是否有异响；用力向两侧拉，感受关节的牢固性。最后用解剖工具剖开鸡翅的“肘关节”，观察关节内部结构特点。渗透由外而内的生物学方法。(图 2，任务 3、4)

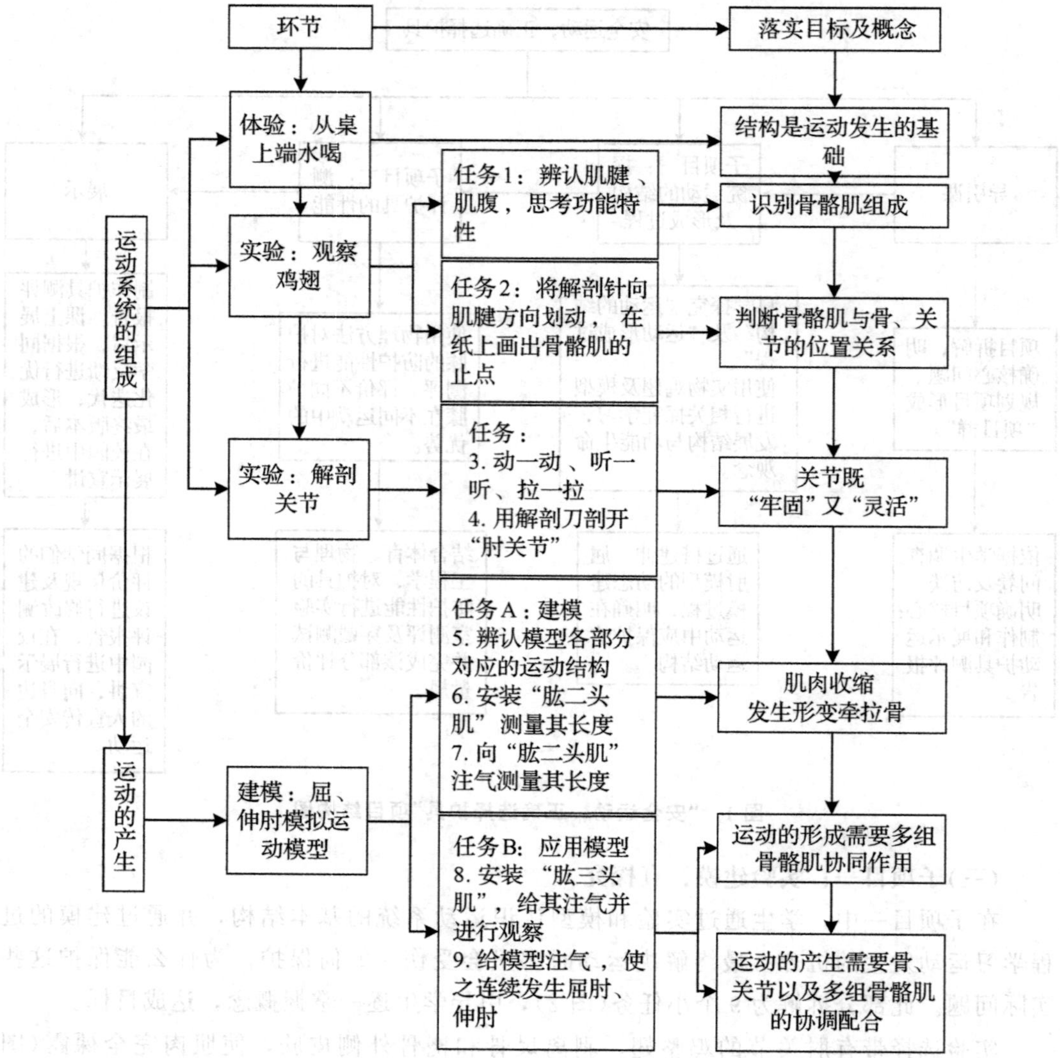

图 2　子项目一流程图

使用模型对实物鸡翅进行高度概括，抽提运动结构的主干部分，有助于学生理解运动系统的生物学结构及运动形成的生理过程。学生通过对“肱二头肌”以及“肱三头肌”的组装，实现部分建模过程。可拆卸模型给学生提供动手组装模型的机会，通过重构模型的过程，学生建模的思维外显可视化(图 3C)。使用气球和网兜解决了肘关节模型的动力问题，模型发生了从静态到动态的转变(图 3D)。学生从关注运动结构特点上升到关注肌肉在运动发生中的作用，有助于学生理解运动发生的机理。通过活动(图 2，任务 8、9)引导学生从关注一个动作的完成到关注连续发生的运动，解释实际生活中的真实现象。

通过实验及模型充分落实运动结构是运动发生的结构基础。举例：学生运动会未佩戴护具，造成软组织挫伤案例。引导学生思考护具在运动中的作用。物理、体育教

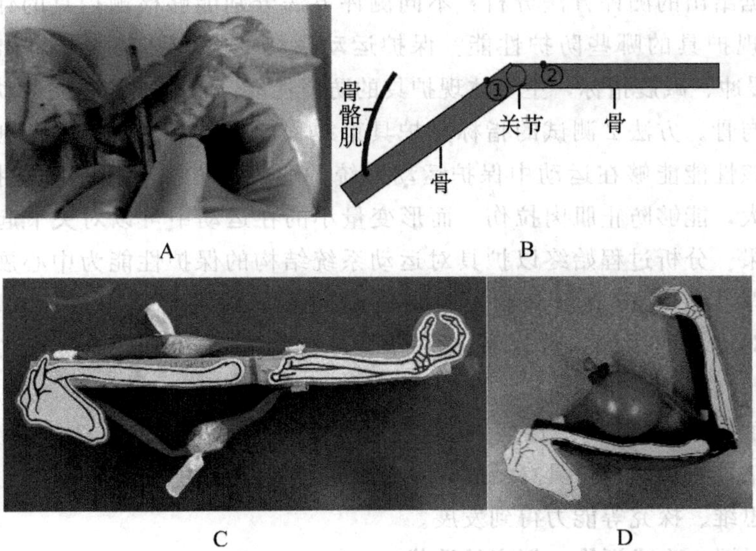

图 3　子项目一实验及模型

（A 去除部分皮肤的鸡整翅；B 画出肌肉“止点”学案部分；C 屈、伸肘模型；D“肱二头肌形变，模型屈肘状态”）

师录制微视频从学科角度对安全运动进行指导。物理方面主要解决物体受力发生形变及受力面积小压强越大的学科知识。而体育教师主要解释不当运动使运动结构在运动中过度形变对运动系统造成的损伤，正确佩戴护具可增大受力面积减小外部冲击造成的伤害。

(四)子项目二：以生物学科为核心的学科融合

子项目二主要围绕：在运动中，护具对运动系统结构保护性能的测评展开。在此阶段学生以生物学知识为核心，应用运动系统组成及运动形成的原理知识，使用物理学方法进行测评。该部分由实验室测评及穿戴体验两个主要部位组成。

由于护具种类繁多，课堂实施时选用 10 种不同种类的护膝，每组随机分配两种护膝作为研究对象。由于初二年级学生此阶段刚接触物理学科不久，根据学生情况，在实验测评环节，直接给出三种基于物理学科知识的测评方法如图 4。

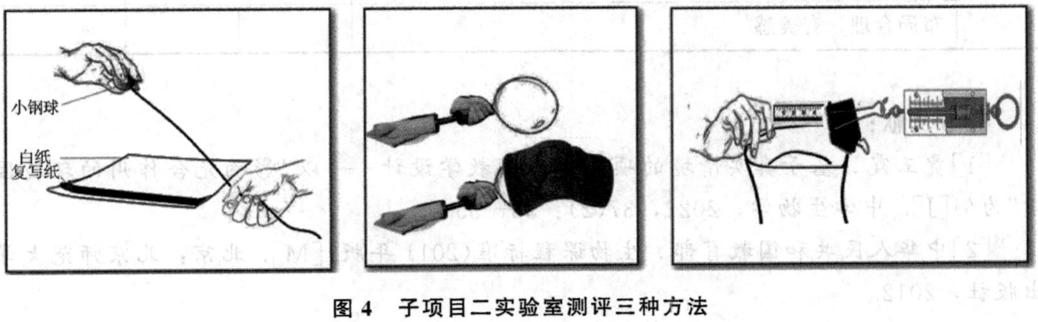

图 4　子项目二实验室测评三种方法

学生根据给出的测评方法分析：不同测评方法分别能够检测护具的什么指标？该指标能够体现护具的哪些防护性能？保护运动系统的哪些结构？并得出结论：方法1测试护具缓冲、减震指标，主要体现护具的防撞性能。该性能能够在运动中保护运动系统的关节与骨。方法2测试的指标是护具束缚程度，主要体现护具控制肌肉过度收缩的性能。该性能能够在运动中保护运动系统的肌肉。方法3用来测试护具形变量。护具形变量大，能够防止肌肉拉伤。而形变量小的在运动中可以对关节起到一定支撑和固定的效果。分析过程始终以护具对运动系统结构的保护性能为中心展开。进行实验测评后，学生在所得数据基础上开展穿戴测试。此环节需要学生考虑上课时场地——教室对运动的限制，选择教室中可以进行的运动，开展穿戴测试并记录测试结果。

学生在解决"怎么测保护性能"这个问题时，对给定的测试方法进行分析、完善、实施并得出结，然后进行护具穿戴测评。整个过程中学生的实践、合作能力得到提升，解决问题、思维、探究等能力得到发展。

(五)展示课：生成评价，促产品迭代

在前面各环节的实施过程中，学生脑海中已经具有了测评报告的雏形。引导学生将这些思考进行表达，形成测评报告评价表。各小组在规定时间内完成项目产品——测评报告并进行展示。学生使用自己形成的评价量表进行互评(见表1)。

表1 《运动护具测评报告》制作和展示评价量表

<table>
<tr><td rowspan="3">评价项目</td><td rowspan="3" colspan="2">评价内容</td><td colspan="3">等级标准</td></tr>
<tr><td>完美</td><td>有待改进</td><td>有待补充</td></tr>
<tr><td>2分</td><td>1分</td><td>0分</td></tr>
<tr><td rowspan="7">测评报告内容</td><td colspan="2">主题鲜明：标题能够说明护具适用的运动</td><td></td><td></td><td></td></tr>
<tr><td rowspan="3">测评内容充实、重点突出</td><td>围绕对骨、骨骼肌、关节的保护展开</td><td></td><td></td><td></td></tr>
<tr><td>包含实验测评</td><td></td><td></td><td></td></tr>
<tr><td>包含穿戴测评</td><td></td><td></td><td></td></tr>
<tr><td colspan="2">结果有依据：有实验数据或记录做支撑</td><td></td><td></td><td></td></tr>
<tr><td colspan="2">图文并茂：图示中的结构有标注和文字说明</td><td></td><td></td><td></td></tr>
<tr><td colspan="2">布局合理，有美感</td><td></td><td></td><td></td></tr>
</table>

参考文献：

[1]贾玉霞．基于真实情境的项目式学习教学设计——以"影响光合作用的环境因素"为例[J]．中学生物学，2021，37(2)：33－35.

[2]中华人民共和国教育部．生物课程标准(2011年版)[M]．北京：北京师范大学出版社，2012.

促进阅读素养发展　增添课后服务趣味

盛　霏

教育是在良好的环境中助力学生成长与发展的，而小学阶段是学生学习习惯、行为意志、思想品德价值观形成的关键时期，需要进行良性的引导。学生个人的成长离不开班集体，个人的成长在很大程度上是需要融入集体组织中而实现的，集体与个人是相互依存、相互联结、相互促进的。因此，我以班级文化建设为切入点，着力发展学生的阅读素养，使其养成受益终身的习惯。

一、师生共创共设，建立班级愿景

班级愿景是指班级成员通过共同商讨确定的大家都要为之努力的共同目标，其中包含着班级的整体价值观与发展意愿。在班级共同愿景设定之初，班级全体师生要共同商议、共同创设，才能共同享用共同成长。

(一)以阅·月·悦"三 yue"为班级发展模式

"阅"即阅读，阅读丰富生活，阅读陶冶情趣，阅读能让我们发现未知的世界。在阅读中，我们见众生，也见自己。让班级中每位同学都成为阅读的践行者，打造书香班级。

"月"即月份，每个月的阅读主题不一样，所选择的阅读篇目也不同，使得阅读尽量多样化，带给学生不一样的体验与思考。

"悦"即快乐、愉悦，只有让学生快乐阅读才能感受到阅读带来的愉悦感，从而真正让阅读点燃孩子们心中的火苗，让兴趣成为引领书香班级落地生根的导航。经过全体同学出谋划策，我带的班级初步形成了"三 yue"这样的班级发展模式，创立了"打造书香班级，人人爱阅读"的共同愿景。

(二)设计明晰学习任务

1. 积累好词好句——"阅读马拉松"(见表1)

表1 "阅读马拉松"

项目	日期			
阅读书名				
阅读时间				
阅读页数				

（续）

项目	日期			
好词佳句积累 3—5句				
我想和他人分享 （心得、感受）				

摘抄好词好句是为了让学生能够学以致用，恰当地运用在自己的文章当中。在此过程中明确目的，知道积累的内容。一是积累语言材料，如四字词语、歇后语、名人名言等。二是积累写法，积累运用修辞手法的优美句子，如比喻句、排比句、拟人句等。三是积累情感，如在这篇课文中表达了作者怎样的情感等。

2. 美文(古诗)背诵——继承传统，经典积累

诗词是中华民族传统文化的精髓，古诗有着独特的意境美、韵律美、节奏美，因此，它在传承文化、丰富语言、训练思维、提升气质等方面起着不可替代的作用。我们通过学科融合，学生通过对古诗的理解，将所感受到的古诗意境、美景画成手抄报，陶冶情操、扩宽视野。我们还选择同一作者不同时期的诗，引导学生赛一赛看谁背得多。通过学生们的背诵，我看到了学生们对于古诗的理解，从声音大小的转换中、从孩子们一边读一边做动作中、从背诵的表情中我感受到了古诗带给孩子们的魅力。

3. 完成一幅诗配画、制作书签

根据所阅读的书目完成一幅诗配画，将眼中所见、心中所想的美景通过一根根小画笔描绘在纸张当中，培养了学生的创造力和想象力。多维度、多角度调动学生感官，既丰富了学生对于诗的理解也积累了知识，在说写训练中促进学生语言发展。把知识内容放在情境中，从学生已有经验出发，激发孩子的学习兴趣，感受语文学习中的快乐！

(三)提供充实资源支持

我在班中设立了图书角，除学校配备一定书籍以外，接收学生家长捐赠书籍，筛选适合本年龄段的学生适宜阅读的书目投放在班级中，设置图书管理员，将学生分成若干小组(督促，交流)，设组长负责落实班级读书计划，开展小组间的读书竞赛等活动支持。

二、显隐性课程结合，实现文化育人

显性课程是指我们平时看得见的、真正开设的正式课程。隐性课程是与其相对的，看不见的课程，但却能潜移默化深远持久影响人，类似班级文化墙、黑板报等这些因素。将各类课程与班级文化建设相结合，确定每月读书主题，布置读书任务，让学生

在巩固学习知识的同时，进一步拓展补充知识面，增加阅读兴趣、增强阅读能力。

(一)显性课程——文化传播的主体

1. 每周一课——阅读课

我会在每节阅读课中固定用10分钟的时间播放《三字经》《弟子规》《论语》等蒙学经典朗诵，让学生感知到其中蕴含了大量的风俗礼仪、成语典故、道德伦理等文化精髓，接下来就是学生自主阅读的时间，其中包括自读、同学互助和范读，形式多样。在此过程中让学生明白读书的目的是增强文化素养，通过阅读内化提高自身的修养。

2. 每天一诵——课前口语交际

朗读是培养学生语感的有效途径，能够帮助学生在朗读中感悟，增强语感，加深对课文的理解。在朗读前提出明确要求，使学生注意语言流利，声音洪亮，并训练学生说完整话的能力。

3. 每周一播——好书推荐，来自学生的读书心得，经典阅读示范

为了培养学生读书兴趣，营造浓郁的班级书香文化，我开展了每日一播的活动。阅读是输入，表达是输出，将所读到的感兴趣之处分享给大家，交流中，同学们有的分享了自己喜欢的书目，讲述了书目的主要内容，有的朗读了自己喜欢的某一段话，有的聊了书中的人物，等等。同学们在聆听中受益匪浅。

(二)隐性课程——潜移默化的影响

1. 每月一册——一本书思维导读图，佳句摘抄册

将学生们所制作的思维导图、摘抄内容整理成册，放到班级后图书角，也是学习成果展示角，可供学生们课间翻阅，为学生创造书香环境。

2. 每期一展——读书心得展，手抄报展，摘抄书法展等各册展

将学生所制作的手抄板和读书心得体会粘贴在文化墙上，这是作品的碰撞和展示，一方面是对学生的鼓励，将优秀作品进行展示，另一方面可以供学生进行学习，积累优美词语，潜移默化地培养学生阅读兴趣。通过文化育人，更好地落实班级愿景。

三、交流评价多样化，激励自信促成长

在道德教育的过程中，盲目地灌输道德和标准，只是讲道理的形式，不仅不能起到教育作用，反而使学生不易接受，应该从生活实际出发，结合学生的认知特点，让学生真真切切地感受到知行合一，可以起到真正的教育引导作用。

表2是学生阅读评价量表。

表 2　学生课外阅读评价量化表

班级：　　　　　　　　　　　　　　　　姓名：

评价内容	指标	等级评价参考指标	评价			
			自评	小组评	家长评	师评
爱读书	1. 能在老师的指导下制订《学期课外阅读计划》，并根据自己和班级学情分阶段有计划执行（可以调整）。 2. 懂得安排和利用时间进行阅读，每天能坚持阅读课外书。 3. 建立《课外阅读登记卡》，能简单记录阅读情况。	1. 能完全符合左边 3 项指标或符合 2、3 项指标者达优秀。 2. 符合 1、3 项指标，每周能有 3 天以上坚持课外阅读者达良好。 3. 符合 1、3 项指标，每周能有 2 天坚持阅读者达合格。 4. 三项都不符合或每周课外阅读时间 2 天以下者评为待合格。				
能读书	1. 能根据老师推荐和自己的兴趣选择合适的课外书阅读。 2. 能背诵课标推荐的 75 首古诗词中三年级的古诗词篇目。 3. 每学期课外阅读总量不少于 10 万字，每周阅读量 6000 字左右。	1. 符合 3 项指标者达优秀。 2. 符合 1、2 项，第 3 项基本符合者达良好。 3. 符合 2、3 项，第 1 项不符合者为合格。 4. 三项都不符合者评为待合格。				
会读书	1. 能运用精读、略读等方法开展课外阅读活动，在读书过程中能认真主动地勾画、摘抄优美句段，写读书笔记。每周坚持至少写一篇读书笔记（形式可摘抄型、提纲型、感想型、评价型） 2. 积极参加各种读书交流活动，乐于与人分享读书感受。 3. 收藏并与同学交流课外书，共享阅读资源，分享阅读乐趣。	1. 符合左边三项指标者达优秀。 2. 符合 1、2 项，第 3 项基本符合者达良好。 3. 三项都基本符合者达合格。 4. 三项都不符合者评为待及格。				
总评						

(一)自我评价，寻找收获

首先，学生进行自我评价，这个月的我比上个月有了哪些进步？我的收获体现在哪些方面？我定的目标完成度如何？我有没有从阅读中感受到快乐？让学生进行自我反思与评价。

(二)同伴评价，共同成长

接着进行同伴互评：我认为某某同学的书评或者讲述吸引我的地方在哪里？我要向他学习什么？我认为他哪些地方可以做得更好等，通过同伴交流，以同龄人的视角进行沟通。

(三)教师赏识，获得自信

我在对每月读书活动进行评价的时候，采用质性与量化相结合的形式。通过“星星榜单”，对每天坚持打卡的学生进行表扬，通过量化的形式促进班级成员良性竞争。通过“阅读达人说图书”的环节，让每名同学在正式讲课前五分钟说自己的阅读体会，分享阅读名句，让学生成为班级的主人。

四、家校齐心同协力，课堂内外树榜样

教育是慢功夫，因为不仅仅要依靠学校教育，依靠教师指导，要想达到好的教育效果应该多管齐下，将学校教育、家庭教育、社会教育结合起来，寻找合力点。

(一)“亲子公约”的制定

俗话说，父母是孩子的第一任老师，父母的教养行为与教养方式会深深影响孩子的发展。因此，我在制定班级文化愿景的时候，就通过家委会讨论，最后与班级全体家长沟通，形成亲子公约，让家长坚持与孩子一起陪伴阅读。

(二)家长鼓励，爱的评价

家长不是孩子阅读的监督者与计时员，而是与孩子一起阅读的合作者与见证者，说服家长每周陪孩子读书 2 小时，让孩子真正从家长身上看到榜样的力量，以言传身教的力量促进孩子习惯的形成。在课堂内外，通过树立阅读榜样，在家中设立“家中阅读之星”与“阅读小达人”等奖项，在家中发展阅读素养，贯穿始终，培养终身阅读与学习的习惯。

(三)亲子共读，收获感言

亲子阅读能够提高孩子的阅读能力，使孩子增长知识。我与本班家长进行交流沟通，搜集到了一些家长们的亲子共读收获感言。如芳芳妈妈说：“和孩子一起读书，一起学习，一起感受主人公的喜怒哀乐，孩子现在特别享受这个时光，慢慢地对读书产生了兴趣。”一航爸爸说：“通过与孩子一起读书，我发现孩子的阅读能力明显提高了，孩子之前读得磕磕巴巴，经过一段时间我觉得儿子不再一个字一个字读了，阅读速度提高了。”雨橙妈妈说：“我和孩子读完后，还会互相分享一下印象最深的一个好词好句，经过一段时间后，宝贝在说话时还能偶尔运用一句呢！”

“博观而约取，厚积而薄发”，让学生将阅读进行下去，让延时服务有趣又有益。学生养成早期阅读良好习惯将受益终身，我们要利用好这一黄金时段，希望在我的引导和坚持下，将书香氛围营造得愈发浓郁，学生们能够成为一个热爱阅读、有文化底蕴的人！

五步教学法下的“毛猴制作技艺”主题单元课程开发

孙　晨

一、课程背景

党的二十大进一步明确立德树人是教育的根本任务，习近平总书记在全国教育大会上提出要培养德智体美劳全面发展的时代新人的育人要求。随着《关于全面深化课程改革，落实立德树人根本任务的意见》《中国学生发展核心素养体系》正式发布，为我们在立德树人根本任务的指引下，在我国基础教育改革背景下，以核心素养培养目标为导向，对课程改革提出了更高要求。2019 年 6 月中共中央国务院相继出台了《关于新时代推进普通高中育人方式改革的指导意见》和《关于深化教育教学改革全面提高义务教育质量的意见》，对贯彻落实党的精神和全国教育大会精神，全面提高普通高中教育质量和全面提高义务教育质量，进一步提高国民整体素质起到了重要意义，并更加具体地对于课程建设要求指导了方向。

在新时代，人才需求和教育运行环境的变化对教育提出了新的要求，教育面临着转型发展的问题，更是要求要多方位推进课程建设。随着北京市基础教育综合改革的推进，在深化课程整体育人建设的背景下，美术课程要进行内涵式发展，就需要做好学科课程建设，因为美术课程是实施美育教育的基本途径，只有适合学生发展，增加美术核心素养的课程提供给学生选择时，才能促进学生的个性化发展。

二、课题研究的核心概念的界定

1. 创设情境，了解技艺，提出问题，跟进任务。
2. 图像识读，美术表现，思维开发，解决问题。
3. 主题探究，追问文化，创意实践，艺术表现。
4. 审美判断，文化理解，评价反馈，拓展新知。
5. 知识迁移，交流展示，创意实践，文化理解。

三、研究的过程与方法

(一)课程开发背景和意义

非物质文化遗产是国家和民族历史文化成就的重要标志，是中华优秀传统文化的重要组成部分。非物质文化遗产是人类的生命记忆，是人类创造力的精神源泉。“传统手工技艺”是非物质文化遗产重要的类别之一，传承和弘扬优秀传统文化，对于中小学基础美术教育领域的工作者来说承载着重要历史使命。加强传统美术中非物质文化遗产教育，特别是开发非遗课程，不仅有利于传统文化遗产的保护工作，更有利于优秀传统文化在青少年中的继承与发展，通过课程建设与实践研究，提高学生关键能力与核心素养，为促进学生全面可持续发展起到促进作用。

该课程依据国务院办公厅《关于全面加强和改进新时代学校美育工作的意见》精神指引，以提高国民素质为宗旨，全面贯彻"立德树人"教育方针和新时期课程改革"以美育人"的要求，培育健康审美观念，陶冶高尚情操，涵养民族精神，激发想象力和创造力，为促进学生全面而有个性地发展。

1. 文化价值

提起"毛猴"，大多数人都会想到我们在动物园里看到的那些活泼可爱的小猴子，或是在《西游记》中看到的神通广大的孙悟空，还有动画片《猴子捞月》中机敏顽皮的卡通形象。但这些都不是"毛猴"，它是北京市级非物质文化遗产项目，是老北京特有的一种民间艺术品，现在，就连生活在首都的北京人都很少有人了解它。但在首都师范大学附属丽泽中学的校园里，你要是问这里的学生，他们会如数家珍地给你讲述"毛猴"的故事，甚至会送你一只亲手制作的"小毛猴"。

"毛猴"是北京一种民间传统工艺品，入选北京市级非物质文化遗产保护项目，受到广大人民群众的喜爱与推崇。毛猴的原料是用中药制作而成，通体毛茸，四肢生动，造型各异，活灵活现，毛猴艺术将猴子的天然情趣和艺术家的创作完美结合，达到了一种绝妙的艺术境界。

2. 民俗价值

"毛猴"艺术起源于民间，又生存于民间，使用最普通的材料，表现平民百姓生活中的平常事，可以说它是市井的平民化艺术。

3. 艺术价值

因为"毛猴"似人非人，模仿人的举止神态又惟妙惟肖，令人观后忍俊不禁，毛猴这一艺术形象具有很强的讽刺效果。

"毛猴"艺术在创作中，以自然界中猴形的形态去传神，使每个毛猴的性格能通过体态语言展现出来。其创作艺术的高明之处，就在于它能将具象与抽象的艺术手法完美地结合，给观者留下充分的想象空间。毛猴作品虽小，但里面蕴藏着许多人生的大道理，一些有思想品位的作品，具有较高的欣赏价值。尤其在现代作品中，作者更注重在背景、道具上创新，使毛猴作品可以表现一组画面，不论是表现民俗场景，还是历史故事场景，或是现代题材场景，都可以实现，令毛猴作品更引人赏阅。

4. 教育价值

非物质文化遗产是国家和民族历史文化成就的重要标志，是中华优秀传统文化的重要组成部分，毛猴作为北京市非物质文化遗产制作技艺类项目，地方色彩浓重，京味文化浓厚。该项目可谓凝聚了北京地区民间艺人一代代毛猴艺人的智慧结晶。

"造作毛猴"学科实践活动课程的开发，通过项目式学习，打破原本单一学科课程壁垒，如在作品评述中运用美术语言、在道具创作上运用劳动技术、主题选择上涉及传统民俗、戏曲艺术等领域，并将课程优化，实现校内外，承与传一体化设计，最终通过主题单元式课程的开发，学生们在自主分组、构思、策划、设计、创作、交流过程中，完成有主题、有文化的“毛猴”艺术作品。课程文化将更加凸显，课程也更有广度和深度，能够有效提升学生核心素养。通过课程开发与实施，能有效开阔青少年的视野，发挥想象力与创造力，对于非遗保护与传承工作具有深远的现实意义和教育价值。

(二)课程开发理念与目标

“造作毛猴”跨学科实践活动课程提出“造作”理念及内涵，让学生们在技艺上挖掘非遗手工艺特点，挖掘“造”字含义，从技艺上最初的简单“制造”上升为富有想象力的“创造”过程，让学生们在创作过程中畅谈着自己的创意，解读着自己的故事，分享着创作的乐趣和成功的喜悦；而在情感与文化涵养目标的建构中，体现“作”字之精髓，使课程从对学生学后有所“作用”，提升到最终对未来的“有所作为”。课程形成了让非遗“造作”成为一种技艺，让“造作”成为一种精神，让“造作”成为一种传承的理念与高度。

(三)课程内容与实施

“毛猴”是老北京的特有的民间工艺，是北京市非物质文化遗产制作技艺类项目。关于“毛猴”的起源流传最广的说法，是《民间文艺家》杂志1991年第一期刊载的一篇《半寸猢狲献京都》的文章中谈及的毛猴起源。相传在同治年间，宣武门外骡马市大街有一家南庆仁堂药铺，一日，店中配药的小伙计从中药斗里找出带爪的蝉蜕和带毛的莘荑，用白及当黏合剂，创造出毛猴形象，这就是北京的第一只毛猴儿。毛猴作为老北京的“记忆”与“技艺”，曾经点缀着北京城的街头巷尾，弥留在北京人的美好回忆中，是具有北京特色的中华优秀传统文化。

学生们通过学习已经能够将“毛猴”进行独立创作，感觉自己和“毛猴”很有缘分，遇到什么想表现的事情和主题的时候，都愿意用“毛猴”的形式来表现，学生们在“毛猴”的创造中畅谈着自己的创意，解读着自己的故事，分享着创作的乐趣和成功的喜悦。闫紫双同学谈道：“我虽然从小学三年级就随着父母来到了北京，可是这小‘毛猴’还是第一次听说，第一次见过”。学生作品成果题材类型丰富，有优秀传统文化中的民俗市井生活、喜闻乐见的校园生活、弘扬社会主义核心价值观育人主题等多领域，在作品背后，学生们还将“毛猴”的静态艺术与动态展示相结合，通过自创剧本、设计角色、配音表演来抒发情感，传承文化，课程深受学生们的喜爱。课程章节内容如下：

第一章　毛猴与这个世界（毛猴的“前世今生”）

第1课　让我们一起认识毛猴

第2课　毛猴的“前世”

第3课　毛猴的“今生”

第二章　叹为观止的老北京毛猴技艺

第4课　“猴”料的选择（主材与辅材）

第5课　“猴”料的选择（辅助材料）

第6课　猴料——蝉蜕的泡洗与修整

第 7 课　猴料——辛夷的修形
第 8 课　制作毛猴的方法
第 9、10、11 课　毛猴的造型方法
第 12 课　不同姿态毛猴的表现方法
第 13 课　道具制作方法
第三章　方寸之间展人生百态——主题与构思
第 14 课　民俗题材类作品的构思
第 15 课　现代生活类作品的构思
第四章　晒晒你的毛猴作品

(四)课程评价(见表 1、表 2)

表 1　学生能力提升评价指标

课程学科能力基本构成要素	二级指标	对二级指标的界定
学科核心知识	毛猴历史	指世界各国及地区各类美术形式的发展历史
	造型元素	毛猴造型艺术的基本构成因素，如结构、空间、材质、肌理等
	形式原理	将毛猴造型因素组合成一件完整作品的基本原则，包括多样统一、比例、对称、平衡、节奏、对比、和谐等
	造型方法	创造具有立体空间艺术形象的毛猴作品
学科基本技能	鉴别赏析技能	指欣赏鉴别作品与制作基本方法
	毛猴表现技能	指在空间内运用材料塑造形体的技术方法
	作品立体造型技能	指在立体空间内利用材料、工具或色彩，通过一定的手段组成三维形体的技术方法
课程思维能力	视觉感知能力	视觉对材料性能、特点及物象美的感受的敏感性，与认知和造型等方面的知觉能力
	形象思维能力	依据事物外部形象思考的能力
	想象思维能力	以一定知识和经验为基础，通过直觉、形象思维或组合思维，不受已有结论、观点、框架和理论的限制，提出新设想、新创见的能力
	创造思维能力	指在造型表现、设计应用中能够调动思维呈现新的概念、方法、理论、工具、解决方案、实施方案等的能力

表 2　作品创新能力评价指标

等级	项目				
	题材新颖（20 分）	主题鲜明（20 分）	形式感强（20 分）	语言丰富（20 分）	造型准确（20 分）
合格[60～75)	12 分	12 分	12 分	12 分	12 分
良好[75～85)	15 分	15 分	15 分	15 分	15 分
优良[85～95)	17 分	17 分	17 分	17 分	17 分
优秀[95～100]	19 分	19 分	19 分	19 分	19 分

(五)课程效果与特色

“毛猴”作为老北京的一种民间美术形式，曾经点缀着北京城的多少街头巷尾，留存着多少老北京人的美好回忆。在日益现代化的今天，我们丢掉了很多旧东西，但我们万万不能丢掉的就是我们的特色传统文化，因为它是北京的根，北京的魂。“毛猴”它在方寸之间，承载着更多的情感，更多的历史，更多的文化。让我们共同保护和传承我国优秀的民间艺术瑰宝，留住我们的根，守护我们的魂。

通过课程的实施实践，学校的教育教学样态更加灵动，让古老的非遗项目在现代教育中体现了新的价值。学生们通过非遗课程的学习，也实现了核心素养的提升，丰厚了文化底蕴，为实现培养全面发展的人的教育目标起了积极作用。

现该课程被评为全国十大优选美术非遗类课程、丰台区首届精品校本课程，并在北京市教育科学研究院非遗美术进校园市级展示活动中进行课程展示，同时，此校本课程师生还多次代表丰台区参加校外展示活动，如在首都基础美术教育论坛、京津冀美育高峰会议、北京市教学成果展、北京国际志愿家庭日专场、丰台达人秀、丰台区青少年科普嘉年华、丰台区戏曲嘉年华等活动中传承与展示，并在大葆台汉墓博物馆、北京物资学院等博物馆与高校中进行展示。现在通过师生的传承，已经让越来越多的人了解“毛猴”艺术，热爱着中华优秀的传统文化。课程现已成为我校乃至我区独特的文化品牌，学校也被评为了首批丰台区非物质文化遗产传承基地校。现开发的毛猴课程录像课获得全国中小学优质课评选二等奖，教育部一师一优课，一课一名师部级评选一等奖。

同时在案例研究与宣传报道方面，相关素材入选全国普通高等院校美术学专业示范教材《中国民间美术》、国家级大型美术专业期刊《中国中小学美术杂志》等出版物中，其传承毛猴技艺的新闻被《北京青年报》、《法制晚报》、《京华时报》、《现代教育报》、丰台教育网、千龙网等多家媒体进行了报道。

中学体育课上学生运动伤害事故的分析与预防

余榕南

学校体育课理念是坚持“健康第一”，促进学生身体健康与全面发展。课程的开展是在学生身体健康得到保证的前提下进行的，但在当下体育课上学生运动伤害事故时有发生。事故的出现违背了体育课教学的初衷以及理念，严重影响教学的正常开展。除了给当事学生带来给身心的痛苦以外，对家庭、教师、学校三方面都会带来麻烦以及不可预测的严重后果。因此体育课上学生运动伤害事故的预防问题，就成了亟待解决的难题。

笔者以中学体育课中学生发生运动伤害事故原因为出发点进行分析梳理，有针对性地制定出合理、有效的预防建议和方法，借此来有效降低中学体育课上学生运动伤害事故发生，保障学生的安全。

一、造成中学体育课中学生发生运动伤害事故原因

(一)师生认识不够，造成思想上不重视

这里讲的认识不够，分为教师和学生两个群体对体育课上运动伤害事故没有清楚的认识以及没有防患意识。体育教师是课堂的直接管理者和组织者，对课上运动伤害事故危害性认识不够，就直接造成了在课前教学设计、课上场地器材布置、课堂的管理、组织等教学环节中出现安全隐患。这样就会造成运动伤害事故的发生。学生作为未成年人，本身就缺乏一定的生理和安全卫生常识，加之自控能力差以及对造成伤害事故没有很好的预见性和预判能力，也会造成认识不够，安全意识缺失。学生带病、带伤“坚持”上课、课上不遵守指挥等问题就会屡见课堂。

(二)体育教师、学生基本没有接受过系统的安全急救培训

现在的体育教师和学生，大部分都没有接受过系统的安全急救培训，更不具备相关急救实践经验及熟练操作技能，仅有一些知识也就是在大学或者学校组织的简单培训。如课上遇到安全急救事件发生，教师、学生常常是不敢动、不会动，学生更谈不上在体育课上有更多自我保护、相互保护的意识和手段。

(三)教学设计中缺少安全预案

1. 一堂科学、合理的体育课的实施是严格按照课前教案开展的。教案是围绕教学设计展开的，在教学设计中没有考虑到每个学生身体、学生服装、器材、场地、天气等相关安全因素等以及出现突发安全事件如何处理的预案。

2. 教学设计是否科学合理，教学手段是否符合当下学生能力以及身心承受能力，

教师不能仅简单要求技术的高难度、运动的大强度，这样造成学生身体过度疲劳，或因技术难度过大造成运动伤害事故。

3. 课上准备活动的不合理、没有针对性或者是“走过场”，都是对学生在后续专项学习运动不负责，学生意识、身体由安静过渡到良好的运动状态需要一个过程，同时不同的项目学习对身体机能要求也是一样的，身体不做好相应的准备肯定会造成运动伤害事故。

(四)课堂纪律不能得到保证

体育教师没有起到课堂管理者和组织者的作用，课堂处于管理混乱、学生失控的状态也是成因之一。学生在没有纪律保证的前提下进行体育运动，学生多、个体运动快速、动作复杂等诸多因素加剧了运动伤害事故发生。课堂运动秩序混乱，最容易发生伤害事故。

(五)学生体质下降，身体易受伤害

当下的多数学生身高、体重在不断增长，但是其身体体质却在不断下降，加之本身对体育锻炼没有兴趣，这部分学生平时没有养成良好体育锻炼的习惯，身体机能本来就不佳，运动也不懂得合理控制运动负荷，在体育课发生运动伤害的事故率也就自然增大。依据医学统计，在造成运动猝死的原因中，一多半是由身体素质下降、熬夜、疾病造成的。

二、体育课上学生运动伤害事故的预防策略及方法

(一)增强体育教师安全意识，强化责任心

体育教师是体育课堂的管理者也是组织者，所以预防运动伤害事故的首道防线是体育教师。提高体育教师对运动伤害事故认识，加强相关学习、培训，使其认识到位，思想跟上，并强化其责任心。这样体育教师才会重视科学合理的备课的重要性，也会充分考虑到各种安全隐患，课上教学方法一定是符合教学规律，教学组织更是规范有序，整个教学过程是在教师全程的监控和控制下进行，课堂教学才有了基础保证。

(二)加强体育教师在系统安全急救技能方向的学习与培训

体育教师自身熟练掌握了安全急救相关知识与技能，自身安全意识就得到了提高和加强，自然会主动把教学环节中可能发生安全隐患考虑进行排除，从根源上减少伤害事故发生概率。另外体育教师良好的安全意识可以促进学生安全意识的增强。学生对安全有了重视，也就进一步减少伤害事故发生概率。

(三)教师重视课前、课上、课后细节管理，利于预防学生伤害事故的发生

1. 课前多了解，多观察，多询问

教师了解授课班级每一个学生的身体健康情况，尤其是对“特殊”心理、身体学生做到心中有数；了解授课班级每一个学生今天上课前的身心状况是否有异常。

观察授课班级每一个学生上课时的身体和精神状态；观察授课班级每一个学生穿着是否符合体育课堂要求；观察授课班级场地、器材安全情况；观察天气是否有突然变化及其他班级对自己授课安全的影响。

课前询问体委授课班级学生出勤情况，做到心中有数；课前询问“特殊”学生情况，做到及时调整合理安排；课前询问授课班级，今天是否有其他特殊情况。

通过课前的多了解，多观察，多询问，依据相应的情况变化，教师可以调整教学计划，明确关注的人群及个体，对可能会出现的各种运动伤害隐患做到心中有数，做到早知道、早发现、早准备、早解决。

2. 课上有教育、有组织、有管理，三种保护不可少

每节课都要有安全教育，根据教学项目内容以及特点对学生进行有针对性的安全教育，增强学生的安全意识，做到警钟长鸣。通过曾发生在学生身边或网络上的运动伤害事故对学生进行安全教育，提高学生安全关注度。

严格执行体育的课堂常规制度，少部分特别调皮、体质差或身体不适的学生应加强管理和帮扶，发现安全隐患的苗头出现，及时纠正学生错误动作技术和不良课堂行为，规范动作技术和课堂行为，保证课堂组织有序，管理要到位。课堂上组织有序，学生服从指挥，课上就能在很大程度上减少和避免运动损伤事故的发生。

体育课是一门以身体练习为主要手段课程，教学中的保护具有鲜明的学科特性，更是预防伤害事故发生的重要手段和载体。保护可以分为教师保护、自我保护、相互保护。教师保护——体育教师应该掌握，并能熟练使用所教授课程项目的基本保护方法，在教学中使用，并传授给学生。在一些技术难度大、容易出现伤害事故的项目上一定要提高警惕，加强保护，既要保护被保护者，也要避免保护者因为保护动作不当而自己受伤。自我保护——自我保护是学生在体育运动中如发生运动伤害事故时具有一种自我保护意识和能力，教师通过教学使学生有此意识，并掌握自我保护的方法，能够进行自我保护，减少伤害事故的发生。例如，当人体后倒时，须屈膝坐臀，配合手臂顺撑(手指向前)，不能出现反关节支撑等。相互保护——体育教学中学生人数众多，分组活动情况比较普遍，学生之间的相互保护非常有效。学生之间相互提醒、相互帮助、相互保护，既能减少伤害事故，又能时刻提高自我的保护意识。

3. 课后多交流、多反馈

对于体育课上学生出现的安全事故隐患问题，教师可以利用课后时间和个别学生进行交流沟通，帮助其进一步认识安全的重要性，督促改进，把他(他们)的安全隐患问题在下一节课前解决。对于一次性或短时间不能处理的问题，可以通过及时反馈班主任，让班主任参与管理，一同解决问题。

三、结语

体育学科本身具有自身的学科特色，加上又在室外进行，运动过程中发生伤害事故在所难免，减少或降低运动事故的发生，关键在预防。提高体育教师的认识，强化责任心是前提；加强体育教师在安全急救技能方面的学习与培训，筑牢安全意识是基础；重视课前、课上、课后三个教学细节的管理是关键。每一个体育教师尽心尽责，以积极主动方式去应对出现的问题，运用科学、合理、正确手段和方法来预防事故发生，细心和耐心的常态工作作风，才能保障学生的身体健康，更好地促进体育教学良

性发展。

参考文献：

[1]甄子会. 影响我国高校体育教学发展的因素及对策分析[J]. 体育与科学，2010(1)：43－44.

[2]徐泉永，李兆进. 体育意外伤害事故的成因及对策研究[J]. 体育科技文献通报，2009，17(3)：105－106.

[3]牟善武，牟善文，李思涛. 高校体育专业学生运动损伤排序构想[J]. 当代体育科技，2014，4(23)：19－20.

[4]钱巧鲜. 校园体育活动伤害事故的预防[J]. 科教文汇(中旬刊)，2009(20)：212.

[5]牟善武，牟善文，杨小平. 高校学生自我医务监督意识培养思考[J]. 理论前沿，2014(7)：172.

初一年级女生体质健康现状的分析与研究

杨海燕

目前，在大多数的学校中还普遍存在重智育、轻体育，重营养、轻锻炼，重技能、轻体能的错误观念。面对升学的压力，学生们日常的学习任务极其繁重，这就造成了学生没有时间锻炼、只忙于学习的不良习惯。而这种习惯也直接影响着学生身心各方面的发展，学生的体质健康状况呈现明显的下降趋势，主要面临体能下降、近视率居高不下、肥胖学生增多和学生心理问题增加等重要健康问题。我校在全面实施素质教育，贯彻《国家学生体质健康标准》的同时，根据学生的实际情况，积极改进课堂教学和课间操、大课间等体育活动的组织方式和教学手段。从学生的兴趣出发，以培养学生的练习习惯为主要手段，经过多点联动积极改善和提高学生的体质健康水平，创设出一条适合我校实际情况的体育锻炼模式。

一、问题的提出

现阶段学生的体质状况备受关注，而随着政府部门对学生体质的进一步重视，学生的体质状况的重要性又一次被提升到了一个新的高度。根据国家有关部门的调查显示，近年来我国青少年学生体质呈现逐年持续下降的趋势，耐力、心肺功能、速度、力量等体能素质下降明显，肥胖学生增加，学生近视率居高不下。

就目前的情况来看学生的身体素质真是令人担忧，肥胖率逐年增加，耐力素质逐年下降，这一组组触目惊心的数据实实在在地摆在了国人的面前。为此，国家有关部门相继出台了关于提高青少年学生体质的政策，随着《国家学生体质健康标准》的实施，有关部门也越来越重视对学生体质的监测和监管工作。

我校在积极贯彻《国家学生体质健康标准》的同时，根据自身特点为学生创造了一系列强健体魄的机会，使得学生能够在繁重的学习之余，自觉、主动、积极地参与体育锻炼，能够充分享受体育所带来的快乐，为学生终身体育意识的养成提供了良好的保障。

二、相关概念的界定

体质：由先天遗传和后天获得所形成的，人类个体在形态结构和功能活动方面所固有的、相对稳定的特性。

健康：人体各器官系统发育良好、功能正常、体质健壮、精力充沛并具有良好劳动效能的状态。通常用人体测量、体格检查和各种生理指标来衡量。

现状：指事物的性质、结构、水平和发展要求。

分析与研究：是主动寻求根本性原因与更高可靠性依据，从而提高事业或功利的可靠性和稳健性而做的工作。

三、研究的理论依据

初中学生由于学习压力的过重以及课余锻炼时间的减少，而使得自身的身体素质呈逐年下降的趋势。本研究力求通过寻找一条适合本校学生体质健康练习的模式，根据此模式能够长期地在课堂教学以及学生的课余时间使学生的身心素质都能够有根本性的提高和发展。在养成学生自觉锻炼和积极参与的基础上充分提高学生的身心素质，为我校建立一套长期的学生体质健康练习和监测机制做有效的探讨，并逐渐培养学生终身体育的意识。

四、研究对象

我校初一年级女生 138 人(免体除外)。

五、研究方法

(一)实验研究法

实验时间为 2019 年 3 月至 2019 年 7 月，对研究对象实验前与实验后的两项身体形态指标(身高、体重)，一项身体机能指标(肺活量)，五项身体素质指标(坐位体前屈、立定跳远、仰卧起坐、50 米跑、800 米跑)的测试数据进行对比。实验仪器和场地均符合国家体育总局、教育部审核的标准和实施(学生体质健康标准)的规定。

(二)行动研究法

通过对实验前数据的研究与分析，根据学生的实际情况和学校的现有状况，在体育课堂教学、课间操、课外活动等活动中对学生进行有针对性的训练，寻求适宜的练习模式，力争使学生的身体机能和身心素质得到提高和发展。

(三)数理统计法

利用 SPSS 19.0 对测试结果进行数理统计，对两次的测试结果做配对样本 T 检验，进行差异比较。

(四)文献资料法

查阅相关的文件、专著、论文资料等，对所开展的实验研究进行系统的归类和总结。

(五)问卷调查法

发放体育课、课间操、课外活动相关内容的调查问卷，将两次心理测试的结果进行比较。

六、结果与分析

(一)说明

两次测试对象均为我校初一年级女生(共 138 人，免体除外)，采用数据率 100%。

第一次测试时间为 2019 年 3 月，第二次测试时间为 2019 年 6 月。测试结束后，分别对学生身体形态、身体机能和身体素质指标的测试数据结果利用 SPSS 19.0 进行配对样本 T 检验，并对相关的结果进行统计与分析，以论证在体育课堂教学、课间操、课外活动等活动中所采取的练习方法是有效的。

(二)数据分析

1. 表 1 为成对样本统计量

表 1　成对样本统计量

	项目	均值(cm)	N	标准差	均值的标准误
配对样本 1	实验前身高	167.58	116	7.383	0.685
	实验后身高	167.84	116	7.195	0.668
配对样本 2	实验前体重	65.80	116	19.656	1.825
	实验后体重	66.38	116	19.175	1.780
配对样本 3	实验前肺活量	3419.22	116	673.941	62.574
	实验后肺活量	3725.96	116	775.940	72.044
配对样本 4	实验前坐位体前屈	10.17	116	7.902	0.734
	实验后坐位体前屈	13.41	116	6.453	0.599
配对样本 5	实验前仰卧起坐	39	116	2.873	0.268
	实验后仰卧起坐	45	116	4.778	0.446
配对样本 6	实验前立定跳远	144.15	116	82.804	7.688
	实验后立定跳远	195.47	116	23.774	2.207
配对样本 7	实验前 50 米	8′46″	116	0.965	0.090
	实验后 50 米	7′78″	116	0.780	0.073
配对样本 8	实验前 800 米	4′58″	116	1.023	0.097
	实验后 800 米	4′36″	116	0.842	0.080

该表格主要是对实验数据进行描述性统计分析。从统计的情况我们不难看出，实验后各项目的数据都有了或大或小的变化。身高、体重的变化值不是很大，属于正常的生理现象；其余的生理机能及身体素质的数据都有了不同程度的提高，说明实验过程中所采用的练习方法和练习模式是正确的，效果是理想的。

2. 表 2 为成对样本相关系数

表 2　成对样本相关系数

	项目	N	相关系数	Sig.
配对样本 1	实验前身高—实验后身高	116	0.184	0.000
配对样本 2	实验前体重—实验后体重	116	0.290	0.000

（续）

	项目	N	相关系数	Sig.
配对样本 3	实验前肺活量—实验后肺活量	116	0.845	0.000
配对样本 4	实验前坐位体前屈—实验后坐位体前屈	116	0.760	0.000
配对样本 5	实验前仰卧起坐—实验后仰卧起坐	115	0.846	0.000
配对样本 6	实验前立定跳远—实验后立定跳远	116	0.327	0.000
配对样本 7	实验前 50 米—实验后 50 米	116	0.733	0.000
配对样本 8	实验前 800 米—实验后 800 米	116	0.758	0.000

相关系数在实验前后的数据应该存在很强的相关性，通过表 2 的相关系数可以看出，实验前后的相关性(正相关)比较强，实验数据属于科学合理的范畴之内，Sig. 的值均为 0.000，说明符合现实逻辑，存在显著的相关关系。

3. 表 3 为成对样本检验

表 3　成对样本检验

	项目	成对差分					t 值	Df(自由度)	Sig.(双侧)
					差分的 95%置信区间				
		均值	标准差	均值的标准误	下限	上限			
配对样本 1	实验前身高—实验后身高	−0.344	1.334	0.124	−0.809	−0.318	−1.551	115	0.000
配对样本 2	实验前体重—实验后体重	−0.587	2.748	0.255	−3.082	−2.071	−2.097	115	0.000
配对样本 3	实验前肺活量—实验后肺活量	−306.741	415.079	38.539	−383.080	−230.403	−7.959	115	0.000
配对样本 4	实验前坐位体前屈—实验后坐位体前屈	−3.248	5.156	0.479	−4.197	−2.300	−6.785	115	0.000
配对样本 5	实验前仰卧起坐—实验后仰卧起坐	−1.383	2.805	0.262	−1.901	−0.864	−5.285	114	0.000
配对样本 6	实验前立定跳远—实验后立定跳远	−51.319	78.317	7.272	−65.723	−36.915	−7.057	115	0.000
配对样本 7	实验前 50 米—实验后 50 米	0.671	0.660	0.062	0.550	0.793	10.908	114	0.000
配对样本 8	实验前 800 米—实验后 800 米	0.532	0.671	0.063	0.406	0.658	8.393	111	0.000

从表 3 的 t 值可以看出，实验前后的数据有了一定的变化，个别项目的变化差异很

大。从 Sig. 可以看出，身体机能和身体素质指标有了显著的变化。因此可以得出结论，实验后学生的体质健康成绩有了显著的提高，说明教师在体育课堂教学、课间操、课外活动中所采用的练习方法和练习手段有助于学生体质健康成绩的提高。

（三）心理问卷调查结果与分析

1. 说明

我校第一次发放和回收心理调查问卷时间为 2019 年 3 月，第二次时间为 2019 年 6 月，结果见表 4。

表 4　初一年级女生开展体质健康练习的心理调查情况统计表

时间	项目				
	发放数(份)	回收数(份)	回收率(%)	有效数(份)	有效率(%)
实验前	138	138	100	136	98.67
实验后	138	138	100	135	98.01

2. 分析

表 5　调查问卷关于体育课练习内容设置 1、2 数据统计表

问题	选项	实验前		实验后		增减率(%)
		人数(人)	百分比(%)	人数(人)	百分比(%)	
1. 你喜欢体育课的练习吗?	A. 喜欢	51	37.58	109	81.08	43.50
	B. 说不清	67	49.66	16	11.85	−37.81
	C. 不喜欢	18	13.23	10	8.11	−5.12
2. 你觉得体育课快乐吗?	A. 快乐	54	40.26	103	76.29	36.03
	B. 说不清	72	52.94	27	20.27	−32.67
	C. 不快乐	10	8.05	5	3.7	−4.35

(1)从表 5 中我们可以看出，随着教师对体育课练习内容、形式、组织教法的改进，学生主动参与的积极性被调动起来，虽然课上练习密度和强度都在不断加强，但学生喜欢体育课的程度有增无减，人数上升了 43.50%，结果表明学生对体育课的喜欢程度有提高。

表 6　调查问卷关于课间操题目设置 3、4、5 数据统计表

问题	选项	实验前		实验后		增减率(%)
		人数(人)	百分比(%)	人数(人)	百分比(%)	
3. 你喜欢上课间操吗?	A. 喜欢	34	25.50	100	74.32	48.82
	B. 说不清	69	51.00	22	16.89	−34.11
	C. 不喜欢	33	24.26	13	8.78	−15.48

（续）

问题	选项	实验前		实验后		增减率（%）
		人数（人）	百分比（%）	人数（人）	百分比（%）	
4. 你喜欢课间操的内容吗？	A. 喜欢	31	23.48	98	72.59	49.11
	B. 说不清	79	58.38	28	20.74	−32.64
	C. 不喜欢	26	19.11	9	6.66	−12.45
5. 课间操对你有帮助吗？	A. 有帮助	34	25.50	100	74.07	48.14
	B. 说不清	84	62.42	27	20	−42.42
	C. 没帮助	18	12.08	8	5.92	−6.16

(2)从表 6 的问题统计中可以看出，实验后学生对课间操的态度有了明显变化，喜欢上课间操的人数提高了 48.82%，喜欢课间操内容的人数提高了 49.11%，认为课间操对自己有帮助的人数提高了 48.14%。从这些变化不难看出，学生喜欢形式更加多样的练习内容，而运动兴趣成了学生主动、积极练习的重要因素，课间操的变革取得了积极的效果。

表 7　调查问卷关于课外活动题目设置 6、7 数据统计表

问题	选项	实验前		实验后		增减率（%）
		人数（人）	百分比（%）	人数（人）	百分比（%）	
6. 你喜欢课外活动的形式吗？	A. 喜欢	35	25.73	114	85.13	59.30
	B. 说不清	76	55.88	11	8.78	−47.10
	C. 不喜欢	25	18.38	10	7.40	−10.98
7. 课余你会主动进行体育锻炼吗？	A. 会	29	21.47	103	77.02	55.55
	B. 说不清	73	53.69	22	16.29	−37.40
	C. 不会	34	25.00	10	8.11	−16.89

从表 7 的问题统计中看出，实验后学生在课余时间主动参与体育运动的人数上升了 55.55%。这说明在课外活动活动中，学生更喜欢实验后的形式和内容，学生运动兴趣和主动参与意识的养成与实验后的课外活动有着一定的关联。

(四)实施过程与方法

教师根据第一次测试的结果和我校的实际情况，在体育课堂教学、课间操和体育课外活动等活动中制订了更加详细和具有针对性、可行性的练习内容。从学生的实际出发、从学生的兴趣出发，最大限度地调动学生的练习积极性和练习兴趣，形成良性的练习氛围，使学生能够充分发挥主体作用，力争全面发展学生的身心素质，促进体质健康成绩的整体提升。

1. 体育课

教师根据学生的这一心态，积极调整教学手段，丰富教学内容，以多样的教学方法来吸引学生。首先让学生对体育课堂产生浓郁的兴趣，继而培养学生主动参与练习的意识。学生有了主动参与的兴趣后，教师又根据学生的个体差异，制定了适合学生自身的练习内容，做到有的放矢。学生根据教师的要求进行有目的的练习，形成了一个良性的循环。随着课堂教学的深入，学生的各方面素质得到了全面的提高，同时还培养了学生主动参与和终身体育的意识。

2. 课间操

我校的课间操以前以广播操为主，学生的参与热情不是很高。针对这一现象，体育组的老师群策群力，根据季节、场地等因素制订了形式多样的、科学合理的练习内容。将课间操变为了学生进行各种身体素质练习和游戏练习的舞台，每天规定的广播操结束后是体育教师精心设计的小游戏和身体素质练习，学生的兴趣被大大地激发出来，学生的身体机能和身心素质都得到了很好的提升。

3. 课外活动

在实验过程中体育组教师将课外活动的形式和内容进行了大胆的变革。课外活动从以前的教师组织练习变为了由学生自己选择练习的内容和项目，给了学生更大的自主权。学生根据自己的爱好和兴趣，在课外活动过程中选择适宜的练习内容，球类、跳绳、踢毽、呼啦圈、跳皮筋、丢沙包、跳房子、羽毛球、毽球等等，学生在练习的同时还建立了合作和互帮互助的意识。课外活动的练习不仅是身体素质的提升，同时也是培养学生对各项目运动兴趣的契机，通过课外活动的积极参与，学生的身体、心理水平都有了长足的进步与提高。

七、结论与建议

(一)结论

1. 实验后的体育课堂教学模式更有利于学生各项身体机能和身体素质的提高，并能够有效地培养学生的运动兴趣和主动参与的意识。

2. 实验后课间操的组织形式更有利于学生发挥主观能动性，提升学生参与体育运动的效果。

3. 课外活动的变革可以更好地使学生体验到成功的喜悦，可以更好地树立学生的自信心。

(二)建议

1. 体质健康的监测是一个长期的工作，会伴随学生的一生。因此自觉的锻炼习惯尤为重要，教师应把学生的运动兴趣放在首位，建立学生自觉参与锻炼的积极性，养成终身体育的意识。

2. 科学有效的练习模式对学生运动兴趣和自信心的养成会起到事半功倍的作用，教师应为学生搭建适宜的平台，为学生的全面发展提供机会。

3. 依托学校自身特色，挖掘丰富多彩的体育锻炼项目和练习形式，对学生进行有效的素质教育和养成教育，全面发展学生的各方面能力。

参考文献：

[1]丛湖平. 体育统计学[M]. 北京：高等教育出版社，2015.

[2]章朝玲，唐东辉. 体育统计学——Excel 与 SPSS 数据处理案例[M]. 重庆：西南师范大学出版社，2010.

[3]李翠琴. Excel 在体育统计中的应用[M]. 北京：北京理工大学出版社，2011.

[4]中国学生体质与健康研究组. 2014 年中国学生体质与健康研究报告[M]. 北京：高等教育出版社，2018.

[5]刘星亮. 体质健康概论[M]. 武汉：中国地质大学出版社，2010.

[6]乔雪松. 体育核心期刊近 10 年刊载学生体质健康论文的研究[J]. 运动，2012(4)：97，111－112.

论有效练习方法对学生体育考试成绩的重要作用

段乃月

随着国际交往的扩大，体育事业发展的规模和水平已是衡量一个国家、社会发展进步的一项重要标志，也成为国家间外交及文化交流的重要手段。中国学校体育的根本目标是通过增强学生的体质、促进其身心健康发展，为提高中华民族的身体素质和为社会主义现代化建设培养德、智、体全面发展的建设者和接班人服务。国家一直非常重视学生身体素质的发展，为了监测学生身体素质情况，设立了体育考试。

2018 年丰台区初三体育现场考试规则和标准仍然沿用 2017 年标准，在原基础上对排球标识区、足球考试标准进行了调整，强调了仰卧起坐、篮球运球的技术要求。

考试项目没有变化。

男：1000 米，篮球、排球、足球三选一，实心球、引体向上二选一。

女：800 米，篮球、排球、足球三选一，实心球、仰卧起坐二选一。

我校 2018 年参加体育现场考试总人数共 218 人(男生 106 人、女生 112 人)，另有长期免体 3 人，因病免体 12 人，残疾 1 人。

此届初三学生是由杨成、段乃月两位老师于初二年级时接班。因未拿到区下发成绩，我们统计了学生现场考试后各项成绩得分。现就整体情况进行分析。

一、摸底成绩与中考成绩对比

2018 年 4 月份，为了掌握学生的考前水平，营造良好的备考氛围，让学生了解自己的薄弱项，学校进行了一次体育模拟考试。

(一)各项均分及总分整体情况对比(见表 1)

表 1　模拟、体考各项均分及总分对比表

项目	考试类别	
	模拟(分)	体考(分)
耐久跑	6.96	7.73
三大球	7.43	8.38
引/仰/实心球	8.32	8.35
三项总分	22.71	24.46

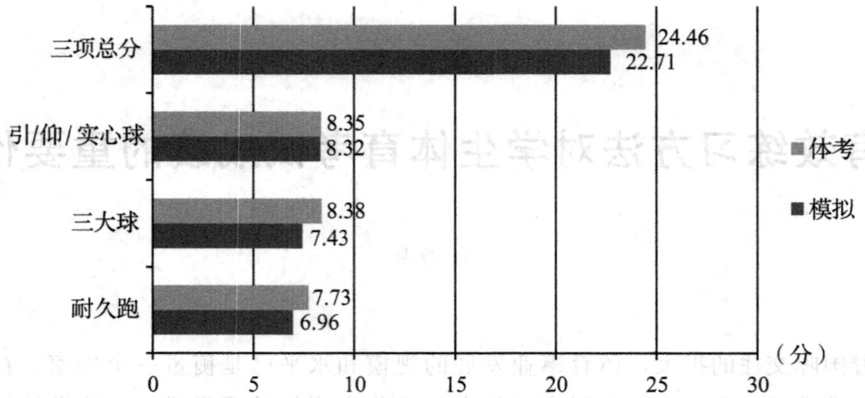

图 1　模拟、体考各项均分及总分条形图

在模拟考后，学生觉得自己成绩很不理想，我们也认为要加强分层教学、个别指导的力度，有针对性地加强学生薄弱项目的教学。以上数据显示，初三学生体考成绩的各项平均分均高于模拟考试的成绩，体考平均分比模拟考增加了 1.75 分。

(二)各项得分分析

1. 耐久跑对比

全校模拟考试平均分为 6.96 分，体考平均分为 7.73 分，提高 0.77 分，提高幅度为 11.1%。

男生模拟考试平均分为 7.1 分，体考平均分为 7.96 分，提高 0.86 分，提高幅度为 12.1%。

女生模拟考试平均分为 6.82 分，体考平均分为 7.5 分，提高 0.68 分，提高幅度为 10.0%。

可以看出，模拟测试时男生成绩要好于女生，较女生高 0.28 分；体考平均分较女生高 0.46 分，男生的提高幅度要高于女生，说明男生的身体素质、学习的积极性等因素要好于女生。

但从另一角度看，全校平均分未达到 8 分以上，据我们的预期值有差距，离阁主任对耐久跑 8.5 分，甚至 9 分的要求更是有距离，需要我们在下轮教学中改进方法、总结经验，力争有所突破。

2. 三大球对比

男生 100 人选篮球、6 人选足球，女生全部选择篮球。

全校模拟考试三大球的平均分为 7.43 分，体考平均分为 8.38 分，提高 0.95 分，提高幅度为 12.8%。

男生球类模拟考试平均分为 7.66 分，体考平均分 8.08 分，提高 0.42 分，提高幅度为 5.5%；其中篮球模拟平均分 7.6 分，体考平均分 8.11 分，提高 0.51 分，提高幅度 6.7%；足球模拟平均分 8.8 分，体考平均分 7.67 分，降低 1.13 分，降低幅度 12.8%。

女生篮球模拟考试平均分为 7.21 分，体考平均分 8.67 分，提高 1.46 分，提高幅度20.2%。

可以看出，初三体考球类项目平均分达到8.38分，男生平均分8.08分，女生平均分8.68分，男生提高幅度5.5%，女生提高幅度20.2%。说明女生的进步程度巨大，学习过程效果较好。男生进步不明显，尤其是足球项目平均分降低了1.13分，这和现场考试的场地情况有一定关系。球类项目虽有遗憾，但整体与预期接近，仍有很大提升空间。

3. 引/仰/实心球对比

16名男生选择引体向上，90名男生选择实心球；有88名女生选择仰卧起坐，24名女生选择实心球。

全校模拟考试引/仰/实心球平均分为8.32分，体考平均分为8.35分，提高0.03分，提高幅度0.4%。

男生引体向上模拟平均分8.66分，体考平均分9.63分，提高0.97分，提高幅度11.2%；男生实心球模拟平均分7.7分，体考平均分8.47分，提高0.77分，提高幅度10.0%。

女生实心球模拟平均分为7.63分，体考平均分8.31分，提高0.68分，提高幅度8.9%；女生仰卧起坐模拟平均分9.1分，体考平均分7.99分，降低1.11分，降低幅度12.2%。

此项考试整体平均分考前考后没有明显变化，其中男生引体向上、实心球、女生实心球都有明显进步。但女生仰卧起坐下降明显，分析原因有以下几点。

(1)学生在平时练习的过程中，为了追求个数，技术标准不到位。老师虽强调动作规范，看来要求得还是不到位，在鼓励学生和严格标准上产生了犹豫，没有狠下心。

(2)学生没有真正上过机器进行测验，不了解机器的测试方式和要求，与平时做的标准有出入，学生不适应。

(3)女生平时的练习紧张程度与重视程度不够，不能够充分理解教师所述的动作要领和技术细节，由此导致了动作技术的不规范。

模拟考试与现场考试时差距最大的女生，仰卧起坐成绩相差28个，相差4.5分。但也有个别女生体育现场考试的仰卧起坐成绩比模拟考试时要高，最多的考生多做了11个。由此可见，学生在练习过程中的练习态度与听讲的精神状态直接决定着最后的成绩。

经过这次仰卧起坐的经验教训，在以后的教学过程中，还要着重强调仰卧起坐动作的标准化，让学生从初一把基础打牢，形成仰卧起坐正确动作的动力定型，从而养成良好的行为习惯，为以后的中考打下良好的基础。

二、班级总分及各单项对比分析

初三年级一共8个班，下面就各班情况进行分析对比。

(一)各班总分、单项成绩对比

通过表2、图2分析，班级之间总分均分差距较为明显，2、3、4、6、8班的总分均分高于年级总分均分，1、5、7 班总分均分低于年级总分均分；1 班总分均分最低，比年级均分低了 1.47 分，6 班总分均分最高，比年级均分高出 1.06 分；其中均分最高班级 6 班高于均分最低班级 1 班的 2.53 分。年级均分排名为 6、3、8、4、2、7、5、1。

表 2　1—8 班各单项和总分均分对比

班级	体考项目			
	耐久跑	三大球	引/仰/实心球	三项总分
年级平均分	7.73	8.38	8.35	24.46
1 班	6.87	8.01	8.11	22.99
2 班	7.67	8.28	8.81	24.77
3 班	8.67	8.40	8.29	25.37
4 班	8.04	8.32	8.44	24.80
5 班	7.21	8.52	7.81	23.53
6 班	8.24	8.71	8.56	25.52
7 班	7.23	8.60	8.13	23.96
8 班	8.00	8.57	8.62	25.19

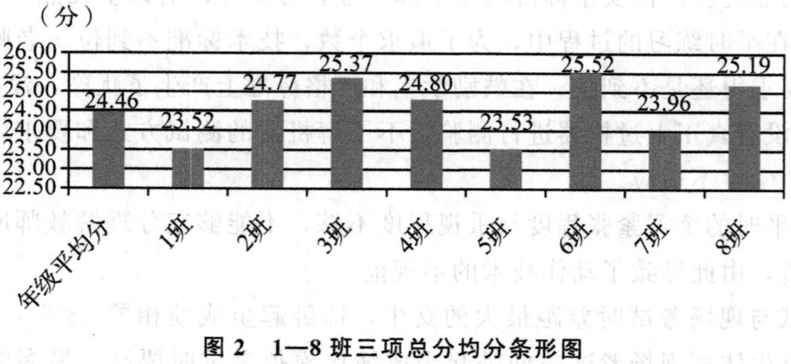

图 2　1—8 班三项总分均分条形图

班级之间的差异除了自身学生的身体素质差异以外，和学生对技术动作的理解能力、技术动作的熟练程度、练习次数、练习时动作的规范程度、平时的重视程度，自己在家的训练情况，以及学生上考场的心理素质息息相关，也跟班级的整体气氛、课上整个班级的表现情况、班主任的重视程度、班主任的监督力度有着密不可分的关系。

(二)班级各项得分分析

1. 耐久跑得分分析

从图 3 分析，耐久跑年级均分 7.73 分，在三项中属于较低的分数。从 2017 年上学期开始，课间操 30 分钟让学生进行跑操，一开始根据学生的长跑成绩，打乱了班级顺序，进行分组跑操。隔一个月进行一次长跑测试，两次长跑成绩进行对比，进步最大的前十名进行奖励，再根据本次的测试成绩重新分组。

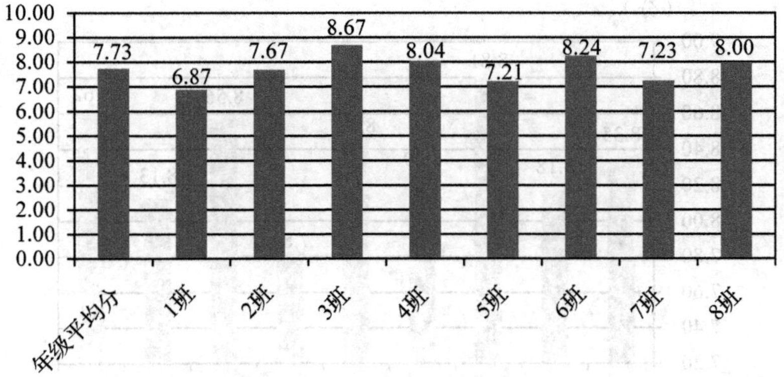

图 3　1—8 班耐久跑均分条形图

运用这样的方式跑了半年，但由于是打乱的班级的顺序，班主任管理起来就有困难，学生的纪律情况不好控制。2018 年 4 月改为分班跑操的模式，便于班级的管理，加大了班主任的管理力度。但班级之间仍存在差异，最高均分班级较最低均分班级高出了 1.8 分之高。跑操时候 3 班的学生在班主任的管理下，保持匀速、整齐有序，一些成绩偏弱学生也在努力跟队跑，客观上提高了水平，3 班学生耐久跑的均分为 8.67 分。

耐久跑的均分偏低，学生基础较弱，一方面要加强课间操跑步的速度要求，二是在以后的教学中，要从初一开始抓起，落实到每一节课的课后素质练习中，加强管理力度，确保课后 15 min 的身体素质发挥到最大作用。阎主任指导课后身体素质的练习，让学生跑 600 m，每一圈规定好时间，第一圈 50 s，第二圈 1 min 45 s，第三圈 2 min 40 s，达到这个时间节点的学生即为满分，做好每天学生跑步的记录，掌握学生的变化；每天跑步的形式要变着花样地来，不要总是让学生跑 800 m，总是这样学生心里会有畏难情绪，一提到 800 m、1000 m 就害怕，让学生跑个两个 400 m、一个 200 m，一个 600 m，或者 4 个 100 m，换着花样地让学生跑，给学生规定时间、设定目标，调动学生学习的积极性。这种方式方法真的很有实效性，学生不仅可以积极主动地去跑，也可以方便教师更加了解学生的实际情况，真的很受益匪浅。

2. 引/仰/实心球得分分析

通过图 4 可以看出，引/仰/实心球的均分为 8.35 分，在三项中是最高均分的一项。引仰属于考查学生力量性项目，引体向上考查学生上肢和腰腹力量，仰卧起坐考查女生核心力量，实心球考查技术动作与核心力量。最高均分 2 班 8.81 分高出最低均分 5 班 7.81 分整整 1 分。引体向上、仰卧起坐在课上每人练习两组，实心球练习 10 min，项目性质决定了练习的时间和次数，每人练习两组可以发挥出最好的水平，也不影响其他项目的练习。上课时间有限，所以布置作业在家让他们练习俯卧撑、仰卧起坐，而且一再强调动作的规范化。

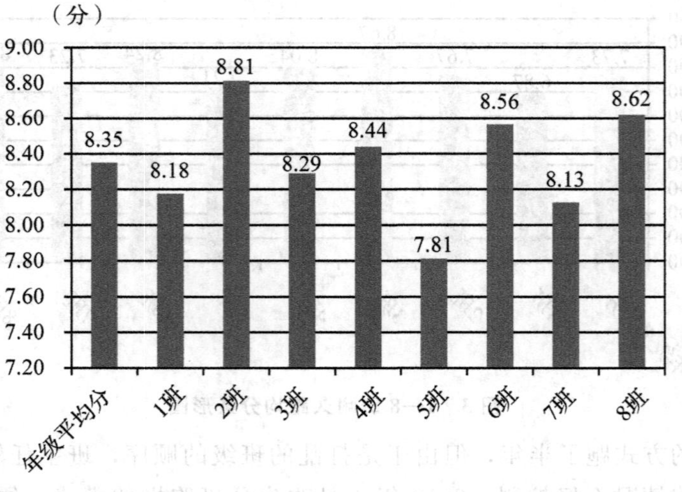

图 4　1—8 班引/仰/实心球均分条形图

3. 三大球得分分析

通过图 5 发现，三大球项目各班级差距不是太大，均分最高的 6 班 8.71 分，比均分最低的 2 班 8.28 分高出了 0.43 分。由于球类项目属于技巧性较强的项目，跟自身身体素质的相关性不大，熟悉球性、掌握了运球过杆的技巧、运球转身的技巧之后，加上平时练习的次数就可以轻松掌握，即篮球运球的差异并不明显。篮球属于可控性不强的项目，运球时，步伐的大小、手触球的部位、每杆之间的步数，运球的速度、运球转弯时运球的稳定性、学生的心理紧张程度都会影响篮球运球的发挥。不可控因素居多时，学生心里就没底气，更倾向于篮球运球的练习，课上 40 min 的时间 15～20 min 在练习篮球，篮球的均分是 8.38 分，还算是比较满意的一个分数。

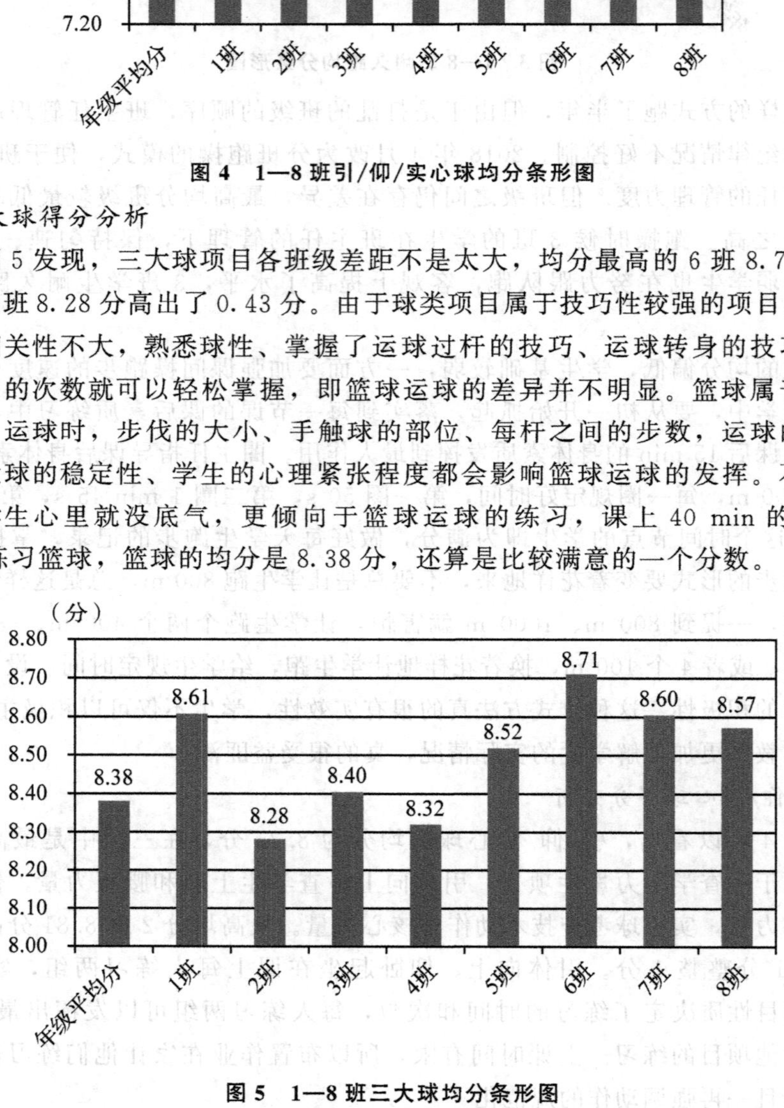

图 5　1—8 班三大球均分条形图

通过图 2—图 5 可得，各班的单项均分在三大球和引/仰/实心球上差异不是特别明显，耐久跑差异较为明显，最高均分班级较最低均分班级高出了 1.8 分之高。班级之间的差异分为以下四个部分。

第一部分：学生层面

学生天生身体素质的差异，有的学生身体素质基础较好，加上平时比较认真努力，对动作技术掌握较好，素质练习时从来不偷懒，可以拿个相对高一点的分数。有的学生身体素质较差，经过课上及课下的刻苦学习，一遍又一遍巩固技术动作，素质练习从不偷懒，也可以有个较为理想的分数，就怕身体素质不好、课上不认真练习的学生，尤其是球类的项目，技术动作占主导的项目，跟学生的重视程度有很大的关系。学生的重视程度的不同导致了差异性，我跟杨老师我们两个放学后给学生进行辅导练习，对体考较为重视的学生就会来参加辅导。

第二部分：班级层面

班级氛围、管理力度、重视程度的不同，导致了学生的重视程度差异，班级的氛围影响了学生的学习气氛和学习态度。技术层面的学习以及身体素质的练习，是一个长期的训练过程，不是一朝一夕的问题，身体素质再好如果不练，也不能保证有一个优异的分数。

第三部分：家庭层面

家庭的重视程度严重影响的学生的态度。通过课上了解，一小部分学生家长主动要求学生做仰卧起坐、俯卧撑或者去长跑，还有学生主动找我借篮球在家练习；一部分学生家长比较配合学生的课外体育活动及引、仰的练习；还有一部分学生家长，对于文化课的重视程度都不高，对于体考的重视程度也就可想而知。

第四部分：体育教师层面

在教学过程中，要善于根据学生情况、基础、项目特点调整教学方式，增加教学的创新性、趣味性和实效性，调动学生的积极性和学习的主动性，对不同学生采用分层教学与区别对待。对待学生一定要公平，切忌偏袒学生。教学要求特别是考试标准的把握要严之又严，力求科学的方法提高教学效果。

三、分析与反思

从数据上来看，现场考试成绩要高于模拟考试成绩。主要原因，一是模拟考试时学生的练习强度还没有达到考试前的水平，因此各项目的分数都还处在一个比较低的水平线上。二是模拟考试的气氛与体育考试截然不同，在模拟考试时有个别学生出现了拖沓和不认真的现象，也是模拟考试平均分较低的一个原因。

模拟考试后，教师根据学生的成绩进行了相关项目的分析与汇总，按照学生的现状对考试项目进行了有针对性的辅导和单独练习。学生也根据自己在模拟考试中的表现，对于自己的弱项，在课上或课下进行了专门的练习，使得练习更有针对性，教师的指导更加具有导向性，这为体育现场考试打下了良好的基础。

我校领导也考虑到长跑项目的特殊性，开学伊始，初三年级的课间操就改为跑步，开始的跑步主要以分段计时跑为主，以练习学生的耐力储备为主要目的。经过近两个月练习，我们对学生的长跑成绩进行了测试，测试结果显示大部分认真跑的学生均有进步，其中进步最大学生成绩提高了 103 s。

学生成绩的取得有自身的努力，也有教师的辛勤付出。这个年龄段的学生发育还没有完全成熟，对于一些事物还不能作出独立的判断。尤其是对于考试的成绩，有的学生从思想上重视不起来，这也是导致课堂教学效率没有达到理想目标的一个重要因素。

任课教师在今后的教学中还是需要从自身出发，在进行相关技术动作教学的同时，全面关注学生的学习动态、学习状态和学习的兴趣，努力寻找更加适合的练习模式，创设最佳的教学情景，全面提高学生的各项素质。

同时，我们也建议学校要从初三备考的角度做好课间操训练、课下辅导的整体性安排，充分调动年级组、班主任参与体考备考的管理和教育工作，形成良好的备考氛围，为初三老师提供更多的支持。

君朋携手　制度护航

——班主任带班育人方略之“君朋讲习”班级制度

代　芬

自从我踏上了神圣的三尺讲台，便始终忠诚人民教育事业、无私奉献、教书育人。在班级管理建设中，我积极配合学校的教育思想，针对学校提出的在班级文化中渗透丽泽文化，实行君朋小组合作形式，设计了符合本班班情的君朋小组管理方案。三年的时间，君朋小组协作互助，坚持严格的制度管理，学生的领导能力与自我管理能力都得到了加强。

一、班级学情分析

我教的这个班由35名同学组成，其中男生17人，女生18人。从整体上看，班级学生竞争意识不强。学生思维较活跃，情绪容易被调动。学习自主能力不强，学习动力不够，学习目的较为功利，综合能力及素质有待提高。

“导之以政，齐之以刑，民免而无耻；导之以德，齐之以礼，民有耻且格。”对于刚升入高中的学生而言，许多行为习惯、思维习惯还停留在初三水平。他们的自我管理的能力差，做事情没有主动性。因此，要强化学生的规范意识，要让学生在规范中成长，只有制度护航，学生才能更好地发展。

二、制定班级制度的主导思想

在班级中，我们把班级制度常理解为对班级成员有普遍指导与约束作用的行为规范。作为班主任也必须认识到，班级管理的对象是学生，出发点是学生，归宿还是学生。所以，以学生为本是班级管理的准入法则。这样，建立起来的班级制度不仅能提高学生的学习效率与班级管理力度，而且有助于良好班风、学风的培养和形成，从而推动班集体的进步。

我所任教的首师大附属丽泽中学以“丽泽”作为校园文化，丽泽文化出自《易经》：“丽泽，兑，君子以朋友讲习。”其意为两泽相连，两水相通，相互滋益，相互欣悦；君子应效仿自然中的两泽相连，乐于与朋友讲习，讲其所未明，习其所未熟。这里的君朋可以是师生，也可以是生生。学校以班级君朋小组的形式进行班级自主管理，以君朋小组的形式来开展“两端式”课堂教学。融入丽泽文化的“君朋讲习”是尊重差异，扬长补短，使人人得到更好的发展。运用这一文化理念打造班级管理文化，让学生学会互帮互助，有了更多的自我管理、自我提高的权利和机会。同时，小组合作的方式也能体现“以生为本”的思想，一切为了学生的发展，高度尊重与信任学生，促进学生的健康发展。

三、班级管理制度建立过程

建设良好的班级管理制度，应该建立在充分了解学情的基础上。基于以上情况，我班班级管理制度建立历经了以下五个阶段。

1. 学习丽泽文化及各类规章制度阶段

在高一新生入学伊始，我带领学生学习丽泽中学校园文化，领会“君朋讲习”“两端式”教学模式。与学生共同学习《中学生守则》《中学生日常行为规范》《丽泽中学校园一日生活制度》，遵循国家相关法律法规。班级制度作为学生的管理制度，要一切以法规为准绳，也要充分体现学校文化特点。

2. 征求意见阶段

在班规未形成之前，在班级成立伊始，我们通过全班对未来三年发展规划的讨论达成共识。学生们一致通过了班级总目标：育德、求实。其内涵是，学会做人，求真务实，培养全面发展的高素质人才。我还向学生阐明班级制度的制定要遵循合法性、可行性、公平性三大原则，以及不影响学生个性发展，不伤害学生自尊的“两不”原则。请每个同学提两三条自己能想到的制度条例，通过小组讨论的方式收集制度建议，并请家长和科任教师参与进来表达他们的想法。

3. 草拟制度阶段

这一阶段主要是把从各方面收集的有关意见和建议进行分类与归纳。我班制度草案分为两大部分：君朋管理制度(草拟版)和君朋学习制度(草拟版)。

4. 讨论协商阶段

针对已形成的制度草案，我在班会课上与全班同学进行讨论协商。这一阶段的任务有：第一是对草案进行了修改、补充、完善；第二是讨论出良好行为的奖励办法和违规行为的处理办法；第三是收集任课老师与家长的对班级制度的建议。

5. 决策通过阶段

班级制度草案经过学生、家长、任课老师的讨论协商之后已经基本成型，最后全体学生进行民主表决，在班里取得一致意见之后，正式通过，形成班级制度试行版。试行一个学期后修改形成最终版。

四、班级管理制度呈现

(一)君朋管理制度

1. 君朋小组与班级项目组章程

秉承我校“丽泽，兑，君子与朋友讲习”的精神，我在全班成立君朋结对小组。班级以每学期 8 个固定的君朋小组为单位，形成自我管理的小集体。又以君朋小组为基础，建立班级各部门项目组，形成人人有事干，事事有人干，实施自我管理，提倡竞争与合作的班级管理环境。

(1)君朋小组建立办法

小组的划分原则：组内异质，组间同质。

小组管理原则：在竞争中合作，在合作中发展。

小组的划分方法：每组 4—5 人，设组长一名。君朋小组成员自愿组成。

(2)班级项目组组成及要求

原则：选择自己喜欢的，适合自己的，以集体利益为重，服务他人，锻炼自己，创建和谐班集体。

方式：自我推荐和师生协调相结合；每个君朋小组每周推选一人做值周班长，具体负责班内的各项相关事宜。

按照组建方式，我班形成了两套管理体系。君朋小组的管理主要着眼于个人，项目组的管理主要着眼于班集体。两个管理体系又互相交叉、融合，君朋小组中学生可能是管理者，在项目组中可能就成为被管理者。角色的多变，有助于学生的相互理解，也能起到互相监督的作用。

2. 君朋管理评分细则

根据班级管理方案，我班也讨论出台了班级常规管理评分细则、班级卫生管理评分细则、班级活动评分细则。

建立班级管理评分制度，让学生有章可循，有规可依。用分数来量化学生的日常行为，学生能更明确自己的努力目标，激发自己的竞争意识，同时也能让学生明白只有全面发展才能获得更好的评价。而获得分数本身就是对学生表现的一种肯定，每天点滴的加分收获，都能给他们带来喜悦感和满足感。

在每个学期我都重新组建君朋小组，让班级的学生能做到优势互补。每个学期的调整，也避免学生抱团，眼中只有小集体，而忽略了班级这个大集体。一个月班级总结表彰，优秀的小组予以奖励。分数落后的小组要开反思会，共同分析落后原因，找到改进办法，并及时与家长、任课老师沟通，共同帮助落后小组走出困境。

(二)君朋学习制度

课堂教学本就应以学生为主体，激发他们的学习热情，使其主动参与教学过程，这样才能获得教学的成功。我根据学生学情组建君朋小组，并且根据各科老师需求，小组成员可以自由调整，使小组间合作学习能发挥更大效能。在评价标准上，更倾向于小组整体评价，让学生的团体合作意识加强，也能促使小组成员为不拖后腿而努力争取加分机会。这样，极大地激发了学生的课堂参与积极性，逐渐使学生养成了课堂认真积极的好习惯。

1. 君朋小组课堂学习安排

(1)小组的组成

由学生自愿，班主任协调以 4—6 人为一个小组，设小组长一名负责小组全面工作。任课教师可从小组成员中选取适合本学科的学科组长一名，负责本学科的学习及作业等工作(各学科组长可适当重叠)。

(2)小组的职责

以小组为单位安排座位、收交作业、讨论学习；以小组为单位计分并奖惩。

学科组长负责收作业，组织监督课堂讨论，做好老师和同学教与学的桥梁作用。

(3)小组的使用

①班内按从窗到门，从前到后的顺序，将各小组号竖写于黑板左边。

②课堂中，任课教师以小组为单位记录相关学分，课后由小组长将相应分数记到个人名下。

③作业得分情况老师直接交于课代表记录。

④各任课教师可以另行进行学习小组的评价及奖惩。

2. 君朋小组学习评价

包括五个方面：课上资料准备、课上共学、作业、课后自学、考试。

以小组合作方式展开课堂学习，以评分促进学生间的合作，促进小组间的竞争，提高学生的学习热情，促进养成君朋合作、自主学习的好习惯。班级管理和课堂教学有效地结合，任课教师也能更好地把住学生学习之脉，有效地参与到君朋合作的学习氛围中，将“讲”的课堂变成“学”的课堂。

(三)班级表彰制度

1. 君朋小组评优

君朋小组得分由值周班长一天一结算，一周一公布，一月一评比。小组得分的个人部分有小组长记录到个人，也是一月一评比。小组的评价与表彰是对学生日常表现的肯定与激励，既要体现小组合作又体现对某个人的评价和鼓励。因此，在表彰制度中，我班设立了以小组为单位的表彰办法，也在学生期末单项优秀评比中，把个人得分作为重要评价标准。

2. 道德单项奖评选

在高中阶段，对学生的评价容易出现只以成绩评判的现象。这种严重违背教育规律的思想容易使学生的心理发生偏差。我在班级设立道德风尚奖，无论学生学习成绩高低，只要道德品质高尚，或在道德方面有巨大进步，都在受奖励之列，但在实施的过程中要注意奖励的“活”与“度”。

表彰奖励的方式结合评价制度，分周、月两种。即每周口头表彰一次，每月利用黑板报表彰一次，结合平时的记录由全体学生投票表决做最终的评定，进行标兵评选。

3. 班级标兵评选

我在班里推行的另一项表彰制度，就是评选标兵。如每月一评的纪律标兵、劳动标兵、合理生活标兵、优秀小组，每学期一评的学习标兵、进步标兵、全心全意为同学服务的班干部。第一次各评选出 3 名，第二次各评选出 6 名，第一、二次可以有连续当选的情况。每学期大致 4 个月的时间，基本上评选 2 次。之所以这样安排，是想让更多的学生有获奖的机会。通过表彰激励，在班级中树立道德榜样与行为样板，形成赶帮超带的良好班风，从而促进学风的健康发展。

通过班级管理制度的稳步实施，班级基本上按照预设的方向发展。在君朋小组的协作与管理中，学生学会用他人的眼光发现问题，学会与同伴密切地交往。热心互助，真诚相待，社会意识和社交能力等才能得到很好的发展。这种班级管理形式还能够很好地解决对后进生的帮扶工作，发挥出学生的集体智慧。通过小组合作的自主管理，建立有效的竞争机制，使学生在学校的学习生活中形成同奖、同罚，荣辱与共的观念，学生逐渐产生一种对集体的归属感。对小组中的其他成员而言，学会了彼此尊重，学会了互相帮助，学会了发现自我，学会了认识自我，共同分享成功的快乐。他们的主体地位被大大地肯定与提高，也能促进学生的全面发展。

如何用主题班会助力学生理性成长

肖子文

高中生正处于青少年中晚期，他们本身就面临巨大的升学压力，难免焦虑。在当前新高考背景下，他们在面临多元选择的同时，也遇到了更多的困惑，日常学习生活中一点小火花，就可能导致情绪的爆发，这给班主任工作带来更多的挑战；尤其是新冠疫情暴发后，学生心理方面生发诸多的新问题，面对未知的社会变化，难免恐慌和焦虑，导致情绪方面有非理性的宣泄，这更给班主任工作带来新的困难。如何应对班级管理出现的新挑战，如何合理引导学生更客观理性地学习生活，除了学校和班级日常教育渗透外，主题班会也是很好的抓手。设计和实施好相应的主题班会，能为学生理性成长助力。笔者建班以来，组织过几次主题班会，取得了很好的效果。下面就怎么设计和实施主题班会才能有效促使学生理性成长，谈谈我的几点思考。

一、从学生自身或身边的突发事件中提取班会主题，生成理性思考的话题

就学生而言，自身或身边发生的事，能引起他们高度关注，是很好的教育契机，引导得当，对于学生理性成长极有帮助。每当学生身边发生值得挖掘的事件，我都会及时组织学生召开主题班会，围绕提升学生理性思维确立主题，促使学生在成长的路上朝理性迈进。

高一上学期后期，学校食堂发生了一件事，有一个高三的学生在排队打饭时，主观上认为前面高一的同学不应该排自己这一队，不仅推搡还恶意把别人打好的饭菜抢过来泼在那个同学的身上。但事实上当时高三专用窗口已过专用时效，另外采取如此极端的方式事实上构成了校园欺凌。在这之前，还发生了高二年级某个班的三个同学在教室里指桑骂槐地侮辱同班的一个女生的事情，也属于典型的校园欺凌。这两个事件在班里引发了不小的震动。因此我把这次班会主题定为“校园欺凌，我的应对之道”。

高二上学期开学不久，有同学发现学校食堂饭菜里有虫子，甚至还有同学发现了死苍蝇，学生第一时间向我反映此事，我及时向领导汇报这事，学校领导也与食堂负责人进行了沟通，但食堂并没能及时处理此事。一星期过后，又有学生发现了饭菜里有虫子。这下学生群情激昂，当时班里快要炸锅，甚至有同学认为应该立即给教委打电话举报。了解到事态的严重性后，我一边跟领导汇报，一边紧急召开“食堂饭菜有问题，我们该怎么办”主题班会。

两次班会的主题均由学生身边事引发。在教师的指导下，创设问题情境，设置疑

难，引发思考，让学生在一种强烈求知欲的驱使下去探索发现、分析研究，得出结论，从而形成自己的认知观点，完成知识的构建和能力的铸造。这样学生自己就能对已有的认识进行修正，让学生更理性地认识自己、认知世界，使他们在面临新问题、新困难时更清晰地认识自己，坚定自己可以克服困难的信念，从而发挥出自己的潜能。班主任要做的就是尽力营造理性思考的氛围，让学生的成长更为清醒、更为冷静。

二、全班讨论班会步骤，引导学生以小组为单位准备相关素材，营造理性思考的氛围

确定主题后，与班干部一起商讨班会的流程，拟定值得在班会上探讨的几个议题。所有的班会，我都没有大包大揽。与班干部确定大概的流程后，在筹备会上，交给所有学生一起讨论，举手表决。然后每一个君朋组(学生互助组)选择其中一到两个任务去准备素材，组内先探讨。鼓励学生自己探讨，自己查找资料，营造理性思考的氛围，学生就能在探讨中渐渐发现冲动不利于问题的解决，遇事不能轻易下结论，要自己努力接近事情的真相。

“校园欺凌，我的应对之道”班会召开前期，全班六个君朋小组讨论后，确定班会想讨论以下几个方面的议题：一是“什么的行为可以认定为校园欺凌”；二是查找相关案例了解“校园欺凌之惨痛后果”；三是对于校园欺凌有哪些相关法律条文、校规，比如《中华人民共和国治安管理处罚条例》《中华人民共和国刑法》的相关规定(可以求助家长或有关执法人员)；四是询问学校德育人员对于这两事件涉事人员的处理方式；五是收集对于校园欺凌的正确处理之道，可以从网络上查，也可以请教德育老师或有关执法人员。原则上每个组选一个任务，最后一点两个组一起准备。

“凝聚正能量，同心抗疫情——用理性之光照亮你我前行之路”是在网络上召开的主题班会。因为在疫情防控期间，只能用腾讯会议在线上召开班会。我先用班级微信群征集学生疫情暴发后的困惑，再用腾讯会议召开筹备会，线上听取同学们的意见，确定主题，最后确定探讨：(1)人类历史上都发生过哪些重大的疫情，当时的人们是怎么反应的？(2)如何理性地看待与疫情相关的新闻？(3)美国等欧美国家的民众在疫情蔓延后是怎么评价自己政府的？(4)如何理性看待疫情防控期间阴暗面？(5)这场突如其来的疫情，哪些让你们分外感动与铭记，又有哪些让你们困惑？(6)这次疫情带给你什么样的反思？每一组各选一个，每一个人先单独查阅资料，并对主题所指的事件进行分析，阐述他们做了什么事，对你有什么触动。另外“疫情中最让我感动和铭记的人和事”每一组每一个人都要查阅并记录。将自己查找的资料上传组群，讨论并汇总再上传班级大群，供其他人补充、辨析。

“食堂饭菜有问题，我们该怎么办”主题班会，事态紧急，我利用一节语文课让同学们讨论议题，最终决定从以下议题入手：(1)学校对于此事的看法如何，学校和食堂沟通的诉求是什么？(2)食堂的饭菜烹饪流程到底怎样，为何会出现饭菜里会出现虫子甚至苍蝇？(3)食堂为何这么长时间不闻不问，是否把真正食品安全和学生的安全放在首位？(4)我们到底想要这件事怎么解决，最终我们想要个什么样的结果？(5)如果我

们打电话向北京市教委举报，结果会如何？最后学生一致认为，我们只想让食堂给我们一个说法，向我们道歉，而且就前面出现的问题作出一定的补偿，并且迅速拿出相应的措施彻底解决饭菜卫生，保证以后不再出现类似问题。而且一致认为如果向北京市教委举报，在事情没有弄清楚前，显得太鲁莽，会把事情闹大，不利于我们诉求的解决。

三次班会的准备过程都是以学生的视角去思考，立足于学生最想了解的内容，发动学生根据自己的议题去准备材料，最大可能发挥学生的主观能动性。鼓励学生抛开初始想法，合理分析自己查到的资料，尽量多方查找材料，丰富材料，再去伪存真，冷静理智去分析，用自己的眼光去找寻，去判断。培养学生用理性的视角和宽容的心态去看待和思考我们所处的世界，这样才能真正让他们跟上世界文明的脚步。

三、实施班会过程中，鼓励学生充分阐述及相互辨析，提升学生理性思维能力

真理往往是越辩越明，真相需要比较和等待，真善美在比较中更容易被学生认识且铭记。在主题班会的实施过程中，允许学生相互辩难，但事先跟学生申明，只能就问题本身，不能涉及人身攻击，否则取消发言资格，而且所说的话必须能自圆其说。在别的同学阐述时，不得中途打断抢话，得听别人说完后，下一位同学才能接着阐述，如果有反驳，先要对前一位同学的发言的要点做一个简要概括，再提出自己的质疑。对于冲动型思维的同学来说是一个很好的锻炼和规范，避免非理性的言论造成班会的混乱。从班会的实施要求上就给全班同学形成一个理性的发言环境。

三次班会的实施，都是以学生君朋互助组为单位，每一组同学重点就自己查找的那个议题发表看法，组内可以补充，其他组同学可以质疑或反驳。尤其是开放性的议题，学生发言非常热烈。而对于知识性的议题，如“什么样的行为算校园欺凌”“对于校园欺凌有哪些相关法律条文、校规”“人类历史上都发生过哪些重大的疫情，当时的人们是怎么反应的”，因为是学生自己查的资料，所以阐述者尽心，听的人专心，时不时还有人发出“原来如此”的声音。

特别是第三次班会涉及学生切身利益，他们做得格外用心，还有同学找到校园食品安全有关条例，还强调我们解决问题也得有法可依。在讨论打电话举报的后果时，同学们纷纷发表自己的看法，有同学还说对于一件事的解决，双赢是最好的结果；如果举报，教委势必介入，虽然也有利于问题的尽快解决，但对学校的声誉不利，学校就会陷入极大的被动之中，况且学校早已就此事督促食堂解决，食堂答应尽快解决，但最终食言，而且学校也在持续过问此事，所以这事错主要不在学校，而在食堂，因为它是一个独立的承包单位。学生在自主解决问题的过程中显示了极为理性的态度，从开始时群情汹汹，非常愤激，认为学校就是在偏袒食堂，甚至有孩子还认为学校就是收了食堂的好处，所以故意对食堂饭菜安全问题视而不见；到后来冷静下来，选出代表收集同学们的诉求，最终达成全班的诉求。

四、班会后要求学生以书面形式记录感想和收获，让学生理性成长

班会后，我都会要求学生把自己在准备和实施班会过程中的感想和收获写下来，当然他们也可以就此次班会的不足提出自己的看法。比如有同学就在“校园欺凌，我的应对之道”主题班会开完后，写道：“以后万一我遇到校园欺凌，我知道该怎么做了。”

学生在历次班会后的感想有时会出乎老师意料，有了这些主题班会的助力，班级学生就能在后来的学习生活中，能以一种更为理性的态度看待网络极端事件，处理同学冲突；能冷静看待高中学业压力，也能以一种和谐的方式去处理师生冲突。每当师生有冲突时，他们总会劝那个当事人，多站在老师角度看就能够理解老师的良苦用心。对于原来剑拔弩张的亲子关系，有些同学也能保持一种冷静的情绪，不再像以前那样动辄对父母生气摔东西。还有学生说，现在每次与父母发生冲突，自己都会等双方情绪都比较平稳的时候，再找一个机会，跟父母就刚才的事情再进行沟通。对于很多他们以前会愤激评价的社会现象，他们现在也能用理智的心态去看待，每周的新闻周刊评论再也见不着“社会真阴暗”这类字眼。

当然学生虽然已经是高中生，但心智依然不太成熟，想要通过几次主题班会让学生完全能像理智的成人那样思考、处理问题，是不太可能的。他们可能在往后的学生生活中遇到没有处理过的事情，还会冲动、愤激、焦虑，还可能会以不理智不理性的方式去处理问题，但我相信他们不会再用极端的方式去面对。我也会在一如既往地从他们身边的事情中提取新的主题班会思考点，引导学生继续理性成长，培养学生健康的心理，进而努力促使学生走向幸福人生。

参考文献：

[1]蔡北平．让学生更理性地看世界[J]．历史教学，2008(3)：32—34.

物理教学，以物寓理，德润心田

——浅谈中学物理教学中的德育渗透

李　敏

德育是培养学生思想品德的教育，是促进学生全面发展的教育。作为一种学科德育，物理教学中的德育与其他学科德育都具有以知识为载体的特点。但由物理的学科性质和在基础教育课程体系中的地位所决定，物理教学中的德育渗透又具有其他一些特点。其一，课程面广、知识量大、教学时间长的物理课程贯穿整个基础教育过程，从一年级直到九年级，其具备的德育渗透功能是十分强大的，远非基础教育中的其他课程能相比。其二，细水长流、潜移默化人的道德教育，是从品行的养成、基本观点的确立到世界观、人生观、价值观的形成，是一个长期的过程，不可能一蹴而就。在此过程中，需逐步形成一个对世界的理性认识。而在长期的物理学习中所积累的逻辑思维和理性认识必将潜移默化地影响学生的品德。

通过研读中学物理新课标的要求，我认为中学物理的教学一方面要使学生比较系统地掌握物理学的基础知识，了解这些知识的应用，培养学生的能力和智力；另一方面要根据物理学科的特点，结合教材中大量的思想教育因素，对学生进行思想教育，将智育目标和德育目标相互渗透，实现和谐统一。同时物理学科对于德育的要求如下：第一，通过种种物理现象，揭示其规律，进行尊重客观事实的科学态度和探索精神的教育。第二，通过物质存在形式的多样性，物质不灭和能量守恒，物理定律的普遍性和局限性等内容的教学，进行辩证唯物主义观点教育。第三，通过我国古代和当今物理科技成就和科学事例的介绍，进行爱国主义、社会主义和优良品质教育。第四，通过实验操作进行遵守纪律，爱护公物，团结互助等方面进行教育。

本文旨在探讨在实际物理教学中进行德育渗透的特点及一些尝试，深入挖掘教材，根据物理教学的特点，我体会从以下几个方面在教学中渗透德育是明确德育目标后的有向和有效渗透。

一、渗透爱国主义教育，增强学生的民族自豪感与自信心

(一)爱国主义教育是德育的核心

在教学中通过深挖物理学史，激发学生的民族自豪感。向学生广泛介绍我国在物理学方面对世界的杰出贡献。如在讲物体重心时，可以先介绍六千年前的半坡民族所用的“欹器”，“虚则欹，中则正，满则覆”说明当时我国人民对物体的重心已有认识；在讲力学时，不妨先介绍一下公元前 4 世纪的《墨经》记载的关于小孔成像、平面镜、

凸面镜、凹面镜成像的观察研究事实；讲经典物理学时，结合介绍古代墨翟和宋代沈括在力学和光学方面的贡献，以及沈括最早记载磁偏角比西方哥伦布早400多年；讲近代物理学时，介绍吴有训、钱三强、王淦昌等物理学家在原子物理学上的贡献。

再例如，在学习“声现象”这一章时，适时地向学生介绍我国古代声传播这方面的运用，其中北宋的沈括在《梦溪笔谈》中曾有这样的记载：“军队行军宿营，士兵枕着牛皮做的箭筒睡在地上，这样就可以更快地听到远处传来的马蹄声，对敌人的偷袭及时做好准备。”再例如：讲“杠杆”和“地磁场”时，及时给学生拓展《天工开物》《齐民要术》等我国古代具有世界先进水平的书籍，拓展物理知识的同时增强了学生的民族自豪感。

(二)充分利用我国古代建筑的中国特色，渗透爱国主义教育

学校开展的古建系列校本课程，其中物理部分《太和殿的减震机理》中，将物理知识融入古代木结构建筑的中国特色中，以渗透德育的方式为学生进行讲解。

1. 柱底的平摆浮搁，柱根不落入地下，而是浮搁在表面平整的柱顶石上，柱顶石露明。当地震强度增大到一定程度时，柱底与柱顶石之间产生摩擦滑移，可以消耗部分地震能量，同时可减弱地震传递到上部的速度。

2. 檐柱的柱身侧角，檐柱的柱脚向外侧出54 cm(柱高的7/1000)导致柱身向里收进，并与横着的枋子连接。呈轻微的内八字状，降低重心，稳定建筑物。

3. 梁端做成榫头形式，插入柱顶预留的卯口。在结构上称为软性连接，这种连接具有韧性。在地震发生时，起到减震的作用。

课后有很多学生不约而同地去故宫参观，在欣赏故宫中国美的同时也从物理学角度重新认识了故宫，感叹古人的智慧！这样以课程浸润的方式对学生进行了爱国主义教育，提升了民族自信心。

二、渗透辩证唯物主义教育

伟大物理学家爱因斯坦认为哲学是全部科学研究之母，他坚持实践，成为近代物理学的巨人。如果教师能把教材中的科学内容与思想内涵有机结合起来，运用辩证唯物主义观点去分析、阐述物理现象和规律，运用哲学思想把物理教学上升为观点和思想方法的教学，就不仅能使学生正确而深刻地理解近代物理知识，而且对科学世界观、方法论的形成和运用都有积极作用。物理作为一门自然学科，包含丰富的辩证唯物主义思想。如“作用力与反作用力”“引力与斥力”“绝缘体与导体”等矛盾体，他们相互依存、相互制约，体现了对立统一的辩证思想。超导、全反射、物态变化等物理现象包含着“量变与质变”的哲学思想。在教学中合理地渗透德育，将严谨的科学观潜移默化地渗透到知识体系。

例如，在讲电磁波时，给学生介绍，麦克斯韦经过多年的研究和理论分析预言电磁波的存在，二十多年以后德国物理学家赫兹通过实验证实了麦克斯韦的预言，充分说明了理论联系实际的唯物主义思想。学生对于这些科学界大咖的名人事迹是非常感兴趣的，我们可以把它与辩证唯物主义观点结合，让学生学会用辩证的观点看待问题，这样既可以帮助学生理解知识、加深记忆，同时更利于学生科学世界观的形成。

每一个物理概念、定律、原理都是对物理事实的本质属性和内在联系的概括、总结和升华，是主观与客观的统一。作为物理教师，不仅要讲清楚物理学的概念、定律和原理，而且要让学生掌握正确的思考问题的方法，从而学会辩证唯物主义的立场、观点和方法。比如，在上复习课时，教师要善于发掘教材内在的统一性，使纷繁复杂的现象、概念、公式、定律、原理等物理知识，在为数不多的几条基本原理的指挥调度下，组成一个井然有序、简单明了的物理体系讲给学生，促进学生认识上的飞跃。通过正确的讲授方法，在潜移默化中让学生逐步树立马克思主义的世界观。

三、针对学生实际，紧扣教材，做到有机渗透

青少年善于憧憬，但尚未形成正确的世界观和价值观，对不良思想的侵蚀缺少抵制力度。如果教师只是敷衍地提一句“要学习某某人的精神或品质”，或在讲授知识之后，说几句原则话，生硬灌输德育是毫无效益的，正如教育家苏霍姆林斯基所说：“掌握知识，懂得自然科学原则和社会学规律，能够很好地回答问题及获得很好的分析——所有这一切还不等于德育教育。”因此，我们在德育因素比较突出和集中的教材中应集中渗透德育。忌生硬、生冷、生贴，要像一股清流般地融入，充分利用物理教材中蕴含着的思想，使学生潜移默化地受到德育教育。

四、恰当地运用合作学习方式对学生进行集体主义教育

合作学习是课程改革倡导的学习方法，在这样的学习形式下，不但有助于达到认知的统一，更重要的是有助于培养学生的群体意识，培养集体主义精神。我校倡导的“君朋讲习”的学习形式，更好地适应了课程改革的需要。

物理学科是一门以实验为基础的学科，在教学中充分利用实验课的合作机会，给学生更多交流、讨论、质疑、解疑的空间。这样在活动中学生不仅是看到了一个实验现象、验证了一个物理规律，更重要的是在交流与合作中养成相互尊重、团结协作的品质。除实验课以外，平时的教学中也多以“君朋讲习”的形式开展教学活动，学生在活动中不仅收获了知识，更收获了自信和友谊，在学习中增强了集体荣誉感。

五、改进教法，提高艺术，从兴趣入手，做到灵活渗透

德育渗透不能只局限在课堂上，应与课外学习有机结合，使德育渗透“灵活多样”，以课外活动为途径，以学习内容为载体。来达到对学生良好品德、行为习惯的德育渗透。不同教材，不同内容，德育方法迥异，要灵活生动渗透德育，须讲求教学方法的艺术。

(一)德育渗透应力求新

有些老素材要陈话新说。比如，旧中国发明的火药却填进了英帝国的炮膛，成了轰开我国南大门的帮凶；古人发明的造纸术、活字印刷却被用来与侵略者签订不平等条约；同样，我们祖先发明的指南针，也帮助西方殖民者依靠航海技术掠夺了大片的殖民地。从新角度渗透四大发明，可消除学生的逆反心理，收效更佳。

(二)德育渗透应做到灵活多样

物理竞赛、课外实验、参观访问、专业实习和社会调查等社会实践课也是进行德育的好阵地，增强德育的趣味性、现实性和可接受性。教学中利用图表、挂图、录像、幻灯、专题讲座等多种形式，能对学生进行劳动价值观的教育，运用物理原理去解释和解决生产、工作中遇到的物理现象和物理问题，掌握一定的从事经济工作的本领和有关的基本操作技能，为将来走向社会、服务社会打下一定的基础。变换新角度求新，变换新形式求活，在激发学生兴趣的前提下多角度渗透德育。

(三)德育渗透应掌握分寸

物理教学中一定要注意不能过多引用哲学名词，把物理课上成政治课，以至于削弱主题，所以要把握好“度”。例如，讲电磁场只说明它是一种特殊物质。物质是以多种形式存在的，有的看得见摸得着，有的则看不见摸不到，寥寥数语却蕴含了“世界物质性”的思想；讲牛顿的万有引力定律，作为解释物体之间相互作用的引力定律，牛顿把地球上物体的力学和天体力学统一到一个基本的力学体系中，创立了经典力学理论体系。正确地反映了宏观物体低速运动的宏观运动规律，实现了自然科学的第一次大统一，这是人类对自然界认识的一次飞跃，反映了哲学的“事物是普遍联系的”观点，而不适宜再过多展开。

总之，在中学物理教学中对青少年进行德育渗透，不是凭朝夕之功就可以完成的，它需要广大物理老师根据物理知识及物理教学的特点，以课内外活动为途径，以学习内容为载体，以教育心理学原理为依据，以渗透为主要形式，多摸索有效的渗透德育的方法，激发他们的情感，唤起他们的责任感，并驱动他们的行为，从而达到德育的目的。教学中德育因素的深入挖掘和教育契机的随时捕捉，是一种创造性的劳动，也是一种教育的艺术。在教学中渗透德育内容，从局部看是细微的，但滴水成河，积沙成塔，一个概念、一个原理、一道习题、一次实验，都能启发学生情感，启迪学生思维。教育是育人，育人要育心，育心就是育德。

作为一名教师党员，在教学中理应更加关注对学生的德育渗透和培养。然，德育渗透并非朝夕之功，也非一方之力。但是只要我们有“意识和方法”，即有意识则“渗”，有方法则“透”！就能真正做到“教书”和“育人”的统一！

参考文献：

[1]陈金榜．如何在物理教学中进行德育渗透[J]．新教育时代电子杂志(教师版)，2018(28)：104.

[2]中华人民共和国教育部．义务教育物理课程标准(2022版)[M]．北京：北京师范大学出版社，2022.

[3]陈永敬．初中物理教学中德育渗透研究[J]．基础教育研究，2014(4)：18.

“滑轮组机械效率”实验教学改进

熊　禹

北师大版初中物理八年级全一册第六章第三节“功的原理”中涉及机械效率的测量，滑轮组机械效率的测量是初中物理重要实验之一，原实验仪器在学生实际测量操作中存在一些困难。所以，对原实验及实验仪器给予必要的创新改进，以减小实验误差，方便学生实验操作。改进后实验思路更加清晰明确，装置具有操作方便、测量结果准确的优点，较好地达成实验目标。

一、实验教学背景

北师大版初中物理八年级全一册第六章第三节“功的原理”中“测量滑轮组机械效率”实验，原有的实验仪器如图1所示，实验中学生要将一刻度尺固定在铁架台上，并在铁架台上组装滑轮组。用该装置测量滑轮组的机械效率，根据实验原理（$\eta=W_{有用}/W_{总}=Gh/FS$），需要用刻度尺测量重物上升的高度 h 和绳子自由端移动的距离 S；用弹簧测力计测量出重物的重力 G 和绳子自由端受到的拉力 F，根据实验原理测量出滑轮组的机械效率。该实验仪器在学生实际测量操作中存在一定困难，给教学带来了困难。所以在实验仪器上我进行了改进。

同时在学习本节课过程中，轮轴摩擦力对滑轮组机械效率的影响是学生容易忽略的一点，在初中阶段经常理想化处理绳重力及轮轴摩擦力，但在真实生活中这些物理量是无法忽略的。为加强学生绳重力及轮轴摩擦力对滑轮组机械效率的影响，我对原有“测量滑轮组机械效率”实验进行改进，进行“探究滑轮组机械效率”实验教学。

二、实验教学改进

（一）原实验主要疑难点及原因分析

1. 实验仪器疑难及原因分析

问题一：实验晃动，多维影响。

使用原有实验仪器时，学生在提升操作过程中会出现前后左右的晃动，带动装置晃动，造成多维度的影响。

问题二：手动提升，匀速难控。

使用原有实验仪器时，学生手动提升绳子自由端，无法保证竖直向上的匀速提升，使实验数据不准确。主要表现在绳子自由端移动距离 S 和绳子自由端拉力 F。

问题三：学生实验，滑轮难装。

学生在组装滑轮组时最大的困难在绕线上，总是手忙脚乱，导致花费大量时间在滑轮组的组装上，进行测量试验中时间紧张。

问题四：距离读数，误差较大。

使用原有实验仪器时，由于原有实验仪器刻度尺距离被测物太远不好读数，需要多人合作完成实验，稍微不稳，读数时误差就会变大；同时在同一把刻度尺上要分别读出物体上升距离和绳子自由端上升距离，实验操作烦琐，记录数据较多容易混乱。

问题五：力的测量，误差较大。

在读测力计示数时，由于在运动过程中读取，视线不一定与其平行会影响力的测量的实验数据。

2. 实验教学方法疑难及原因分析

问题一：知识层次挖掘较浅。

原实验为测量型实验"测量滑轮组机械效率"，学生在单一的测量实验中对体会功的原理不深刻，只认识到某一滑轮组机械效率小于 1，对为什么小于 1，什么物理量阻碍了滑轮组机械效率等于 1 的认识并不深刻。

问题二：忽略绳重及轮轴摩擦的影响。

原实验为测量型实验"测量滑轮组机械效率"，实验本身与本章所学功的原理较为契合，学生在学习过程中明确了任何机械都不省功。对于滑轮组这种机械而言，学生对其为什么不省功存在疑问，之后测量实验中只做单一的一次测量实验，学生对绳重及轮轴摩擦力产生的额外功认识没得到深化。

(二)疑难点的解决思路与处理方法

1. 实验仪器疑难解决思路及处理方法

就上述实验仪器疑难及原因分析，我制作了如图 1 所示实验教具。

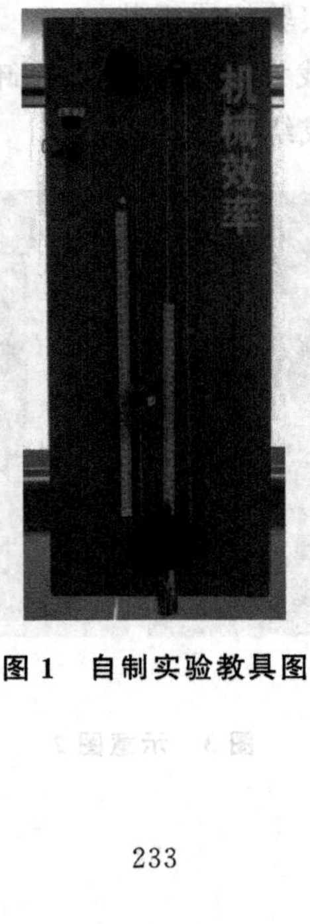

图 1　自制实验教具图

问题一：实验晃动，多维影响。

改进一：将三维降二维，再降一维。

解决思路：我用一个长为 80 cm 宽为 30 cm 可悬挂的背板，利用重力在竖直方向上限定了一个平面内，将三维影响降为了二维，再通过可固定在背板上的刻度尺将测量的物理量限定在了一维高度，从而减小了实验误差，如图 2 所示。

问题二：手动提升，匀速难控。

改进二：将三维降二维，再降一维。

解决思路：如图 2 所示，我利用电机，替代了手动提升，保证了绳端被匀速提升；在制作过程中利用大动滑轮，小定滑轮实现绳子自由端竖直向上提升，避免了利用同等规格滑轮带来的不必要的摩擦力。

改进前

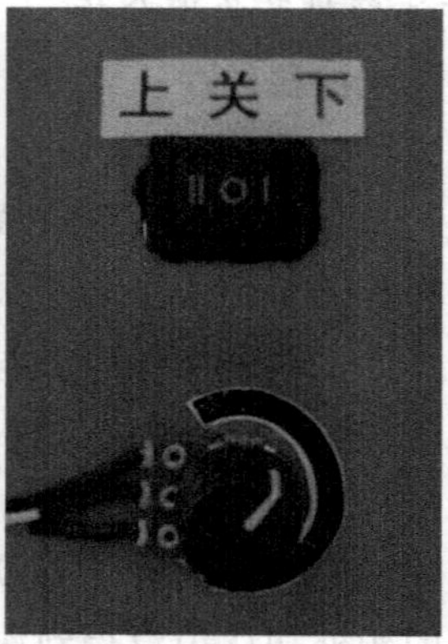

改进后

图 2　示意图 1

问题三：学生实验，滑轮难装。

改进三：固定动滑轮，进行实验仪器组装。

解决思路：为了方便学生，我设置了一个可拆卸的固定点，如图 3 所示，在绕线时，将动滑轮固定，更快捷地完成绕线。

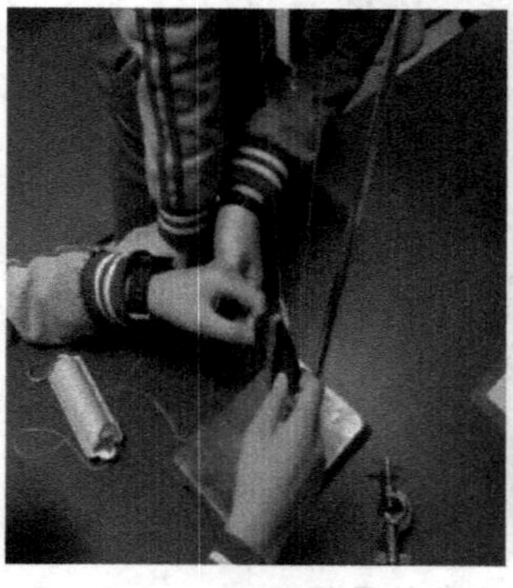
改进前

改进后

图 3　示意图 2

问题四：距离读数，误差较大。

改进四：双尺测量，简化实验。

解决思路：如图 4 所示，我利用两把刻度尺分别测量，一把可以拆卸，方便找到绳端的起始位置，另一把刻度尺 0 刻度刻线与背板低端平行，每次试验时将重物上表面与 0 刻度对齐，方便之后记录数据。

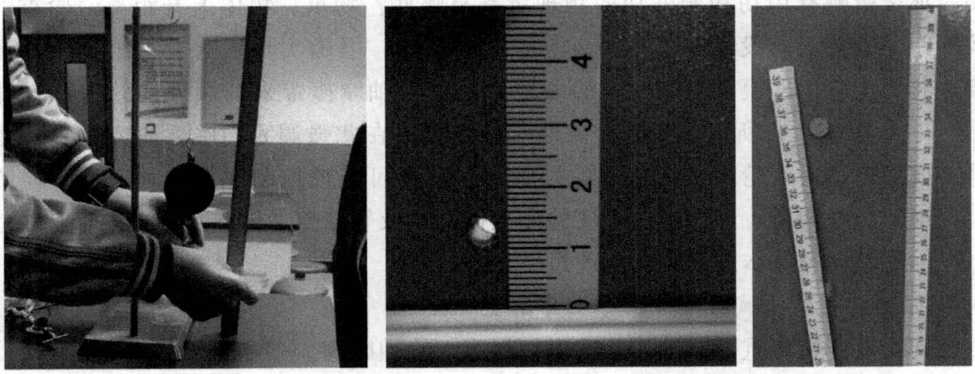

改进前　　　　　　　　　　改进后

图 4　示意图 3

问题五：力的测量，误差较大。

改进五：电子设备，精准读数。

解决思路：如图 5 所示，我改用电子测力计，来精准读数。

改进前　　　　　　　　　　改进后

图 5　示意图 4

2. *实验教学方法难解决思路及处理方法*

就上述实验教学方法疑难及原因分析，我制作了如图 2 所示实验教具。

问题一：知识层次挖掘较浅。

改进一：测量实验变探究实验。

解决思路：以生活情境起吊机为模型引发学生思考我们为什么要研究机械效率，又应该如何提高机械效率。将“测量滑轮组机械效率”实验，变为探究性实验，探究影响滑轮组机械效率的因素，在此过程中不仅测量了滑轮组机械效率，而且使学生对影响滑轮组机械效率因素有更加深刻的认识。

问题二：忽略绳重及轮轴摩擦的影响。

改进二：前期准备解读绳重及轴轮摩擦对机械效率影响。

解决思路：在猜想环节，通过之前引导学生不难猜到机械效率与有用功和额外功有关，那么影响有用功和额外功的物理量都有哪些？物重、物体上升距离、轮重、绳重及轴摩擦。在现阶段绳重及轴摩擦不好单独测量，但确实是影响滑轮组机械效率的因素，利用实验仪器模拟了一组实验发现，绳重及轴摩擦带来的额外功约占总额外功的10%，影响较大，所以不能完全忽略它们，所以在此强调我们主要研究物重、物体上升高度和轮重对滑轮组机械效率的影响，且要尽可能地控制绳重及轴摩擦。在培养学生合理猜想的同时，为之后设计实验中控制绳重及轴摩擦做铺垫。

(三)实验探究基本过程和实验改进

1. 探究滑轮组机械效率与物体上升高度实验

控制变量：物体重力、动滑轮重力、绳重、轮轴摩擦。

2. 探究滑轮组机械效率与物体重力实验

控制变量：动滑轮重力、绳重、轮轴摩擦。

对以上两个实验控制变量易于控制，测量中力的大小由电子测力计测量较为精准，绳端移动距离 S 和物体上升高度 h 可通过两刻度尺简化测量。

绳端上升高度 S 的测量：测量所用为可移动的刻度尺，每次开始前将刻度尺0刻度与绳端指针平行，实验后只需读取最终指针所指的刻度尺示数。

物体上升高度 h 的测量：测量所用为0刻度与背板底平行端平行的刻度尺，每次开始使物体上表面与背板底端平行，实验后只需读取最终上表面对应的刻度尺示数。

3. 探究滑轮组机械效率与动滑轮重力实验

控制变量：物体重力、绳重、轮轴摩擦。

在实验中控制绳重及轮轴摩擦力，成了学生在实验过程中出现的一大困惑。

在实验探究3：滑轮组机械效率是否与动滑轮重力有关？学生第一想到的是更换动滑轮来改变动滑轮重力，必然会导致轮轴摩擦力的改变，甚至是绳重的改变。

对此进行实验改进：用吸铁石来增大动滑轮重力，如图6所示。做到尽可能地控制绳重及轮轴摩擦力。

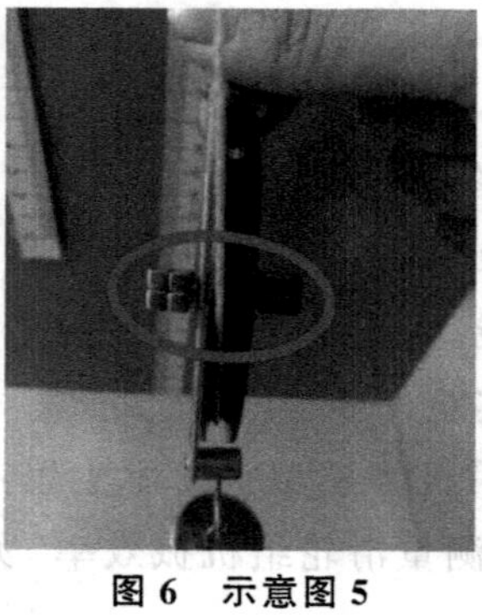

图6　示意图5

(四)实验改进后效果

实验改进前，需同时缓慢地竖直向上运动提升物体及绳子自由端在空中，且两者的运动轨迹不在同一竖直线上，所以用同一把没有固定、容易移动的刻度尺同时测量两个长度，操作麻烦，读数不准。另一方面在用弹簧测力计匀速缓慢竖直上升拉动绳自由端时，很难实现匀速、竖直上升运动。如此一来测量的 F、h、S 读数都不准确。对于实验本身来说简单的测量型实验，学生对一些物理量理解并不深刻。

实验改进后，能保证重物、绳子自由端在各自的竖直线上运动，所以测量物体上升的高度 h 和绳子自由端移动的距离 S 的过程简单方便直观，测量误差小；由于采用了电子弹簧测力计，力的测量示数稳定，便于准确读取弹簧测力计示数 F 的数据。对于实验设计来说，通过探究的方式使学生更加深刻地认识机械效率的影响因素，更加理解功的原理及对生活中能量的转化有一定的认知。

参考文献：

[1]中华人民共和国教育部. 中学物理义务教育教科书物理八年级全一册[M]. 北京：北京师范大学出版社，2014.

运用数量关系，借助几何直观，应用模型思想

——例谈“相遇问题”单元分析与设计

张　震

一、单元内容分析

回顾学生解决实际问题的过程，就不难得出这样一个事实：学生们在解决问题时都是在有意或无意地运用着数量关系的。一是根据数量关系推断先算什么，后算什么；二是根据数量关系确定每步用什么方法算，如何列式。数量关系为解决问题提供了思维方法，为列式提供了理论依据，是学生解决问题离不开的一个工具。

由于小学数学的课堂教学以课时为单位，往往围绕某一具体的教学内容展开，因此在选择某一核心内容进行教学时，应该将其放在其所属的大的核心内容群中进行分析，从大单元的内容结构出发，从整体上把握与所选教学内容有关的核心素养的整体要求和具体要求，把握单元内容的学科本质和某一具体内容的教学重点。同时要注意学习内容之间的前后联系，做好课前学情分析，了解学生已经学习了哪些相关的学习经验、将会为学生以后哪些内容的学习打好基础，了解学生学习该内容的基础与准备以及可能出现的问题和困惑。由此可见，要做好大单元教学设计需要从单元内容分析及课前学情分析两方面准备工作。

(一)单元内容总述

本单元隶属于四大内容领域之中的“数与代数”中的“数的运算”，是小学数学中重要的组成部分。小学“数的运算”主要包括乘法、分数加减法、解决问题等，其中解决问题贯穿了小学六年，可见这对于学生来说是非常重要的。

1. 内容结构分析

学生在一、二年级的学习中，已经比较熟练地掌握了一步实际问题的解题方法。在三、四年级，又进一步学习了用两步解答一些实际问题的方法，如连加、连减两步计算的实际问题，乘加、乘减、除加、除减、乘除两步计算的实际问题。为进一步学习两步、三步计算的实际问题打下了良好的基础。在四年级第一学期，学生还学习了“单价、数量和总价”“速度、时间和路程”这两种数量关系。为本学期学习两种比较典型的实际问题打下了坚实的基础。

本学期所学习的相遇问题和植树问题，突出了几何直观、模型思想和“变与不变”的数学思想方法，为五、六年级学习用小数计算的实际问题、用分数计算、比和比例的实际问题做了充分的准备。

而且行程问题的这组数量关系是人们在日常生活中应用比较广泛的数量关系，学

习它可以使学生更快、更准确地解决相关的数学问题，也为以后学习行程等问题打下基础。它被安排在除法这个单元，在这部分知识学习前安排了多位数乘除法和商不变的性质的学习。这也为这部分知识的学习打下基础。

2. 核心概念阐述

我们所进行的解决问题教学中数量关系是重点研究如何通过教学来提升学生对数量关系的理解和运用水平。

数量关系：是从一类有共同规律的数学问题中总结出来的揭示某些数量之间的本质联系，并以数量关系式来表示这种联系。它为小学生解决同类数学问题指出方向，提供基本方法，形成一种策略，是一种有数学价值的解决问题的模式。

数量关系运用：小学阶段以数量关系的算术运用为主，涉及简单的方程运用。主要包括简单数量关系的运用、复合数量关系的运用，以及特殊数量关系的运用。教学中可以分为四个阶段：第一阶段主要是一至二年级，要求学生能够掌握最简单的也是最为基本的四种数量关系的结构(部总、份总、相差、倍数)。第二阶段主要是三至四年级，要求学生能够把握复合数量关系的结构。第三阶段是四至五年级，要求学生能够掌握特殊数量关系的结构(把一般的份总关系运用到特殊情境之中，如购物、行程等问题情境，产生以下一些关系：单价×数量＝总价，速度×时间＝路程)。第四阶段是五至六年级，要求学生能够综合运用数量关系的结构(把一般的部总、份总、相差、倍数关系和分数乘、除法的关系综合运用到生活情境之中，如美术小组有女生 25 人，女生人数比男生人数的 3/4 少 5 人，美术小组有男生多少人的问题情境，产生如下数量关系：男生人数×3/4－5 人＝女生人数，这里既用到了分数乘法意义的数量关系，又用到了相差的数量关系)。以上数量关系运用都可以分为两种情况：简单运用和变式运用。

(二)单元目标分析

1. 从特定内容所承载的核心素养来看

相遇问题属于数的运算范畴，从特定素养看，集中于模型思想的培养。模型思想在行程问题范畴主要是指从现实生活中抽象出数学问题，用数学符号建立方程、不等式、函数等表示数学问题中的数量关系和变化规律，求出结果并讨论结果的意义。

在著名教师朱德江的《路程、速度和时间》一课上，就很好地体现了模型思想，朱老师引导学生根据建立的数学模型解决问题，不但能体现了模型的价值，而且能促使学生进一步思考，从而完善模型，培养学生的严谨性、灵活性和思辨性。

“数学模型”可以表示一类数学问题的解题规律。数学化的过程，就是概括数学规律、验证数学规律和运用数学规律的过程。在小学数学课堂教学中，要重视数学模型的形成过程，能运用数学模型解决一些相关的实际问题，通过实际问题的解答，验证数学模型是否正确、合理。

对于相遇问题，最主要的数学模型是“路程和＝速度和×相遇时间”，以及它的逆命题“相遇时间＝路程和÷相遇时间”。对于植树问题，略为复杂。在两端都种的情况下，植树棵树＝间隔数＋1；在一端种一端不种的情况下，植树棵数＝间隔数；在两端都不种的情况下，植树棵树＝间隔数－1。

对于这两类问题的数学模型，要引导学生学会从实际出发，在解决问题的过程中，通过观察、比较、画图、探索等数学活动，逐步概括出这一类问题的解题规律，抽象出相应的数学模型。

2. 从数学学科一般核心素养来看

重点要培养学生的应用意识。在小学数学教学中要培养学生的应用意识，教师一定要在“数学”与“生活”之间架起一座桥，让学生有机会在这座桥上不断往复，既能借助生活经验理解数学，又善于用数学的眼光观察生活；既能从生活中提出数学问题，又能运用数学的知识方法解决现实世界中的问题。所以在相遇问题和植树问题上，都是从生活的情境中引入，最后又在生活中应用，使学生感受到数学的实用性。

3. 从学生发展核心素养来看

在研究相遇问题的过程中，学生充分的感悟数学与生活的密切联系，教师引导学生理解模型的形成过程，通过实际问题的解答，验证数学模型是否正确、合理的过程中利于提升学生自主探究的学习能力、探究精神、科学精神。

分析确定本单元中具体教学内容培养核心素养的目标见表1。

表1　核心素养目标表

<table>
<tr><th rowspan="2">年级</th><th rowspan="2">内容</th><th colspan="2">数学学科核心素养</th><th colspan="2">对学生发展核心素养的渗透</th></tr>
<tr><th>体现出的核心素养</th><th>如何体现</th><th>体现出的核心素养</th><th>如何体现</th></tr>
<tr><td>二上</td><td>倍数关系</td><td>模型思想
几何直观</td><td>从学生熟悉的情境中引入，借助长条图模型，使学生更加直观地比较物体数量的多少盒发现其中倍的关系，从而使学生感悟出数量关系。</td><td>学会学习
（乐学善学）</td><td>在教学中，长条图可以换成纸条实物呈现，让学生在“做一做”中感悟数量关系，激发学生探索的兴趣，使学生乐学善学。</td></tr>
<tr><td rowspan="2">四上</td><td>速度、时间和路程</td><td>模型思想</td><td>借助生活情境，充分调动学生已有生活经验，引导学生经历数学建模过程。</td><td>学会学习
（乐学善学）</td><td rowspan="2">通过情景引入教学内容，激发学生探索的兴趣，使学生自主地进行探索，使学生感悟到数学的有用性。</td></tr>
<tr><td>单价、数量和总价</td><td>模型思想</td><td>提供丰富的生活情境，注重与生活实际的联系，让学生在实际情境中感悟数量之间的关系。</td><td>学会学习
（勤于反思）</td></tr>
</table>

（续）

<table>
<tr><th rowspan="2">年级</th><th rowspan="2">内容</th><th colspan="2">数学学科核心素养</th><th colspan="2">对学生发展核心素养的渗透</th></tr>
<tr><th>体现出的核心素养</th><th>如何体现</th><th>体现出的核心素养</th><th>如何体现</th></tr>
<tr><td rowspan="2">四下</td><td>相遇问题</td><td>模型思想
几何直观</td><td>围绕主要的问题情境进行有深度的探究，再通过引入新的情境，实现学生对数量关系更深刻更全面的认识。
借助实物和直观图形帮助学生理解不同的数量关系。</td><td rowspan="2">学会学习
科学精神</td><td rowspan="2">继续借助数量、图形等手段理解问题，并主动探寻三者之间的关系，以追求对数结构的完整认识。建立不仅知其然更要知其所以然的思考意识，主动运用图形理解数学问题。</td></tr>
<tr><td>植树问题</td><td>模型思想
几何直观</td><td>运用变与不变的思想，理解植树问题，逐步概括出这一类问题的解题规律，抽象出相应的数学模型。</td></tr>
</table>

二、“相遇问题”教学案例分析

从课前学情分析来看，学生在分析数量关系、发展核心素养方面是存在显著差异和普遍需求的。需要教师在教学中给予充分的关注和准确的回应。越是核心的素养，就越不可能仅通过一课时或几课时就完成。它应该渗透在一个单元各部分内容的教学之中。让学生有机会在整个单元的学习中，不断地感悟、联系，进而形成对核心概念较高层次的理解，提升学科核心素养。下面结合几个具体设计进行分析。

(一)教材说明

相遇问题是行程应用题的一部分。这部分内容是在学生掌握一个物体运动的有关速度、时间和路程之间数量关系的基础上安排的。主要是研究两个物体在运动中的关系。本课教材顺应新课程标准的要求，选择学生用已有的知识和经验能够解决的现实问题，让学生在自主解决相遇问题的过程中，认识混合运算式题，理解运算顺序，学会计算。由于相遇问题中速度和的概念比较抽象，此类题目的发展变化也比较复杂，不易被学生理解掌握。因而，我借助几何直观帮助学生理解问题，进而引导学生提炼出数学模型来掌握这部分知识。

本内容和实际生活有一定的联系，所以我首先编写了准备题，让两名同学进行演示。通过演示，学生初步理解相向、同时、相距、相遇等术语的意义。接着编写了学生在上学时经常遇到的相遇问题，让学生利用不同方法解决实际问题。接着对例题进行探究，学生在解决问题的过程中掌握相遇问题的解题方法。最后通过练一练、提高练习和挑战自我题加深对新知的理解，从而培养学生解决实际问题的能力。

(二)课时目标

基于对教材的分析和“大单元”设计的把握，拟定课时目标如下：

理解什么是相遇问题以及同时、同向、相遇等词语的意思；

理解相遇问题中路程和、速度和、相遇时间三个概念以及三者之间的关系；

理解并掌握相向运动问题中，求总路程的三种(正好相遇、还相距一段距离、擦身而过后相距一段距离)解题方法。

其中，教学重点是“理解相遇问题中路程、速度和、相遇时间三个概念以及三者之间的关系”。教学难点是“使学生理解并掌握相向运动问题中，求总路程的三种(正好相遇、还相距一段距离、擦身而过后相距一段距离)解题方法”。

(三)学情分析

到了小学高年级经常会出现一些看上去非常简单的题目，学生却容易发生错误，如：一辆收割机1/3小时收割小麦4/5公顷，照这样计算，1小时收割多少公顷？这道题中虽然出现了分数，但涉及的数量关系其实是中低年级已经学过的数量关系。这道题看似简单，正确率却非常低，所以我认为，当前学生分析数量关系的能力普遍呈现下降趋势。带着这样的疑惑，我调查了四年级一个班的学生，了解他们对速度、时间、路程，单价、数量、总价，两组基本数量关系认识和掌握情况。调查问题包括：(1)你们了解速度、时间、路程，单价、数量、总价这两组数量吗？(2)你们能用关系式表示出每一组数量三者之间的关系吗？

对于第一个问题，大部分学生都了解，在三年级的教材练习中曾出现过，但对于三者之间的关系，有的学生都说不清楚，有的只能说出一道乘法算式，对于除法算式也只有部分学生能熟练地表示出来。

(四)教学设计

1. 从生活情境中，感悟数量关系

结合具体的问题情境或任务情境，让学生从具体的情境中理解问题。从学生熟悉的生活情境引入，让学生真正地做一做，看一看，让学生理解一些术语，为后面的教学打下坚实的基础。

引入：(从班里找一个学生)

师：××起立，看着老师，听清老师的话，其他同学可要听清楚、看好了。××，我说开始你就向老师走过来，我说停你就停。准备好了吗？开始。(××与老师一起演示相对而行，但不相遇。)

师：刚才我和××是怎样走的？

生：面对面走的，同时走的，同时停的。

师：继续看，××开始。(相遇时停)

师：这次你们又发现什么了？

生：撞到一起了。

师：很好，就是撞到一起了，这一撞可撞出了数学知识，谁知道这叫什么？

生：相遇。

师：谁来说说什么叫相遇？

指导学生说出：两个物体相向而行最后遇到一起就是相遇。

师：假如我刚才走了5分钟，××，你走了几分钟？

××：也是5分钟。

师：为什么？

××：我们是同时开始，同时停止的。

师：(问全班)那我们一共走了几分钟？

生：还是5分钟，因为你们是同时开始，同时停止的。

师：很好，我们共同的5分钟在这叫相遇时间。

揭示本课内容：今天，我们就来研究研究相遇问题。(出示PPT)

图1　示意图1

师：我们再通过动画演示巩固一下刚刚提到的几个专业术语。(课件演示)

生：边看边回答，加深印象。

通过直观演示以及线段图的动画演示体现了几何直观的必要性，学生和老师的演示，使学生初次感受相遇问题；接着又利用线段图动画的形式，让学生再次加深对相遇问题的认识。这样的几何直观帮助学生把复杂的语言变得简明、形象，有助学生探索解决问题的思路，预测结果。几何直观可以帮助学生直观地理解数学、在整个数学的学习过程中发挥着重要作用。

2. 借助几何直观，建立模型

借助直观图形帮助学生理解不同的数量关系，经历数量关系模型的建立过程。在本课学习之前，学生已经学习过了"速度、时间和路程"三者之间的关系。那么对于相遇问题的这种类型应用题，学生就不会那么陌生。在课堂上，通过"演一演""说一说""画一画"等活动，让学生充分地理解相遇问题与速度、时间和路程之间的联系。

例：亮亮和芳芳同时从甲乙两地相对走来，亮亮平均每分钟走100米，芳芳平均每分钟50米，4分钟后两人相遇，求甲乙两地相距多少米？

师引导：题中有亮亮和芳芳两个小朋友，把手举起来，左手当作亮亮，右手当作芳芳，边读题边把他俩的运动作出来，做完不要动。

师问：看看你们的双手和身体，亮亮和芳芳在哪相遇的？胸前对吗？为什么？

指导学生说出，芳芳走得慢，走的路程就短，应偏向芳芳。

很好，现在我们一起把这道题用图展现出来。拿出纸和笔跟着老师一起画。(指导学生画线段图)

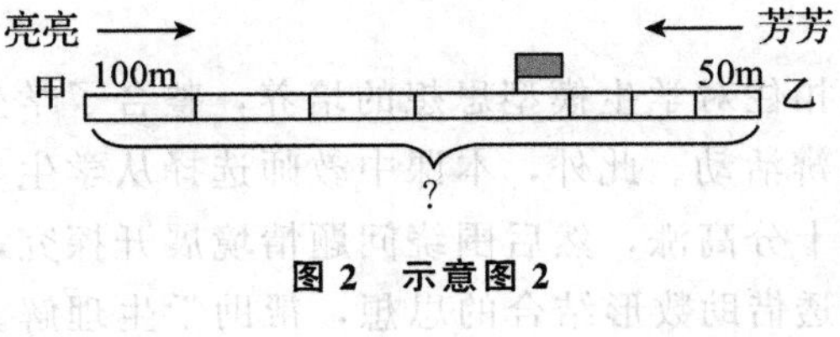

图2　示意图2

师：看着自己的线段图，开始解答，(师巡视)如果有做完的，做得快的同学再想一想还有没有其他的解法？

找学生把列式写在黑板上。(两种方法)

100×4＋50×4　　　　　(100＋50)×4

找学生讲一讲：

第一种方法：先求亮亮 4 分钟走的路程，再求芳芳 4 分钟走的路程，最后相加就是总路程。

第二种方法：先求亮亮和芳芳 1 分钟一共走的路程，再求亮亮和芳芳 4 分钟一共走的路程，即甲乙两地相距的路程。

让学生指出自己不明白的地方。

找“小老师”讲一讲，若讲不清楚老师再补充。(重点引出速度和)

巩固练习：(出示 PPT)

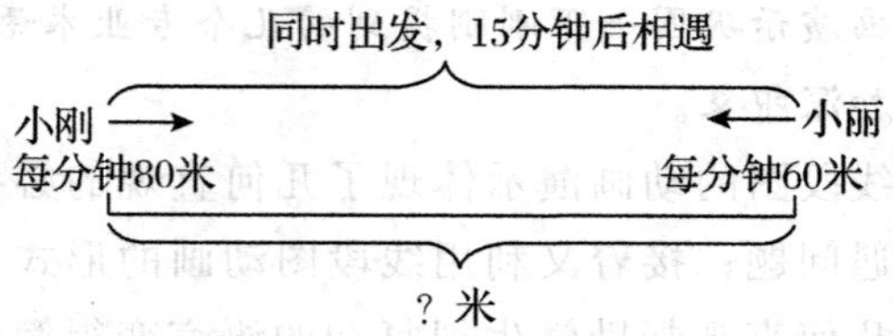

图 3　示意图 3

师：谁能用语言把这道题叙述一下？

(生叙述后，让学生用自己喜欢的方法列式。)

说明：在相遇问题上求总路程要用速度和乘相遇时间。

板书：路程 ＝ 速度和×相遇时间。

3. 借助模型，实现应用

利用数量关系解决实际问题，让学生在问题解决的过程中体会知识的有用性。数学活动经验的积累是一个循序渐进的过程。用抽象的数学模型解决实际问题，不但能反映数学模型和实际问题的内在联系，而且能强化学生应用模型的意识。对于四年级学生而言，刚刚的两个问题情境的引入，只是最基本的相遇问题，要为学生提供更全面的问题，更深入地认识相遇问题。

(1)欢欢和乐乐同时从两家出发，相向而行，欢欢每分钟走 80 米，乐乐每分钟走 100 米，经过 3 分钟两人还相距 200 米，欢欢和乐乐家相距多少米？

(2)欢欢和乐乐同时从两家出发，相向而行，欢欢每分钟走 80 米，乐乐每分钟走 100 米，两人相遇后擦肩而过，5 分钟后一回头，两人相距 160 米，欢欢和乐乐家相距多少米？

相遇问题一课紧紧扣住对学生模型思想的培养，整合了学生熟悉的生活情境，设计了学生乐于参与的思辨活动。此外，本课中教师选择从学生参与活动开始，使学生在一开始学习的兴趣就十分高涨，然后围绕问题情境展开探究，培养学生乐学善思的意识和能力。尤其是渗透借助数形结合的思想，帮助学生理解。以知识为载体，培养学生逐步地学会学习，应该是每节课的重要目标。

相遇问题一课紧紧扣住对学生模型思想和几何直观的培养，整合了学生熟悉的生活情境，设计了学生乐于参与的思辨活动。此外，本课中教师选择学生身边的事例带动学生展开探究，培养学生乐学善思的意识和能力。笔者希望像这样的教学内容能更厚重，验证——提升学生的理性精神，严谨地思考问题的习惯。沟通联系——突出本质实现关联。如日本数学家米山国藏所言：不管学生日后从事什么工作，深深铭刻在心中的理性精神、严谨的思维方法、看问题的着眼点，可以随时随地产生作用，使他们终身受益。

“五健康”引领少先队　活动落实核心素养

戴　彦

根据学校、师生发展的需要，自2004年起，我们黄土岗小学[①]一直在坚持实施“健康教育”，重点是在师生言行方面。“健康教育”使学校、教师与学生都发生了很大变化。但是，“健康教育”如何深入是我们急需解决的问题。因此我校在总结经验与问题的基础上，开展“五健康”文化与学校特色建设：能说健康话、能行健康事、拥有健康心、能健康学习、能健康发展。这赋予“健康教育”更深刻的内涵。

学校文化是学校的灵魂，是学校优良传统的长期积淀。学校特色是对学校传统文化的继承与创新，是学校文化的外在表现，学校特色建设虽然有着各种各样的形态、模式和行为表现，但其内涵是文化。从某种意义上说，学校的文化内涵是可以从学生的各种表现中得以体现的。而这种表现反映出的是学生所受到的教育，这种教育一定是植根于学校文化的沃土之上的，是以学校文化为引领的。就少先队而言，对队员的教育是通过各种各样丰富多彩的少先队活动来达成教育目的的，而这些少先队活动一定必须是建立在对学校过去、未来和现在的深入调查分析，准确定位特色的基础之上的。

我校是建于20世纪50年代末的农村小学，建校初条件艰苦，1998年学校搬进崭新的教学楼，随着农村城市化进程的推进，学校有了翻天覆地的变化。特别是健康促进工作带动并深化了学校工作，校风、师生变化巨大。但是分析学生的现状我们仍然可以看到，在我校的学生中，85%的学生为外地务工人员的借读子女。大量外来借读学生的家庭条件相对艰苦，家长忙于生计，学生的卫生习惯、学习习惯、生活习惯较差。在这样的校情、学情的分析下，我校又进一步细化制定出黄土岗小学学生九大核心素养。

基于以上的分析在学校少先队各项工作的开展过程中，都始终以落实社会主义核心价值观为核心，以学校“五健康”文化为引领，以丰富多彩的少先队活动为载体，在各种形式的活动中落实培养队员的九大核心素养。通过少先队科研实践，通过潜心的探索与科学的研究，我校的少先队活动初步形成了有黄土岗小学特色的教育活动课程体系，将之落到了实处，在工作的开展中经过不断的总结反思，有了自己的成长与收获。

---

① 黄土岗小学隶属于丽泽中学教育集团。

一、传统活动课程有创新

在我校少先队以往开展的各项教育活动中，有相当一部分活动是在长期的摸索中形成的，有切实的教育效果的，已经固化下来形成了黄小传统的活动课程。例如：每个假期的走进博物馆活动；指导队员回归社区志愿服务活动；每个学年 9 月开展的系列开学第一课活动；少先队红领巾集体舞、小合唱比赛；10 月开展的“踏寻先辈的足迹践行核心价值观”综合实践活动，10 月 13 日“价值观引领红领巾 健康娃传承先辈旗帜”少先队大队会、少代会及大队干部竞聘活动，10 月 18 日“我与黄土岗小学的故事”校庆日专题活动、“践行价值观赏传统文化”民族文化进校园活动；11 月开展的“践行价值观安全记心间”系列安全教育活动；“文明勤俭黄小生 践行核心价值观”少先队活动课展示评比活动；每年三月的学雷锋活动；“孝老敬老”敬老院慰问和到张淑英奶奶家慰问活动；等等。这些活动有在校园内开展的，也有学校积极创造条件整合多方教育资源带学生走出校门开展的，而且每一项活动开展之前少先队都会对队员进行有针对性的教育引导、行前课培训及活动方案部署；开展活动过程中也会随时关注队员活动的实际情况，随时给予队员必要的指导；活动结束后还会根据不同年级队员的年龄特点布置活动，收集反馈，交流评价。

以 9 月 10 日教师节为例，学校每年都会开展不同形式的教师节庆祝活动，开展这样的活动一方面是为学校教师庆祝自己的节日，另一方面是在活动的过程中，教育队员感念师恩。因为只有当队员不论何时何事都心怀感恩方能将其落实到自己的一言一行当中去，这也是学校“五健康”文化中能说健康话、能行健康事、拥有健康心的一点具体体现。在 2023 年的教师节活动中结合社会大背景我校少先队将传统的教师节庆祝活动进行了创新，开展了以“我眼中的您”为主题的系列庆祝活动，在活动中全体队员拿起手中的画笔，为自己喜爱的老师亲手画了一幅画像，高年级的学生更是以图文并茂的描绘表达出了自己对老师的感恩，在教师节前夕，少先队大队将队员们的作品在全校进行了展示，展示过程中不仅仅是队员们围在展板的周围细细品评，老师们也三五成群兴致勃勃地在展板中寻找着自己的身影，每当看到一幅形象逼真的画像，不论队员画的是不是自己，老师们都会兴奋地相互转告，画像本人的模特老师更是难掩心中的喜悦。教师节当天少先队大队委员会的小干部们，还代表全体队员为每一位老师亲手送上了一封感谢信，虽然只是一封轻轻的贺信，但它足以表达出孩子们对老师谆谆教导的感恩；虽然只是一张质朴的绘画，但它足以拉近孩子与老师心灵的距离；虽然只是一次简单传统的少先队活动，但是因为有了创新，激发队员用心去创作，因而它的收获远比用金钱换来的精美礼品要有意义得多，要更加有实效，更加接地气。类似这样的活动我校少先队每学年都要开展许多，并且力求做到让每一次活动都始终以落实社会主义核心价值观为核心，紧密地以学校“五健康”文化为引领，活动都在传统的基础上有所创新，将活动落到实处，使每一个参与活动的队员都能在活动中有所收获，切实在活动中落实对队员黄土岗小学九大核心素养的培养。

二、特色活动课程创品牌

少先队活动是少先队教育的有效载体，少先队队员的教育有相当重要的一部分都是通过各种活动的开展去落实的。这就要求学校少先队在开展活动的过程中一定要结合学校的实际情况，开展有特色的教育活动，并在此基础上，将学校少先队特色活动课程创出品牌来，这才能及时落实学校少先队的教育，在收到良好的教育效果同时得到家长和社会的认可。在这方面我校少先队也进行了长期、大量的探索，并总结出了一定的经验，一部分少先队活动课程已经可以被称为具有黄小特色的少先队品牌活动。例如：2018 年 10 月在继 2016 年成功举办“梦开始的地方——黄土岗小学首届学生节”之后，我们再次在更高的平台——北京民族文化宫成功举办了“历六十载风雨 展二十年芳华”校庆社团会演活动。虽然通过学生艺术节我们积累了一定的经验，但是 2018 年的校庆社团会演不论是从活动的筹备、场地的提升、参加人员的范围和人数，还是对演出质量的要求都是又一次更新、更大、更艰巨的挑战。整个活动从策划到圆满举办历时将近十个月，全校教师和学生积极投入，精心排练，家长们全力配合，校领导及合作单位大力支持，当天的活动十分精彩，呈现出的效果得到上级领导、社会各界的高度评价，这都足以成为我校的品牌活动课程，这也是我们将活动课程进一步精品化的动力。正是通过这样的品牌活动课程，我校的教育活动课程不论是在学校、家长、学校周边资源单位以及社会上都得到了一定程度上的认可，学校的教育活动也多次被社会媒体所报道。再如：每年三月少先队都会如期开展的学雷锋活动；“孝老敬老”敬老院慰问活动和每年到张淑英奶奶家开展定点慰问活动等。这些都是学校少先队大队在充分挖掘学校周边社会教育资源，将之与我校教育相整合后，开展的长期、定点的少先队活动课程，在每一次活动开展的过程中，我校少先队大队都会结合学校教育的情况，安排相对固定但又次次有所创新的活动，力求让每名队员在黄小六年的校园生活当中，都有机会体验这样的活动，并且在活动中有所得。这不仅仅是让学校的队员们得到的锻炼成长的机会、展示才能的舞台，对学校“五健康”文化的推广，以及对学校在社会上的宣传都起到了积极的作用。

三、传统文化课程成体系

中华民族是一个有着五千多年悠久历史的民族，中国是一个有着源远流长的悠久文化的文明古国，因此对队员进行中国传统文化的教育也是少先队教育中不可或缺的重要内容之一。基于这一点，我校少先队探索着将传统文化的教育融入少先队活动课程当中去，以中华民族传统节日为切入点，结合每一传统节日开展“健康黄小生践行价值观 习文化 承传统 喜迎节日”系列活动，促进这一系列活动在少先队开展的特色活动课程中形成传统文化的特有体系。

例如，我校少先队从元旦新年的迎新活动开始，将之与假期的春节相结合，组织全校师生开展“健康黄小生践行价值观 习文化 承传统 喜迎新岁”为主题的系列元旦迎新庆祝活动。活动从启动到活动当天历时两周，活动期间全校队员以中队为单位学习有关新年的传统文化，学习春联、楹联来历的相关知识。并在学习之后发动家长一同参与活动，开展春联、楹联书写的评比展示。活动既让队员了解我国悠久文化，传承传统，又与学校培养学生的九大核心素养中“写一手好字”相结合，为学生搭建展示交流的平台。

类似的活动在每一个中华传统节日中，少先队大队都会以同一个大主题在全校开展，同时结合每一个传统节日所特有的文化特色，在活动中又会安排不同的形式：“正月十五写话元宵”“清明祭扫缅怀先烈”“端午佳节粽叶飘香”“中秋赏月喜庆团圆”“重阳佳节敬老孝亲”……通过每一个传统节日开展的丰富多彩的活动，将中华民族悠久的历史文化在队员中进行传播，让队员们通过活动课程去学习传承传统文化，通过体验去进一步理解文化的内涵，这也是学校“五健康”文化在学校少先队教育中具体的实施表现之一。

总之，少先队各项活动的开展都离不开学校文化建设的引领，只有在将活动植根于学校发展的沃土上，少先队活动才真正是本校队员所需要的，是为队员发展服务的，是落实践行社会主义核心价值观的好活动。

参考文献：

[1]吴剀．少先队教育科研方法与范例[M]．长春：北方妇女儿童出版社，2011.

[2]王延凤．优化少先队文化载体[M]．长春：北方妇女儿童出版社，2016.

[3]张先翱．张先翱少先队教育文集[M]．北京：中国少年儿童出版社，2014.

[4]团中央《辅导员》杂志社．少先队辅导员工作方法与技能[M]．北京：中国少年儿童出版社，2010.

[5]李静．学校特色建设思考与实践——基于(五健康)特色研究[M]．北京：光明日报出版社，2012.

首师大附属丽泽中学开设拓展训练社团课程的可行性研究①

于政月

拓展训练是一种能够快速、有效提升学生创新能力的训练方法。与传统的教育方式不同的是：拓展培训特别注重知行合一，讲究让学员在亲身经历中学会道理、感受真知。中学生更需要这样的训练，让他们身体力行，从而培养和提高团队合作能力、集体荣誉感、开拓创新能力等。通过体验项目活动中的情景设置，使参与者充分体验所经历的成功、喜悦、急躁、担忧等情绪，可以让学生深入了解自身(或团队)面临外界刺激时的心理反应与后果，进而学会控制自己的情绪，想办法应对所面临的情境，最后实现自我超越。

通过对丽泽中学学生现状的调查发现三大问题：学生意志力薄弱；缺乏团结合作意识；缺少自我挑战精神。基于这三点对开设拓展训练教学是否对其有积极作用做分析研究；拓展训练作为新兴的体育教学课程，为学生的校园生活增加一抹新的色彩。以拓展训练为框架，研究其在学生群体中发挥的积极作用和必要性，通过研究分析对丽泽中学开设拓展训练社团课程的可行性做理论依据和参考。

一、研究对象与研究方法

(一)研究对象

首师大附属丽泽中学开设拓展训练社团课程的可行性研究。

(二)研究方法

1. 文献资料法

在本论文研究过程中，根据研究目的和研究内容的需要查阅了相关文献，搜索并阅读相关资料，并进行了归纳、整理、分析和概括，从而为撰写本课题提供理论依据。

2. 访谈法

根据本研究需要走访相关专家，对丽泽体育教师进行访谈，就本课题涉及的问题进行探讨并记录，进一步了解有关首师大附属丽泽中学开设拓展训练社团课程的可行性，为本论文提供理论依据。

3. 问卷调查法

根据本研究需要，通过发放自编拓展训练调查问卷，在拓展训练课程方面对丽泽

① 本文获北京市第二届学校体育科学大会二等奖。

中学学生进行实际调查研究与分析。

根据本研究需要，设计了《首师大附属丽泽中学开设拓展训练社团课程的可行性研究》调查问卷，随机发放问卷后回收（见表 1），调查对象为丽泽中学高中部 3 个年级 50 名学生填写，其中高一男女生各 10 人，高二男女生各 8 人，高三男女生各 7 人。研究时间为 2019 年 2—7 月。

表 1　学生问卷发放及回收一览表

发放问卷数量	回收问卷数量	回收率	有效问卷数量	有效问卷率
50 份	50 份	100%	47 份	94%

4. 数理统计法

运用 Excel 电子表格软件进行相应的统计学运算，从而得出相关数据。

二、结果与分析

(一)丽泽中学社团课程开设情况及现状调查

1. 丽泽中学社团课程开设情况

首师大附属丽泽中学已开设多门社团课程，除了文化课社团外还有音乐、美术、瑜伽、篮球等，趣味性较强的拓展训练能吸引更多学生的眼球。

2. 丽泽中学学生现状调查

从表 2 的结果显示，学生的交际能力还是比较强的，但从访谈中得出，仍有部分学生因为性格原因或者太专注于自己的学业而忽视了与他人交流。

表 2　学生之间相处融洽情况($N=47$)

类别	融洽	较为融洽	一般	不融洽
人数(人)	38	7	2	0
百分比(%)	80.9	14.9	4.3	0

通过表 3 看出，学生去锻炼的频次不高。经过访谈得出原因：觉得没有时间锻炼，懒惰怕累，不能引起自己的兴趣等。

表 3　学生除学校安排外的锻炼身体情况($N=47$)

类别	经常	每周都去	不定时	基本没去过
人数(人)	4	4	20	19
百分比(%)	8.5	8.5	42.6	40.4

从表 4 看出，学生多半不是很热衷于集体活动，这与学生忙碌的学业有关，大部分学习都要占用课外时间，而且以独自学习为主，容易造成学生以自我为中心思想的膨胀，集体主义观念的淡薄，对于集体活动有着不自觉的抵触情绪。

表 4　学生是否经常参加集体活动的情况(N＝47)

类别	是，非常喜欢	是，但因为要求才参加	否，没有机会	否，不喜欢
人数(人)	22	22	1	2
百分比(%)	46.8	46.8	2.1	4.3

由图 1 得知，大部分学生对拓展训练是知道的，但是不熟悉，10.6%的学生不知道拓展训练。

由图 2 得知，表明大部分学生喜欢并且愿意尝试拓展训练课程，少部分学生缺乏积极参与的精神。

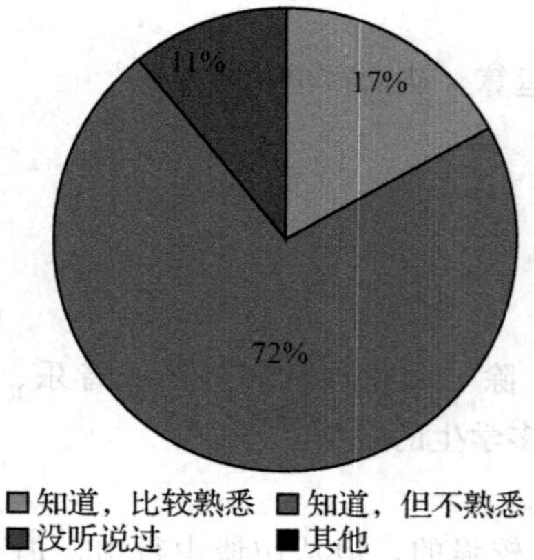

图 1　对拓展训练的熟悉程度

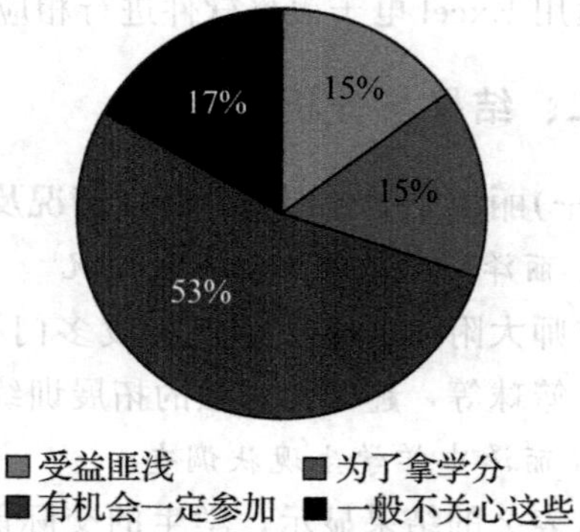

图 2　参加拓展训练的培训或讲座

从图 3 可以看出：大部分学生不喜欢具有挑战的、艰苦的活动。

从图 4 得知，57%的学生希望拓展训练的项目内容是野外生存，32%学生希望拓展训练的项目内容是游戏娱乐，选择军事训练的有 9%，选择其他的是 2%。

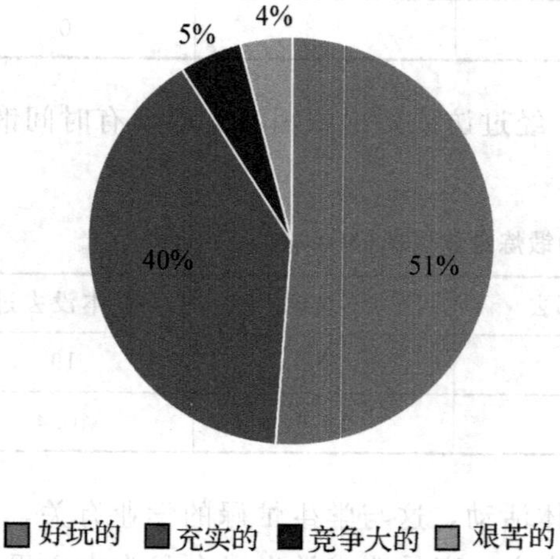

图 3　希望拓展训练的模式

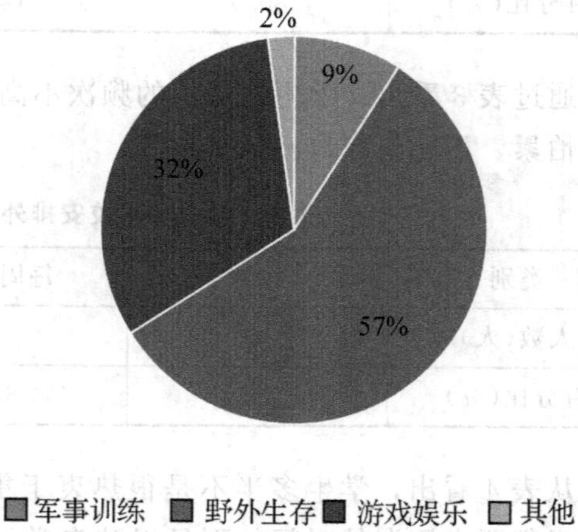

图 4　希望拓展训练的项目

从图 5 可以得出：绝大多数学生希望有一个可以是自己感到有趣、开心、兴奋、有意义的拓展训练课。

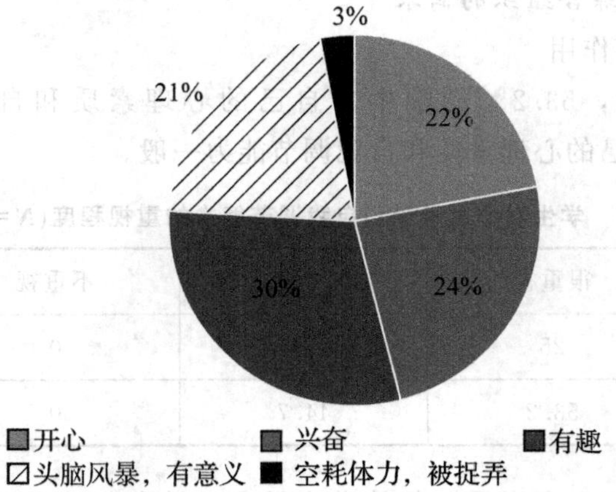

图5　(想象)参与拓展训练的心情

从图6中可以看出：绝大多数学生认为拓展训练课是能带给人锻炼和益处的。

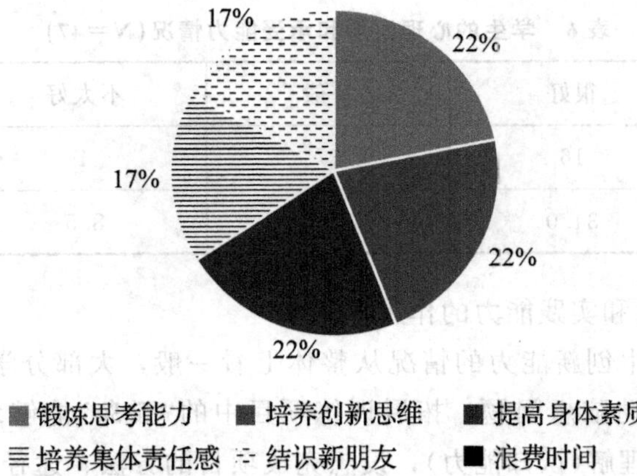

图6　拓展训练能否带来益处

调查问卷中列出了13项拓展训练项目名称后附解释，让学生们自行勾画出最喜欢的和最不喜欢的项目。从调查结果中看出学生们比较喜欢有趣的、运动量相对较小的项目；最不喜欢耗体力的、感觉到累的项目，从侧面反映出学生缺乏自我挑战精神。

综上所述，多数学生对拓展训练课抱有积极态度，一门新型体育课程的开展，必将引起学生的极大好奇，并且对学生的生活习惯和思维方式有积极改观。课程的开设既增多了学生的选择，又赋予了课程设置以新的活力。

(二)丽泽中学开设拓展训练社团课的必要性

1. 符合学校对学生综合素质的培养目标

通过访谈得知学生大多是独生子女，且从小受到家长的安排和保护，像温室里的花朵一样没有经历过什么困难和挫折。在学校体育社团活动中引入拓展训练课程，能提高大学生在面对困难、应对挑战，解决问题的心理素质和团队能力，这些良好的素质和能力完全符合现代社会对人才的综合素质的要求。

2. 符合学生自身综合组织的需求

(1)对心理素质的作用

表5的结果显示，53.2%的学生对自己的心理素质和自我调节能力很重视，44.7%的学生认为自己的心理素质和自我调节能力一般。

表5 学生对心理承受和自我调节能力的重视程度($N=47$)

类别	很重视	一般	不重视	不清楚
人数(人)	25	21	0	1
百分比(%)	53.2	44.7	0	2.1

从表6中可以看出心理素质一般的学生最多，学生非常重视心理素质和自我调节能力的锻炼，也希望锻炼和提高自己的心理素质和承受能力。而拓展训练刚好可以锻炼心理素质和承受能力，在一些项目当中，学生要不断地尝试、可能会不断地失败，从失败中总结经验，最终从失败的历练中取得成功。

表6 学生的心理素质和承受能力情况($N=47$)

类别	很好	一般	不太好	不好
人数(人)	16	27	4	0
百分比(%)	34.0	57.4	8.5	0

(2)对学生的创造和实践能力的作用

从表7得知，学生创新能力的情况从整体上看一般，大部分学生偶尔才会有创新想法，平时不爱积极动脑想问题。拓展训练项目中的“孤岛”能够培养学生创造精神，必须靠自己对项目的理解(认知能力)，设想完成项目的方法、途径和所遇到的困难(创造力)和积极认真地参与进来(实践动手能力)，才能找出完成项目的正确方法。

表7 学生的创新素质和创意情况($N=47$)

类别	很好	一般	习惯常规	比较没有
人数(人)	6	25	12	4
百分比(%)	12.8	53.2	25.5	8.5

(3)对学生的团队协作、人际交往能力的作用

由表8得知，大部分学生们团队合作很重要，但还是有一部分学生喜欢单打独斗，或者因为交往能力等顾虑，对团队合作产生畏难情绪。

表 8　学生对团队合作认识情况（$N=47$）

类别	提高工作效率	人多容易产生分歧	更喜欢一个人完成任务	看任务而定
人数（人）	33	7	1	6
百分比（%）	70.2	14.9	2.1	12.8

从表 9 中看出，学生的社交能力还有待加强。通过访谈部分学生得知，觉得自己善于社交的学生更加喜欢多交朋友，与人交流；认为自己社交能力一般和不好的学生，往往在与人沟通时觉得发怵。

表 9　学生的社交能力情况（$N=47$）

类别	很好，喜欢并善于社交	一般，怕有沟通障碍	不好，因为害羞	其他
人数（人）	23	23	1	0
百分比（%）	48.9	48.9	2.1	0

综上所述，拓展训练的作用，如促进心理素质的提升，对创新力、创造力的培养，对团队协作和人际交往能力的促进等，既是社会对现代人才的需求，符合学校培养学生德智体美劳全面发展的目标，也符合学生对自身综合素质能力提高的期许。

（三）丽泽中学开展拓展训练课的可行性

1. 拓展训练具有较高的安全性

在专家访谈时，北京体育大学拓展训练专项教师、博士生导师牛志培老师和张建老师表示：拓展训练中有些空中项目看起来非常惊险，但只要合理进行正确的保护是绝对可以保证学生安全的。拓展训练出现伤亡事故的概率是百万分之一。因此，在校园中开展拓展训练安全可以得到充分保证。

2. 项目的设计更具有知识性和趣味性

从图 7 可以看出，学生的感兴趣程度较高，为拓展训练课程的开展奠定了基础。

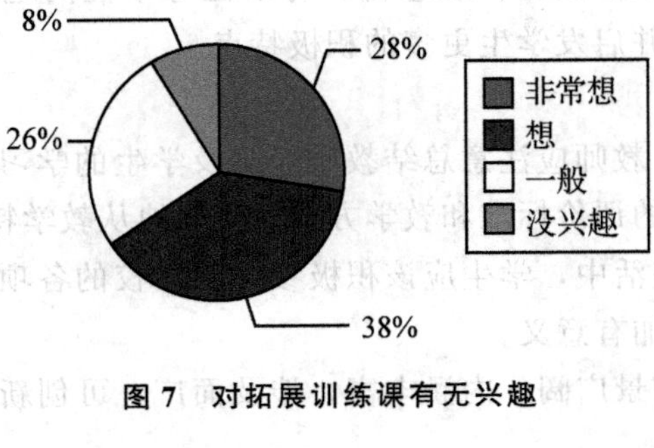

图 7　对拓展训练课有无兴趣

拓展训练目的是使学生在愉快的参与中学到书本上学不到的知识，感悟道理。同时，拓展训练能在短时间内吸引学生，激发学生参与的热情，让学生积极主动地参与到活动中来。

3. 丽泽中学具备开设拓展训练课的条件

(1)训练场地设施

首师大附属丽泽中学是丰台区一流的中学，体育设施完备，器材齐全。在学校操场南侧就有攀岩的训练场地，这为开展拓展训练课程提供了有力保障。我们可以因地制宜地来利用这些器材项目上拓展训练课程，这些项目基本可以满足锻炼学生意志力、团队精神、创新能力等素质条件。

(2)师资力量

丽泽中学体育教师综合素质较高，教师具有丰富的教学经验、娴熟的教学方法，高超的教学技术，对管理学、组织行为学、心理学等方面的知识也有一定的了解，可以按要求操作，合理组织，及时消除安全隐患，杜绝不安全行为，控制不安全因素，并消除学生的思想顾虑。

(3)教材

北京体育大学出版的毛振明、王长权编著的《学校拓展训练》、公共社团课拓展训练教学大纲里提到的盖瑞·凯朗特的《户外培训项目大全》、唐·赫克 & 柯特·汉森的《登山圣经》等可为丽泽中学开展拓展训练课提供参考。

三、结论与建议

(一)结论

(1)拓展训练社团课程在首师大附属丽泽中学开设是可行的，它寓教于行，在体验中将教与学有机地结合起来，形成良好的课堂互动。充分发挥了学生的主体作用，使学生主动参与进来，引入拓展训练课程具有积极的意义。

(2)拓展训练培养了学生的团队协作精神，增强了适应能力，有助于学生满足新时期社会对人才的需求。

(3)拓展训练社团课程对学生的体能、智力、情商、素质修养、道德品质都有积极的促进作用，符合素质教育的理念，开设拓展训练课程利大于弊。

(4)学生对拓展训练喜爱并且感兴趣想积极参与到拓展训练课程中，针对学生集体主义观念淡薄，思维活跃但散漫、理想化、有惰性等个性问题，拓展训练课程可以使学生改变这些消极特点并启发学生更多的积极特点。

(二)建议

(1)在教学过程中，教师应注意总结教学经验及学生的学习情况，根据教学内容和学情制定一套切实可行的评价标准和教学方式，更多地从教学特色出发设置教学内容。

(2)在三年的高中生活中，学生应该积极参与到学校的各项活动中，提高自身综合素质，使自己的生活更加有意义。

(3)拓展训练课程前景广阔，内涵丰富，涉及面广，可创新的内容很多，有待教师们进一步深入研究。

参考文献：

[1]朱奇志，王安翔，邓艳香．高校开展拓展训练对大学生综合素质的影响[J]．体

育科技，2009，3(30)：13—16.

[2]张金国．在高校体育教学中开设拓展训练课程的研究[J]．武汉体育学报，2006，40(10)：100—103.

[3]简波，谢斌．浅谈高校拓展训练开展的前景[J]．常州信息职业技术学院学报，2007，6(4)：41—43.

[4]李少明．将拓展训练引入高校体育教学的可行性研究[J]．保山师专学报，2007，26(2).

[5]陈雷．高校体育教学中引入拓展训练的可行性研究[J]．长春师范学院学报(自然科学版)，2011，10(30)：115—117.

[6]于海涛，常会丽．高校体育教学中开展拓展训练的可行性分析[J]．河南教育学院学报，2005，14(3)：73—75.

[7]毛毅钢．拓展训练对大学生人际交往影响的探析[J]．辽宁教育行政学院学报，2010，9(27)：51—53.

[8]孙卫卫．在艺术院校开设拓展训练课的构想[J]．体育世界(学术版)，2012(9)：129—130.

[9]蒋慧红．艺术专业学生的特点[J]．魅力中国，2011(3)：165.

系统思维指导下的初中化学单元整体教学实践研究①

李 萌

随着中学新课程改革的逐步推进，化学学科的教学方式也发生了很大的变化，为了落实学生核心素养的有效发展，本文针对初中化学的教学实际，提出了在系统思维指导下进行单元整体教学的教学模式。单元整体教学是以单元为单位进行的教学活动。用系统论来建立单元教学的整体观，使得单元整体教学不再停留在某一课时的教学任务，而是着眼于单元，这样使学生更注重思维的整体性和综合性。通过创设真实有效的学习情境，将学科知识进行有机融合，让学生在学习过程中系统地掌握学科知识并运用所学知识，发现问题、解决问题，同时形成正确的价值观和学科能力，最终发展学生的学科核心素养。

本研究主要采用的方法有文献法、行动研究法、问卷调查法以及访谈法。实践对象为笔者所在学校教授的两个平行班。首先，对学生发放问卷进行前测调查，并以学校期中考试成绩为前测成绩。其次，针对实验班进行单元整体教学，而对照班进行传统教学模式。最后，以期末考试成绩为后测成绩加以分析研究，同时通过观察学生学习过程表现以及反馈评价练习等方式分析研究教学效果，最终得到研究结论。

一、绪论

1. 研究的缘起

(1)现实要求

初中化学作为具有启蒙性及基础性特点的学科，化学知识相对而言较为零散、繁多，规律性不强，相关性不大，学生学习起来很难形成完整的知识网络体系。此外，在遇到一些综合性较强的问题时也会存在困难，缺乏相应的思维方法。

为了能够改善新课的教学，使得单元整体教学不再停留在某一课时的教学任务，而是着眼于单元，让学生不仅对化学充满兴趣，还能有知识、思维方法以及学科能力方面的实际收获，笔者进行了本次教学研究。

(2)理论要求

系统思维可以将初三化学或者其中的某一个或几个单元看作认识对象，从系统、要素、环境等方面综合地去认识理解，运用系统的几个属性——整体性、层次性、有序性和动态性等去剖析。在系统思维的理论指导下，在初中化学教学中进行单元整体

① 本文获北京市2020—2021学年度基础教育科学研究优秀论文评比活动二等奖。

教学是现阶段初中化学教学的需要。单元整体教学是以单元为单位进行的教学活动，进行单元整体教学有助于系统地掌握学科知识，促进核心素养的发展。

2. 研究的目的

(1)本论文通过理论和实践两个层面的研究相结合，在系统思维的理论指导下设计出初中化学单元整体教学所遵循的系统化原则以及具体的实施步骤，同时设计出具体教学案例。

(2)系统思维指导下的单元整体教学实践，发展学生的学科核心素养，促进学生系统思维能力的提升，从而在解决化学问题时有更好的思维和方法。

3. 研究的框架(见图 1)

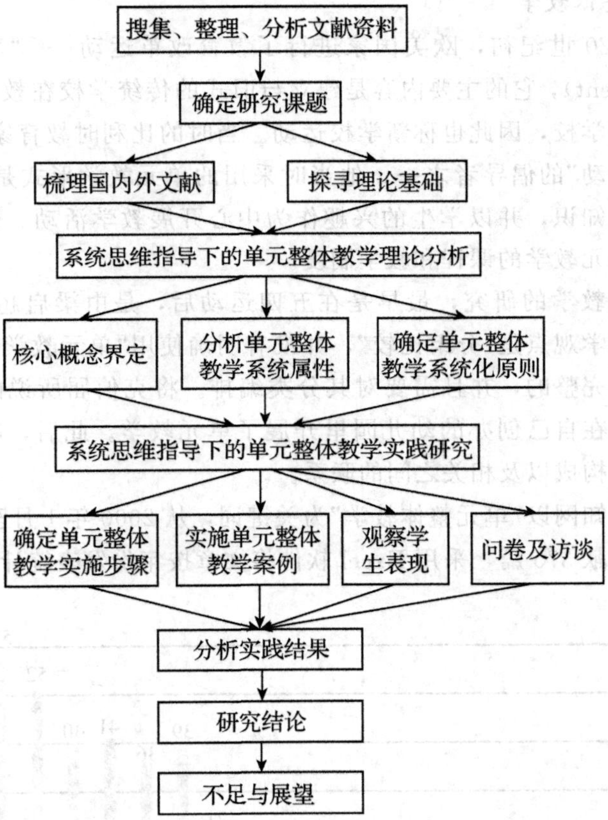

图 1　论文研究框架

二、文献综述

1. 关于系统论和系统思维

系统思维产生于 20 世纪 40 年代，最早由奥地利科学家 L. V. 贝塔朗菲提出，其发表的著作《一般系统论——基础、发展和应用》是系统论这门学科的代表作。在这部著作中他写道："我们被迫在一切知识领域中运用'整体'或'系统'概念来处理问题，这就意味着科学思维方式的转变。"这里所说的转变是由分析思维到系统思维的转变，也就是说以用“整体”或者“系统”为主的思维方式去处理问题。

在我国，20 世纪 80 年代开始系统论和系统思维有了初步发展。首先是王兴成先生介绍了什么是系统论及其相关内容，发表了两篇文章，分别是《普通系统论的历史和现状》和《苏联的系统论研究》。在很多领域，如经济、文化、教育、医疗等，系统思维都有一定的应用，但在哲学领域里，系统思维的研究工作较为突出，如《智慧的钥匙——钱学森论系统科学》《论系统思维》《中国系统思维》和《系统思维漫谈》等。

通过对国内外关于系统思维以及在化学教育等领域的研究分析，笔者认为系统思维作为一种高级的思维形态，对于解决复杂性问题有很大的指导作用，在教育方面同样有其重要作用。

2. 关于单元整体教学

在 19 世纪末 20 世纪初，欧美国家进行了教育改革运动——“新教育运动”(New Education Movement)，它的主要内容是建立与旧式的传统学校在教育目的、内容、方法上完全不同的新学校，因此也称新学校运动。当时的比利时教育家德可乐利(1871—1932)是“新教育运动”的倡导者之一，他当时采用的单元教学形式是将课程分成两类，即个人知识和环境知识，并以学生的兴趣作为中心开展教学活动。到了 20 世纪初期，许多国家建立了单元教学的课程和教学制度。

我国对于单元教学的研究，最早是在五四运动后，是由梁启超先生首先提出的。当然，他提出的教学观点是“分组比较”，并没有明确使用“单元教学”这个概念。此外，他认为教材应该是完整的，并且需要对其分类编排。将克伯屈所说的“设计教学法”实施的是陈鹤琴，他在自己创办的幼儿园里开展了单元教学。此后，叶圣陶先生也明确提出了教材单元的构成以及相关之间的联系。

笔者通过中国知网以“单元整体教学”为关键词，从 2000 年 1 月至 2020 年 4 月进行检索，共搜索到文献 375 篇，采用 Excel 软件将文章按年份发表统计如图 2 所示：

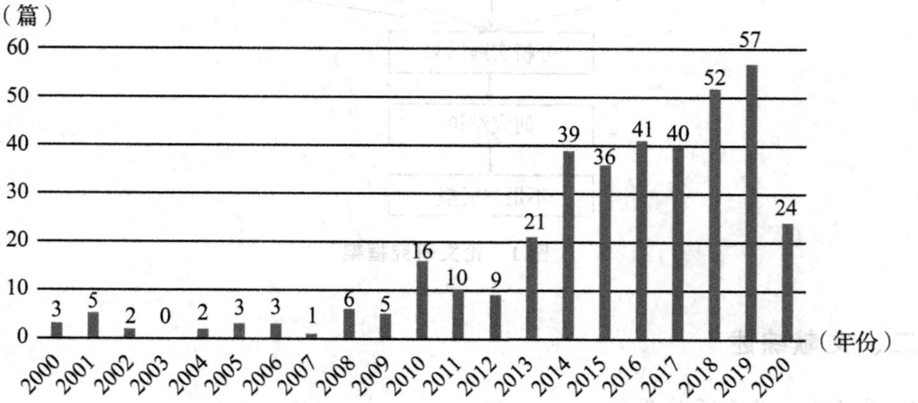

图 2　发表文章篇数统计

由图 2 的数据统计结果可知：我国的单元整体教学研究发展较晚，2010 年以前的相关研究研究极少，2010 年起有关单元整体教学的研究逐渐增多，尤其是近两年。由此可见，单元整体教学逐渐成为广大教育学者研究的热点。

通过查阅国内外单元教学及单元整体教学相关文献，笔者发现单元教学从起源到发展的过程经历了研究范围的逐渐广泛，研究程度的逐步深入，对于单元整体教学的设计也是愈发详尽和具体。

三、系统思维指导下的单元整体教学理论分析

1. 核心概念界定

(1)系统思维

“系统思维”最早是贝塔朗菲在1968年发表的《一般系统理论——基础、发展和应用》中提出的。苗东升先生认为系统思维既是一种思维方式，即把思维对象看成系统来认识事物思考事情，也可以指把大脑的思维活动看成一个系统来规范和运作的方式。

所谓系统思维一般是指把认识对象看作一个系统，从系统与要素、要素与要素、系统与外部环境的相互作用中去综合分析，考察认识对象的一种思维方式。

(2)单元整体教学

目前，关于“单元整体教学”的内涵还存在不同看法和阐述，通过综合分析，在本研究中，笔者认为单元整体教学是以单元为单位进行的教学活动。通过创设真实有效的学习情境，将学科知识很好地融合在一起，让学生在学习过程中，获得并运用所学知识，发现问题、解决问题，同时形成正确的价值观和学科能力，最终发展学生的学科核心素养。

2. 单元整体教学的系统属性

(1)单元整体教学的整体性

单元整体教学突出强调的就是整体性。单元教学中围绕某一主题，将相关联的知识组合在一起，让学生在知识建构的过程中借助思维导图等途径形成整体、系统化的知识网络。

(2)单元整体教学的层次性

基于某一主题的单元整体教学从本身上看是一个独立的系统，而这个系统是处于更大系统中的一个子系统。同样地，其本身还有自己的子系统。众多的系统就形成了系统的层次性。系统的不同层次，发挥着不同的功能，多个层次之间也发生相互影响及协同作用。

(3)单元整体教学的有序性

初中化学所涉及的单元整体教学的“有序性”是要按照一定的规则展开的，那最基本的规则应是知识的难易程度以及学生的认知理解能力顺序，而每个单元的内容设计也同样是由浅及深。有序的教学安排，会让中学化学教学层层深入，同时遵循了循序渐进的教学原则。

(4)单元整体教学的动态性

系统的动态性是指系统随时间和环境的变化而变化，而单元整体教学作为一个系统，同样也具有这样的性质。每一个教学设计在实施过程中都不会完全与预期一致，会有各种各样的课堂生成性问题，教学的过程中教师会根据课堂及学生的情况及时作

出调整，保证教学的流畅性。当然也正是如此，教学才有了魅力，才有了教学相长的意义。

3. 单元整体教学的系统化原则

(1)整体性原则

单元整体教学是围绕某一主题，整合相关教学资源进行的教学。在这个过程中，需要遵循系统的整体性原则。围绕某一主题的单元整体教学，首先要从宏观上对教学目标和教学内容有整体把握，明确该教学在初中化学系统中所占据的位置和体现的价值。其次，整合教学资源，创设主题情境，将所涉及的知识内容整体串联，形成单元下的小专题，再细化形成问题链，从而设计出有序的教学环节和步骤。

(2)层次性原则

系统是一个多层次的有机结构，单元整体教学设计时，要根据系统的层次性原则，分析出“主题—专题—问题”的思路。系统的不同层次，发挥着不同的功能，同样地，每个主题、专题和问题都有其承载的任务和功能，主要体现在教学目标的层次定位。围绕同一主题，进行不同深度的剖析，可以让学生将知识理解得更透彻，同时也让学生的学业水平、学生思维和核心素养得到进阶发展。

(3)有序性原则

每个单元整体教学的安排顺序，每个单元中专题的顺序，以及问题出现的顺序都要符合学生的认知规律和教学内容的内在规律。依据系统的有序性原则，可以在每个单元整体教学设计时列出“情境线—问题线—活动线—目标线”这样的教学线索，这样可以使教学过程清晰且有序。

(4)动态性原则

依据系统的动态性原则，单元整体教学在实施过程中，根据教学环境、学生情况等要素的变化，要作出相应的改变，从而更好地进行教学。此外，教学过程还受到大的教育环境的影响，处于随时都会进行信息交换的这样一个动态状态中，所以教学中不仅要根据系统内部要素改变而进行调整，还要关注大的教育环境，顺应时代需要，适时进行教育改革。

四、系统思维指导下的单元整体教学实施步骤

1. 整合教材内容，确定主题

单元整体教学中，主题的确定十分重要。在系统思维的指导下，主题选择的依据一是要贴近学生生活实际，激发起学生兴趣。二是要能承载学科知识，达成教学目标。三是有助于发展学生的核心素养。选择的主题可以是教材现有的单元，也可以在教材单元的基础上进行调整，还可以重新整合教材，自主确定主题。主题的选择可以由学生小组讨论、拟定，或者教师提供主题参考，师生共同确定。当然，无论主题如何确定，都要遵循整体性原则。

2. 根据所选主题，确定学习目标

主题选定之后，需要明确学习目标。学习目标是单元整体教学的核心，根据系统

的层次性原则，将整个主题作为一个大的系统，设定主题的教学目标，同时还要明确这一大系统下的子系统，即各个专题的小目标。目标的设定要符合课程标准的要求。

3. 分解主题，设计教学环节

根据系统的整体性原则、层次性原则和有序性原则，将主题进行剖析分解，从不同角度和方面设计相关专题，进而，再将专题进一步分解，设计成各个具体的教学环节。每个教学环节的设置，都要紧扣单元主题，同时做到条理有序，层层递进。笔者在进行单元整体设计时选择了四条“线”，分别是情景线—问题线—活动线—目标线。

4. 结合教学活动，确定评价方式及标准

确定单元整体的学习效果评价方式及标准同样是非常重要的步骤。从系统思维的角度来看，学习效果评价也是一个系统，它包含评价者、被评价者、评价标准、评价方式等多个要素，所以，在设计评价时，也要遵循系统性原则。在评价方式上，不能仅仅有对学生学业成绩的评价，更要注重学习的过程，注重发现和发展学生多方面的潜能，所以过程性评价尤为重要。评价工具中最常用的就是评价量规，量规的制定可以让学生来参与，并且在学习开始的时候就展示给大家。学生了解了评价方式和标准，学习就有了方向和引导，这便是评价的“以始为终”。

五、系统思维指导下的单元整体教学实践结果分析

1. 新课教学的知识载体明显，教学目标更易达成

通过基于某一主题的单元整体教学，将涉及的知识从整体性、层次性、有序性以及动态性运用系统化分析，进行整合，可以使知识的完整性、结构性更加突出。此外，教学内容围绕某一主题进行展开，将知识与生活情境相关联，可以使其应用性、解释性更加明显，学生的理解性也得以加强。

从对实验班同学的后测调查中，也了解到83%的学生认为知识并不是脱离生活实际，而是来源于生活又服务于生活，即知识的应用性体现明显。从对教师的听课访谈评价中同样了解到，老师认为这样的教学方式有助于教学目标的达成。

2. 激发学生学习兴趣，课堂学习参与度有所提高

在笔者所在的学校，日常教学中经常出现教师唱“独角戏”的情况，但是通过单元整体教学的教学模式后，学生的学习兴趣被激发，课堂的参与度也在一定程度上有很大提升。在对学生进行前测调查时，发现学生相比老师讲授，更喜欢以学生活动为主、教师适当引导的教学模式，那为什么还会出现课堂学生参与度不高，教师唱“独角戏”的情况呢？通过反思与分析，笔者发现并非学生兴趣不高，不想参与课堂活动，而是教师在教学环节中没有对学生活动进行恰当的设计，让学生想参与却没有机会参与，渐渐地，学生的学习兴趣降低，成绩自然也有所下降。为了改善教学，引入单元整体教学之后，情况有了变化。

3. 提高学生的核心素养，落实“立德树人”教育根本任务

“证据与推理”为主的学科核心素养有所提高。学生实证意识有所增强，学生在进行探究实验或完成探究性实验的题目时，能够有意识地去找寻实验证据去支持或证明

结论。

“立德树人”的教育根本任务有所体现。习近平总书记在全国教育大会发表重要讲话中谈到立德是要通过教育来引导学生能够从日常学习生活的一点一滴做起，加强品德修养，树立正确的社会主义核心价值观。笔者在单元整体教学中，不仅关注学生知识的获得，更关注学生品德的修养。

4. 发展学生系统思维能力，对解决实际问题有所帮助

笔者实施的单元整体教学是在系统思维的指导下进行的，在教学环节的设计上以系统思维的整体性为主要原则，将涉及的知识按照层次性及有序性与教学活动相结合。这样的教学会对学生思维能力的提升有着潜移默化的影响。在日常的教学以及学生的调查问卷中会发现，学生在解决化学实际问题或者做题时，经常感觉思维无序，不知如何入手分析，以至于在做化学试题时，不喜欢做一些综合性较强的题目。笔者认为学生出现的这种问题是由于系统思维能力不足造成的，即不能整体地看待问题，剖析问题的层次性、有序性等。通过单元整体教学，训练学生分析问题的能力，让学生尝试绘制思维导图。

5. 学生学习动机加强，化学成绩有所提升

学生经过一段时间的单元整体教学模式的学习，学习态度比以往更端正了，表现在课堂上积极踊跃地参与学习活动，以及在课下作业完成的质量更高了。通过课下与学生进行交谈，学生感到学习化学不再仅仅为了考试，而更多的是认为学化学有用，喜欢化学。从考试成绩上也有所体现。

参考文献：

[1] Bertanlanffy L. V. General System Theory (Revised Edition)[M]. New York: George Breziller Inc，1973：1，5，18.

[2] 苗东升．系统思维与复杂性研究[J]．系统辩证学学报，2004，12(1)：1—5.

[3] 周红安，郑颖．德可乐利的“生活学校”儿童教育实验述评——兼析德可乐利教学法的特点[J]．沙洋师范高等专科学校学报．2005(2)：89—92.

[4] 梁启超．中学以上作文教学法[M]．北京：中华书局，1932.

[5] 苗东升．系统思维与复杂性研究[J]．系统辩证学学报，2004，12(1)：1—5.

落实任务群教学，探索古典诗歌新学法

——以选修教材杜甫诗歌专题为例

刘亚勤

中国古典诗歌是中国古代文学中璀璨的华章，是中国古代优秀文化的载体。学习中国古典诗歌对文化的传承及学生人生观、世界观、价值观的形成和发展具有重要的意义和价值，因此，古典诗歌教学成为普通高中语文教学的重要板块和内容，也是提升学生语文核心素养的重要途径。

一、问题的提出

(一)教师的教

古典诗歌鉴赏在全国普通高等学校招生考试中的比重很大，这直接引导和形成了普通高中语文教学的一个重点内容。为了提升古典诗歌教学，老师们想出了多种多样的教学策略。或重视诵读，通过音读、意读、情读、美读等诵读方法，让学生充分领悟诗歌的语言美、意境美、情感美、节奏美，以使学生更好地理解和掌握古典诗歌的思想内容；或运用联想，细读文本，深入文本，品味诗歌的语言美和形象美等。可以说语文教师把很多课时及精力都花在了古典诗歌的教学上。然而现实回报给语文教师的，不是丰硕的果实，而是高投入低产出，古典诗歌得分率低，学生学得忙乱、迷惑，没有积极性。古典诗歌教学使语文老师陷入一个又一个的教学困境。

(二)学生的学

对古典诗歌，语文教师教得既累又气，而学生学得既苦又怕，兴趣淡薄，更甚者谈诗色变，望而却步，退避三舍。十几年的古典诗歌学习，学生所获得的诗歌知识是零散的、破碎的、僵化的，遇到一首新诗，零基础似的又得重新学习一遍，知识不能迁移，鉴赏能力停滞不前。最后，学生收获的不过是背会了几首诗而已。这也是高中语文诗歌学习的一个普遍现象。

二、解决思路

(一)整体把握，强化阅读步骤

诗歌同任何文学体裁一样，都包含四部分：题目、作者、正文、注释。题目是诗文内容的高度凝练和概括，可以交代背景、人物、事件、情感，是诗歌内容的一扇窗户，读懂题目，内容就了然于胸了。关于作者，也不能一读而过。诗人有熟识和陌生两种，有时会遇到熟悉诗人的陌生作品，有时会碰到陌生诗人熟悉化的作品。了解诗人，就可以知人论诗了。正文是诗歌的核心内容。注释为理解诗意搭建了一个重要的平台，是解读诗歌的一个有效抓手。

每个具有阅读基础的成年人都坚持从题目读到作者，再从正文读到注释这样的一个阅读路径，老老实实地将四个部分读个遍，而教师的精读细讲也遵循这样的思路。既然这是走进诗歌、理解内容的不二法门，老师就应该教会学生这样朴实的读诗路径，不跳跃任何字词，树立阅读诗歌的思维路径，强化诗歌阅读四步骤。

为何要强化这一点呢？因为学生读诗常犯的错误就是跳跃性太大，或心浮气躁，一带而过，或粗枝大叶，浅尝辄止，不能借助有效信息理解诗意。

(二)品读诗句，巩固知识手法

诗的本质在于语言的精粹，读诗就要品味语言。学生只有通过品味语言，才能了解诗歌基本内容，感悟语言的魅力，体会表达的情感。对附着在诗歌语言之上的诗歌基本知识和表现手法，也必须树立强烈的鉴赏意识，因为诗歌语言丰富的表现力是建立在一定的表现手法上的。如果没有手法，诗歌情感就会失去依托。同样，知识也是鉴赏诗歌的有效抓手。

高考考察近体诗、宋词居多，或有少量的古体诗。不管是哪种形式，品读诗句要得法。理解内容，平时教学要从“写了什么、写出了什么、怎么写的、写得怎样”四个层面老老实实品读每一句。这样，既能解决学生阅读鉴赏过程中的跳跃性问题，避免信息提取不完善、理解的片面性问题，又能巩固诗歌知识、全面深入掌握分析技巧。

(三)读写结合，提高鉴赏能力

《普通高中语文课程标准(2017年版)》“文学阅读与写作”学习任务群旨在引导学生阅读古今中外优秀的文学作品，使学生在感受形象、品味语言、体验情感的过程中提升文学欣赏能力，并尝试文学写作，撰写文学评论，借以提高审美鉴赏能力和表达交流能力。这一学习目标和内容要求学生养成写读书提要和笔记的习惯。根据需要，可选用杂感、随笔、评论、研究论文等方式，写出自己的阅读感受和见解，与他人分享，积累、丰富、提升文学鉴赏经验。教学中要运用专题阅读、比较阅读等方式，设置阅读情境，激发学生阅读兴趣，引导学生阅读、鉴赏、探究与写作，使学生所学知识结构化。

读写结合的教学策略可以引入古典诗歌专题教学中，特别是专题内容集中的，如怀古诗鉴赏、杜甫后期诗歌鉴赏等专题。教师可以以点带面，做典型分析，给例子，做示范；学生学分析，定思路，最后落实到笔头，用写作加深知识理解、训练书面表达，提高鉴赏能力。

高二阶段的古典诗歌鉴赏水平应高于低年级，强调灵活地运用知识，准确地判断分析技巧，深透地体会情感。以读促写，以写促读，读写结合。用任务驱动写作，能调动学生的积极性，更能使学生从写作中明确自己的不足，通过反复修改习作，激发学习的兴趣，获得学习的乐趣，体验写作的成功。同时，这样的教学可以解放老师，达到高投入高收益的效果。

三、具体实施

《中国古代诗歌散文》诗歌之部录选了杜甫《蜀相》《登岳阳楼》《旅夜抒怀》《阁夜》四首律诗，分布于三个单元中。虽然单元学习重点不同，但这几首基本作于诗人人生后半期"西南漂泊"时期，写作时间紧密，风格一致，章法接近，加上必修教材《登高》一诗，可以形成一个"杜甫后期诗歌思想内容鉴赏"专题。

(一)单篇入手，整体认识

1. 教师讲解

课堂详细讲解《蜀相》一诗，落实"以意逆志，知人论世"单元重点，理解《蜀相》的内容和主旨，深切感受诗中的意蕴美和情感美。

关注题目，回顾诸葛亮生平和功绩。梳理自己对诸葛亮的已有认知和评价。

回顾作者，全面深入探究杜甫一生遭际、政治理想以及杜甫写作这首诗时的心境。

品读正文，按照律诗起承转合的章法结构，梳理前两联写诸葛武侯祠之景，后两联议事抒情。体会诗人借游览古迹，表达对诸葛亮雄才大略、辅佐两朝、忠心报国精神的称颂以及对他出师未捷身先死的惋惜之情。分析设问、写景等写作技巧的表达效果。品析"自""空"等富有表现力且意蕴丰富深刻的字词。

借助注释，了解背景，理解诗意。

2. 学生写作鉴赏

学生习作第一稿：

《蜀相》赏析

首联写了祠堂的地理位置和自然环境，一个"寻"字将首联的一问一答巧妙地联系在一起，写出了作者急切寻找武侯祠的心情。"柏森森"形容柏树茂盛繁荣的样子。柏树象征坚毅挺拔，表达了对前人诸葛亮的怀念。"柏森森"又给人一种庄严的感觉，衬托出诸葛亮的伟岸。

颔联写诗人步入诸葛亮祠堂的所见所闻，但情感却发生了变化。"自"和"空"这两字尤为重要，独自和空有使颔联的情感转为低沉。"寻"到的结果是祠堂寂寥，悄无人迹。此时的诗人触景生情，不禁开始忧国忧民。

颈联两句是对诸葛亮一生功绩的概括。前句写诸葛亮的足智多谋，后句写他对两代君主及国家的忠心耿耿，诗人由此想到现在的局势，国家正处于动荡衰败之中，诗人希望此时也有像诸葛亮一般的忠臣来辅佐皇上。这里表达了诗人对国家的美好祝愿。

尾联表达了对诸葛亮的痛惜追念和敬仰之情。同时也概括了古今英雄在国家危难之际壮志未酬的悲慨。

评语：①关注诗歌整体分析，摒弃了零散化、碎片化、跳跃式的分析思路。②有推敲词语用法、关注手法效果的意识。③词语意蕴品析不到位，诗人情感揣摩不深刻。④语言表现力不足。⑤分析欠缺总结性或提升性内容。

3. 教师给鉴赏例子，做示范

《蜀相》全诗赏析

首联以诸葛丞相的祠堂去哪里寻找，在成都城外的一片翠柏之中起句，在一问一答中形成了浓重的感情氛围，笼罩全篇。“丞相祠堂”直切题意，语意亲切而又饱含崇敬。“何处寻”不疑而问，加强语势，并非到哪里去寻找的意思；“寻”字之妙在于它饱含了诗人对诸葛丞相无限钦慕的心情。这里柏树成荫，高大茂密，呈现出一派静谧肃穆的气氛。“柏森森”三字意味深长，展现出柏树伟岸、葱郁、苍劲、朴质的形象特征，高大茂密的柏树是诸葛武侯祠的标志，也是诸葛亮伟大人格的象征。

颔联紧承前文：碧草照映台阶独自显露春色，树上的黄鹂隔叶空自婉转鸣唱。这一联依然在写诸葛祠之景。“映阶碧草”“隔叶黄鹂”这些景物色彩鲜明，静动相衬，恬淡自然，无限美妙地表现出武侯祠内春意盎然的景象。面对着盎然春意，作者却有着独特的感受，表面是写景，骨子里却是抒情。由于自己心目中所敬仰的人已经不见了，所以，尽管映带在台阶两边的碧草并非不悦目，那藏身在森森的柏叶之中的黄莺儿的歌唱，也并非不悦耳，但诗人都无心赏玩，诗人将美好的春色一齐抹掉，来加倍突出对诸葛亮的敬仰之情，春色越美，鸟音越好，就越有助于表现这种心情。诗人将自己的主观情意渗进了客观景物之中，景中含情，情景交融。

颈联由写景转写人。先主为统一天下三顾茅庐，问计诸葛，诸葛亮辅佐两朝，开创扶助，满腔忠诚。这两句，从大处着眼，言简意赅，高度概括和评价了诸葛亮一生的功绩和才德。上句写诸葛亮的才略，得到刘备的器重，刘备曾三次去拜访他询问天下大计，虽然写到刘备，但重点仍在赞扬诸葛亮的雄才大略。下句从品德和事业方面写诸葛亮的忠贞，功盖三分国，然而他毫不居功自傲，充分表明了老臣谋国的一片忠心，这也是诗人敬仰诸葛亮的缘由。

尾联以情合。可惜出师伐魏未捷而病亡军中，常使历代英雄们对此涕泪满裳。这句咏叹诸葛亮病死军中功业未成的历史不幸。诸葛亮虽然壮志未酬，但他所表现出的“鞠躬尽瘁，死而后已”的崇高精神是诗人为之感动泪流满襟的原因。“长使”二字扩大了感染范围，不仅把普天之下的，包括诗人自己，而且把千百年后所有的有志未遂的英雄人物全都包括在内，使他们产生强烈的共鸣，而不能不为之同声一哭。

这首诗分两部分，前四句凭吊丞相祠堂，从景物描写中感怀现实，透露出诗人忧国忧民之心；后四句咏叹丞相才德，从历史追忆中缅怀先贤，又蕴含着诗人对祖国命运的许多期盼与憧憬。

在艺术表现上，设问自答，以实写虚，情景交融，叙议结合。结构起承转合，层次波澜，又有炼字琢句，音调和谐的语言魅力，使人一唱三叹，余味不绝。人称杜诗“沉郁顿挫”，《蜀相》就是典型代表。

(二)类化巩固，体会诗境

1. 抓住意象，体会意境

杜甫后期诗歌意象宏阔众多，气象万千，有山水、云天、风月、鸟兽、舟船等，大致可分为两类，一类是以山水云天等为代表的宏大壮阔类意象，另一类是枯草孤舟飞鸟等为代表的渺小孤寂类意象。

在《阁夜》一诗中，短景、天涯、霜雪、寒宵等意象营造出来的是寒冷萧条的气氛，鼓角、星河传达出来的是征战和动荡的气息，全诗意境宏阔壮观。《登高》中，急风、高天、啼猿、清渚、白沙、飞鸟等意象共同描绘出一幅明丽清爽的"峡江秋景图"，诗人接下来在一个更为广阔的时空中感受秋天的气息，萧萧落叶、滚滚长江为全诗营造了一种凄楚苍凉又雄浑开阔的意境。

2. 炼字炼词，品味语言

杜甫诗歌锤炼语言，讲究用词，往往"语不惊人死不休"。《登高》颈联十四字传达出八种悲愁，可谓言简而意丰。诗歌的语言往往是简略的，而承载的内容却是丰富的。在鉴赏诗歌时，要学会抓取关键词句，仔细涵咏推敲，体会诗人表达思想的丰厚性和抒发情感的深刻性。

《旅夜抒怀》首联写景，选取"草""风""岸""樯""舟"等意象共同组成了一幅江岸旅夜图景。本联的妙处在于多个形容词"细""微""危""独"等的巧妙运用，生动传神。草细弱微小，风轻柔，樯孤立突兀，舟孤独清冷，诗人寓情于景，通过写景展现自己凄苦的境况和自伤的情感：像江岸细草一样渺小，像江中孤舟一般寂寞。

3. 赏析手法，分析技巧

杜甫后期诗歌鉴赏专题中所选诗歌最突出的表现手法是借景抒情、融情于景。《蜀相》《登岳阳楼》《旅夜抒怀》《登高》等都是前两联写景，景中含情，情景交融。

此外，从章法上，这几首律诗的前两联与后两联形成了一种宏阔与逼仄相衬托的意境特点。《登岳阳楼》颔联"吴楚东南坼，乾坤日夜浮"极力形容洞庭湖水的浩瀚壮阔、无边无际，颈联"亲朋无一字，老病有孤舟"写个人身世之感，亲朋音讯全无，自己一身病痛，唯剩一条孤舟。从意境看，颈联狭窄，但与颔联一结合，诗歌意境就由宽阔突然转入狭窄，空阔的意境更激发了诗人飘零、孤独之感。在宏阔的宇宙天地和波澜壮阔的洞庭湖水中承载的是诗人老弱多病、不能再施展雄心壮志的痛心，以及他那为国忧愁为民担心的一腔热忱。诗人由天地想到自己再想到家国，万千感慨，萦绕心头，不能消除。正如清代史学家浦起龙所说："不阔则狭处不苦，能狭则阔境愈空"。"乾坤"与"孤舟"等意象相衬，展现出开阔壮大、雄浑苍凉、孤寂冷清的意境，呈现出沉郁顿挫的美学风格。

(三)深化认识，体会风格

1. 沉郁顿挫的诗风

(1)知识讲解(见图1)

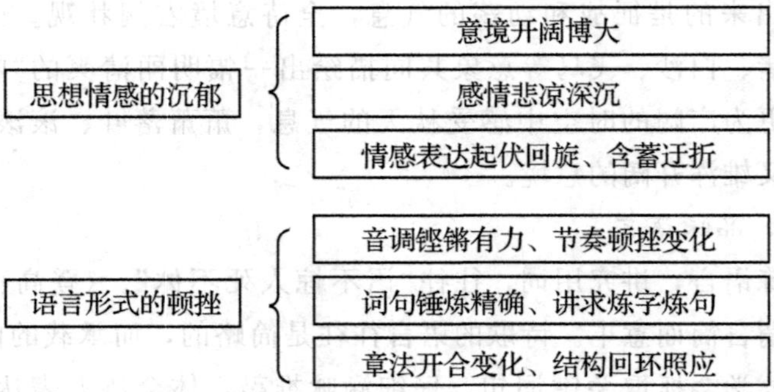

图1　知识讲解图

(2)写作鉴赏

练习：从境界格调、思想情感、情感表达、章法结构、遣词造句、音调节奏六个方面任选其一，赏析杜甫《登高》一诗沉郁顿挫的诗风。

学生习作例1：

《登高》沉郁顿挫诗风的赏析

王一芃

《登高》一诗通过写所见秋景，表达自己心中悲苦之情。前两联写景，后两联抒情。

首联以写景起，先用“风急”开端，诗人登上高山，山风劲力呼啸，天空阔远晴朗，猿猴哀伤啼鸣。水清沙白的岸边，鸟儿们回旋低翔。这联中，诗人通过风、天、猿、渚水、沙、飞鸟等意象和急、高、哀、清、白等形容词营造了一个凄冷萧瑟、哀伤肃杀的意境，动静结合，远近搭配，色彩分明清朗，好一幅登高远望秋景图。

颔联承前写阔达之秋景。诗人看着纷纷扬扬落下的树叶，看着不尽的江水奔流而过。这一联，诗人用“无边”形容落叶，用“不尽”形容江水，使人联想出落木萧萧，江水滚滚之壮阔与雄浑。在广阔雄壮的自然景物中，诗人除了对大自然的赞叹外，感受到的更多是个人之渺小与人生之短暂。由首联的眼前实景到颔联的想象夸张，诗人的情感更进一层，由悲秋进而感叹人生。这种将人生的感慨悲叹寄予身外自然之物，借景抒情，情景交融，情感抒发的沉郁悲凉。

颈联由写景转写人，情感为之一顿，诗歌意境由宏阔突然转入狭窄，但诗人心中的愁悲却是直接喷发，不可抑止，淋漓尽致地表现了出来。时序凄惨、远离故土、久旅他乡、暮年多病、孤独无朋，无一不体现和透露诗人悲惨的人生遭际和“致君尧舜上，再使风俗淳”崇高理想的破灭。这一联对仗工整，意境虽狭，但愁苦溢满，读之使人深沉悲叹。

尾联同样抒情，写时世之艰难，生活之困苦。诗人两鬓白霜，潦倒多病，以致无法再饮酒。诗人遭艰难潦倒之苦，有家忧更有国难，而自己却已经白了双鬓。从而抒发了自己壮志难酬的悲苦和遗恨。

全诗处处充满了沉郁之情，对仗工整，抑扬顿挫。

学生习作例2：

沉郁顿挫诗风在《登高》中的体现

刘雯洁

《登高》一诗的情感基调为悲苦、凄凉之情。而情感的表达也是起伏回旋的。

诗人首联以景起，广阔的天空中，疾风呼啸，风声中还夹杂着猿猴的惨叫声，直接营造了悲凄的意境，又通过“渚清”“沙白”“鸟回”等意象，具体化地描绘了一幅萧瑟、惨白之景。急缓强弱结合、动静相衬、远近相合，增强了气氛的悲凉。

颔联承接上联，续写秋日之景。诗人看见无边无际的树木上萧萧地飘下落叶，奔流不息的长江滚滚而来。此联中“无边”“不尽”的运用，展现了开阔的境界，使“萧萧”“滚滚”更富有画面感，可以让人联想到当时萧瑟、阔大的画面。如此辽远的境界仿佛可以冲淡诗人内心的悲伤，但落叶的萧瑟飘落却象征着诗人晚年时的漂泊无依，滚滚而来的长江更令人感受到时光的流逝。从对景物的描绘中将诗人暮年之悲，以及壮志未酬的抑郁，推上一个新的层次。

颈联由写景转写人，交代了诗人晚年长期漂泊在外，孤苦无依又身老力衰的情状。此联中有地远之苦，秋时之惨，羁旅之劳，久旅之疲，年老之孤，衰疾之悲，乡思之深。这八悲，用诗中的一个“悲”字高度浓缩，直接抒发悲情，使悲伤加深加重。

尾联以情合，诗人连用“艰难苦恨”极尽表达对国事的担忧以及不能为国效劳的痛苦之情。本以为悲情直接抒发，但诗人将笔墨从国事的“艰难苦恨”转到自身的“潦倒新停浊酒杯”这一生活细节上，由于对国事的过分忧心，以至于加速了迟暮时的白发生长，身体衰弱，使得自己连品质差的浊酒都不可饮用，心中的苦闷无处发泄。其曲折的章法使悲情深厚凝重，抑郁之情萦绕不散，悲戚异常。

学生习作例3：

赏析《登高》“沉郁顿挫”诗风

李慕涵

从思想感情上看：诗中首联，由“急风”“高天”“猿哀”“清渚”“白沙”“飞鸟”等意象，构成一幅登高遣悲之景，以此开篇为全诗奠定了凄凉孤独的情感基调。但这只是景对人的触动，而颔联写出木叶飘飞，长江奔腾不息，意境更无边、无尽、雄浑与辽阔，诗歌借大自然的时序更替和不息之景，表现诗人叹时世变迁之悲，有一种“黄鹤一去不复返，白云千载空悠悠”之感。在永恒的大自然面前，人生渺小短暂，悲感油然而生。由景之萧瑟苍凉到人生短暂，两重悲情叠加在心头，诗歌意蕴逐渐丰厚。

颈联是情绪的高潮。诗人触秋日之景，直言一句悲凉，尤为强烈，悲情层层递进，多次渲染。随后便感人生之悲，他已到暮年，身患多病，由景而生的多重愁绪一下子涌上心间。由单一愁苦到众多愁绪叠加，情感愈加伤悲，尾联看似情绪渐缓，但还未消停。有愁自有酒，白了双鬓，无力报国，国之愁情更添悲凉与凄怆，但杜甫又用酒加了一笔深沉，浊酒也因身体和贫困不能再喝，青春也不会再来，当年“致君尧舜上，再使风俗淳”之壮志也随时光逝去。愁情似缓缓落下，可却再消散不了，环绕在杜甫脑海中，生活中，心头上。这多重愁绪笼罩回旋，跌宕起伏，迂折不散。

2. 明丽轻快的表达

练习：

江村

杜甫

清江一曲抱村流，长夏江村事事幽。自去自来梁上燕，相亲相近水中鸥。

老妻画纸为棋局，稚子敲针作钓钩。但有故人供禄米，微躯此外更何求？

注：公元760年春，在亲友的资助下，杜甫在成都郊外的浣花溪旁建成了几间草房。长期颠沛的诗人一家在此度过了近五年比较安稳的生活，此诗就作于这一时期。

结合全诗说明尾联情感发生了怎样的变化。

下文为学生刘雯洁习作：

本诗前三联的情感是闲适的，但尾联的情感却变得寂寞心酸。

此诗记诗人在成都郊外茅草屋中的安乐生活。前三联渲染出一派恬静幽雅的田园景象。

诗的首联以景起，曲水抱村，夏日幽村。一个“抱”字，把清澈的泉水拟人化，生动形象地展现了江水的可爱。一个“幽”字，既有景物之幽，又有人事之幽。传达出诗人与周围山水自然的融合无间，体现了诗人的惬意。

颔联承接上联，续写村庄的自然环境。燕子飞翔，白鸥嬉戏。诗人通过对燕、鸥这些富有生机的生物进行细节描写，展现了乡村的生机，进一步反映诗人此时恬淡安逸的心境。

颈联由写景转写人事。妻子画棋，幼子做钩。如此平凡的生活场景对于经历长期漂泊的诗人来说是弥足珍贵，心中不由得生出亲切，温暖之感。

尾联中诗人认为眼前的安乐生活是通过老朋友赠送粮食以及钱财才有的，他这个平凡的人还可求什么呢？这里用了反问，加强了语气，从中可以感受到诗人的酸楚与自嘲。本来心怀大志的诗人，却落到依靠别人才能生存的地步，饱含辛酸苦楚。

实践课程范式导向下英语阅读教学中的学习模式探索

刘 宇

一、引言

《普通高中英语课程标准(2017年版)》明确提出了英语学习活动观，即学生在主题意义的引领下，通过学习理解，应用实践，迁移创新等一系列体现综合性、关联性和实践性等特点的英语学习活动，促进自身语言知识学习，语言技能发展，文化内涵理解，多元思维发展，价值取向判断和学习策略的运用。从目前教学现状来看，阅读教学虽已受到教师们的重视，但依然存在教师解读文本代替学生的解读和教学僵化模式，它不能发挥学生学习的积极性，不能体现学生在课程教学中的主体性。针对上述问题，我在英语教学中根据英语学习活动观，同时借鉴美国课程论专家施瓦布提出的实践的课程范式，探索初中英语阅读教学中师生互动学习模式。

二、实践的课程范式要素及其基本主张

实践的课程范式注重学生意义与兴趣相结合，着眼于教师、学生、教材和环境之间的互动，包括四要素和五个基本主张。

(一) 实践的课程范式四要素

美国的课程理论专家施瓦布在《实践3：课程的转型》一文提出了实践的课程范式。他认为实践的课程范式是由教师、学生、教材和环境四个要素构成的。课程是相互作用的有机"生态系统"，在这个"生态系统"中四要素要互动平衡。其体现在：

(1)除了教材外应把教师和学生作为课程的有机构成部分，它们是相互作用的主体。在教学中教师要了解学生，包括学生的已有知识，学习内容的难易程度，哪些内容能激发他们的学习愿望和满足他们的需求等。

(2)学习环境包括教学发生的环境(学校和教室)和学生彼此的关系。学生彼此的关系指他们的亲密程度，是朋友还是普通同学。这些都直接影响学生的学习效果。

(二) 实践的课程范式的基本主张

1. 课程的终极目的：实践兴趣(practical interest)

实践兴趣是指建立在对意义的"一致性解释"(consensual interpretation)的基础上，通过与环境的相互作用而理解环境的人类的基本兴趣。"实践兴趣"的核心是理解——理解环境以便能与环境相互作用。

2. 教师和学生是意义的创造者

在实践的课程范式中，教师与学生是课程的有机构成，同样是课程的创造者和主体。教师与学生共同参与课程开发和重构的过程，所以教师和学生是一种“交互主体”的关系，是课程意义的源泉。

3. 实践课程的方法是审议(consideration)

教师与学生是课程的主体，他们对问题情境进行反复讨论权衡，以便对情境获得“一致性解释”。审议是实践兴趣的必然要求。教师要善于把自己的经验与现有的理论观点相结合，以适应特殊情境的学生、教材和环境。教师和学生要善于运用“折中的艺术”。

4. 过程与结果、手段与目的

真正有意义的结果是在适应实际的兴趣、需要和问题的过程中实现的，是内化于过程之中的，它关注课程系统诸要素间相互作用的过程，尤其关注学习者的兴趣和需要。

5. 行动研究的方法论

行动研究是反思性过程，在一个给定的问题领域，人们希望借此过程改进实践或加深对问题的个人理解。行动研究是实践者着眼于改进实践而作出的系统的、自我反思性的科学探究。

三、实践的课程范式在初中英语阅读教学中的师生互动学习模式

我主要根据英语学习活动观和施瓦布理论中的基本主张，设计了初中英语阅读教学中的师生互动学习模式。互动学习模式包括四个环节：前期准备环节、课中环节、课后环节和评价反馈环节(见图 1)。

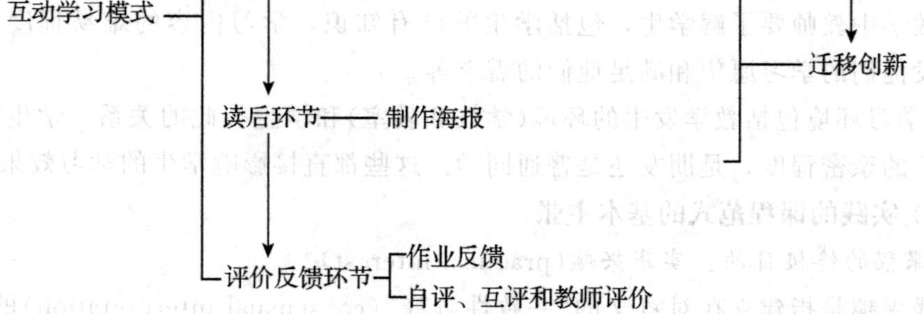

图 1　阅读教学中的师生互动学习模式图

互动学习模式中，各个环节任务清晰，流程运行顺畅。根据课标倡导的英语活动观设计了课前学生自主阅读等五种活动，其设计思路也符合课程范式的教师、学生、教材和环境四要素平衡互动，相互作用形成一个有机整体，师生达成一致性理解的理念。学生在这些语言、思维、文化相融合的师生互动活动中，对文本学习理解、应用实践和迁移创新，层层递进加深了对主题意义的理解。

四、实践课程范式在初中英语阅读教学中互动学习模式的实践例析

下面我以外研社八年级上 Module 6 Unit 2 为例，阐述如何基于英语学习活动观和施瓦布提出的实践课程范式探究初中英语阅读教学中互动学习模式。该文章的主题是人与自然。它是一篇说明文，共四个自然段，前两个段落从大熊猫的数量、栖息地分析了熊猫濒危灭绝的原因，后两个段落介绍了中国政府及世界自然基金会为拯救大熊猫所付出的努力。学生在师生互动过程中，理解、整合这两条主线的相关信息并用自己的语言表达出来；同时将文本的思想与自身的生活和感受联系起来，培养保护动物的意识和决心，重新认知人与自然的关系。

(一)上课前期准备

1. 学习环境多元化

根据学习水平和个人意愿将学生分组，每组 4 人，同时民主推选出组长，组员在互动学习中的任务都有明确分工。每组桌椅按圆桌会议形式摆放，便于学生讨论交流，创造轻松愉快的学习氛围。

2. 完成阅读任务

阅读课文后学生对濒临灭绝动物大熊猫的内容已有了解。阅读任务(见表 1)可以了解他们的兴趣需求，检测他们对于文章主线的掌握情况并为后面的导图展示提供设计依据。

[设计意图]

阅读任务包括：预习课文回答问题并绘制导图；自主提问以及通过网络，书籍或其他媒介查找课程补充资源。阅读任务的设置与学生内在需求建立联系，这样可以充分调动他们已有的基于该主题的经验，使其进行新旧知识的融合与关联。通过阅读任务不仅能够激发学生的学习兴趣，而且教师还能进一步了解他们的学习水平及学习需求。

课前阅读任务单：

任务 1：阅读 Module 6 Unit 2 课文，回答问题。

◇ Do you like pandas? Why?

◇ What is the situation of pandas?

◇ What are the reasons for the situation?

◇ How do they help them?

◇ Why do they help them?

◇ What can we do to protect pandas in danger?

任务 2：绘制导图。

任务 3：自主提问。

After reading，How do you feel about pandas? What else do you want to know about them?（见表 1）

表 1　导图评价量表

Aspects	The Evaluation Criteria
Content	The map includes at least 2 subtopics. The main content is complete.
Connections	The map shows the logical connections between facts.
Design	The map is easy to understand.
Spellings and Grammar	There is no error.
Handwriting	It is neatly written.

3. 师生共同审议精选课程补充资源

步骤 1：教师与各组组长就课前阅读任务讨论各组学生阅读中遇到的问题及解决办法。根据学生的自主提问反馈，师生共同决定确定一个新任务：熊猫现在生存状况怎么样了？有改善了吗？请你查找相关内容的文章或视频并发到小组群里，文章要打印出来交给组长。

步骤 2：课下教师与每组组长评比课程补充资源。

步骤 3：英语课代表把每组组长共同评选出的优秀材料或视频放到班级英语群里让全班每个学生参与投票，通过票数最终选出一等奖、二等奖、三等奖。最终一等奖的材料作为课程补充资源用于上课使用。通过采用学生主动开发教学资源，让学生们感觉他们也成为课程的主人。

[设计意图]

学生自主选择课程资源的这个活动激发了他们学习英语的兴趣，拓宽了他们的学习的渠道。更为重要的是课程资源的开发使课堂教学得到支撑和扩展，学生创新意识在活动中得到了增强。从而使得学生也能成为课堂和课程的主人。与此同时，根据师生课下交流及学生选出的课程补充资源，对教学活动进行适当调整，进一步确保精准施教。

(二)课中活动

分享各组学生导图思路和基于主题内容的个人观点，经过师生共同讨论对文章主题意义达成一致性解释。

任务 1：小组组内经讨论后确定一份导图方案，每组派代表利用投影展示并讲解导图思路。在这个过程中，学生们了解到其他组不同的思维路径，实现了生生间、师生间思维互动。学生们概括梳理整合出了大熊猫濒临灭绝的原因和人们的解决办法这两条主线信息，激活了他们真实的阅读体验，使得他们积极主动探究主题意义，建构新概念。在描述并阐释这两条主线信息的同时，学生也完成了对所学语言知识与相关信息的实践内化。学生可以自主提问并依据导图评价量表打分。教师最终根据分数确定最佳导图及获胜小组。

任务2：学生阅读教材补充材料能够为他们进行文本分析与评价、迁移和创新提供有利条件。这些材料和课文是意义关联的学习内容。通过整合，文本内容与现实生活建立起联系，既有对比又有迁移，为最后的创新运用创设了真实的语境。教师通过问题引导学生思考自己如何面对类似的情境，同时又引发他们对保护动物，热爱自然界有了深层次的思考，形成了新的认知。问题如下：

What is the situation of pandas?

What do you think of the changes?

[课中活动设计意图]

教材补充材料与教材文本在内容上相互融合，在阅读策略上相互强化。师生进行有意义交互实践活动，对文章主题意义达成一致性解释。从而能激发学生的创新思维和学习的兴趣，提高他们的自信心。这是生生间，同时也是师生间的思维互动。生生间和师生间互为老师，教学相长，共同进步。

(三)课后活动

师生互动交流，迁移创新隐性课程资源。学生课后制作题为保护动物的海报，在制作过程中学生可以运用所学知识表达自己的观点。这些知识是在适应学生实际的兴趣、需要和问题的过程中实现的，是内化于学习过程之中的。课后作业能够有效反馈学生的学习效果。学生把制作完成的海报放在英语群里，学生家长可根据评价量表(见表2)共同参与评选，从而实现了教、学、评的一体化。

表2 海报评价量表

Aspects	The Evaluation Criteria
Content	The poster includes the ways to protect animals.
Theme	The poster shows the harmony between human and animals.
Design	The pictures match with the content.
Spellings and Grammar	There is no error.
Handwriting	It is neatly written.

[课后设计意图]

作业是一种隐性课程资源，不但加深学生对课上所学内容的理解，使学生真正能够做到迁移创新同时也是对课堂教学内容进一步的补充，它是课堂学习的延续。学生与父母间互动学习共同开发隐性课程资源，孩子们倾听到不同声音，从中学到许多新的东西，这是另一种师生互动。通过持续的互动学习活动，实现了教学空间的扩展。

(四)评价反馈环节

施瓦布在实践的课程范式中提出的行动研究主张和课标提出的课程评价理念不谋

而合。这是一个师生教学中的共同反思性过程，其目的是促进英语学习，改善英语教学，完善课程设计，监控学业质量。它包括对教学成果的评价和对教学过程的评价；由学生自评、同伴互评和教师评价三方面组成。

1. 海报是评价学生学习效果的重要形式

海报内容包括自己保护动物的具体做法及保护动物的决心和对人与自然关系的认知，这正是本课的主要内容。它可以作为直接评价学生本课学习效果和目标达成度的评价任务。每个学生都交上来一份海报，上交的绝大多数海报无论是从版面设计还是文字表达都很有创意，方方面面都透出他们巧妙地把英语和其他学科联系在一起。海报制作的效果和孩子们的用心程度远远超过我的想象，给了我意料之外的惊喜。例如有的学生海报的标题设计得很新颖和巧妙——英文标题既和文章主题意义重合，标题中的英文单词 pandas 又写出了熊猫的模样——憨态可掬；有的学生把英文标题和竹子巧妙结合，从而暗示出保护熊猫的方法。我从学生们制作的海报作品中一下子就能看出他们制作海报时兴趣盎然，乐在其中，学习兴趣很浓厚；同时也能看出他们对文本主题，主线和主题意义掌握得很到位，学习效率很高。(海报图片见图 3—图 5)

2. 自评、互评和教师评价表是获取教学反馈信息的重要途径

学生填写自评、互评和教师评价表可以监控和调整自己的课内外表现。评价量表(见表 3)反馈内容概括如下：

(1)学生们普遍对互动学习模式持积极态度，认为这种学习模式解决了学习上的一些困难，提高了课堂效率。例如他们以前普遍觉得绘制思维导图困难，现在觉得经过大家一讨论，好多问题都迎刃而解。

(2)学生们普遍表示愿意参与小组和全班的一系列互动活动，学习英语的兴趣比以前提高，自信心也得到很大提升。例如从上课阅读到自己查找、评比的课程补充资源时，感觉很亲切很爱读；在海报制作时觉得自己既是文字编辑又是美术编辑，感觉很自豪。

(3)学生们的主观能动性增强。他们认为在课上讨论环节和课下评比活动中比以前愿意倾听他人观点并愿意表达自己的观点；在讨论过程中遇到困难时也愿意向组内其他同学寻求帮助并乐于自主提问。

(4)学生们的语言能力得到提高。他们觉得无论在组内互动还是全班互动时，自己一直在忙着查看教材，修改导图、讨论、倾听和提问，听、说、读、看和写的量不知不觉中都比以前增多。

表 3 自评、互评和教师评价表

	自评	互评	教师评价
1. 是否愿意参加小组和全班讨论。			
2. 是否愿意查找、评比课程补充资源。			

（续）

	自评	互评	教师评价
3. 是否课下愿意制作海报。			
4. 是否遇到困难时愿意向其他同学寻求帮助。			
5. 是否愿意自主提问。			
6. 是否愿意倾听他人观点并愿意表达自己的观点。			

（注：每项满分3分。）

五、教学效果

调查问卷表明：86%以上的学生对施瓦布提出的实践课程范式导向下阅读教学中的互动学习模式非常满意，在这种学习模式下他们很愿意参与师生互动，学习的积极性得到普遍提高，主体性得到体现。与此同时他们的语言能力、文化意识、思维品质和学习能力也得到发展，也就是说这种学习模式解决了学生的文本解读被替代，教学模式僵化的问题。具体效果总结如下。

(一)学生自主选择课程补充资源，学习主体性得到体现，学习能力提升

学生们普遍认为通过课下查找并参与选择和评比最佳课程补充资源，丰富了文化体验，拓宽了阅读渠道和阅读视野，阅读量比以前增加了10多倍，学习积极性普遍提高。他们对自己选择的课程补充材料阅读兴趣更加浓厚。我尝试将课程资源的选择权更多地交给学生，发挥其主动性，例如课程资源的开发不一定和教材内容完全相关，只要选材内容积极向上，学生乐读即可，从而增强了学生开发整合课程资源的能力。

(二)学生在互动学习模式下，自主解读文本、建构新概念形成思维互动，学思结合锻炼了高阶思维

学生在完成课前阅读任务、课上小组讨论和全班展示解说思路的过程中绘制并不断修改自己的思维导图。这是一个直观、具体地表达阅读中学生自主建构新概念的思维过程。从学生的两幅导图作品中可以看出学生篇章主线明晰，思维能力在互动学习中不断提升和完善。作品将课文内容概括为大熊猫濒临灭绝的原因和人们的解决办法这两条主线信息。其中原因部分包括三方面；人们的解决办法包括国内和国外两方面的做法。学生通过使用表示逻辑关系的括号、箭头、线条等符号，对信息进行了初步概括、梳理和整合，由此可以看出他们明确了各信息点之间的逻辑关系。绘制并修改导图的过程能够有效地锻炼学生分析综合、比较分类、抽象概括和归纳演绎的能力，从而增强了学生的逻辑思维能力。

(三)学生在阅读教学中自主提问、理性发表个人观点和看法，增强了文化意识，拓宽了英语学习的广度和深度

学生通过小组讨论、全班讨论和自主提问的方式主动参与到阅读教学过程中，学会了如何与他人合作的同时，在问题讨论中学会勇于发表自己的观点，从多角度认识世界。在讨论中学生的思维能够超过我们的设想，因此教师应该给孩子创造更多机会，相信他们能做得更好。当学生的思维火花闪现时，教师要及时追问或给予更高的平台，推动学生思维品质的进一步提升，同时一定要大力表扬，提高学生学习的主动性和自信心。例如在课前准备环节我设计的阅读任务中要求学生就文本自主提问；在课中环节我设置问题大比拼环节。小组内互相回答问题，如果无法解答可全班共同讨论。这样可鼓励学生提出更多高水平的问题，同时还可促进他们的思维深入发展，激发他们的学习积极性。在 Module 6 Unit 2 课中学生提问：Why did the WWF choose the pandas to be its symbol? 通过这个问题使得全班同学对于保护动物和人与自然的关系有了深层次的思考，师生互动探究主题意义。教学对话如下：

S1：Because WWF think pandas are very lovely.

(学生沉默。)

T：Pandas are very lovely. I agree with you. What does WWF work for?

S1：For protecting animals.

S1：Oh，I see. Because WWF called on people to protect pandas.

T：Why must people protect pandas?

S2：Pandas and human are friends.

S3：Animals and human live in the same world. We must get on well with them.

T：What else should we get on well with except animals?

S4：Plants.

S5：Rivers.

S6：Mountains，rivers and so on.

T：What do they belong to?

S7：Nature.

T：So…

S8：We must protect nature. We must get on well with it.

(四)学生在制作海报的互动学习模式中，创新意识不断增强

学生海报制作充满想象力和创造力。从学生的三幅海报作品的内容和版面设计可以看出他们已经对文本内容进行了重新加工整合并迁移创新，字里行间表达出自己保护动物的决心和对人与自然的关系的深层思考。例如有的学生在海报上写道："The situation for pandas is getting better but we should still do something for them. Let's protect them together!"；有的学生看过路易·西霍尤斯拍摄的纪录片《海豚湾》后深受触动，这次在制作海报时还特意介绍了保护海豚的方法；有的学生以熊猫的口吻讲述了自己糟糕处境的原因及大家都做了哪些事情帮助自己等，进一步呼吁大家和谐相处，互相关爱。学生们的想法都非常新颖有趣并且很有深度。制作和评比海报的活动拓宽了他们的思路，超脱了他们的传统思维。创新还给他们带来许多乐趣。

六、结语

如要进行施瓦布提出的实践课程范式导向下的英语阅读互动学习模式教学，并取得很好的效果，则对教师提出了新的要求。

(一)教师要转变教学观念

学生也是课程的主体，可以从师生互动、生生互动、家长与学生互动等方面着手，让学生共同参与课程开发和重构的过程。这要求教师有更高的课堂驾驭能力和教学研究能力。

(二)教师要具备较强的解读能力

文本解读是阅读教学的起点，是教师确定教学目标，设计教学活动的依据。教师对文本精准解读，可以快速提炼出文章主线，通过问题链，引导学生多维度深层次解读文本，探究文本意义，最终师生达成一致性解释；教师对学情和学生遇到的瓶颈问题精准解读，从而确保课程四要素之间平衡互动。

(三)教师要善于引导学生自主提问

要让学生也能成为课程的主体，在课程阅读、小组和课堂讨论中能否积极的自主提问十分重要，而且提问是创新的前提和基础。所以教师对于学生的提问应给予表扬，要采取各种措施鼓励他们自主提问，应该把提问融入教学中，鼓励学生自主提问，培养他们从不习惯提问到习惯提问，再到敢于提问和善于提问。只有这样才能使学生在阅读教学的过程中发现问题，学习理解；在活动中建构新概念、解决问题和完成迁移创新。

总之，施瓦布提出的实践的课程范式互动学习模式旨在调动学生思维，活跃课堂气氛，激发学生学习英语的主观能动性，增强他们的创新意识，最终培养和发展他们的英语核心素养。教师自己一定要有互动参与的意识，在教学实践中积极思考，不断摸索提高。

参考文献：

[1]张华．“实践的课程范式”及其应用[J]．外国教育资料，1998(5)：26－31.

[2]Schwab，J. J．The Practical 3：Translation into curriculum[J]．The School Review，1973，81(4)：501－522.

[3]教育部．普通高中英语课程标准(2017年版)[M]．北京：人民教育出版社，2018.

[4]曾雯，国红延．例谈整本书阅读促进学生思维品质发展的策略[J]．中小学外语教学(中学篇)，2020(2)：34－39.

单元备课：析要素、抓“预测”、促提高

马葳蕤

与一、二年级语文教材不同，升入三年级后，统编版语文教材的显著特征在于双线结构、三位一体的课程体系。其中“语文要素”是核心，表述简明清晰，呈现在每个单元的篇章页，贯穿于课后习题、课前提示，统领一个单元的语用学习。它也分布在“口语交际”“语文园地”等板块的“小贴士”中。

假期备课中，我们三年级组进行教研时，特别对教材与语文要素的解读与把握，如何精准锁定教与学的方法等存在很多困惑与疑问。本着“迎难而上”解决问题的态度，加深对教材的理解、提升对“语文要素”的认识与定位，我们决定选择“阅读策略单元”进行单元备课、实践。

一、精准定位教材，明晰语文要素

(一)分解单元语文要素

统编版三年级上册教材中第四单元的语文要素是相对陌生的“预测”。教材在突出位置做了强烈的提示。例如，教材导读页面，在置顶位置就写道：“预测与推想，使我们的阅读之旅充满了乐趣。”在本页右下角，还直接标注了：“一边读一边预测，顺着故事的情节去猜想。”“学习预测的一些基本方法。”两条和预测有关的学习目标。

我们需要将单元语文要素分解成一个个小的子要素，每一个子要素的目标达成，将有效促进单元语文要素的实现。就本单元两个语文要素，我们结合本单元课后习题及《语文园地》中的“交流平台”做了如下分解。

1. 什么是预测？

通过本次的单元整合教材的研究与实际教学，我们教研组明确：预测是指在掌握现有信息的基础上，依照一定的方法和规律对未来的事情进行猜想，以预先了解事情发展的过程与结果。而阅读中的预测是自然存在的一种心理，通过联系上下文、结合情节规律、依托生活经验等途径，让学生猜想之后的内容，猜测故事结果，使阅读成为快乐的体验。

2. 预测的作用

预测还对阅读本身起着三种作用。第一种，决定着阅读的选择，“要不要读下去”；第二种，决定着阅读的体验，“会不会很好读”；第三种，决定着阅读的速度，能不能读快点。

3. 预测的方法

例如《总也倒不了的老屋》，我们发现伴随着课文，以批注形式，展示了多次的预

测结果。在这些结果中，至少包含着以下几种预测的方法：

第一，根据文题预测，如在文题旁标注“老屋总也倒不了，是被施了魔法吗?”，知道可以借助课题猜测文本内容。

第二，结合插图预测，进行猜想。如在课文插图旁标注“图中的老屋看上去那么慈祥，它应该会答应吧”。

第三，自我经验预测，如“我想老屋可能会不耐烦”。

第四，文本细节预测(关键字词句)，读文章角色的语言猜行动；读问句猜回答，如“一读到这句话，我想可能又有谁来找老屋帮忙了”。

第五，情节发展预测，阅读具有相似情节、结构与语言表达的文本内容时，学生很容易以此类推，预测之后的情节。如：“老屋可能会遇到其他需要帮助的小动物”。

第六，根据结尾预测，读文本的经过，推测故事结尾。如：“估计老屋不会倒了”。或根据已有的结尾向不同方向思考，预测不同的结尾。如：“小狗学叫有三种故事结尾的部分内容，让学生根据只言片语向不同结尾来预测”。

各种阅读策略方法在教学时，让学生知晓，并适当予以归纳、提炼，让他们除了体验预测的乐趣外，课后还能依据方法去进行其他阅读。

4. 可以在文章的哪些地方进行预测

结合预测方法，我们可以明确看到在文本课题处、文本内容、文本结果都可以进行预测。

5. 如何运用预测进行阅读

此部分在后面的内容详细展开。

6. 预测的教学意义

从教材编写的意图以及现实中的阅读实践来看，预测至少在以下三个方面具有教学意义。第一，我们熟悉的阅读方式中，有浏览、细读、批注、跳读等，“一边读一边想”就是一种读书方法，而只要“想”的是还没读的，那就是预测。预测，就是阅读方法的一种。

第二，预测是多种阅读能力的统整表现。语文课标在“阅读教学建议”中，关于能力发展有多条表述，以示强调。如：“阅读教学的重点是培养学生具有感受、理解、欣赏和评价的能力。”“逐步培养学生探究性阅读和创造性阅读的能力，提倡多角度的、有创意的阅读，利用阅读期待、阅读反思和批判等环节，拓展思维空间，提高阅读质量。”

第三，预测是写作构思所依托的核心能力。在写作中，构思能力最为关键。会构思，就是会根据构思确立主题、选择素材、加工文字、形成表达。预测就是“预构思”。在预测时，就是对文本接下去的结构、发展、变化做预估，这等于写作环节中的“预写”环节，这时的“写”并非要写成文字，更重要的是完成构思。

本单元的习作要求“续写”，仔细琢磨一下，能续写就是依靠“预测”。在读之前的情境图时，对故事的发展，情节的设计，就做好了预测，写起来就很自如。由此可见，读写不分家，预测是联系其中的一座桥。

(二)分析学生起点能力

学生在以往的语文学习中，已经具备一定的阅读经验：根据课文题目发散思维进行简单的提问，带着问题通读全文，边读边思考，或默读等。根据关键字词句从文章中提取信息，并用自己的语言经过信息的整合进行表达。

也就是说，学生会根据自己粗浅的阅读经验进行一定的猜想、思考、提取信息、整合信息等，当然还都只是初步形成的散在的点状阅读能力，没有系统地进行梳理，形成知识面。

二、关注单元整体，串联课文要素，设置教学目标

“语文要素”的学习与训练主要是结合单元教学加以呈现的，在同一单元中，不同的课文或教学内容承担着不同的作用。

根据对本单元语文要素的逐一分解，我们教研后发现本单元三篇文章对预测的教学侧重点是有所区别的。

1.《总也倒不了的老屋》是本单元第一篇“完整的文本”，杨英翠老师根据教材编写者对文章内容批注做的预测示范，引导学生通过分析教材的示范，了解什么是预测，预测的方法是什么，了解如何有依据地进行预测。进而设定教学目标：知道什么是预测，初步形成边读边预测的意识，学会一些预测的方法。

2. 接下来，本单元编排了两篇略读课文，而且是两篇不完全文本。教学的重点是用第一篇文章中的所学方法进行预测联系，预测故事的结局。第一篇略读课文《胡萝卜先生的长胡子》是个没有结尾的故事，我在教学过程中让学生读课文，猜想后来可能会发生什么事。你为什么这样想，说说自己的预测依据。结合故事的发展顺序和表格，将文本内容梳理得更清晰。再听老师把故事讲完，对比作者的原文结局和自己预测的发展，有哪些相同和不同之处，重在预测方法的迁移运用。同时设立教学目标为：明确预测要有依据。当自己的预测与故事发展不一样的时候，及时修正自己对文本的预测，顺着文本的故事情节接着边读边预测。

3. 第二篇略读课文《小狗学叫》，教研组研究让张莎老师结合前面两课的课文教学目标训练，在学会预测方法和预测有理有据的基础上，侧重练习对《小狗学叫》故事结局的三种不同思路进行猜想，故事结局会如何发展。然后再听老师讲作者原文的故事结局加以验证。设定教学目标：从不同方向预测，预测结果不同，享受阅读乐趣。

我们必须要关注一个单元中，语文要素前后的衔接、感知与实践，学用与会用，让学生经历合乎知识、学习规律的完整体验，为后续学习打好扎实的基础。只有精准定位“语文要素”的核心与内质，才能保证“栽什么种子，结什么果”。

三、纵向对比策略单元，在不同年级中递进学习，深化要素

以往教材更偏向于以人文为主题编排单元内容，表1为统编版教材为三、四、五、六年级各安排了一个专门的“策略单元”。通过梳理，我们可以发现四个“策略单元”，

“主题”非常清晰，分别是预测、提问、提高阅读速度和有目的的阅读。我们在教学“策略单元”时，无论时间的分配，还是教学任务的设定，都应该先完成“策略”的教学，再进行知识、情感、态度、价值观或表达的学习。

表 1　递进学习要素表

单元	策略单元	具体表述	单元导语
三上 第四单元	预测	一边读一边预测，顺着故事情节去猜想。学习预测的一些基本方法。	猜测与推想，使我们的阅读之旅充满了乐趣。
四上 第二单元	提问	阅读时，尝试从不同角度去思考，提出自己的问题。	为学患无疑，疑则有进。 ——(宋)陆九渊
五上 第二单元	提高阅读速度	学习提高阅读速度的方法。	阅读要有一定的速度。
六上 第三单元	有目的的阅读	根据不同的阅读目的，选择恰当的阅读方法。	读书好比串门儿——隐身的串门儿。 ——杨绛

四、和“阅读策略”关联的阅读方法如何来确定

首先，从“单元导语、课文批注、课后问题”以及语文园地中的“交流平台”中提取、整合。

其次，教师也要结合自己的阅读经验提供给学生“听得懂、记得住、用得上”的阅读方法。阅读策略是一系列的阅读方法和技巧，掌握任何技巧都离不开反复练习，即“熟能生巧”。所以教学时不能停留在学生已经了解知道的层面，而是应该让学生在后续的文本学习中尽可能反复练习，然后熟练应用。(介绍一下我们讲授完预测单元的课文后，我发现本班学生对针对课文提问、抓关键字词句理解文本、合理猜测文章内容的能力都有一定的提升，并能在后续的阅读文本中反复用到。)

最后，解决一个听课老师很大的疑惑，就是预测单元究竟如何体现语文特点，比如朗读。我们教研组认真研究，教参中并没有明确要求有语气地朗读课文，所以我们将重点集中在单元目标：一边读一边预测，顺着故事情节去猜想；学习预测的一些基本方法。针对预测单元采用教师讲故事的方法，没有让孩子提前阅读课文，而是边读边学习预测的基本方法、用预测方法去预测结尾以及从不同角度去预测不同结局。只有不提前阅读文本，才有猜测与推想；只有边读边猜想故事情节或结尾，才能学会“预测”的阅读策略，体验阅读的乐趣。语文味也不仅仅是在朗读中才能体现出，也要根据单元语文要素的设定来进行取舍。

初中语文自读课文教法浅析

——以《走一步，再走一步》为例

王棋宇

部编版教材自 2016 年开始使用，如今已经为老师们所熟悉。就教材内容安排来说，每一册都由阅读、写作、综合性学习、名著导读和课外古诗文诵读等内容组成。阅读部分的篇目则是由不带星号的教读课文和带星号的自读课文组成。

教读课文是传统语文教材的重要内容，很多经典名篇都被安排成教读课文。在"以考定教"的观念下，语文教师往往会将重点放在这块，几乎占据总课时四分之三以上的时间。一些经典篇目如鲁迅的散文和小说，资料丰富，众说纷纭，教学角度多样，往往会讲 4～5 节课；一些"必考"文言文，"战线"甚至会被拉长到一个星期。

然而，自读课文也是部编版初中语文教材的重要组成部分。以部编版初中语文七年级上册课本为例，22 课中有 6 课是带星号的自读课文，数量不可谓不多；《雨的四季》《再塑生命的人》是散文，《金色花》《荷叶·母亲》是散文诗，《动物笑谈》是科普文，《女娲造人》是神话，《走一步，再走一步》是小说，内容不可谓不丰富。但是对于这部分内容，语文教师往往会比较为难。由于对自读课文内容的不熟悉或者觉得不是考试重点，语文教师往往不舍得分配相应的课时给自读课文。就算在设计单元内容时留出了相应的课时量，也会因为教读课文占用大量课时，最终因课时不够而"心安理得"地不了了之。

那么，我们应该以怎样的态度看待自读课文？自读课文又承担着怎样的教学价值？学生应该如何学习自读课文？通过一轮的教学实践，我得出了一点浅显的心得。下面，我将以部编版七年级上册第四单元自读课文《走一步，再走一步》为例，谈谈我的理解。

一、自读课文的定位

从单元主题来讲，教读课文与自读课文无论是在人文主题还是在语文学科本体知识方面，都有明显的延续性。学生在教读课文中学习的方法和技巧，可以在自读课文上进行练习、落实和检验。

从课文内容来讲，自读课文相比教读课文篇幅更长，很多篇目是以往教材中没有选过的文章，几乎没有古诗词和文言文等需要课下落实的内容，部分文章出自外国作家之手。

所以，自读课文不仅可以进一步落实单元学习目标，更是对教读课文的一种补充。这就需要我们结合每个单元的内容精心设计学习任务。

(一)进一步落实单元学习目标

以第四单元为例。第四单元的语文学科本体知识的学习内容之一是“在整体把握文意的基础上，学会通过划分段落层次、抓关键语句等方法，厘清作者思路”。前两篇课文《纪念白求恩》和《植树的牧羊人》都进行了默读并勾画重点内容的训练。如《纪念白求恩》的学习任务是“默读课文，圈点勾画关键语句，厘清作者思路”。《植树的牧羊人》的学习任务进一步发展为“默读课文，勾画出标志故事情节发展的语句，填写表格(完成课后第一题)”。在《走一步，再走一步》中，可以继续训练这项技能，并根据课文内容作出调整。学习任务可以设置为“圈点勾画文中表现‘时间’和‘空间’的词语，写出故事梗概”。在让学生明确课文是根据时间线索来推进的同时，让他们找文中出现的表示时间、空间变化的词语，划分文章的结构层次，厘清作者写作思路。这样就会让学生有抓手，能厘清整个事件的起因、经过、结果。这个任务在前两节课的相关任务基础上进一步调整，充分体现记叙性文章的文体特点。

通过教读来课文掌握学科知识，并通过自读课文进行巩固、提升，能更好地落实单元学习目标。

(二)对教读课文的补充

教读课文与自读课文在基础运用上的侧重点应有所区别。

教读课文占用大量课时对一篇文章进行深入解读，能有效训练、提升学生的阅读能力。由于课时限制，势必会在基础落实上打折扣。自读课文篇幅长，生字词多，正好可以和教读课文进行互补。

可以让学生提前预习课文和生字词，然后在课上进行听写。但这种听写不是直接写，而是要关注词语本身的意思和它在文中的意思。如《走一步，再走一步》中，听写“抽噎”时可以问学生“原文写的是‘我’从悬崖上下不来了，就开始哭泣了，这种哭泣是一抽一顿的哭泣”这个词是什么？这样既是听写生字词，又能把原文的内容进行回顾。又如听写“晕眩”时，可以问学生“当时是‘我’害怕，不敢往下看，头晕目眩，这是什么词？”

基础的落实，永远是语文课不能忽视的问题。现在语文课还是纸笔测试，必然涉及写。平时的讲读、精读课文很难有时间关注这些字词，最多是理解课文内容时，提一下意思。但那种“非强制性”的提示必定不会让所有同学关注。自读课文通过听写关注字词，可以起到良好的效果，是不能忽视的学习内容。

二、自读课文学什么

自读课文并不鸡肋，它不仅能和教读课文相互配合，还有自己独特的教学价值。如果设计一些清晰、有效的自读任务，会起到良好的学习效果。那么，除了上面举例的基础运用部分，我认为还可以从阅读、写作两个方面进行设计。

(一)提升阅读能力

自读课文也能提升学生的阅读能力。在设计自读学习任务时，不应像教读课文那样“面面俱到”，而应抓住文章最有价值的教学点。

还是以《走一步，再走一步》为例。课文是一篇小说，它的主旨和启示是值得探究的。课文的最后一段，作者对全文进行了总结。作者写这一段，是写“我”通过这件事得到的启示。那么，到底是什么启示？作者的启示是如何一步一步得来的？这是课文的难点。很多学生会按照惯例说“只要努力就能成功”“要勇敢地努力拼搏”。但课文明明写的是一个“失败”的故事，“我”也不是通过勇敢而有所收获。“我”最终没有爬上去，退了下来，原因是“我”身体一向都不好。文中的一些语句如“我努力向他们爬去”“我缓慢地爬”“我使劲扒着岩石的表面”“我继续爬”等内容，可以看出“我”在攀岩方面确实不尽如人意，最终是不可能到达终点的。这时，可以让学生看16～23段，也就是“我”独自待在悬崖上到爸爸鼓励我下来这几段。首先在旁批中写道“我进退两难”，可以在这学个成语“进退维谷”就是“前进和后退都陷入困难的境地”。在人生中极难的情况下，你只能做你可以做到的。所以，爸爸就判断儿子肯定上不去，这时候只能原路返回。但返回也并非一蹴而就的，所以爸爸说：“不要想有多远，有多困难，你需要想的是迈一小步，这个你能做到。看到手电光指的地方，看到那块石头没有？”爸爸鼓励“我”按照他指出的“明路”，先把第一步踩准了。这时，学生就会有新的思考。所以，作者想表现的主旨是对于一件困难的事，只要一点一点做，一步一步走，哪怕最终不会成功，都会有好的结果。这里面不只有坚持和努力，也有人生的选择和人生的智慧。

这篇小说的主旨是有价值的教学内容，让学生进行不同于“常规模式”的思考，是值得探究的。

（二）提升写作能力

《走一步，再走一步》与《植树的牧羊人》一样，是一篇小说。不同于中国作家，欧美作家对于小说中心理描写的运用是非常丰富的。学生通过学习这篇小说的心理描写，可以有效提升写作能力。

我设计了这样一个自读问题：“找出文中的心理描写，读一读，体会这些心理描写是如何做到真实、细腻的？”课文中的心理描写有些是直接描写，有些则是通过“外在的行为表现”表现心理状态。直接描写都是直接写出我在想什么，学生相对容易找到。但是间接描写学生容易出错或根本找不到。其实，旁批多次提示“间接描写”。如第7段旁批“写外在行为表现，实际在写心理状态”“进退两难，孤立无援，心理描写细腻、真实”。如第16段写到“我听见友人哭泣，我想知道那是谁，最后才知道那是我”。这就是用感觉描写心理。此时的“我”因为极度害怕，已经哭得出现幻觉，已经吓得灵魂出窍了。学生此时有恍然大悟的感觉，印象十分深刻。这时，就可以进行心理描写的梳理总结，并在以后运用到写作当中。

第四单元后面的写作训练《这天，我回家晚了》，就可以运用到心理描写。题目是“我回家晚了”，这么晚回家，是不寻常的。我会遇到什么？有哪些心理活动？无论是我遇到的人还是事情，都可以进行心理描写。除了直接的心理描写，能否用之前总结过的间接方式来表现心理？写一两处，并用红笔圈画出来。这样，就可以通过写作训练来看有哪些学生是真的会了，有哪些是硬往上写的，从而可以进行有针对性的辅导。

所以，自读课文在设计学习活动之前要想好这篇课文能在基础、阅读、写作方面给学生带来什么提升。不能指望自读课文和教读课文一样，可以给孩子们带来多方面的提升。自读课文课时较少，只要抓住自读课文最具价值的地方，从基础、阅读、写作等方面，设计清晰、有效的学习任务，能达到自读课文该有的学习效果就够了。

三、自读课文如何自学

自读课文，顾名思义就是要先有学生自主阅读学习的过程，然后再由老师做适当的点拨提升。自学的前提是课下先预习。如果像教读课文一样在课堂上完成第一遍默读，会占用大量的时间。如何自学？我觉得可以利用旁批、课后阅读提示等内容辅助自学。

(一)利用旁批

自读课文和教读课文不一样，有很多旁批。这些旁批有的是阅读提示，有的是小问题。可以让学生回家后通过旁批先进行预习。

旁批的阅读提示可以引导学生正确梳理文章内容。如我在让他们找时间词来梳理课文思路时，有的孩子说的是“但是在过去的八年中，我绝大多数时间都是个病弱的孩子”。这个“八年”虽然是时间，但与课文行文思路没有关系。而且在这句话旁边的旁批写的是“交代自己的状况不佳，埋下伏笔”。这就告诉我们这段并不是“我们”开始行动后的内容，而是为了埋伏笔的插叙。

旁批中的问题可以让学生自己回答，帮助理解课文内容。其中还有一些问题是可以梳理整合的。如第 78、79 页的三个问题：“爸爸出现了。他怎样帮‘我’脱险呢?”“爸爸为什么让‘我’先迈一小步?”“为什么爸爸不让我有机会停下来思考‘下面的路还很长’?”这三个问题主要写了爸爸到来后帮我脱险的一系列活动。提示学生将问题放在一起思考，可以更清晰地还原当时的情景。最后的问题“这里的‘一小步’与脱险时的‘一小步’有什么不同?”就涉及启示的方面。前三个问题梳理清楚了，最后一个问题也就迎刃而解了。

(二)利用课后的阅读提示

自读课文课后的阅读提示有很多内容，这些阅读提示不能只是看看而已。如学生在理解这件事对“我”的启示的时候，就可以让他们看一看课后的阅读提示。阅读提示如“这悬崖上的一课，对于‘我’有什么影响？对于你们有什么启示?”这是两个话题，可以让学生从中任选一个话题来写一些。如对作者的影响，可以结合 29 段作者自己的感悟来分析。除此之外还有长大后的经历，作者后来成了美国空军，还驾驶飞机侦察过德军。这些可以让学生回家查一查。或者选第二个问题“对于你自己的启示有哪些?”让学生当成写作练习回家写一写。这些都有助于对这篇文章内容和主旨的理解。

通过旁批和课后提示辅助学习，学生在自学时就更有抓手，教师也可以更放心地放手让孩子们自学。

自读课文是语文教材不可或缺的重要组成部分，其独特的教学价值是不可忽视的。自学任务设计得清楚、合理、具有可操作性，会让学生们受益匪浅。语文教学的目标，也是培养学生自主学习的能力。

当焦虑的小马想过河

吴西茜

一、基本情况

(一)来访者的基本情况

浩浩今年九岁，是一个三年级的学生。三岁的时候被北京大学第六医院诊断为阿斯伯格综合征。从那时起开始接受治疗，每天吃三四种药物，每个月要去医院检查、开药。治疗后，浩浩的情况有所好转，他可以控制肢体不乱摆动，心情好的时候可以和家人对话、交流。六岁入学后，浩浩仍然表现出社会交往与沟通能力低下，有泛化的焦虑情绪，动作和行为刻板，情绪起伏大，容易失控，上课不能专心听讲，注意力集中时间短，小动作不停。不过，浩浩也表现出了他高功能的一面，他非常喜欢数学，对数字非常敏感，一年级就可以做三、四年级的数学题。和同龄人相比，浩浩每天各种网课特别多，外出非常少。成长经历中他从不和小伙伴玩耍，几乎没有朋友。从来不看动画片，对天文宇宙、科学类的纪录片很感兴趣，生活的重心基本在学习上。

(二)家庭生活情况

浩浩从小一直和爸爸妈妈一起生活，父母工作虽然很忙，但每天都会陪他说话，辅导他学习。作为父母，一开始知道孩子有这个情况，非常自责、后悔，想知道患病的原因是什么，但是一直找不到答案。在医生的指导下，父母渐渐接受浩浩是个特别的孩子，更加努力地“开发”浩浩高功能的一面，想让孩子发挥某方面的优势，把孩子培养成才。所以，他们从幼儿园开始就给浩浩报过英语、数学、少儿编程等很多学习班。

(三)班级生活情况

浩浩的班主任从一开始就发现了他的独特性，和家长沟通后，理解了浩浩的行为和困难，因此在班级生活中非常包容他，降低了对他的要求标准。在同学们眼里，他是个“学霸”，很难很难的数学题都会做，非常厉害。但他不会听讲，总是玩东西，上课也不回答问题，从不和同学玩。让班主任最头疼的是，浩浩如果做错了题，或者没有得一百分，就会大哭不止。任凭谁，说什么都不管用。只有班主任答应给家长打电话，把浩浩接回家，他才能停止大哭。

二、案例描述

浩浩所在年级从三年级开始上心理健康课。在课上浩浩从不回答问题，只是坐在座位上做其他的事情。他一直游离在课堂之外，老师很难吸引他的注意力。有一次，同学们在心理课上进行小组活动，四人一组，合作一起用卡片搭建高塔。之前，进行类似的活动，同学们都自己组队，像往常一样，没人在意浩浩是否参与。浩浩对这种活动似乎也不感兴趣。就在我指导学生活动时，浩浩突然过来拉着我的衣服，把我带到了他的座位上，然后像说悄悄话一样，在我耳边说："我也想搭高塔。"我之前并不了解浩浩的情况，以为他只是个胆小的孩子，说："那你就主动和同学说，你想玩，问问能不能加入他们。"他马上很焦急地说："啊？怎么办？我不敢呀！"然后开始低着头搓自己的衣服，脚不停地在地上摩擦。我觉得情况不太对，安抚道："那我和你玩吧。"他不再理我。"如果你不想和我玩，那我先去看看其他同学了。"我刚要转身，他又拽住我衣服，好像不要我走，但依然低着头，眼睛不看我，也不说话，一直嘟囔着"怎么办……"直到下课。第二天，班主任找到我说，浩浩的妈妈想加我的微信。因为浩浩回家后，他想和我一起搭高塔了，但是不敢跟我说，让妈妈帮忙告诉我，希望我去找他搭高塔。这个孩子究竟遇到了什么困难呢？我决定多关注他一些。

三、辅导过程

从 2021 年 9 月到 2022 年 4 月，对浩浩的个体辅导一共进行了十二次，与浩浩的妈妈沟通过五次。辅导过程大概可以分为三个阶段。

(一)在隐喻的世界里遇见一匹焦虑的小马

刚开始浩浩的个体辅导进展非常缓慢。四十分钟里，我们很难有三个回合以上的对答。浩浩经常会自说自话，随意走动，想到什么会打断我，或者什么都不说，就好像什么都没听见一样。他这些行为符合孤独症的表现，这个阶段我只是静静地陪着他。他说什么话题，我就和他聊什么话题。他转移话题，我也随着转移。认真地看着他说话、走动、写字，等等。让他感受到我是和他在一起的，我想要走进他的世界。

在观察浩浩一段时间后，我发现在我观察他的时候，他也在观察、试探着我。他坐在咨询室有时候像一只容易受惊的小鹿，非常警惕周围的动静。我感觉到他很紧张、害怕和不安。他有时候好像有话要说，但又不说。他是想要和我进一步交流的，他会让妈妈跟我说，还想来咨询室，但自己不和我说。

他究竟在怕什么呢？我决定用隐喻故事疗法走进浩浩的内心世界。在第四次辅导时，我给浩浩讲了一个故事："你听说过小马过河的故事吗？有一匹小马要到河对面去，它来到河边，看着流动的河水，它很害怕，自己从来没有下过河水，怎么呢？河水有多深呢？正在它不知所措的时候，松鼠过来说，可千万别过河，河水太深了，进去就会淹死。老牛却说，没事儿，河水很浅，还没有没腰呢。这匹小马特别纠结，它不知道该怎么办……"

浩浩突然打断我说："这匹小马好像我呀！我感觉自己就是这匹焦虑的小马。"

"你们哪里像呢？"

"我们都好焦虑呀，不知道怎么办。"

"那你觉得小马怎么才能过河呢？"

"它得自己试一试。"

“你说得对！可是小马不敢呀！它从来没下去过。”

浩浩若有所思道：“可是不试一试它怎么知道自己能不能过去呢？”

“小马是很想过去，可是它更害怕河水，它怕水太深……”

“我做数学题的时候，就像这匹小马，怕题太难！每次上数学网课之前，我都好害怕啊……怎么呢？明天晚上又有数学网课了……”浩浩一边说着，一边双手抱住自己的头。

我说：“题难不难，不做一下，怎么知道呢？是题真的难，还是你觉得会难呢？”

浩浩说：“其实题也不是真的很难，我就是害怕做错了。”

“那你每次都做错吗？”

“怎么可能每次都错呢？一般只有一两道不会。但做之前，我都很害怕。我是焦虑的小马。”

我试探着说：“那你不是被难题吓倒的，是被自己吓倒的呀！”

“嗯，我被自己吓倒了。”说完浩浩笑了起来。

通过隐喻故事，我第一次和浩浩有了这么长的一段对话，我也第一次走进了他的世界。之后和浩浩妈妈沟通，我了解到浩浩被诊断为一个阿斯伯格综合征，已经服药治疗五年了。浩浩的家人一直承受着很大的压力，这几年过得非常不容易。他们一直满怀希望，希望孩子会好起来，希望孩子发挥高功能的一面，变得优秀、与众不同。父母为了培养浩浩付出了比其他家庭更多的时间、精力和金钱。其实父母的这些行为无形中会增加浩浩的压力。正是这个原因，浩浩也特别看重自己的成绩，特别怕自己不会，怕出错。只要做错题，就会大哭不止。每次上网课之前，浩浩都会变成焦虑的小马。

(二)运用卡牌游戏释放小马的压力

浩浩的注意力比较难以集中，思绪容易断开，又不愿意通过绘画表达，因此我运用OH卡牌(心理学游戏)基础牌和彩虹卡两样工具，以不同的卡牌游戏，促进沟通，鼓励表达，增加浩浩的自我觉知。在游戏中，我以接纳、真诚的状态倾听浩浩讲述的每一个故事。一开始浩浩特别想看到每张卡牌上的画是什么内容，于是我们玩“yes or no”的游戏，每张卡牌出示三秒，让他判断喜欢还是不喜欢。最后他对画着钱的那张卡牌特别喜欢。阿斯伯格综合征儿童会对其感兴趣的事反复提问，固执于自己的意愿而无暇顾及客观外部要求，难以接受兴趣外的事物；会过分专注某些古怪的事物。他说特别想有好多好多钱，成为大富翁。所以，他每天都很听话地上网课，即使心里特别焦虑，也会认真地学习。当我们的对话越来越多，我们开始玩故事接龙的游戏。我们轮流抽卡牌，连续性地编故事。他很喜欢和我互动，但有时又不满意我讲的内容，就“命令”我重新编排。我也会故意扰动他的世界。把故事编得让他不能接受，试探他的应对方法。因为在咨询室里和家里，浩浩可以很放松，我和家人都能很好地理解和包容他，可教室里的同龄人，仍然会让他害怕。他想和同学们互动，但是他不敢。那匹焦虑的小马在他生活的方方面面如影随形地陪着他。浩浩需要在咨询室里练习面对自己的焦虑、担心和害怕，学习如何与他人良性互动，然后迁移到咨询室之外。

（三）行为塑造法指导小马过河

根据浩浩的情况，我和班主任密切配合，在日常生活中积极寻找、创造各种契机，有针对性地对浩浩进行心理辅导。这一阶段主要采用行为塑造法，设计从易到难的任务，引导浩浩循序渐进地适应令他感觉焦虑的情景。鼓励他每天和三个同学打招呼，主动帮助一次同学。开始浩浩会不好意思地说“我不敢”，但是老师陪着他和同学打过几次招呼之后，同学们会主动和他玩了，这也是不错的开始。搭建数学小讲台，每周一的数学课，浩浩给同学们讲一个数学趣味知识。浩浩会在父母的帮助下认真准备，一开始是录视频，在教室播放。同学们觉得浩浩数学特别厉害，给他鼓掌。慢慢地他可以站在自己座位上说话。现在浩浩已经可以站到了讲台上发言了。

四、辅导效果与反思

经过多半年的辅导，浩浩泛化的焦虑情绪已经有了明显的好转。他的身上多了一份自信、从容和快乐。老师们反映他上课可以专心听讲，积极回答问题，在班里有了几个好朋友。他的家长说在接受心理辅导的途中，医生根据情况，给浩浩减少了两种药物。浩浩的变化非常大。曾经那匹焦虑的小马已经可以独自走过一条又一条河流了。

浩浩是我校比较特别的孩子，需要特别的关爱。我也是第一次接触这样的孩子，因为想要帮助他，我学习了很多阿斯伯格综合征的知识，阅读过很多辅导这类孩子的文献资料。在众多的方法中，我结合浩浩的实际情况，选择使用隐喻疗法作为突破口。通过趣味性强的故事，吸引浩浩的注意力。但是他的感受性很好，一下找到了自己和小马之间的共性，他感受到了小马的焦虑。而且“焦虑”这个情绪是他先说出来的。可见，浩浩非常适合这个疗法。所以，我继续选择游戏疗法，使用卡牌工具，既增加趣味性，又有很强的互动性。因为阿斯伯格综合征属于孤独症谱系，他现在想要和别人产生联系了，我应该抓住这个机会，以自己为工具，帮助他练习和他人接触，甚至建立牢固的关系，让他体验到与人交往的乐趣。最后的行为塑造法也是非常有必要的，因为我们不是生活在真空的世界里，浩浩需要和更多的人建立关系，需要锻炼自己解决困难。我一个人的力量是有限的，需要家长、班主任、同学们的帮助和支持。在我们的沟通努力下，浩浩得到了理解、关爱和支持，让曾经的泛化的焦虑在不知不觉间烟消云散。

“双减”背景下英语学科作业设计

——外研版九年级下册 Module 1 Travel 作业设计

沈宁宁　姚玲玲　王　琳　孟玮玮

一、作业设计说明

(一)模块教学内容说明

本模块是外研版教材九年级下册第一模块，话题为“旅游”，共分为三个单元。第一单元是一节听说课，主要内容是玲玲、贝蒂和大明三人谈论自己的假期旅行经历。在描述旅行经历时，他们谈到了去了哪里，乘坐了什么交通工具，做了什么以及自己旅行的感受。本单元话题中涉及的交通出行方式，学生在八年级上册第四模块学习过，有一定的话题基础。旅行的话题贴近学生生活，大部分学生都比较感兴趣，因此学生在听懂理解文本内容后，能够借助文章所学表达谈论自己的假期生活，并能简单地写出自己的假期生活。

第二单元是一节阅读课，话题为旅途中发生的一个故事。主要讲述了李林在旅途中乘坐火车时和一位老先生因为坐错座位而发生的故事。李林在登上火车时发现自己的座位那坐着一位老先生，经过查看自己的车票，老先生发现自己坐错了座位。他感到非常抱歉并想起身换到 9 车厢。考虑到老人行动不便，李林主动提出和老先生换座位。当他换到 9 车厢后竟然偶遇了自己的朋友。这个故事是人们在旅途中经常会遇到的事情，有一定的趣味性。

本课中故事的呈现非常有特色，是以短剧的形式一幕一幕进行，通过故事人物之间的对话将故事铺开。区别于记叙类的故事语言，该英文短剧整体语言偏口语化，分旁白和对话两部分，每个人说的话为独立一段，时态为一般现在时。通过本课的学习，学生可以对英文短剧的格式、内容、语言特点等有整体的感知。

第三单元为语言应用课，分为两课时。第一课时是读写课，在语言复习的基础上，借助课外阅读 My Shanghai Journey 的篇章结构和语言表达，引导学生结合自身旅行经历，绘制思维导图，完成一篇游记。第二课时是基于第一课时迁移应用，在之前学习的基础上进行话题升华迁移，与实际生活相联系。当今短视频、旅游打卡盛行，学生对旅游攻略、网红打卡地比较感兴趣，因此设计了本课的迁移作业——设计旅游攻略，以此激发学生兴趣，挑战学生认知，实现作业从“要我做”变成“我要做”。

(二)模块教学目标

在本模块学习结束时，学生能够达到以下学习效果。

(1)听懂关于假期旅行经历的对话，并能够借助所学简单谈论自己的假期旅行经历。

(2)通过分角色朗读或表演课文短剧，感受英文剧本格式、内容及语言特点。

(3)结合自己的旅行经历，完成一篇游记。

(4)选择海报或短视频等自己喜欢的形式，制作旅游攻略。

(5)通过学习，了解不同的自然环境与文化，培养助人为乐的优秀品德。

(三)学情分析

本课授课班级学生整体学习习惯较好，学习英语的热情较高，能积极主动参与英语学习活动。能够在听力、阅读过程中处理比较复杂的信息，并且能够比较清楚地表达自己的思想，对于社会热点问题关注度比较高，有强烈的表现意愿。而且，学生在之前的学习中，在七下 Module 10 学习过谈论假期经历，八上 Module 4 学习过交通工具和出行方式，八下 Module 7 学习过谈论旅行计划，八下 Module 8 学习过谈论旅行经历，因此，学生对本话题较熟悉，具备一定的话题基础。而且，此话题与日常生活联系紧密。

但是，学生对于第二单元中出现的英文短剧的表现形式比较陌生，无论是格式还是内容学生都没接触过。所以，学生在结合自己旅行经历编写短剧并尝试分角色表演方面还存在一定困难。另外，在模块迁移作业制作旅行攻略环节，语句的恰当使用方面可能还存在问题。

(四)模块作业目标

(1)能够简单谈论并写出自己的假期旅行经历。

(2)能够将自己旅途中的趣事改编成小短剧，分角色朗读或尝试表演出来。

(3)能够结合自己的旅行经历，借助课外拓展阅读，完成游记。

(4)能够以海报或短视频等自己喜欢的形式，制作旅游攻略。

(五)作业类型及作业如何使用

作业类型：本单元各课时作业注重基础性与实践性、拓展性相结合，根据学习进程、学习内容、学习表现，兼顾长短周期作业以及多模态的作业形式，为学生自主与合作学习提供机会。

作业使用：各课时作业布置时，强调作业与课时学习目标以及课堂核心任务的内在关联，增强学生对作业价值的认同，同时充分做到普通作业不超过 20 分钟。科学布置长周期作业，采用集体研讨、个别辅导相结合的形式批改作业。针对学生存在的典型问题，及时调整教学内容，优化教学过程，发挥作业对课堂教学的诊断、评价和改进功能。

二、详细作业设计

(一)作业一

(1)课时课题：本课是主题模块下的第一课时，课题为“We toured the city by bus and by taxi.”。

(2)作业目标

完成思维导图并简单介绍自己的寒假旅行经历。

(3)作业介绍

①A 层作业：以 My winter holiday 为题写一篇自己假期中的旅游经历。

课后作业分成 A、B 两个层次，学生根据自己的情况完成相应的作业。

②B 层作业

步骤一：填写思维导图。

My winter holiday

When：________ Where：________ Who：________

How you travelled? __________

What you did? __________

How you feel? __________

步骤二：根据填写的思维导图笔头完成下面的文段表达。

I travelled to ____________________________. What a holiday I had!

设计意图：B 层次学生基础较弱，所以该项作业是借助思维导图笔头完成 My holiday 文段表达。

(4)设计意图

A 层次的学生能力较强，所以直接给标题，学生结合课堂所学，自由发挥。

(二)作业二

(1)课时课题

本课是主题单元下的第二课时，课题为“It’s a long story.”。

(2)作业目标

在学习课文短剧的基础上，结合自己的旅途中的趣事，将其改编成小短剧，分角色朗读或尝试表演出来。

(3)作业介绍

本作业属于长周期口头和书面相结合的作业，主要由三部分组成，在学习完本模块第二单元的内容时布置。首先学生在小组内分享自己旅途中发生的有意思的一个小故事，组员之间通过讨论，选出最有意思的一个故事。

然后小组成员共同合作，将该故事写成短剧。教师通过让学生完成结构图引导学生思考他们短剧中出现的人物，时间、地点、故事情节，并模仿本课中短剧的形式将自己的短剧旁白和对话部分完成。

最后是展示环节，学生们可以采用分角色朗读的形式将短剧呈现出来，也可以将小组的短剧表演出来，其他同学根据评价标准进行评价。

(4)作业的设计意图

学生在学习了本课旅途火车上发生的小短剧的基础上，结合自己的旅途经历，在上一课简单写一下自己的寒假经历的基础上，将自己旅途中发生有趣的小故事改编成小短剧，分角色朗读出来或者尝试表演出来。综合锻炼了学生的听、说、读、写能力，而且该作业还可以锻炼学生的合作学习能力，思辨能力，发展学生的创新思维。

另外，在设计该作业时，考虑到学生之间的差异，在最后展示环节提供了两种形式供学生们选择：既可以选择将短剧分角色有感情地朗读出来，也可以表演出来，给学生充分的选择空间。

(5)具体设计(见表1)

①Share your most interesting story that happened in your journey in group.

②Choose the most interesting story of your group. Try to write it into a short play with the help of the play in Unit 2.

(Before writing, you should first finish this chart.)

表1 示意表

Question	Answer
Who appeared(出现) in the story	
When and where the story happened	
How the story happened	

③Read your play in roles or act out your play with feeling in class.

Other students listen and evaluate(评价，打分) with the help of the criteria(评价标准).

a. ①分角色朗读的评价标准(见表2)

表2 Evaluation criterion(评价标准)

项目	标准	分值
Content (内容)	故事主线清晰，清楚地交代了时间、地点、人物、故事情节。	很好 9—10 分(　　) 较好 6—8 分(　　) 一般 3—5 分(　　)
	人物之间的关系合理，对话连贯，衔接自然。	很好 9—10 分(　　) 较好 6—8 分(　　) 一般 3—5 分(　　)
	语言简洁，口语化，符合日常的对话特点。	很好 9—10 分(　　) 较好 6—8 分(　　) 一般 3—5 分(　　)
	故事有一定的趣味性，能启发人思考。	很好 9—10 分(　　) 较好 6—8 分(　　) 一般 3—5 分(　　)
Speaking (朗读)	角色分配合理，声音洪亮，语音语调自然。	很好 9—10 分(　　) 较好 6—8 分(　　) 一般 3—5 分(　　)
	朗读充满感情。	很好 9—10 分(　　) 较好 6—8 分(　　) 一般 3—5 分(　　)

（续）

Speaking（朗读）	每个角色之间的朗读衔接自然，代入感强。	很好 9—10 分（ ） 较好 6—8 分（ ） 一般 3—5 分（ ）

b. ②短剧表演的评价标准（见表 3）

表 3　Evaluation criterion（评价标准）

项目	标准	分值
Content（内容）	故事主线清晰，清楚地交代了时间、地点、人物、故事情节。	很好 9—10 分（ ） 较好 6—8 分（ ） 一般 3—5 分（ ）
	人物之间的关系合理，对话连贯，衔接自然。	很好 9—10 分（ ） 较好 6—8 分（ ） 一般 3—5 分（ ）
	语言简洁，口语化，符合日常的对话特点。	很好 9—10 分（ ） 较好 6—8 分（ ） 一般 3—5 分（ ）
	故事有一定的趣味性，能启发人思考。	很好 9—10 分（ ） 较好 6—8 分（ ） 一般 3—5 分（ ）
Performance（表演）	声音洪亮，语音语调自然。	很好 9—10 分（ ） 较好 6—8 分（ ） 一般 3—5 分（ ）
	表演真实充满感情，跟观众有眼神交流，有合适的肢体语言。	很好 9—10 分（ ） 较好 6—8 分（ ） 一般 3—5 分（ ）
	各角色之间的角色转换自然流畅，代入感强。	很好 9—10 分（ ） 较好 6—8 分（ ） 一般 3—5 分（ ）

（三）作业三

（1）课时课题

本课是主题模块下的第三课时，language in use，为读写课。

（2）作业目标

借助课堂上生成的思维导图，结合自己的旅行经历，完成一篇游记。

（3）作业介绍

本次作业为完成一篇题为 My Travel 的游记。课上，学生通过复习 Unit 1 和 Unit 2 的内容，梳理出关于旅行的时间、地点、交通方式、活动及感受的表达方式，再结合课外阅读材料的篇章结构，绘制 My travel 的思维导图。课后，学生根据思维导图，完成游记。游记的内容包括：介绍旅行的时间、地点、交通方式、活动和感受；游记篇章结构可以按时间顺序。

(4)作业设计意图

本次作业既是对 Unit 1 和 Unit 2 作业的复习巩固，也是拓展和延伸，作业要求学生介绍自己的旅行经历，也可以是旅行中的趣事，借鉴课外阅读的篇章结构，让表达更具有逻辑性。也为第四课时的迁移作业——制作旅游攻略做好充分的铺垫。

(5)具体设计

Teens 报纸正在举办"My Travel"征文活动，请你用英语写一篇投稿，投稿内容包括旅行的时间、地点、交通方式、你在那里的活动，以及你的感受。稿件内容要完整，具有逻辑性，结构清晰，不少于 70 词。请你根据课上思维导图内容，完成稿件，内容包括以下几点。

Q1：When and where did you go?

Q2：How did you go there?

Q3：What did you do there?

Q4：How did you feel?

(6)作业评价(见表 4)

表 4　作业评价表

	10—9 分	8—7 分	6—5 分	互评总分	教师评价
内容	完全符合题目要求，观点正确，要点齐全，结构清晰，有逻辑性	基本符合题目要求，观点正确，要点齐全，结构较清晰，有一定逻辑性	要点不齐全。结构不清晰，逻辑性较差		
语言表达	为表达意义使用了丰富的句式和词汇；使用了有效的连接成分	为表达用了满足要求的句式和词汇；使用了简单的连接成分	句式和词汇使用有限		
准确度	1～2 处语法或拼写错误	3～5 处语法或拼写错误	5 处以上语法或拼写错误		
书写	书写规范认真；没有涂改痕迹	书写清晰；纸面相对干净	字迹潦草；错误涂改较多		

My Shanghai Journey

(1) Last summer, I went to Shanghai with my parents. It was our first time. Shanghai is a large and modern city but it also has lots of historical places. I was really excited to have the chance to see them.

(2) We stayed there for two days. On the first day, we went to Nanjing Road where there were lots of busy shopping malls. We also visited some places in the city centre. In the evening, we went to the Bund – a well-known waterfront area on the Huangpu River. We also went to the Oriental Pearl Tower, which is a landmark in Pudong and one of the world's tallest TV towers.

(3) On the second day, we visited Xintiandi, where we saw lots of modern shops and restaurants in traditional shikumen-style houses. The old buildings there look very interesting. The scenery was really amazing!

(4) Our stay in Shanghai was an unforgettable experience. I liked both the new and the old Shanghai. Two days was a bit short. I hope I can go to Shanghai again some time in the future.

图 1　示例图 1

(四)作业四

(1)课时课题

本课为本模块的第四课时，为语言迁移运用课。

(2)作业目标

基于本模块所学内容，结合自己所写的旅行文章，选择海报或短视频等自己喜欢的形式，制作旅游攻略。

(3)作业介绍

本作业为长周期实践类作业，将知识和技能应用与实践情景中。本作业是在本模块教学结束后基于前二课时语言输入和第三课时的笔头输出的基础上进行迁移应用，联系学生的生活实际，模拟真实生活场景，通过以短视频或者海报的形式制作旅行攻略，充分调动学生的综合语言应用能力。

(4)具体设计

①作业前调查问卷：如果去一个陌生地方旅游，你想通过旅游攻略得到哪些方面的信息。

Survey about travel strategy

What do you want to know from a travel strategy before travelling?

☐ transportation
☐ cost
☐ hotel
☑ food
☑ shopping
☐ schedule
☐ route
☐ features
☐ others ________________________

②做攻略前头脑风暴内容：网红打卡地介绍需要的内容，如交通工具、行程安排、旅馆酒店、特色、历史、趣事、推荐打卡原因。

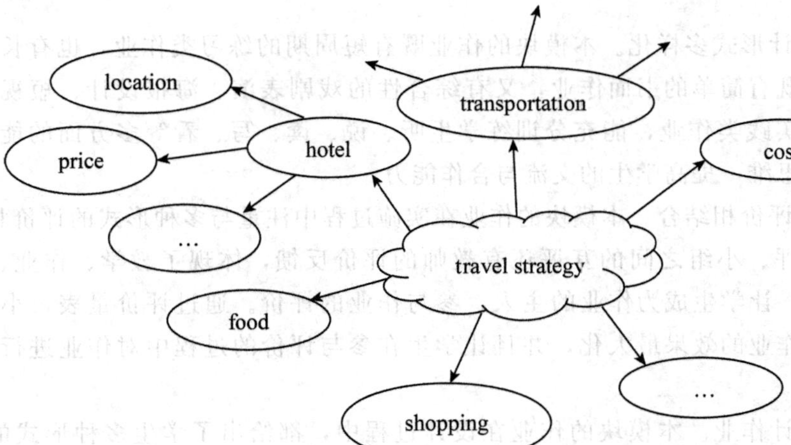

图 2　示例图 2

③结合第三课时中的游记，写出该地点的旅行攻略。

④将旅行攻略制作成海报或短视频。

⑤课上展示，评选出最佳攻略。

（该作业前三个步骤为必做，后两个步骤为选做。）

（5）作业的设计意图

本作业的设计意图是在前三课时学习的基础上，迁移运用本模块话题内容，与学生实际生活相结合，激发学生学习的兴趣。

三、作业评价设计

本模块的作业在实施过程中注重与多种形式的评价相结合，既有学生的自评、小组之间的互评还有教师的评价反馈，体现了教学、作业、批改、讲评的一致性。作业二在学生进行英文短剧分角色朗读和表演展示的时候，教师给出评价量表，其他同学在观看时根据评价量表上的各个维度进行打分。另外，在作业三，学生在完成游记写作后，教师也会给出评价量表，学生从评价量表中给出的各个方面对作文进行自评、互评，教师也会给出相应的评价反馈。这样学生在自评、互评的过程中，结合教师给出的评价反馈，进一步优化自己的游记。

四、作业设计特色说明

1. 作业设计的整体性和进阶性。本模块的作业是从模块整体的层面，基于模块整体教学目标以及各单元之间的关系进行设计的。四个作业从模块整体的层面考虑作业目标的分配、作业内容的分配以及作业类型的分配，兼顾长、短周期作业，包含多模态的作业形式。而且模块作业之间是呈进阶性的分布，围绕旅行的大话题，从简单的笔头输出，到口语、书面相结合的短剧表演，再到游记的写作，最后迁移到旅游攻略的制作，由浅入深，由易到难，由局部到整体，引导学生一步步运用课上所学进行表达、呈现。

2. 作业设计形式多样化。本模块的作业既有短周期的练习类作业，也有长周期的实践类作业，既有简单的书面作业，又有综合性的戏剧表演、海报设计、短视频制作等多种形式的实践类作业，能充分训练学生听、说、读、写、看等多方面的能力，发展学生的多元思维，提高学生的交流与合作能力。

3. 作业与评价相结合。本模块的作业在实施过程中注重与多种形式的评价相结合，既有学生的自评、小组之间的互评还有教师的评价反馈，体现了教学、作业、批改、讲评的一致性。让学生成为作业的主人，参与作业的评价。通过评价量表，小组互相打分等形式将作业的效果最大化，并且让学生在参与评价的过程中对作业进行进一步反思提高。

4. 分层设计作业。本模块的作业在设计过程中，都给出了学生多种形式的选择，例如作业一的 A、B 两层不同的作业，作业二的分角色朗读或表演，作业四的选择海报或短视频的形式，允许在学习上有困难的学生根据他们自己的学习情况自主地选择适合自己的作业，这样做既减轻了这一部分学生作业的过重负担，增添了他们完成课外作业的积极性，为他们自主完成作业增强了信心，同时也给学有余力的学生更多的选择空间，充分发挥自己的才能。

坚定文化自信，铸就社会主义文化新辉煌

薛永莉

举世瞩目的中国共产党第二十次全国代表大会于2022年10月16日至22日在北京胜利召开。《中共中央关于认真学习宣传贯彻党的二十大精神的决定》指出："学习宣传贯彻党的二十大精神，是当前和今后一个时期全党全国的首要政治任务。"思政课是落实立德树人根本任务的关键课程，高中阶段的思政课作为大中小学思想政治教育整体结构中的重要组成部分，以常识性学习为主要落实方式，重在提升学生的政治素养。高中思政课教学要坚持思政小课堂与社会大课堂的有机结合，不仅要求学生掌握基本的教材知识，还要引领学生关注世情、国情，特别是重视党和国家新的方针政策以及领导人讲话等，努力领悟其中的内在精神，培养学生的政治认同、科学精神、法治意识和公共参与的核心素养。党的二十大报告内容丰富、框架清晰、思想深邃，鲜明指出了时代主题，分别从理论与实践的角度，为党和国家各项事业的蓬勃发展指明了前进的方向，作出了明确的部署和安排，把党的二十大精神融入高中思政课，符合思政课的课程性质和课标要求。那么，融什么、如何融成为我们思政课教师必须做好的功课，笔者在教学中进行了初步探索，与大家分享一二心得。

一、注重活动设计，坚持教师主导与学生主体有机统一

思想政治课是以培育思想政治学科核心素养为主导的活动型学科课程，教学设计要凸显价值引领，引导学生坚定理想信念，树立正确的世界观、人生观、价值观。教学实施中，既要秉持"活动课程"尊重学生主体地位的理念，又要坚持"学科课程"以学科内容为本位的理念，坚持活动型学科课程"关注过程""凸显观点"的方法论要求的统一。

1. 教师引领学生共同备课，围绕教学主题不断打磨

党的二十大报告第八部分内容为"推进文化自信自强，铸就社会主义文化新辉煌"，报告深刻把握了文化建设规律和文化在新时代新征程中的地位作用，对建设社会主义文化强国作出了战略部署，为我们不断增强文化自信自强、铸就社会主义文化新辉煌、增强实现中华民族伟大复兴的精神力量提供了根本遵循。笔者结合统编版普通高中教科书必修四《哲学与文化》第三单元"文化传承与文化创新"的相关内容进行大单元设计，以"坚定文化自信，铸就社会主义文化新辉煌"作为主题，设计了一系列的师生活动和探究话题，既发挥了教师的主导作用，又发挥了学生的主体作用。例如，备课过程中，笔者首先认真学习党的二十大报告，找到与教学进度相关的文化部分的内容，然后认

真研读教材第三单元的所有内容，确定教学主题和基本思路，初步设计出教学中的教师做什么、怎么做，学生做什么、怎么做，然后把学生的活动任务承包给不同学生小组，要求每个小组学生围绕本组议题或话题搜集资料、制作课件、撰写讲稿等。学生各小组在规定时间内完成前期准备工作后，笔者与他们分别进行交流讨论，筛选资料、修改课件和讲稿，引导学生明白在有限的课堂上把最能体现主题的内容以或生动具象或理性深邃的方式呈现出来，达成教育教学的目标。

2. 通过师生活动驱动问题探究，达成教育教学目标

创设适当的问题情境是思政课开展教学的重要方式，通过师生活动驱动问题探究，最终达成预定的教育教学目标。笔者围绕“坚定文化自信，铸就社会主义文化新辉煌”的主题，设计了需要在课堂教学中完成的五个层层递进的探究问题——什么是文化自信？我们对什么文化坚定自信？我们坚定文化自信的价值何在？我们文化自信的底气和理由是什么？我们怎样才能铸就社会主义文化新辉煌？例如，问题二“我们对什么文化坚定自信是”本节课的重点难点，不仅涉及知识多，还是对学生进行爱党爱国爱社会主义教育的重要契机，因此设计安排了比较充分的教师分析和学生探究活动。笔者首先通过课件展示三种看待中华文化的观点（观点一：中华文化曾长期领先于世界，这是我们引以为豪的，我们不能忘记；观点二：中华文化的确曾经辉煌过，但近代衰落了，说明已经没有生命力；观点三：中华文化的确在近代落后了，但我们有充足的自信，再铸中华文化的辉煌），开展学生思考和小组简单交流活动，老师进一步以史实为依据向学生介绍中华文化古代辉煌、近代衰落、现代复兴的发展历程，中国人相应地表现出文化自信、文化自卑、文化自信的状态。然后通过三组学生活动，分别带领大家去探寻令我们自信的中华优秀传统文化、革命文化和社会主义先进文化。引导学生明确我们的文化自信不仅仅是对某一历史阶段的文化自信，也是对全部中华文化的自信，通过对中国特色社会主义文化的解读，明确当代中国的文化自信，最根本的是对中国特色社会主义文化的自信，特别是对习近平新时代中国特色社会主义思想的自信。

再例如，“如何坚定文化自信，铸就社会主义文化新辉煌”是本节课的落脚点，激发学生的时代责任感和使命感。因为当时受到新冠病毒感染的影响，我们只能通过线上开展教学，笔者设计了让每个学生在聊天区写或者说一条具体做法或建议的活动，学生可以调动教材知识回答，也可以结合社会现实或自身实际回答，学生参与的热情高涨，提出了很多具体有效的建议措施，然后我播放了一段官方媒体视频，使学生明确党的二十大对我国新时代新征程的文化建设作出的全面部署、提出的明确要求，感受我们每个人的所思所行都与党和国家同频共振，无数个体的涓涓细流终将汇成社会主义文化新辉煌的滚滚洪流！

二、充分利用各种资源，追求思政课守正与创新的统一

课程资源是课程实施的基本保障，是在课程设计、编制、实施和评价等整个课程发展过程中可资利用的一切人力、物力以及自然资源和社会资源的总和。课程资源的范围十分广泛，分类的方法也多种多样。按呈现方式分为文字资源、音像资源、人力

资源、实物资源、数字化资源与实践活动资源。

1. 发挥文字资源在思政课中的基础性作用

思政课的思想理论主要是以文字形式呈现出来的。文字资源中最重要的是思想政治课程的教材，其他涉及自然科学和社会科学的书籍、报刊等的文字资源，也是思想政治课程常常用到的重要资源。马克思列宁主义、毛泽东思想、邓小平理论、“三个代表”重要思想、科学发展观、习近平新时代中国特色社会主义思想等理论的原著、经典文章，都应成为思想政治课重要的文字资源。另外，古今中外思想家、革命家传记、经典名篇和美文也是可以利用的重要文字资源。在《坚定文化自信，铸就社会主义文化新辉煌》的教学案例中，笔者与学生特别注重文本资源，不仅反复研读课标、教材、教师教学用书，深入理解挖掘其中的宝贵资源，厘清知识体系，明确教学目标；还认真阅读《党的二十大报告辅导读本》《习近平谈治国理政》《习近平新时代中国特色社会主义思想学习纲要》《习近平新时代中国特色社会主义思想学习问答》等权威书籍以及习近平总书记系列讲话，理解党和国家对发展全局大局的部署，加深对教材知识的理解领悟，拓宽思路，提高境界。

2. 发挥人力资源在思政课中的关键性作用

教育教学活动的主体和对象都是人，人力资源的挖掘和利用是上好思政课的关键所在。思想政治课教师是重要的人力课程资源，如教师对待学生的态度、教师的知识结构和人格魅力，教师开发和利用课程资源的能力。学生是学习的主体，同时也是重要的课程资源，如学生已有的知识结构、生活阅历和社会关系以及人格品质等。人力资源还可以包括其他学科教师、学生家长以及其他对教育教学有影响的各界人士。在《坚定文化自信，铸就社会主义文化新辉煌》的教学案例中，我们不仅充分利用本校教师的资源，得到同学科老师和其他学科老师或知识方面、或技术方面的大力帮助；还得到了北京师范大学李晓东老师和北京教育学院丰台分院政治教研组张璇老师的精心、专业的指导；更重要的是我们重视发挥学生主体作用，从备课到上课再到课后，学生始终都在积极参与，他们在活动中获得了更深的体验和感悟，不仅获得知识，更加增强了政治认同、科学精神、公共参与等的核心素养，有利于坚定学生的道路自信、理论自信、制度自信和文化自信。

3. 发挥实践活动在思政课中的生成性作用

实践是人们改造客观世界的物质性活动，实践是认识的来源、发展动力和目的，也是检验认识真理性的唯一标准。教育教学是一种由教师主导旨在引起学生改变的实践活动，思政教学中需要根据教学内容和学生情况设计实施由学生广泛参与的实践学习活动。广义的教学实践活动包括课堂内的讨论、辩论、演示、模拟等，也包括课堂外的参观、调查、访谈、志愿者活动等，还包括与思想政治和教育有关的集会、报告、演出、经济活动、政治活动、文化活动等。实践活动涉及的场所包括博物馆、纪念馆、文化馆、科技馆、名人故居、自然和人文景观、街道社区等资源，实践活动中迸发出来的思想火花、情景创意、活动成果等也是实践活动资源的重要组成部分。在《坚定文化自信，铸就社会主义文化新辉煌》的教学案例中，我们设计了丰富多彩的学生活动。

课堂上开展学生辨析讨论活动、为铸就社会主义文化新辉煌提建议活动等，课后建议学生在疫情缓解后，与家长或同学朋友一起参观综合性或者专业性的博物馆、展览馆、名人故居、文化遗址、现代文化活动场所等，实地考察感受我国源远流长、博大精深的文化，并尝试为自己比较喜欢或感触比较深的文化场馆写一份大约300字的推荐词。总之，围绕本节课的主题设计多样化的实践活动，既激发了学生兴趣，又提高了学生的实践能力和交往能力，实现活动育人的目标。

4. 发挥数字化平台和音像资源在思政课中的创新性作用

随着现代科学技术的发展，数字化平台和音像资源极大地丰富了我们思政课的内容和形式，促进了思政课教育教学的发展创新，推动思政课不断提高教育现代化水平。

在数字化时代，我们可以通过互联网收集到各种可以用于教育教学的资源，因其具有共享性、互动性、智能型、丰富性、便捷性等特点，在拓宽视野、提高效率等方面具有重要作用，是不可缺少的课程资源。在《坚定文化自信，铸就社会主义文化新辉煌》的教学案例中，笔者充分利用“学习强国”平台浏览、学习、领会各种资源，丰富自己的精神世界、提高自身的思想道德修养和科学文化修养，引领学生进行高质量的学习；利用“国家中小学智慧教育平台”进行观摩看课，学习借鉴优秀教师的长处，尽可能弥补改进自己的不足，优化教学设计，提高教育教学的质量和水平。此外，笔者还通过抖音短视频平台观看并搜集了一些优秀的短视频资源丰富课堂内容和形式，腾讯会议、班小二等为我们开展线上教学和作业提交提供了平台和机会，保障了我们特殊时期教育教学工作的开展和目标的达成。

音像资源生动形象，可以调动听觉、视觉等多种感觉器官，更好调动学生学习兴趣，激发学生思考，加深认识。在《坚定文化自信，铸就社会主义文化新辉煌》的教学案例中，笔者与学生多次使用了典型的视频资源，展示了优秀传统文化的风骨神韵、革命文化的刚健激越、社会主义先进文化的繁荣兴盛，还展示了中国特色社会主义新时代的非凡十年取得的非凡成就。学生在观看时兴趣浓厚，感受也更加具体深刻。

三、结束语

教育是国之大计、党之大计，承担着立德树人的根本任务，思政课是落实立德树人根本任务的关键课程。新时代对思政教师和思政课都提出了更高的要求，我们高中思政教师不仅要学深悟透党的二十大精神，更要根据教材内容构建衔接点，根据所在学段的特点，充分发挥教师主导作用与学生主体作用，带领学生有效挖掘和利用各种资源，坚持理论与实践相结合，坚持守正与创新相结合，让党的二十大精神进课堂、进头脑，引导学生增强中国特色社会主义道路自信、理论自信、制度自信、文化自信，厚植爱国主义情怀，把爱国情、强国志、报国行自觉融入坚持和发展中国特色社会主义事业、建设社会主义现代化强国、实现中华民族伟大复兴的奋斗之中。

参考文献：

[1]本书编写组. 党的二十大报告辅导读本[M]. 北京：人民出版社，2022.

[2]习近平. 习近平谈治国理政·第三卷[M]. 北京：外文出版社，2020.

[3]中共中央宣传部. 习近平新时代中国特色社会主义思想学习问答[M]. 北京：学习出版社、人民出版社，2021.

[4]中共中央宣传部. 习近平新时代中国特色社会主义思想学习纲要[M]. 北京：学习出版社、人民出版社，2019.

[5]中华人民共和国教育部. 普通高中教科书　思想政治必修4　哲学与文化[M]. 北京：人民教育出版社，2022.

素养导向下的高一化学复习课实验教学：以探究碳酸钠、碳酸氢钠与盐酸反应

孙 默

一、问题提出

碳酸钠和碳酸氢钠溶液与盐酸的反应是高一化学的重要反应，涉及多元弱酸的正盐与酸分步反应和弱酸的酸式盐与酸反应的知识，具有认识多元弱酸及其盐相互转化反应规律的功能。在学科核心素养上，能够发展学生从定性与定量结合上收集证据的能力，通过定性分析和定量计算推出合理结论的素养水平；运用化学符号和定量计算等手段说明物质的组成及其变化的素养水平；在与同学讨论的基础上提出探究的问题和假设，依据假设提出多种实验方案，评价和优化方案，基于现象和数据、图表、符号等处理实验信息，进行实验分析并得出结论。由于其承载的科学知识内容和能力素养内涵综合性强，各种版本高一化学教材编写时都将这部分内容划分到复习题、微项目学习中去，并没有给出具体的实验装置，为实验教学留出了提升空间，具备探究价值。

碳酸钠和碳酸氢钠溶液与盐酸的反应都产生 CO_2 气体，但 $NaHCO_3$ 与酸反应速率明显比 Na_2CO_3 更快，这一宏观现象隐含着 Na_2CO_3 与酸分步反应的微观过程。为了帮助学生理解这一微观过程，建构多元弱酸盐与较强酸反应的认知模型，得到定量、直观的分步反应实验证据尤为重要。为此许多研究者已做了大量的探究工作，将数字化实验技术应用于 Na_2CO_3 溶液与盐酸的反应，采集了“pH-V(盐酸)”“pH、压强、CO_2 浓度-t(时间)”数据图，提供了定量或直观的实验证据。单一的“pH-V(盐酸)”数据图涉及多元弱酸盐的水解平衡、两次 pH 突变区域的数据分析等化学反应原理知识，不太符合高一学生的认知水平；“pH、压强、CO_2 浓度-t(时间)”数据图虽然直观，但又缺少 Na_2CO_3 溶液与 V(盐酸)直接的定量关系，因为在封闭反应体系中难以使用滴数传感器来采集“V(盐酸)”数据。为了解决“V(盐酸)”数据采集的难题，笔者尝试利用两个平行反应，在封闭反应体系中采集“压强”数据，在开放反应体系中采集“pH-V(盐酸)”数据，控制两个平行反应中“V(盐酸)”的量与频率完全一致，得到“压强、pH-V(盐酸)”数据图，提供了定量且直观的实验证据，实验方法简单，实验装置简洁，便于应用于课堂教学。

本文将碳酸钠和碳酸氢钠溶液与盐酸的反应作为高一化学的章节复习课课题，运用问题驱动—实验探究—证据推理—定量分析—模型建构—素养发展的教学策略，在

解决真实情境问题中诊断并发展学生的学科核心素养。

二、素养导向下的教学思路与教学流程

学生已有知识包括碳酸钠和碳酸氢钠的溶解性与稳定性、复分解反应发生的条件、离子反应和方程式下物质的量计算等。在人教版化学必修一第二章第一节教材习题中发现，对于碳酸钠和碳酸氢钠的性质提出了问题“在实验中，如何区别碳酸钠和碳酸氢钠”，并在习题中提及了碳酸钠溶液与盐酸反应的实验和离子反应。因此，以“预测碳酸钠、碳酸氢钠与盐酸反应的现象和设计实验验证”为问题驱动，来探究本实验。实验教学中，学生亲历由定性观察试管实验中两种盐与稀盐酸反应产生气泡的先后顺序，到发现“局部过量”问题导致的实验现象与预测现象的异常，需要改进实验设计；从而提出使用恒压漏斗和压强传感器，将对产生气泡的观察转化为监测压强的变化，使获得实验证据的准确性进一步提升；到意识到改进后的实验装置由于是密闭体系，不能测定“压强-V(盐酸)”的定量关系，进一步优化实验设计，以外置两个平行反应为操作方法，以变量控制为实验方案设计的思想，最终得到“压强、pH-V(盐酸)”数据图，并能根据数据图进行定量计算和与理论值做比较，在实验过程中逐步构建科学探究的思维模型。

依据课程标准和教学内容，制定如下教学目标：

(1)通过探究碳酸钠、碳酸氢钠与盐酸反应认识到碳酸钠与盐酸的反应是分步进行的。

(2)通过对试管实验的创新以及数字化实验的应用改进实验设计，增强定量研究的意识，发展证据推理、科学探究的素养。

(3)通过构建碳酸钠、碳酸氢钠与盐酸反应的实验探究方法模型，发展模型认知能力、科学探究能力。

本节课的教学流程示意图如图1。

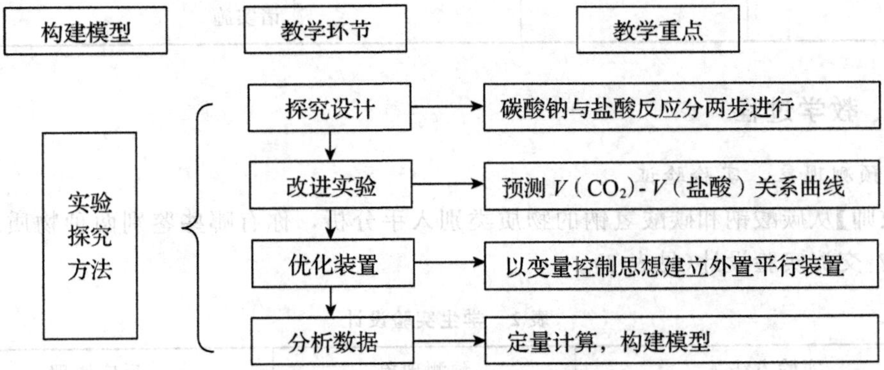

图1　教学流程示意图

依据教学流程，实验教学环节中所涉及的具体素养水平如表1。

表 1　实验教学环节中所涉及的具体素养水平

实验教学环节（问题驱动和实验优化）	素养水平评价		
	宏观辨识与微观探析	证据推理与模型认知	科学探究与创新意识
1. 预测碳酸钠、碳酸氢钠与盐酸反应的实验现象，设计实验验证 2. 解决"局部过量"的异常现象，预测 $V(CO_2)$-V（盐酸）关系曲线，改进为数字化实验设计 3. 解决 V(盐酸)的测量问题，进一步优化实验设计 4. 分析数据图，建立证据与结论之间的关系并与理论值对比；构建实验探究方法模型。	水平 1：能根据实验现象辨识物质及其反应，能联系物质的组成和结构解释宏观现象。 水平 2：能解释同类的不同物质性质变化的规律。 水平 3：能运用化学符号和定量计算等手段说明物质的组成及其变化。 水平 4：能描述或预测物质的性质和在一定条件下可能发生的化学变化，能评估某种解释或预测的合理性；能从宏观与微观结合的视角对物质及其变化进行分类和表征。	水平 1：能从宏观和微观结合上收集证据，能依据证据从不同视角分析问题，推出合理的结论； 水平 2：能从定性与定量结合上收集证据，能通过定性分析和定量计算推出合理的结论，能说明模型使用的条件和适用范围。 水平 3：能解释证据与结论之间的关系；能对复杂的化学问题情境中的关键要素进行分析以建构相应的模型，能选择不同模型综合解释或解决复杂的化学问题。	水平 1：能根据教材中给出的问题设计简单的实验方案，完成实验操作，观察物质及其变化的现象，客观地进行记录，对实验现象作出解释，发现和提出需要进一步研究的问题。 水平 2：能对简单化学问题的解决提出可能的假设，依据假设设计实验方案，能运用多种方式收集实验证据，基于实验事实得出结论，提出自己的看法。 水平 3：具有较强的问题意识，能在与同学讨论基础上提出探究的问题和假设，依据假设提出实验方案，收集实验证据，基于现象和数据进行分析并得出结论，交流自己的探究成果。 水平 4：能根据实际需要提出综合性的探究课题，根据假设提出多种探究方案，评价和优化方案，能用数据、图表、符号等处理实验信息；能对实验中的"异常"现象和已有结论进行反思、提出质疑和新的实验设想，并进一步付诸实施。

三、教学过程

1. 预测现象，实验验证

【教师】从碳酸钠和碳酸氢钠的物质类别入手分析，你有哪些鉴别两种物质水溶液的方法？交流实验设计(见表 2)。

表 2　学生实验设计

实验方法	预测现象	反应原理
配制相同浓度的两种溶液。向盛有碳酸钠和碳酸氢钠溶液的试管中滴加酚酞	盛有碳酸钠溶液的试管中红色较深，另一支较浅	

（续）

实验方法	预测现象	反应原理
向盛有碳酸钠和碳酸氢钠溶液的试管中滴加澄清石灰水	均产生白色沉淀	$CO_3^{2-}+Ca^{2+}$ ══ $CaCO_3\downarrow$ $HCO_3^-+Ca^{2+}+OH^-$ ══ $CaCO_3\downarrow+H_2O$
向盛有碳酸钠和碳酸氢钠溶液的试管中滴加氯化钙溶液	盛有碳酸钠溶液的试管中有白色沉淀	$CO_3^{2-}+Ca^{2+}$ ══ $CaCO_3\downarrow$
向盛有碳酸钠和碳酸氢钠溶液的试管中滴加稀盐酸	均产生气泡，但盛有碳酸钠溶液的试管中气泡产生得慢	$CO_3^{2-}+H^+$ ══ HCO_3^- $HCO_3^-+H^+$ ══ $CO_2\uparrow+H_2O$

【教师】由于前三种方法上节课已经进行了学习，本节课只根据学生的实验设计，演示碳酸钠和碳酸氢钠溶液与稀盐酸反应的实验，作为本节课的实验教学内容：(1)试管实验是否满足了你的探究目的？有何不足？(2)根据实验现象能得到什么结论？

【学生】观察演示实验。发现盛有碳酸钠溶液的试管中随着滴加盐酸周围立即产生小气泡，产生的一瞬间气泡又消失了；盛有碳酸氢钠溶液的试管中随着滴加盐酸立即产生大量气泡，气泡不消失。有学生建议将两支试管中都先滴加酚酞，再滴加盐酸，盛有碳酸钠溶液的试管中随着滴加盐酸红色变浅，当和盛有碳酸氢钠溶液的试管中红色相当时，开始产生大量气泡。由此，学生得出结论：碳酸钠溶液和盐酸的反应是分两步进行的。随着滴加盐酸，CO_3^{2-}先转化成HCO_3^-，再转化成CO_2。但实验现象中存在“盛有碳酸钠溶液的试管中随着滴加盐酸周围立即产生小气泡”的异常现象，可能是由于“盐酸局部过量”引起的，这与反应原理相矛盾，导致实验现象不能作为“碳酸钠溶液和盐酸的反应是分步进行的”证据。

【教师】怎么补充“局部过量”现象造成的证据不充分？

设计意图：基于学生已有认知水平，从碳酸盐的角度设计实验鉴别碳酸钠和碳酸氢钠，生长出CO_3^{2-}与酸反应先转化成HCO_3^-的知识，意识到碳酸钠溶液和盐酸的反应是分步进行的。但单纯的试管实验现象证据并不充分，需要改进实验装置。

2. 改进实验，定量预测

【学生】由于碳酸钠溶液和盐酸反应的实验分为$CO_3^{2-}+H^+$ ══ HCO_3^-、$HCO_3^-+H^+$ ══ $CO_2\uparrow+H_2O$两步进行，猜想可以通过定量计算得到盐酸体积和产生CO_2体积的关系，或者根据溶液碱性降低的变化，来确定溶质成分。由关注反应现象，转为关注反应的定量关系来寻求证据。

【教师】肯定学生定量计算的意识，提示学生要想完成定量实验，需要进行基于变量控制思想的方案改进。

【学生】讨论互评，最终呈现基于变量控制思想的定量实验方案改进设计(见表3)。

表 3　基于变量控制思想的定量实验方案改进设计

	碳酸钠溶液和盐酸反应	碳酸氢钠溶液和盐酸反应
自变量	V(盐酸)	
控制变量	$c(HCl)=0.2mol/L$ $c(Na_2CO_3)=c(NaHCO_3)=0.1mol/L$，$v(Na_2CO_3)=v(NaHCO_3)=20mL$， 2 滴酚酞，同时开始滴加盐酸	
检测量	CO_2 的体积	碱性，V(盐酸)
对应的定量关系	CO_2 体积-V(盐酸)之间的定量关系	碱性变化-V(盐酸)之间的定量关系

通过定量计算，预测并描绘碳酸钠溶液与盐酸反应和碳酸氢钠溶液与盐酸反应的 CO_2 体积-V(盐酸)曲线图(见图 2)。

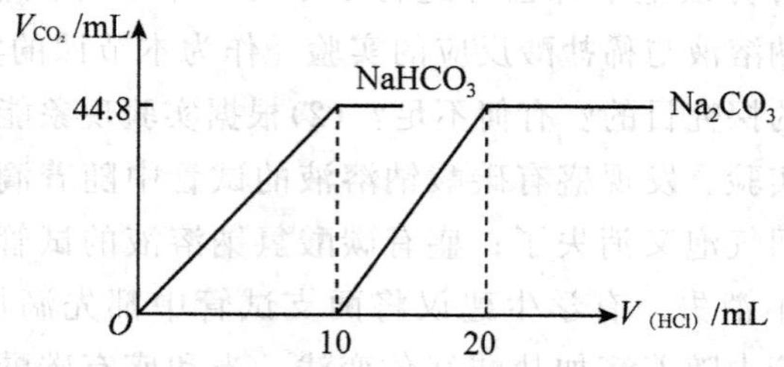

图 2　预测碳酸钠溶液与盐酸反应和碳酸氢钠溶液与盐酸反应的 CO_2 体积-V(盐酸)曲线图

【教师】根据学生的实验设计采用恒压滴液漏斗进行演示实验。实验装置图见图 3。

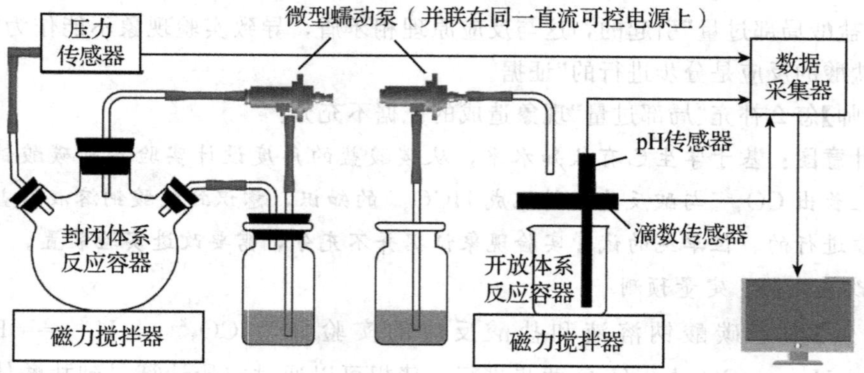

图 3　实验装置图

【学生】记录碳酸钠溶液和盐酸反应时产生气泡时刻盐酸的体积，和两次实验不再产生气泡时滴加盐酸的体积。得到结论：碳酸钠溶液与盐酸反应比碳酸氢钠溶液与盐酸产生气泡要消耗多一倍体积的同浓度盐酸，与预测的曲线一致，说明碳酸钠溶液与盐酸反应是分两步进行的。但同时也发现，本实验装置是开放体系，不能收集并测定 CO_2 体积，滴加酚酞观察颜色的变化也不能增加定量实验设计的证据。

【教师】怎么让实验在封闭体系中发生，又同时能测定溶液的碱性变化呢？

设计意图：通过对试管实验异常现象的分析转变设计实验的角度，将实验设计由定性转为定量，由关注反应现象转为关注反应原理，并基于变量控制的思想进行实验方案改进和预测。提升了学生宏观辨识与微观探析、证据推理的素养水平。遵循实验逐渐完善的规律，在讨论互评中不断发现问题，为进一步优化装置指明方向、构建实验探究思维模型，增强了科学探究能力。

3. 优化装置，明确证据

【教师】将数字化实验技术应用于 Na_2CO_3 溶液与盐酸的反应，将对 CO_2 体积的测定转化为对体系压强变化的监测，将对溶液碱性变化的测定转化为对溶液 pH 的监测，得到"pH-V(盐酸)""pH、压强、CO_2 浓度-t(时间)"数据图，可以得到更准确的实验证据。如何控制变量获取"压强-V(盐酸)"之间的定量关系？

(1)实验仪器与试剂

【仪器】Virnier 数据采集器、压力传感器、pH 传感器、滴数传感器，微型蠕动泵(12V，14 mL/min，硅胶软管径 1 mm×3 mm 壁厚 1mm)，磁力搅拌器，移液枪，三颈烧瓶，烧杯，广口瓶等。

【试剂】0.1 mol/L Na_2CO_3 溶液，0.2 mol/L HCl 等。

(2)实验装置

盐酸滴定 Na_2CO_3 溶液实验装置如图 3 所示。三颈烧瓶、烧杯中分别加入等量的 Na_2CO_3 溶液，两个广口瓶中放入足量的盐酸，三颈烧瓶中发生封闭体系反应，烧杯中发生开放体系反应。图中的"微型蠕动泵"价廉物美，两个相同的蠕动泵并联在同一直流可控电源上，可控制两个平行反应中"V(盐酸)"的量与频率完全一致。

(3)实验操作

按图 1 所示连接好两个平行反应的实验仪器(微型蠕动泵的硅胶软管管径较细，可将玻璃滴管的尖嘴部分插入硅胶软管内，起到变径的作用)，在三颈烧瓶、烧杯中分别加入 20.00 mL 0.1 mol/L Na_2CO_3 溶液，两个广口瓶中放入足量的 0.2 mol/L HCl；将压力传感器、pH 传感器、滴数传感器连接到同一数据采集器上，将 Virnier 软件(Logger Pro 3.16.2)设置成"压强、pH(双轴)-V(盐酸)""数字事件"采集模式；先启动两个微型蠕动泵，用自动模式校准"滴数传感器"(泵出的盐酸弃用)；打开两个磁力搅拌器搅拌，然后点击"采集"钮；打开直流电源开关，调节电源电压在 8V 左右，此时两个广口瓶中的盐酸开始同步、定量地分别泵入三颈烧瓶、烧杯中；待两个平行反应基本结束后点击"停止"钮，关闭直流电源开关，关闭磁力搅拌器。平行实验三次，得到"压强、pH-V(盐酸)"数据图。实验操作的关键因素是盐酸的浓度低、滴速慢，需快速搅拌反应液，以防止滴定过程中局部酸度过大(使 CO_2 气体提前释放)，部分 CO_2 气体不能及时从混合液中逸出。

【学生】观察实验，理解实验装置封闭体系和开放体系的"联动"关系，是控制盐酸滴定的量与频率保持一致，这与物理学科的"连通器"原理类似。反思在优化的平行实验装置发生反应时，有哪些基于变量控制思想的设计，把实验改进补充完全(见表 4)。

表 4　设计平行实验的变量控制方法

	封闭体系反应	开放体系反应
自变量	V(盐酸)	
控制变量	$n(Na_2CO_3)$，盐酸滴定的量与频率	
检测量	压强	pH，V(盐酸)
对应的定量关系	压强-V(盐酸)之间的定量关系（间接获取）	pH-V(盐酸) 之间的定量关系（直接获取）

设计意图：本环节新的实验技术令学生耳目一新，多学科融合的思想进一步促使他们去追求更多的新技术和新实验。借助数字化实验“可视化”的特点获取曲线图和实验数据，帮助学生得到更准确的实验证据，提升证据推理能力。

4. 定量计算，构建模型

【教师】数字化实验曲线图，见图 4。提取图信息，分析滴入盐酸的量 0-V_1(9.97 mL)阶段、V_1(9.97 mL)-V_2(19.95 mL)阶段发生了什么反应，有哪些证据使你得出这些结论。

信息：已知 0.1 mol/L Na_2CO_3 溶液 pH＝11.6；

0.1 mol/L $NaHCO_3$ 溶液 pH＝8.3；

饱和碳酸溶液的 pH 约为 3.89。

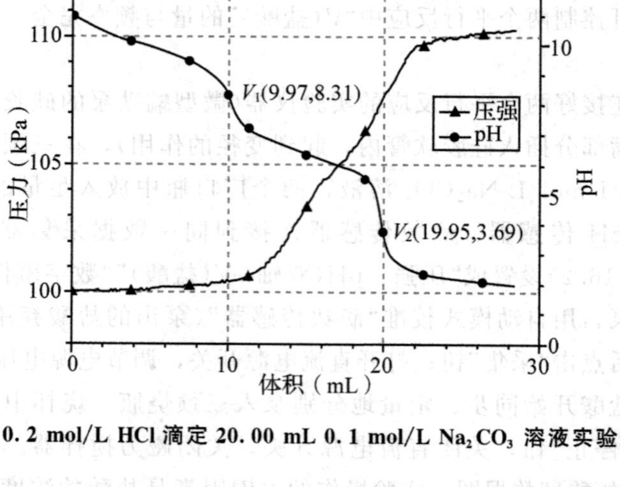

图 4　0.2 mol/L HCl 滴定 20.00 mL 0.1 mol/L Na_2CO_3 溶液实验数据

【学生】滴入盐酸的量从 0-V_1(9.97 mL)阶段：Na_2CO_3 溶液与盐酸反应的第一步($Na_2CO_3 + HCl \xlongequal{} NaHCO_3 + NaCl$)，此阶段压强数值几乎不变，表明无 CO_2 气体生成；V_1 点处混合溶液中 pH＝8.31，表明 Na_2CO_3 全部转化成 $NaHCO_3$。

滴入盐酸的量从 V_1(9.97 mL)-V_2(19.95 mL)阶段：Na_2CO_3 溶液与盐酸反应的第二步($NaHCO_3 + HCl \xlongequal{} NaCl + CO_2\uparrow + H_2O$)，在 V_1 点之后压强数值开始增大，一直持续到 V_2 点稍后位置开始维持基本不变，表明此阶段有 CO_2 气体生成(全部 CO_2 气体的逸出稍有延迟)；V_2 点处混合溶液中 pH＝3.69，表明 $NaHCO_3$ 全部转化成 NaCl 和 H_2CO_3。

【教师】根据 $CO_3^{2-}+H^+ \xlongequal{} HCO_3^-$、$HCO_3^-+H^+ \xlongequal{} CO_2\uparrow+H_2O$ 两步反应的理论值和实验值，可以计算得到本次实验的准确度。

【学生】计算过程：$CO_3^{2-}+H^+ \xlongequal{} HCO_3^-$

理论：0.1 mol/L×20 mL　0.2 mol/L×10 mL

实际：0.1 mol/L×20 mL　0.2 mol/L×9.97 mL

准确度：$w=\dfrac{0.2\ \text{mol/L}\times 9.97\ \text{mL}}{0.2\ \text{mol/L}\times 10\ \text{mL}}\times 100\%=99.70\%$

$$HCO_3^-+H^+ \xlongequal{} CO_2\uparrow+H_2O$$

理论：0.1 mol/L×20 mL，0.2 mol/L×20 mL

实际：0.1 mol/L×20 mL，0.2 mol/L×19.95 mL

准确度：$w=\dfrac{0.2\ \text{mol/L}\times 19.95\ \text{mL}}{0.2\ \text{mol/L}\times 20\ \text{mL}}\times 100\%=99.75\%$

【教师】这节课我们一起经历了“碳酸钠、碳酸氢钠与盐酸反应”的探究过程，总结了一下真实实验情境的研究通常经历哪些步骤。

【学生】设计实验—预测现象—实验验证—发现异常—改进实验—优化装置—分析数据—构建模型。

设计意图：通过用数据、图表、符号等处理实验信息并进行定量计算，能解释证据与结论之间的关系；通过归纳提炼本节课的探究历程，能对复杂的化学问题情境中的关键要素进行分析以建构思维模型。提升了证据推理与科学探究能力。

四、教学思考

化学学科核心素养是学科育人价值的集中体现，是学生通过学科学习而逐步形成的正确价值观、必备品格和关键能力。高一化学作为高中化学教学的起始年级，不仅需要关注讲授知识，更要求学生形成化学学科的思想和方法，从实践层面激励学生勇于创新。以帮助学生在后续渐进的学习中形成更科学合理的知识体系，增强学科素养。

“探究碳酸钠、碳酸氢钠与盐酸反应”这一课，基于证据推理与科学探究的素养方法，让学生在以实验为本体进行化学学习的过程中经历设计实验—预测现象—实验验证—发现异常—改进实验—优化装置—分析数据—构建模型的探究过程，发展“宏观辨识与微观探析”“证据推理与模型认知”“科学探究与创新意识”等核心素养。重点在对“基于变量控制思想改进实验方案；基于寻求更准确的证据优化实验装置；能对实验中的异常现象和已有结论进行反思、提出新的实验设想，并进一步付诸实施；能通过定性分析和定量计算推出合理的结论”等方面产生更为深远的影响，有利于培养学生形成严谨求实的科学态度、探索未知和崇尚真理的意识，树立公民科学素养，实现立德树人的终极教育目标。

参考文献：

[1]中华人民共和国教育部．普通高中化学课程标准(2017 年版 2020 年修订)[M].

北京：人民教育出版社，2020.

[2]郭雨琦，孟庆华，刘翠，等．盐酸与碳酸钠分步反应探究实验装置的改进[J]. 化学教学，2022，428(11)：70－74.

[3]张磊，王璇，孙美华．基于传感器检测探究盐酸与碳酸钠溶液的反应[J]. 化学教学，2021，411(6)：74－77.

[4]韩慧磊，信欣，孙影．运用数字化技术探究盐酸滴定碳酸钠溶液的反应[J]. 化学教学，2020，396(3)：56－60.

新课程背景下地理课堂教学评价的思考

——以“气压带、风带对气候的影响”为例

韩　薇

高中地理课程提出了“通过地理核心素养的培养，从地理教育的角度落实立德树人根本任务”的课程目标。面对教学观念的更新和学习方式的改进，地理教育的终极目标是让学生获得终生受用的地理知识、地理思维能力，并树立起科学的人口观、资源观、环境观和可持续发展观。布鲁姆把教学目标分为六个层次：识记、理解、应用、分析、综合、评价。这六个层次是由低级到高级的过程，其中识记和理解属于浅层学习，应用、分析、综合和评价属于深层学习。在此背景下，教学评价起着举足轻重的作用。它是推动地理新课程改革、促进学生全面发展、促进教师提高教学水平的有效途径。本文结合普通高中课程标准实验教科书地理选择性必修 1 第三章第二节气压带、风带对气候的影响，通过对地理课堂教学活动进行的评价，以此指导高中地理课堂教学，促进高中地理课堂有效教学。

一、依据学习进阶确定学习目标，进行合理性评价

本节课落实的课程标准“运用示意图说明气压带、风带的分布，并分析气压带、风带对气候形成的作用，以及气候对自然景观形成的影响”的前半部分，即“运用示意图说明气压带、风带的分布，并分析气压带、风带对气候形成的作用”。本节课行为动词，不仅有“说明”，还用到了“分析”，显然对学生学习的评价要求更高，更注重了知识和知识之间的逻辑关系并进行合理建构。如何建立知识结构，教师要对教材有学科本质上的理解，并将学科内容结构化。本节课以学生的学习认知过程为主线，创建学生的认知路径，培养学生的核心素养。创建认知路径，给学生搭梯子，给方向，从而提升综合能力，并把这样的思考过程贯穿学习过程的始终，最终培养未来有责任感的公民。本节课的知识结构如下：

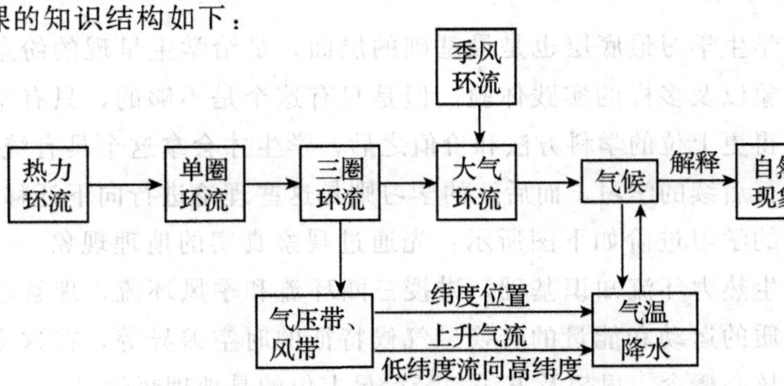

图 1　示意图 1

本节课的课程标准是自然地理中最抽象的课程标准之一，达成难度大。如果降低难度水平，让学生死记硬背气压带、风带的名称和对气候的影响，会造成不能真正理解自然地理环境中要素特点与物质运动和能量转化之间的内在联系，进而孤立地看待地理要素的特征，严重影响学生综合思维等地理核心素养水平的提升和发展。

按照本节课的知识结构，设计了学习进阶方案，从而进行合理的学生目标评价，评价表格如下。

表 1　评价表

进阶点	进阶起点	预设目标	评价			
			优	良	中	差
热力环流	用示意图的方式表示出热力环流的成因及过程	帮助学生从物质和能量转化角度，认识大气运动的本质				
单圈环流、三圈环流	绘制完成“全球气压带和风带分布示意图”表示构成该环流的地表气压带、风带名称和位置	帮助学生学习进行探究问题的科学方法，提升学生综合分析核心素养				
气流运动对降水多少的影响	绘制“全球气压带和风带的季节性移动示意”图，思考降水的时空变化	体现地理的时空观，不同时间、不同空间，气候现象存在静态和动态变化。同时提升学生区域认知核心素养				
物质的迁移和能量转化	物质的转化和能量的迁移的关系描述、解释和预测未来气候现象	不仅能从物质的转化角度分析转化过程，同时能从能量角度审视相关问题				
应用和能力的提升	可以运用自然景观，解释常见气候现象的成因	能够解释和预测相关气候事件，进行拓展分析				

二、学生思维训练的评价

知识结构是学生学习最底层也是最基础的层面，是给学生呈现的纷杂的丰富的地理事实、地理现象以及多样的实践体验。但是只有这个是不够的，只有学生掌握了更上位的概念，获得更上位的学科方法和价值之后，学生才会拿这个具有统摄性的概念、方法、价值观进行后续的学习，而后续的学习则是这些理论进行向下迁移应用的过程。为此本节课设计的学习进阶如下图所示：先通过观察真实的地理现象——非洲角马大迁徙，再结合学生热力环流知识基础，讲授三圈环流和季风环流，理解学科的一般概念原理规律即物质的运动和能量的转换、气候特征的时空差异等，在这个基础上，进一步提升学科的核心概念、思想及方法，最后最上位的是地理哲学。

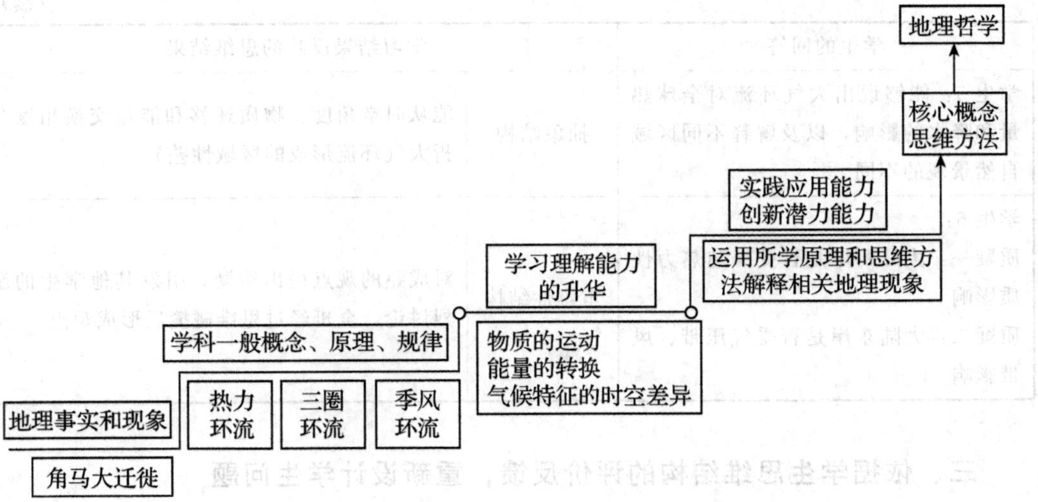

图 2　示意图 2

思维能力评价是指学生地理学习过程中表现出来的思维层级和水平差异的评价。这一评价方法需要教师在学生学习的基础上设计开放式问题，提供必要的背景资料，给予学生更多的表达机会，使用结构化的评价方案来评价学生的思维发展状态。

结合学生的实际情况，将思维结构从低阶到高阶划分为七个层次：无结构、单点结构、多点结构、关联结构、综合结构、抽象结构、审辨性结构。整理本节课学生学案的答案，结合师生课堂表现，及时整理相关资料，对全班的思维结构分布情况统计如下。

表 2　思维结构分布情况统计表

学生的回答	学习结果反映的思维结果	
学生 1：各纬度的气压带、风带名称错乱	单点结构	不理解气压带、风带的形成原因，答案只涉及单一要点
学生 2：准确说出气压带、风带的名称，但不能准确画出风向	多点结构	提到低压、高压、风带、地转偏向力等要素，但不能清晰论述要素之间的联系
学生 3：能够准确画出三圈环流，并能够准确分析太阳辐射对各纬度热量的影响，以及准确分析气压带、风带对降水的影响	关联结构	提到热力环流、低压、高压、风带、地转偏向力等要素，比较全面，并尝试解释这些要素对气候中气温和降水影响，但其他要素多是独立阐述
学生 4：能够说出太阳直射点的移动对某地区气候的影响，能够说出海陆热力性质差异打破了原有气压带、风带，形成季风环流，能够全面分析全球气候形成格局的原因及影响	综合结构	补充了太阳直射点的移动对气候形成的影响，以及海陆热力性质差异对气候形成的影响，并能够从不同角度全面深入地分析气候形成原因及影响

（续）

学生的回答	学习结果反映的思维结果	
学生 5：能够说出大气环流对全球热量和降水的影响，以及解释不同区域自然景观的不同	抽象结构	能从时空角度、物质迁移和能量交换角度分析大气环流形成的区域性差异
学生 6： 质疑一：大陆西岸是否受海陆热力性质影响 质疑二：大陆东岸是否受气压带、风带影响	审辨性结构	对成熟的观点提出质疑，引发其他学生的激烈讨论，全班经过思维碰撞后形成观点

三、依据学生思维结构的评价反馈，重新设计学生问题

问题教学以问题为线索，以创设问题情境为开端，围绕问题的解决促进学生核心素养的发展。教师应该按照学生的认知规律安排教学程序，包括创设情境，提出与分析地理问题、提出地理解决方案以及展示评价各个部分。教师好的问题设计可以调动学生思维，培养学生的创新能力，激发学生的学习热情。本节课依据学生的思维结构的评价反馈，围绕本节的核心知识点，重新设计了问题表格，如下。

表 3　学生思维结构评价反馈表

气压带、风带	位置和范围	气流运动	热量多少/属性 降水多少/属性	评价			
				优	良	中	差
极地高气压带							
极地东风带							
副极地低气压带							
中纬西风带							
副热带高气压带							
东北、东南信风带							
赤道低气压带							

四、学生学习效果的评价

以新课标中对学业质量水平 3 和水平 4 的质量描述为依据，结合知识内容，确定可观察、可判断的评价标准。本师评表如下。

表 4　基于学生学习任务的地理核心素养表现师评表

<table>
<tr><th colspan="2">水平层级</th><th colspan="2">达成水平</th></tr>
<tr><th>水平 3 标准</th><th>水平 4 标准</th><th>水平 3</th><th>水平 4</th></tr>
<tr><td>分析人类活动对自然地理环境中大气影响的强度，理解尊重自然规律的重要性</td><td>在水平 3 的基础上，理解人与自然和谐相处的必要性，并提出合理建议</td><td></td><td></td></tr>
<tr><td>从地球运动的角度理解大气环流的基本过程</td><td>在水平 3 的基础上，从物质循环与能量流动的角度分析大气循环的机理</td><td></td><td></td></tr>
<tr><td>运用区域比较法，从空间格局角度解释自然环境中气候系统的整体性与差异性</td><td>在水平 3 的基础上，分析特定区域气候特征与自然环境的关系，评估该地发展问题，提出解决问题的建议</td><td></td><td></td></tr>
<tr><td>合作设计地理实验方案；搜集区域气温与降水的统计信息，利用所学知识尝试解释该区域气候现象的成因</td><td>独立设计地理实验方案；独立使用地理工具搜集气候信息，利用所学知识进行科学的解释</td><td></td><td></td></tr>
</table>

五、地理核心素养的评价

在进行教学设计时，应先明确学生完成的学习活动后预期达到的学习效果，再选择能判断学生达到预期效果的证据，并基于评价证据组织教学内容和课堂活动。为了体现“教—学—评”一致性，教师可将地理核心素养的培养目标转换为教学评价方案，在课前呈现给学生，使评价过程贯穿整个教学过程。

从核心素养目标出发，为了突出学生学习目标的可测量性、探究凸显“教—学—评”一致性的评价路径，设计了学生的自评表。“自评表”从认识水平的角度出发，关注学生评价的可操作性，达到“让学生想评、让学生能评、让学生以评促学”的目的。学生对照评价标准完成学习任务，培养地理核心素养，掌握知识与技能。针对学生设计的自评表如下。

表 5　基于学生学习任务的地理核心素养表现的自评表

<table>
<tr><th rowspan="2">核心素养</th><th rowspan="2">评价标准</th><th colspan="3">达成水平</th></tr>
<tr><th>专家级</th><th>专业级</th><th>业余级</th></tr>
<tr><td rowspan="2">人地协调观</td><td>我可以举例说出典型气压带、风带对日常生活的影响</td><td></td><td></td><td></td></tr>
<tr><td>我知道在大气环流的影响下，地球上存在不同的气候类型的分布，可以举例说明不同气候类型影响下人们生产生活的差异</td><td></td><td></td><td></td></tr>
</table>

（续）

核心素养	评价标准	达成水平		
		专家级	专业级	业余级
综合思维	我知道大气与其他自然地理要素之间存在密不可分的关系			
	我可以利用示意图，说出气压带、风带的成因与气流运动的特征			
	我知道大气环流循环过程中还伴随着物质循环与能量流动			
	我知道影响一个地区气候类型的原因不是单一的			
区域认知	我了解不同时间尺度和空间尺度下，不同区域的气候具有差异			
	我学会了利用区域分析、区域比较的方法，解释气候存在的差异的原因			
地理实践力	我可以独立观察自然界中大气变化的现象			
	我能够利用多种资源，自主收集、处理天气与气候的信息			
	我可以独立设计出地理实验方案来模拟大气变化的过程			

通过本节课评价的设计，反思自己之前的教学，教师认识到只有让学生站到更高的台阶上，掌握了更上位的概念，获得了更上位的学科方法和学科价值观以后，学生才会拿着这个具有统摄性的概念、方法、价值观进行后续的学习，而后续的学习则是拿着这些进行向下位迁移应用的过程。同时，教师更加清晰地认识到要建立基于地理学科特征的学习评价体系是培养地理核心素养的关键，需要更准确划分地理学科核心素养的水平，建构以学生质量为标准，过程性和总结性评价相结合的学习评价体系，全面测评学生的知识基础、思维能力、实践能力和价值判断，实现教—学—评一致性才能实现精准的地理教学，使教与学之间形成正反馈，真正实现高效课堂。

参考文献：

[1]王湛等. 普通高中地理课程标准(2017 年版)解读[M]. 北京：高等教育出版社，2018.

[2]王民. 地理教师教学用书选择性必修 1[M]. 北京：中国地图出版社，2020.

[3]高俊昌，等. 地理教师教学用书选择性必修 1[M]. 北京：人民教育出版社，2020.

会话教学拓展活动设计优化策略

刘志敬

《义务教育英语课程标准(2011 年版)》中指出英语课程要在发展学生综合语言运用能力的同时培养良好的道德品质和社会适应能力。越来越多的教师意识到单纯地传授语言知识已经不能满足学生成长和社会发展需要，教师要在课堂中创设真实的语言环境，提供大量的语言实践机会，帮助学生在有意义的活动中体验和运用英语，同时尝试用英语讨论生活中的真实话题，解决实际问题。随着教师教学理念的变化，学生学习外语的过程，也不再是一个枯燥的背诵和记忆的经历，而是一个积极主动的学习过程，一个不断提高语言运用能力和人文素养的过程。

会话教学是小学英语教学中的重要组成部分，在现行的小学英语教材中占有相当大的比例。例如，北京版《英语》教材中一至六年级的所有新授课均为会话教学，也就是说学生的语言能力、思维品质、文化品格和学习能力都是在会话教学中积累并提升的。因此，许多老师感受到了很大的压力，如何能在 40 分钟内理解会话、学习语言，同时完成有意义的语言交际活动，进而达到提高语言运用能力和人文素养的目标呢?

一、目前会话教学中面临的困惑

笔者通过大量听课发现，会话教学经常出现超时的现象。因此，重视新授内容的学习和操练，忽视或弱化拓展活动时有发生。拓展活动通常采用以下三种方式展开：做简单的听力练习，核对答案；简单地跟读、表演对话内容或提供新的情景创编对话；将拓展活动留置作业，待后续课时检查。在这三种常用的拓展活动方式缺乏开放性。为什么大部分教师很少设计开放型拓展活动呢？课后研讨中，教师们列举出以下三个设计开放型拓展活动的困难：

第一，拓展活动的时间太短，只能组织简单的活动。

第二，学生的思维不够灵活，自己的想法不多。

第三，学生的语言水平不高，想说的话说不出来。

分析这些困难可以发现：部分教师已经具备了以学生为主体的意识，能够站在学生的视角来设计和预设活动中的困难，但仍缺少解决策略。

二、明确研究目的、研究对象和研究方法

为此，笔者选择了一节五年级的会话教学，采用行动研究的方式指导英语组共同研究，同时选出一名教师多次实践，优化拓展活动的设计，在规定的时间内来实现学

生在有意义的活动中实践语言的目标。活动主题要对学生具有健康向上的意义，活动内容要贴近学生的真实生活，活动难度和形式要符合学生的认知规律，并能够给予学生更大的时间和空间。

本次研究历经了三个月，聘请了专家指导和骨干教师协助，前后试讲十余次。为了有效说明研究的路径和收获，本文选取了四个最有价值的案例来说明研究过程中拓展活动设计的变化和实施的效果。

三、案例分析

教学内容介绍：本课是北京版《英语》五年级上册第六单元“What are your favorite sports?”的第二十一课，包含一个聚焦加拿大冰雪运动的小对话和谈论“擅长……”的语言表达，以及运动词汇 diving 和 table tennis。

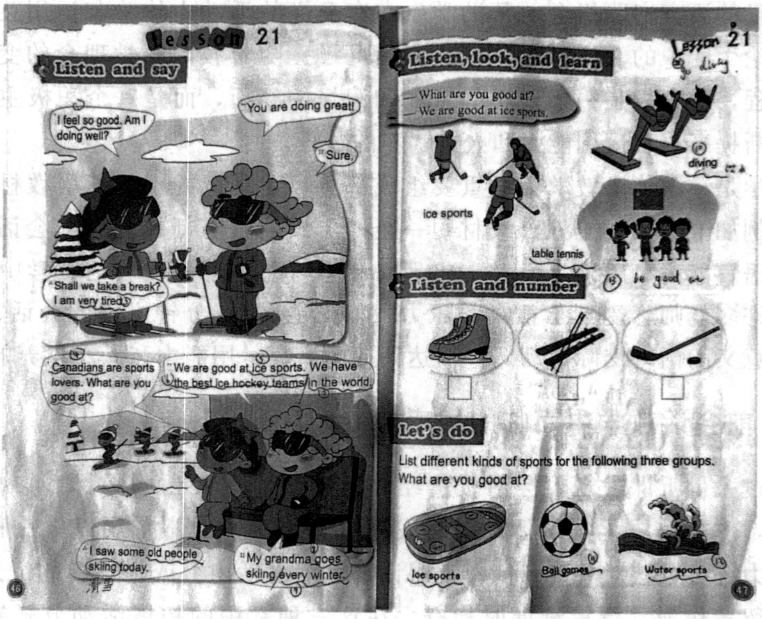

图 1　教学内容：北京版五年级上册第六单元 L21

教材中另两个板块 Listen and number 和 Let’s do 移至单元复习课时完成。

依据本课的对话内容和核心语言可以设计一个完整的教学思路，即在热身活动中聚焦“运动主题”，了解“什么是冰雪运动”，在对话学习中探讨“为什么加拿大人热爱冰雪运动”“擅长什么运动”，然后在语言操练中讨论“中国人擅长什么运动”，最后在拓展环节中讨论“另外两个国家的人都擅长什么运动”。预计热身、对话和语言学习环节用时 30 分钟，拓展环节用时 10 分钟。

(一)第一次课堂实践及效果分析

在讨论完“中国人擅长什么运动”之后，教师示范讨论中国体育方面的信息，然后展开小组活动。首先教师出示表达框架，在师生讨论填补空白信息的形式中示范介绍有关中国体育方面的信息。形式如下：

________ is in ________. The capital city is ________. People in ________ are sports lover. They are good at ________. It's a ________ game. People play it with ________. They have very good ________ players, such as ________. ________ are also popular.

然后，教师将学生分为四个小组，每两个小组得到同一个阅读材料，材料中介绍了美国人或韩国人分别擅长的运动。学生独立阅读后在小组内填写表达框架，最后在全班交流展示。

教学活动完整操作下来超时 20 分钟，其中热身、对话和语言学习的环节能够按原计划用时 30 分钟，拓展环节用时 30 分钟。导致拓展活动超时的原因是学生阅读和讨论的时间过长，其中学生阅读 10 分钟，小组讨论和反馈 20 分钟。在小组讨论中学生使用中文的现象比较严重，反馈中学生并未能自主表达，而是在逐字朗读教师给的材料。可以说学生虽然配合教师完成了讨论任务，但参与并不积极。阅读材料中虽然提供了美、韩两国的运动信息，但反馈时却要求使用同一个表达框架，限制了学生的思维。由此看出，在讨论加、中两国人分别擅长的运动之后继续讨论美、韩两国的运动，没能激发学生参与讨论的愿望，而且耗时过长。同时，提供表达框架的形式限制了学生的思维。拓展活动内容的设计、学生表达的方式和活动超时都是修改的重点。

(二)第二次课堂实践及效果分析

在讨论完中国人擅长的运动后，教师抛出问题："Are Chinese good at winter sports? But a big international winter games will take place in China. Do you know what they are?。"学生猜测一两个答案之后，教师呈现答案 Winter Olympic Games。然后，师生展开有关 2022 冬季奥运会的讨论，包括：(1)How much do you know about Winter Olympic Games? (2) What do you want to know about Winter Olympic Games? (3)What can you do for 2022 Winter Olympic Games? 在讨论过程中，教师将学生感兴趣的问题记录在板书中。讨论后，教师提出活动要求：(1)阅读有关冬奥会的短文。(2)小组围绕之前提出的问题讨论阅读所得。(3)在全班交流分享小组讨论结果。

在这次教学实践的拓展活动中采用了解"2022 冬奥会"和讨论"能为冬奥会做什么"的活动，这与拓展前的活动衔接更加顺畅，利于学生理解和参与活动。教学思路为：从了解"加拿大的冰雪运动"，到讨论"中国人擅长的运动"，再到了解"2022 冬奥会"和讨论"能为冬奥会做什么"的活动。但在实际操作中，学生的表达并不充分，而且拓展活动仍然用时 20 分钟以上。具体来说，小组和全班讨论分别用时 8 分钟和 7 分钟，在小组讨论时学生使用中文的现象比较严重，全班讨论时能够主动表达的学生不多，而且表达得不够自信、语言错误比较多。学生独立阅读的时间有近 10 分钟，阅读材料的篇幅不长，也基本涵盖了学生提出的问题，但文中生词较多，学生还不能将自己的理解自然地运用于表达，同时学生担心说错话的焦虑心理促使他们用中文或朗读原文来替代自主表达。可见，使用阅读的形式输入语言不但没能提供给学生语言上的支持，反而造成他们在口语表达时的心理压力，另外，阅读任务中要求学生同时思考五六个问题，这对该校五年级的学生来说还是有难度的。因此，调整语言输入的形式、降低活动难度、控制拓展活动的时间是修改的重点。

(三)第三次课堂实践及效果分析

拓展环节采用了主题引出、学生提问、视频解疑、重点讨论四个环节。在讨论完“中国人擅长什么运动”之后，教师抛出与前一次同样的问题引出“冬奥会”的主题。然后，同样询问学生关于冬奥会“知道什么”，以及“想知道什么”，在黑板上逐一列出学生想要了解的问题，然后教师适当补充问题。接下来，教师播放了一段有关2022冬奥会的宣传片，请学生一边观看视频，一边寻找先前提出的问题答案。因此有关时间、地点、运动项目以及“为什么举办奥运会”的相关内容很快讨论完毕。随后，教师与学生共同讨论“自己能为冬奥会做些什么”的话题，采用先教师引导后学生表达的方式进行。

这次拓展活动用时已有改进，但仍超时5分钟。输入形式由阅读改为视频，不但节约了学习时间，而且提供给学生的信息更丰富。有关冬奥会的5个问题分在两个活动中完成，降低了学生参与的难度，这也使得重点问题“能为冬奥会做什么”得到充分的讨论。但从学生参与活动的时长来看，观看视频和主动表达的时间只有7分钟，教师引导学生讨论的时间有8分钟，教师主导的时间过长。从学生参与的效果来看，在讨论“能为冬奥会做什么”时，学生还是能够与教师积极互动且言之有物的，但轮到学生自主表达的时候，学生的积极性就不高了。这是为什么呢？分析学生参与会话活动的积极因素得知，在会话教学中要关注学生是否听懂、会想、能说，并以此为途径促进学生会话意识和会话能力的提高，有助于学生更好地感悟与理解所学对话，也有助于学生更好地运用所学语言去实现真实的交流。课上，学生能够积极参与师生讨论，这说明学生是能够听懂的，也就是说学生在讨论中是能够理解“大家能够为冬奥会做什么事情”的观点的，如体育好的练体育，学新技能；喜欢但体育不好的可以看比赛；体育不好的学英语做志愿者；英语、体育都不好的，至少可以从了解和参与冰雪活动开始。学生在讨论中积极的互动表明学生的思维活跃，交流也顺畅，但是什么影响了学生独立表达自己的呢？经课后与学生谈话得知，主要有两个原因：其一，师生讨论中已经说了太多的可能性，轮到学生说的时候就找不到新观点了；其二，老师的语言太好了，学生无法原样重复老师说的话，更谈不上仿照老师语言表达自己观点了。因此，在自主表达阶段学生就不愿意发言了。

由此看出，有关奥运信息点的讨论分为两个活动的设计是比较成功的。同时，口语交流的信息输入形式与最终学生口语表达的形式一致，观点引导时的口语表达形式有可能成为学生表达时的范例，但声音输入的形式利于意义的理解却未能提供给学生表达时的语言支持。因此，为学生提供有效的语言支持是再次研究的核心点。

(四)第四次课堂实践及效果分析

拓展环节保留了主题引出、学生提问、视频解疑、重点讨论四个环节。但在重点讨论时，教师不是引导学生讨论，而是抛出问题：“What can we do for 2022 Winter Olympic Games?”后，教师出示了一组表达的不同观点的孩子图片，请学生独立阅读。然后，教师安排学生小组讨论，最后全班交流。

这次实践的教学时间不再超时。教师引导学生讨论改为学生阅读其他孩子的观点和小组讨论的形式，学生自主学习时间的比例大大提高，讨论时学生的思路开阔，参与积极性高。

T: What can we do for 2022 Winter Olympic Games?

S1: I can't do some winter sports. But I'm good at English. I can be a helper.

S2: I want to clap my hands for Chinese teams.

S3: In this winter holiday, my mum will take me to learn snowboarding.

……

T: You shared so many good ideas. Whatever you do, let's get ready for 2022 Winter Olympic Games.

对比两次的设计发现，以呈现其他孩子观点的形式呈现出不同的思路，这为不同语言水平、不同兴趣爱好和不同运动能力的孩子都提供了为冬奥会做贡献的可能，这也就为每一位学生参与话题讨论创造了空间。以文字形式来呈现观点，不会限制学生的阅读速度和阅读习惯。同时，口语表达的形式也给学生提供了自主表达时的语言范例。

四、总结

(一) 主题延续策略

主题延续策略，即拓展活动的主题要源于教材主题的引申，是对话和语言学习活动的延续。本课的对话是在 Guoguo 和加拿大小朋友 Mike 之间展开的，谈话内容是谈论加拿大的冰雪运动，学生对此并不熟悉。因此，将对话学习定位为了解加拿大的冰雪运动能激发学生寻求未知的好奇心，符合学生的认知规律。在聚焦语言的学习中教材提供了"擅长……"的表达，和运动词汇 diving 和 table tennis。这两项运动正是中国人擅长的运动，这为在谈论"加拿大人擅长的运动"后继续谈论"中国人擅长的运动"创造了条件。在此基础上学生的讨论重点已经从加拿大的冰雪运动聚焦到中国的运动，如何将这一讨论主题延续下去呢？结合冰雪运动和中国的运动这两个概念，我们不难联想到即将在北京举行的冬季奥运会，因此在拓展阶段聚焦北京冬季奥会的话题是教材主题的合理延伸，也是在对话和语言学习基础上基于真实语境的拓展运用。

(二)真实交际策略

真实交际策略，即拓展活动中引入真实的社会事件，吸引学生主动参与。将学生真实生活世界中发生的社会事件引入拓展活动，引发学生了解它，并深入思考自己与它的关系，是拓展活动设计顺利进行的关键。本课的拓展活动围绕北京冬奥会展开，这是在学生身边真实发生的事件，但学生是否关注它呢？经课前调查得知，学生对冬奥会并不熟悉，虽然新闻媒体会时不时报道有关筹备冬奥会的消息，但这并不是十几岁的孩子此时所关心的问题。在几次实践中教师选用了网页中对冬奥会的介绍以及介绍冬奥会的宣传片都能拉近学生与冬奥会的距离，安排学生带着感兴趣的问题来阅读或观看都能提高学生主动参与的积极性，提高输入实效。

(三)必要支持策略

必要支持策略，即拓展活动中给予学生必要的语言、内容等方面的支持。学生面对可以理解的主题、感兴趣的内容是不是就可以无障碍地参与拓展活动了？实践证明，要想让学生在活动中有话想说、有话能说，也要考虑到给予学生表达观点和运用语言方面的支持。语言表达能力是一个逐渐形成的过程。对语言能力还不是很强的学生群体来说，必要的语言支持是促进学生语言表达的助动力。在本设计中，教师以其他孩子表述观点的方式呈现了不同的观点，同时渗透了不同观点的语言表达框架，使得学生能够挑选与自己想法类似的观点，并转换成自己的真实想法表达。这样的呈现方式对学生的语言表达起到了潜移默化的支持作用。教师呈现的其他孩子的观点是基于不同视角提出的，兼顾到了不同能力、不同爱好、不同水平的孩子的心理需求，这样一来使得每个学生都有参与话题讨论的可能，每个学生都有表达自己的观点的可能，每个学生都有为冬奥会做事情的可能。这样的设计也将每个学生的进步与社会的发展紧密地联系到了一起。在讨论中学生得到了语言和思维能力的提升，得到了道德情感和社会责任感的提升。同时，这样的设计还可以帮助学生认识到每个人的能力可以不同，但每一个人都可以根据自身特点投入支持冬奥会的活动中来，这样的多元化思维方式和博大的胸怀都在潜移默化地影响着孩子。

五、结束语

此次研究分别从教材、学生和学科视角来改进拓展活动的设计，将现实生活中的真实的社会事件引入课堂，引导学生了解冰雪运动和冬奥会，思考“我与冰雪运动”和“我与冬奥会”的关系。在真实的学习和讨论过程中，教师鼓励学生利用所学、结合自身实际情况，用英语表达所思所想，以小组讨论、分享交流的方式各抒己见、取长补短，既包容他人，也悦纳自我。对学生来说，这既是英语能力逐步形成的过程，也是实现自我价值和社会价值统一的过程。

参考文献：

[1]中华人民共和国教育部．义务教育英语课程标准(2011年版)[M]．北京：北京师范大学出版社，2012.

[2]中华人民共和国教育部．义务教育英语课程标准解读(2011年版)[M]．北京：北京师范大学出版社，2012.

[3]北京出版社．义务教育教科书　英语(一年级起点)五年级上册[M]．北京：北京出版社，2017.

[4]王建平．让学生听懂、会想、能说——从一节研究课谈小学英语会话教学[J]．中小学外语教学(小学篇)，2011(12)：4—8.

基于“教学过程重实践”理念的“植物生长调节剂应用”教学设计和实施

段颖华

生物学科高度关注学生学习过程中的实践经历，强调学生学习的过程是主动参与的过程，让学生积极参与动手和动脑的活动，通过探究性学习活动或完成工程学任务，加深对生物学概念的理解，提升应用知识的能力，培养创新精神，进而能用科学的观点、知识、思路和方法，探讨或解决现实生活中的某些问题。在开展人教版普通高中生物学选择性必修 1《稳态与调节》第 5 章第 3 节“植物生长调节剂应用”的教学中，基于课程标准对“教学过程重实践”理念的解读，及学业要求“基于植物激素在生产和生活中应用的相关资料，结合植物激素和其他相关因素对植物生命活动的调节，分析并尝试提出生产实践方案”，本文围绕解决“如何应用植物生长调节剂使玉米增产”核心问题展开研究。引导学生通过阅读分析资料、获取信息、提升生物学科核心素养。体会在解决生产实践问题时，往往不是单一因素在起作用，而是要在诸多途径、方法中权衡，寻找最优方案。

本节课的学习目标：能快速地从阅读资料中获取有效信息；总结获取关键信息的要点和抓手；通过对说明书的阅读，关注植物生长调节剂的安全性；通过阅读和分析资料，进一步了解植物生长调节剂在生产实践中的作用；科学辩证地看待调节剂使用的价值和风险，树立健康生活和安全生产的责任和意识。

一、基于生产生活现象，提出研究问题

教师讲述玉米其用途非常广泛，不仅是主粮作物，而且是饲料和工业原料。尤其是在养殖业规模化与再生燃料的发展方面，玉米在工农业生产中的作用愈来愈重要，如何能进一步提高玉米产量，是需要解决的问题。要解决这个问题，我们可以先从植物本身的规律特点作为切入点进行研究。用问题“我们知道植物生命活动的调节主要依赖激素调节，我们学过的植物激素有哪些呢?”引导学生回顾植物激素的种类和作用。

植物激素是植物内源性的调节物质。为了达到增产目的，有些时候可以给植物施加外源性的调节物质——植物生长调节剂。引导学生学习植物生长调节剂的概念和特点。

二、得出研究植物生长调节剂的通法通则

教师指出植物生长调节剂种类很多，引导学生思考：如何能合理利用植物生长调

节剂提高玉米产量？不同作物、不同时期所使用的调节剂一样吗？经过交流达成共识，在大规模应用之前，比较稳妥的办法是进行小规模实验，通常需要反复摸索最终选择合适的药剂和施药方法。

师生共同总结出植物生长调节剂的研究思路：依据作物种类、用药时期进行小规模实验，经多次研究确定合适的用药剂量、施药方法，再大规模推广。

三、分析同伴所得实验数据编制的试题，提升能力

播放兴趣小组进行的小规模实验视频——研究不同浓度赤霉酸对玉米种子萌发的影响，视频显示兴趣小组学生每天上午 10：30 观察并对种子萌发情况进行统计，测量胚芽和胚根长度，记录数据。并对测量数据进行汇总，利用 Excel 绘制出了相应的坐标图(见图 1)。

在课堂上展示兴趣小组的实物成果(见图 2)，及不同培养阶段的实验结果(见图 3)。

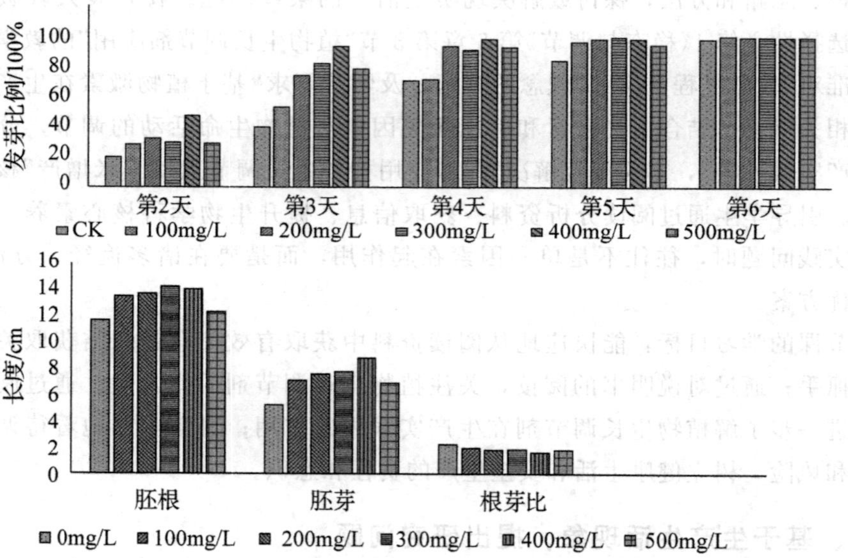

图 1　不同浓度赤霉酸对玉米种子萌发的影响

图 2　培养 7 天的结果

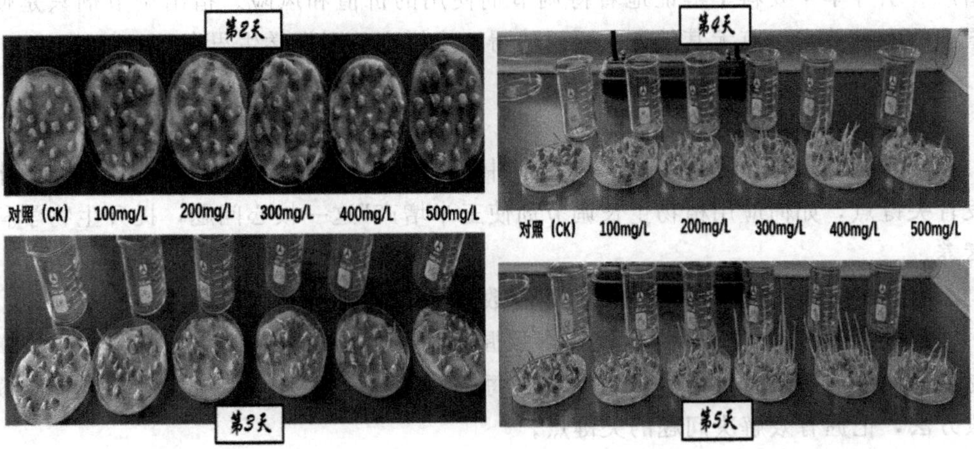

图3　不同培养阶段的实验结果

设计意图：认同同伴进行的实验，感受同伴在做实验过程中的认真、严谨和坚持。引导学生阅读并分析兴趣小组依据所做实验数据编制的资料，完成相应思考题。学生对该资料进行讨论交流，教师引导学生关注语言表述的准确性。进而引导学生总结该资料阅读的切入点、如何建立逻辑链、如何做到准确表述。引导学生学习资料阅读的一般方法，把握有效解决问题的关键点。

四、依据调节剂说明书，研讨增产方案，增强社会责任

1. 依据调节剂说明书，研讨增产方案

教师质疑：“为了明确不同的调节剂适合用于玉米生长发育的哪个时期能增产，除了进行实验探究，有无现成的可靠的依据呢?”引出对调节剂说明书的使用。布置活动任务，请学生分组阅读说明书，为了使玉米增产，找出对应植物生长调节剂可以施加到玉米哪个生长发育阶段，标注在黑板上相应的玉米生长发育阶段处。通过本次课堂活动，学生尝试分析实际生产使用的产品说明书，能够选择合适的植物生长调节剂用于生产。

2. 说明书再分析，树立责任意识，引发后续思考

基于刚才的活动，因需要考虑经济问题、了解混用试剂的特性和相互作用、混用对药效的影响等，教师指出大田生产不可能施加这么多激素。实际生产中需要依据生产目的，合理选择混合药剂，所选药剂的配比要有实验数据。

再次引导学生关注并分析说明书的注意事项，通过分析，引导学生关注植物生长调节剂的安全性和残留问题，引导学生能科学辩证地看待调节剂使用的价值和存在的风险，并指出我国对于植物生长调节剂的生产、销售和使用都有明确的规定。

五、课堂任务延伸——关注健康和安全

布置课后作业，查阅资料，研究如何在少用或不用植物生长调节剂的情况下使玉

米增产。引导学生要科学辩证地看待调节剂使用的价值和风险。指出调节剂只是使玉米增产的一种技术，有无其他方式可以使得玉米增产，引发学生思考。

六、课后反思

1. 通过阅读资料、分析资料，从资料中获取实证，来解决真实情境——“在玉米生长发育关键点，如何应用植物生长调节剂使玉米增产”这一核心问题，提升生物学科核心素养。

2. 用兴趣小组学生所得到的真实实验数据编写阅读材料，进行探究分析。

3. 引导学生透过现象、探索规律，掌握通法通则。如研究调节剂的应用则应掌握植物生长调节剂实践研究的一般方法；在每个阅读活动后进行小结，学习资料阅读的一般方法，把握有效解决问题的关键点。

4. 通过分组阅读植物生长调节剂说明书、找出玉米生长发育关键点适合添加的调节剂。通过对说明书的再次阅读，引导学生关注说明书的使用，关注调节剂的安全性，能科学辩证地看待调节剂使用的价值和存在的风险，树立健康生活和安全生产的责任和意识。

转变学习方式，培养核心素养

——项目学习在通用技术课程中的实践

穆　静

技术教育是素质教育的基本组成部分，是学生技术素养形成的重要途径，对落实立德树人根本任务、实施国家创新驱动发展战略、弘扬中华优秀传统文化和提高全民技术素养都具有重要的作用，高中的通用技术课程，以提高学生的学科核心素养为主旨，以设计学习、操作学习为主要特征，开发合适的项目，选择适合高中生的项目载体，并以此为抓手，注重科技与人文的有机结合，突出实践能力，培养创新思维和工匠精神。

一、项目学习的意义

学科核心素养是学科育人价值的集中体现，是学生通过学科学习而逐步形成的正确的价值观、必备品格和关键能力，通用技术学科核心素养主要包括技术意识、工程思维、创新设计、图样表达、物化能力五个方面。

在课程学习的过程中，将核心素养培养渗透到教育教学组，开发合适的项目，让同学们参与进来，融入进去，培养同学们成为有理念、会设计、能动手、善创造的社会主义建设者和接班人的重要途径。项目学习是“以项目为主线、学生为主体、教师为主导”，改变了以往“教师讲，学生听”被动的教学模式，创造了学生主动参与、自主协作、探索创新的新型教学模式。为技术教学活动插上了一对有力的翅膀。

二、项目学习的实施

在教育实施过程中，不仅要和市区的要求统一实施项目，而且我根据所教学生的实际情况，实施了与时事相关的一些项目，通过不同类别的项目学习和项目实践，收到了比较好的教学效果。

(一)体现时代特点、与生活紧密联系的项目

“我为防疫做贡献——自制临时应急口罩”项目学习实践

项目开发背景：

2020年年初，新冠病毒肆虐，在家隔离是阻断病毒的最有效途径。停课不停学，网络教学成了主要教育教学模式。通用技术如何进行“做中学”，如何在疫情防控时期开展技术实践，如何隔空实践，成为通用技术课程在疫情防控时期教育教学的一个难题。

2020年2月17日，网络开学第一周，在北京市教委的总要求下，开展线上学习，根据当时的疫情情况，结合通用技术教育教学的要求，我们重新设计，开发了应景又有趣的项目教学任务。

1. 第一阶段：结合疫情，自制口罩项目实践

项目描述：疫情形势严峻，北京各大药房口罩限量供应，网上购买的口罩迟迟不发货，对有外出需求的人而言，口罩是刚需，同学们学习自制口罩，来解决燃眉之急，为自己和家人的防护做一道屏障。

材料准备：棉布(纱布)、剪刀、针线、皮筋、保鲜膜、弹力夹……

技术准备：每位同学拟定初步方案，小组讨论并确定最佳实施方案，讨论组员分工、项目流程，学习制作工艺等。

突发问题预案：设计制作的过程中可能出现哪些突发状况，该如何解决？对项目限制条件分析，对设计产品的定位分析，组员分工及协作。

项目实施学习：(1)材料的选择及准备是否合适？(2)工具的选择及使用情况。(3)是否按照拟订方案实施？若是请分享工艺流程图。若调整方案，分析并说明原因，画出来调整之后的工艺流程图。(4)是否拟定了项目试验，试验结果如何？

项目学习之交流与分享：将自己设计制作的应急口罩进行展示，分享设计制作的小技巧，客观评价设计作品。学会评价标准的制定等相关知识的学习。根据学生设计制作的临时口罩，谈谈制作过程中的问题、组员的空中协助，讨论防护效果、对技术产品的技术要求、技术指标的深度认识。

项目学习总结及建议：

(1)问题内化：项目小组成员隔空分工，群策群力，在设计制作的过程中遇到问题协商讨论；可借助网络平台例如抖音、哔哩哔哩、快手等学习制作流程，观看制作步骤等相关操作。

(2)家长协助：疫情防控期间，很多家长也是居家办公，可以请求家长协助。

(3)老师协调：在设计制作过程中遇到争议，小组讨论决定不了的问题老师线上协调，对于评价标准的设计制定，老师讲解评价的依据，标准制定的原则等，充分讨论后审核并修订统一的评价标准。

该项目学习实施意义：

(1)项目学习的目的在于培养学生的自学能力、观察能力、动手能力、研究和分析问题能力、协作和互助能力、交际和交流能力。通过空中课堂、视频自学等的形式，让同学们自主学习，利用微信、网络会议等形式充分交流，讨论，提高了学生的合作能力，强化了团队意识。

(2)本项目在设计制作的过程中，有的是妈妈帮忙设计筹备材料，有的是奶奶巧手帮助缝制，还有的是爸爸亲自上阵和孩子一起画图、裁剪。这个项目不仅让同学们了解到设计制作的过程，体验了技术实践的实施流程，通过网络学习过程，技术实践活动更成为一场亲子活动，通过和家长的互动，更融洽了青春期的孩子和父母的关系。

(3)本项目在实施的过程中，培养孩子们创新精神，例如同学们对口罩颜色的大胆

创新，改变了绿蓝白的口罩三原色，同学们设计款式的多样化，连接方式的新尝试，个性化的标志等细节之处见创新。

(4)工匠精神的体现，精益求精的口罩缝制，不断练习，提高缝纫技术。从能“作出来就行”到“我要最好”的态度转变，无不体现追求卓越、不断超越的工匠精神。

(5)弘扬中华传统文化，提升技术素养，落实立德树人。在全国全世界疫情防控的重压之下，天下兴亡，匹夫有责。作为社会主义的接班人，国家未来的栋梁，培养急国家之急，想国家所想的具有爱国情怀的技术人才。

2. 第二阶段：多元化学习，项目学习跟进——小口罩，大技术

项目学习跟进：晒晒自制口罩，谈谈防护效果

自制口罩的同学们忙得不亦乐乎，那口罩的防护效果如何？了解口罩的构造，探究 N95、医用外科口罩、医用防护口罩差异，体会技术产品的差异。

知识拓展：国内现行的口罩标准(见图 1)有三个：GB 2626—2019 年《呼吸防护自吸过滤式防颗粒物呼吸器》、GB 19083—2010《医用防护口罩技术要求》、YY0469—2011《医用外科口罩》。按照标准分类，第一个属于劳动防护类产品标准，后两个属于医用防护产品标准。医用外科口罩适用于普通门诊、病房工作医护人员，人员密集区的工作人员，从事与疫情相关的行政管理、警察、保安、快递等从业人员，居家隔离及与其共同生活人员等中等风险人群推荐使用。医用防护口罩适用于一些较高风险人群(如急诊工作医护人员、对疫情相关样本进行检测人员等)和高风险人群(疫区发热门诊、隔离病房医护人等)，推荐使用医用防护口罩。

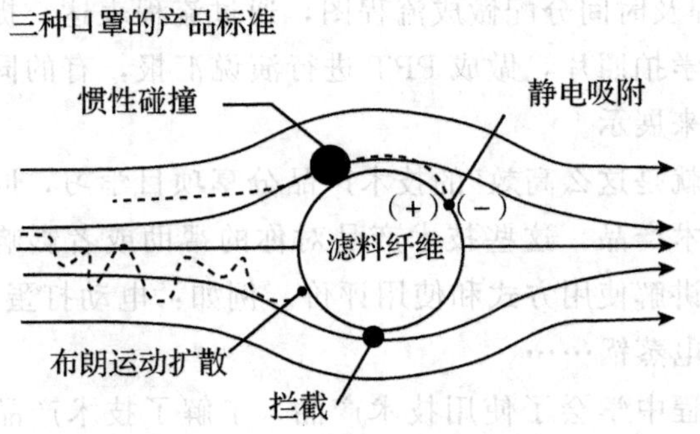

图 1　三种口罩的产品标准

项目学习延展：我校老师不满的 2 岁宝宝，不知缘由地全身起疹子，需要去医院诊断治疗，但是宝宝特别不配合，不戴口罩，戴上就用小手拽下来，请你帮助小朋友家长想一个解决的办法，设计制作一个具有防护作用，还能阻挡小朋友拉拽的防护用具，解决小朋友去医院过程中的防护问题。课后选做项目：自制防护服。

通过具体任务，调动学生的积极性，用头脑风暴的方案构思方法，同学们奇思妙想，创意无限。学生提交的创意中有：用几个大的白色垃圾袋和透明胶条粘贴制作的防护服；用雨伞和塑料布做成的亲子防护服；用大的遮阳帽加雨衣设计成的戴帽式防护服……

对一个项目进行深耕，把项目学习进行到底的教育教学工作深度挖掘学生对技术理解和对未知领域的探索。在设计口罩项目实施之后，防疫用具的设计制作成为教育教学的载体，自制防护服，探秘医务人员防护装备、现有防护设备的技术缺点等自主项目小组随后产生，极大地激发同学们的学习情趣和学习热情，随着学生的深入探究，越来越多的防疫手段和防疫技术实践在课堂中被提及。把一个项目做好做深，是通用技术教育教学的一个有效的抓手。把学生的主体地位凸显出来，教师是引领者，这个技术实践项目和当时的疫情息息相关，很贴合学生的实际。虽然制作出来的口罩不具备很好的防护作用，但是设计制作及学习的过程，使得同学们对口罩的结构、原理及防护的能力有了深入的了解，对于口罩的生产标准了然于心。在设计制作的过程中，通过对技术所蕴含的经济、审美、心理、环境等因素综合分析，深化技术认识，开阔文化视野。通过丰富多彩的方案设计、作品制作、方案再优化再实施，培养学生的严谨细致、精益求精、追求卓越的工作态度，培养学生的工匠精神。项目实施使得学习的重点在学习过程而非呈现的结果，在整个项目实施过程中锻炼了沟通表达能力、自主学习能力、合作协调能力等。教师角色转变为学生项目学习过程中的引导者、指导者和监督者。

(二)科技与人文结合类项目学习：劳动创造美好，技术改变生活

1."参与劳动，感受流程"项目活动：在居家学习期间，结合学校教育处安排了"爱生活，爱劳动"的主题活动，借"劳动"这次活动，同学们有的大展厨艺，有的整理房间，都亲力亲为参与活动，在通用技术教学中设计了子项目：

(1)把劳动的流程及时间分配做成流程图，通过流程表达，提出改进和进一步提高效率的方案。有的同学拍照片，做成 PPT 进行演说汇报，有的同学录制了小视频，用剪辑软件做成微电影来展示。

(2)"有了它，我就是这么高效"的技术产品分享项目学习，同学们分享在劳动的过程中，使用了哪些技术产品，这些技术产品对你的帮助或者影响是什么，选择你得心应手的一款技术产品讲解使用方式和使用评价。例如：电动打蛋器、电烤箱、吸尘器、电高压锅，厨师机、电蒸锅……

在参与劳动的过程中学会了使用技术产品，了解了技术产品，学会客观评价技术产品。让学生感受技术产品带来的便利，深度理解技术产品对提高效率的作用，感受劳动带来的乐趣，也用劳动实践来促进技术学习。

2."网络课堂，此刻我有话说"项目学习：疫情防控期间，同学们都通过各种平台来上课，腾讯会议、腾讯课堂、企业微信、云课堂、易直播、钉钉课堂、哔哩哔哩……老师在不同平台发起课堂，电脑、手机、平板各种软件集结，说不好谁随时被卡出去，网络的不稳定，软件的承载能力，成为逃课的最有力的说辞："我被卡出去了!"面对我们使用的各种平台，面对网络课堂，此刻，你一定有话要说，各个平台的特点或者使用的方便性、稳定性等进行客观评价。请说出目前你认为好用的平台的特点和优点，你觉得不好用的平台存在的问题和改进的方向。另外，除了上课用的平台，你还用了哪些作业软件，你对这些软件的评价如何？尝试对技术产品进行客观评价，并制定评价标准。

3. 项目变化万千，技术核心素养均承载："逆风行驶的小车"拼装搭建项目、"独家秘方，自制小菜"劳动创造项目、"我的房间我做主"装修设计项目、"云想衣裳花想容"旧服装改造项目、"翱翔蓝天"纸飞机设计制作项目、"撞不破的鸡蛋壳"创意项目设计。

不同的项目，让学生根据自己的特长和感兴趣的项目进行选择，开放性的项目课题让学生有更宽广的设计思路，不同的项目设计和制作的流程不同，制作的工艺流程不同，不仅提高了学生的动手能力，培养了学生严谨细致、精益求精的工作学习态度，不同的项目满足了不同学生的个性需求。

在项目学习的具体实践中，教师的作用不再是一部百科全书或一个供学生利用的资料库，而成了一名向导和顾问。教师帮助学生在独立研究的道路上迅速前进，引导学生如何在实践中发现新知识，掌握新内容。学生作为学习的主体，通过小组合作完成项目把理论与实践有机地结合起来，不仅提高了理论水平和实操技能，而且又在教师有目的的引导下，培养了合作、解决问题等综合能力。同时，教师在观察学生、帮助学生的过程中，也开阔了视野，提高了专业水平。

参考文献：

[1]中华人民共和国教育部，普通高中通用技术课程标准(2017年版2020年修订)[M]. 北京：人民教育出版社，2020.

[2]刘月霞，郭华. 深度学习：走向核心素养(理论普及读本)[M]. 北京：教育科学出版社，2018.

翻转课堂教学模式在初中篮球教学中的应用

刘思明

随着现在信息技术的快速发展，信息技术已经走入校园，也影响到体育教学。信息技术的加入使初中体育教学的手段更加灵活多样，传统的体育教学模式已经不适合现在发展的需要，所以体育教学要与现代技术相结合。翻转课堂就是在信息化的背景之下出现的一种新的教学模式，有了信息技术的加入，更利于学生主体作用的发挥。为了进一步促进初中篮球教学的发展，就要将初中篮球教学与翻转课堂教学模式结合起来。

一、翻转课堂的含义

“翻转课堂”也可译为“颠倒课堂”，是指重新调整课堂内外的时间，将学习的决定权从教师转移给学生。在这种教学模式下，课堂内的宝贵时间，学生能够更专注于主动的基于项目的学习，共同研究解决本地化或全球化的挑战以及其他现实世界面临的问题，从而获得更深层次的理解。对于教师而言，在课堂上所用到的信息不用讲授给学生，需要学生自主学习。翻转课堂是以信息技术为依托的，在学生自学完成之后，在课堂上重点突出师生之间的交流分享，由任课教师对学生提出个性化的指导。

二、翻转课堂教学模式在初中篮球教学当中应用的意义

(一)有助于学生主体作用的发挥

初中阶段的学生对于篮球已经有一定的基础，并且他们也已经具备了自学的能力。翻转课堂教学模式的使用，将大部分的时间用于学生自学，相较于以教师为主导的课堂，更容易激发学生们对于篮球学习的兴趣。在教学开始之前，让学生先进行篮球视频的观看，在对课程了解了之后，学生可以根据视频内容自行开展篮球练习，对于篮球知识有一个初步的了解，这样能够激发学生学习的自主性，有利于激发学生学习的潜能。

(二)有助于因材施教的应用

翻转课堂在初中篮球教学当中采取的是先学后教的模式，这种方式有助于实现个性化教学。在学生自学的基础上，在进行课堂教学的时候，教师可以与学生进行互动交流，可以对不同学生的学习情况有一个大致的了解，能够针对学生学习的不同情况给予个性化的指导，具体问题具体分析，有助于因材施教的应用。

(三)有助于学生深化篮球知识和篮球技能

翻转课堂教学模式这种新的教学形式，是以信息技术为依托的。将原来教师讲解

的那一部分由学生自学所代替，在学生自学的过程中，对于篮球知识和篮球技能的了解会更加深入，在自学之后教师对学生进行指导，这样就形成了一个学习与反思的完整过程，进一步促进了学生篮球知识和篮球技能的深化。

三、翻转课堂教学模式在初中篮球教学中的应用

(一)构建网络信息教学平台

学校要根据篮球教学的特点，构建网络信息教学平台。教师可以在相关教学平台上传输有关篮球教学的图片、文字、视频等，通过这些材料来展现相关的篮球知识和篮球技能。其次，教师还要对传输的教学视频进行再设计，确保这些篮球知识和篮球技能能够在学生所理解的范围之内。再次，要设计一个教师答疑的板块。在这一栏目内，师生可以进行交流，教师也可以针对学生所出现的困难进行答疑。最后，要满足学生的需求，设置多个学习板块。每个学生的喜好都是不相同的，在设计教学平台的时候，要根据这一因素，设置多个内容选择，让学生们可以根据自己的兴趣爱好，选择自己所要学习的篮球内容。

(二)教师要转变自己的观念

在传统的教学中，教师在课堂上是占据主导地位的，翻转课堂教学模式却不是这样的。在翻转课堂教学模式下，教师要转变自己是课堂主体的观念，重视学生主体地位，同时教师还要针对学生的兴趣和爱好，设计相应的教学内容。除此之外，为了更好地让学生自主学习，教师要给学生们提供他们学习的资料，比如有关篮球的一些文字、图片、视频等。教师要创建一个和谐的教学氛围，让学生们在课堂上能够畅所欲言，教师也要听取学生的建议，积极引导学生。

(三)学习评价多元化

总体来讲，学习评价在教学中起的作用非常重大。在翻转课堂教学模式应用到课堂中的时候，教师要重视学生的学习评价。教师在对学生展开学习评价的时候，要充分了解每个学生的情况，视具体情况而定。而且，对于学生的学习评价要从多个方面进行考量，不能仅仅以最后的成绩作为恒定标准，还要结合平时表现以及日常作业的表现。最后在教师对学生进行学习评价后，要对学生以后的学习提出可行性建议，根据不同的情况对学生进行表扬和批评，对于表现不好的学生需要及时督促。

(四)注重对于课堂时间的管理

在初中学校运用翻转课堂教学模式，这种新型教学模式与传统教学模式的区别就是对于课堂时间管理的不同。传统教学模式下，教师是课堂的主体，大部分的时间都是教师在向学生传授知识，而学生很少有站起来发言的机会。在翻转课堂教学模式下，学生成为了课堂的主体，教师为学生自主学习提供资源，让学生进行自主学习和思考。在自主学习的过程当中，教师还要鼓励学生进行小组内的交流和探讨。除了要给学生留下充足的时间，还要给学生创造充足的空间。让学生们有足够的空间去自主思考和进行消化，在这个过程当中，教师要对学生们进行积极的引导。

四、翻转课堂教学模式在初中篮球教学中面临的挑战

(一)传统教学模式的影响

在很多学校中，体育课沿用的还是传统的教学模式，教师是课堂的主体，而学生是信息的接受者。这种传统的教学模式是单向传输，教师将信息传授给学生，而没有得到学生的反向传输，就是反馈。这种传统的教学模式是不利于课堂效率提高的，而且很容易使学生们学习篮球的兴趣逐渐消失，总体来说是不利于学生学习的。

(二)教师的陈旧观念

近些年来，教育体制的改革如火如荼，但还是有很多的教师没有顺应潮流。在信息技术的影响下，教师的教学观念并没有随之改变。在初中篮球教学中，教师采取的还是“教师教学生学”的方式。其实这种观念已经落后了，无法适应现在学生发展的需要，不利于学生个性化的培养，也不利于学生实现全面发展。

(三)没有发挥信息技术的作用

信息技术发展非常迅速，在学校当中的应用是非常普遍的。但是对于体育教学来说，很少有教师会使用信息技术。对于篮球教学来说，教师们没有让学生们从网络技术平台上进行学习的意识。没有了信息技术的依托，就算教师有意识地采用翻转课堂的教学模式，对于篮球教学来说，这种教学模式还是无法展开。

在教育模式不断改革的背景之下，中学体育教师也要跟随时代的潮流，创新教学方法，提高课堂质量和效率。翻转课堂教学模式在初中体育课上有很多优点，但是由于教师一些陈旧观念的影响，这些优势往往无法发挥出来。所以在日常的实践教学中，教师要改变自己的观念，让翻转课堂教学模式发挥它的作用，创造机会让学生自主学习，丰富教学手段和教学方法，培养学生对于篮球学习的兴趣，促进学生全面发展。

参考文献：

[1]李大昭．体育课堂教学改革的新趋势：体育翻转课堂[J]．运动，2016(8)：69－70.

[2]宋子玉，基于微课的翻转课堂教学模式在高校体育教学中的应用研究[J]．体育时空，2018(17)：63－65.

[3]薛冰．基于MOOC的“翻转课堂”教学模式在高校篮球体育选项课中的应用研究——以浙江理工大学为例[J]．内江科技，2017，38(3)：151.

[4]张文博．慕课视角下“翻转课堂”模式在高校篮球教学中的应用研究[D]．山东师范大学，2017.

深度跨学科·精准读科普·走进整本书

——《动物笑谈》教学实践与反思

李 颖

《动物笑谈》是统编版语文教材七年级上册的一篇科普文章，作者是奥地利动物行为学家、科普作家康拉德·劳伦兹。本文节选自作者的《所罗门王的指环》一书，全文采用生动活泼的笔法描述了四个有趣的场景：劳伦兹模仿母水鸭的叫声，屈膝爬行；为唤回鹦鹉可可，劳伦兹在公众场合模仿大鹦鹉难听的叫声；大鹦鹉“可可”咬掉老教授（作者的父亲）的扣子，并整齐地各排一队；“可可”把整棵柠檬树都缠上毛线。

《动物笑谈》一文具有三方面突出的教学价值：第一，从写作笔法视角看，作品通俗生动、幽默风趣，这为学生饶有兴趣地开展语言实践活动提供了场域；第二，从文体特点视角看，科普文章的重要使命是普及科学知识、科学精神和科学思想方法，《动物笑谈》一文中，科学普及了印随行为、条件反射等动物行为学知识，充分体现出劳伦兹身上严谨求实、勇于探究、专注投入的科学精神和自然科学研究严密细致的科学思想方法，这些都为跨学科学习补给了资源；第三，从课程育人视角看，劳伦兹对动物、自然与生命由衷地尊重和挚爱，给予学生积极的影响，使其懂得并且尝试建立与动物之间的亲人和朋友关系，从而更加关爱生命、热爱自然，作品的人文性为课程育人开辟了通道。这三个维度的教学价值，共同为学生的科普文章阅读构建了科学路径，提供了策略支持。

语文课程是一门学习国家通用语言文字运用的综合性、实践性课程。工具性与人文性的统一，是语文课程的基本特点。《动物笑谈》一课的教学是如何体现上述理念的呢？本课学习聚焦科普文章的阅读方法，充分地挖掘和利用《动物笑谈》一课及其相关学习资源，创设真实的语言运用情境，借助课上“微型学习任务群”和课后“撰写科普文章读书报告”等语文实践活动，引导学生开展语文学科与自然科学学科相融合的跨学科学习，以此来促进学生语言经验的积累、思维能力和思维品质的提升，使学生掌握科普文章阅读的基本方法，实现由单篇到群文（整本书）阅读能力的迁移。同时，在这个语文实践活动中，学生也会潜移默化地受到《动物笑谈》一课浓厚人文底蕴的熏陶，从而实现核心素养的全面发展。

从具体学情来看，学生能通过自读概括四个有趣场景的内容；能够结合具有表现力的词句品读精彩语段，分析劳伦兹和鹦鹉可可行为中的“笑点”，感知作品风趣幽默的语言风格。但是，学生缺乏科普文章的阅读经验和方法，不能自觉意识到科普文章的阅读要义，不能够自主探究出课文诸多“笑点”背后蕴含的动物行为学知识和严密的科学思想方法，以及深刻的人文内涵。其症结在于，学生缺乏借助必要的动物行为学知识和科学思维助读本文的经验和能力。这就需要教师开展以“学习科普文章阅读方法”为指向的语文实践活动，并且提供必要的助读材料，科学引导学生开展跨学科学习。

基于课程理念、文本教学价值、学生情况，本节课确定了四个教学目标：品读精彩语段，体会作品通俗生动、活泼幽默的语言风格；制作劳伦兹动物行为学研究卡片，学习科学知识、科学思想方法，感悟科学精神；探究鹦鹉可可恶作剧的深层原因，领会作品人文精神，形成尊重生命、与自然和谐相处的观念；学习科普文章的阅读方法，尝试撰写科普文章读书报告。其中，前三个目标是教学重点，第四个目标是教学难点。

本节课由新课导入、微型学习任务群、课堂小结和课后作业四部分组成。

导入环节，开门见山，明确本节课的核心任务：学习科普文章的阅读方法。为了完成核心任务，本节课设计了一个“微型语文学习任务群”。该任务群由相互关联的三个子任务组成：任务一是“仔细阅读课文第2—9段（劳伦兹进行小水鸭实验的有关内容）以及旁批中的提示，制作完成“劳伦兹动物行为学研究卡片”（见图1）；任务二是“依据大鹦鹉可可大胆搞恶作剧的表现，推断老教授与可可之间的关系”；任务三是“结合对作品人文精神的思考和感悟，在劳伦兹的朋友圈下面写一段评论”（见图2）。

请同学们仔细阅读课文2—9段和旁批中的提示，补全卡片上的内容。

研究卡片

劳伦兹进行的科学研究	
研究的问题	
研究的过程（步骤）	□→□→□→□→□
研究的结果	
你的学习收获	
学习到的科学知识	
顿悟到的科学精神	

图1　劳伦兹动物行为学研究卡片

如果劳伦兹发了这样一条朋友圈，你会怎么评论呢？

要求：请结合你对作品中人文精神的思考和感悟，在劳伦兹的朋友圈下面写一段评论。

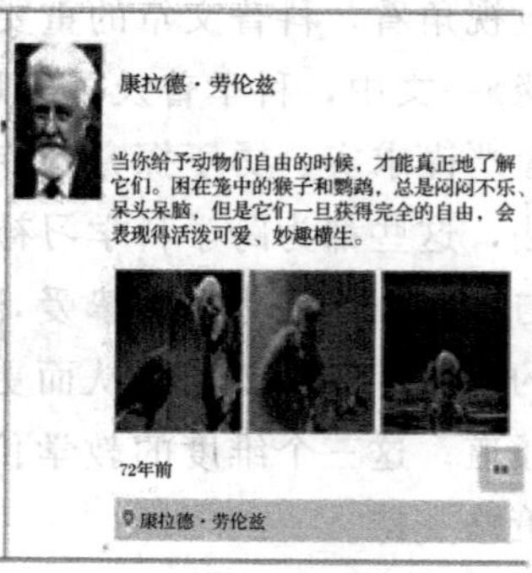

图2　劳伦兹的朋友圈

语文学业质量标准中有三种语用情境，本节课的三个子任务分别对应这三种情境，并且共同指向三者的交会点——语言文字的运用。

任务一　属于跨学科学习情境。跨学科学习情境围绕语文学习的要务，借助其他学科的力量，完成相关问题的思考与探索，具有探究性和实践性的特点。在这个情境中，学生需要完成的“劳伦兹动物行为学研究卡片”由五部分组成：研究的问题、研究的步骤、研究的结果和学生学习到的科学知识、顿悟到的科学精神。这张研究卡片高度整合课文内容，将学生自读时对情节片面、肤浅的关注引向对科普文章科学性的深度探究。完成卡片内容，学生需要从科学研究的视角重新审视劳伦兹进行小水鸭实验的有关文本内容，重新梳理和建构起这部分文本内容之间的内在逻辑关联。完成卡片过程中，学生出现了两个令人惊喜的思维增长点：第一个增长点，是借助对实验过程和实验结果的探究，读出了小水鸭实验中隐藏着的“印随行为”这个科学知识，并且对动物行为学产生了强烈的科学探究欲望。第二个增长点，是两位同学在回答领会劳伦兹行为中外显出来的细致、勇于实践、专注等科学精神的同时，领会到整个实验过程中体现出的严谨的科学思想方法。这两个思维增长点要归功于这张研究卡片，它从科普文章阅读视角，将文本内容结构化，既让本单元“边默读边思考，勾画重要内容学做摘录”的语文要素科学落地，更为学生读出浅显文字背后隐藏的动物行为学知识、科学思想方法等内容，提供了思维进阶的支架，使语文与自然科学实现了深度的学科融合。

任务二 属于文学体验情境。该情境强调学生在作品阅读中体验丰富的情感，这个子任务也将学生引向问题解决的思维过程以及结果。课上，一名学生在回答“老教授与鹦鹉可可的关系”这个问题时能体会出老教授对可可的关心、宠爱，但她一定程度上是凭感觉作出的判断，文本依据明显不足。之后，在同学们的相互启发下，全班共同关注完成子任务二最有力的文本依据——第 10 段。同学们透过第 10 段中“可怜的家伙”“长期被禁锢”到“可以随意行动”“神采奕奕”“恋恋不舍”的变化，体会到大鹦鹉可可来老教授家前后的巨大反差，这种可喜的变化正得益于老教授给予可可的关爱与自由。除了这一段，孩子们又抓住“坏东西”这个充满宠爱的称呼进行品读。有了这样的学习过程，也就不难理解可可大胆搞恶作剧之后，老教授表面生气，实则宠爱的情感了。为了让学生对作品中表现出的尊重和关爱动物的人文情怀有更深刻的领悟，我为学生补充了《所罗门王的指环》一书中老教授宠爱 24 只灰雁的有关内容。在任务二这个文学体验的情境中，学生学会了用联系上下文、品读关键词、拓展课外资源解决问题的方法，体认到科普文章浓浓的人文情怀，实现了对单元人文主题“增进人与自然关系的理解和反思，形成“尊重动物、善待生命的意识”的深刻领悟。

任务三 属于日常生活情境。该情境关注学生在“朋友圈”这个生活场景中的语言交际活动。具体来说，语言交流的对象是动物行为学家劳伦兹，交流目的是结合《动物笑谈》的内容，表达自己对作品人文精神的思考，表达的方式应该是对话形式、感情真挚、语言流畅。一名同学在课堂上完成了这样的朋友圈评论：任何动物都是渴望自由的，只有让动物感到自由时，才能了解到动物的天性，感谢您让我们意识到这一点，以后我也要保护动物的自由，像对待朋友一样，与动物和谐相处，这样，动物也会给我们的生活增添无穷的趣味。可以看得出，他读懂了课文，读懂了劳伦兹的人文情怀，并且用恰当的文字表达阐释了自己的思考。

课堂小结中，学生回顾三个子任务完成的过程，梳理出科普文章的阅读方法：通过语言品读，理解科学知识、领会科学精神和科学思想方法、领悟科普作品的人文精神。

为了检测课堂学习效果，我布置了撰写科普文章读书报告的作业，并且设计了评价量表。评价量表(见表 1)中的四个评价维度，与本节课的“教”与“学”锚定了相同的知识、技能以及核心素养指标。该评价量表关注评价参考功能，也同时考虑成长引导功能：四个评价维度就是读书报告的四个组成部分，每部分的具体内容就是学生完成作业的具体指导。

表1《所罗门王的指环》读书报告撰写评价量表

评价维度	具体内容	星级评价
科学知识	理解文中普及的科学知识，并能结合生物学的相关资料和文章内容进行准确清晰的阐释。	☆☆☆☆☆
科学精神	结合文章内容，深入领悟和细致分析文中蕴含的科学精神。	☆☆☆☆☆
思考感悟	深入挖掘科普文章的人文精神内涵，并进行真实清晰的表达。	☆☆☆☆☆
语言特色	品读精彩语段，对文章通俗生动、活泼幽默的语言风格进行评价。	☆☆☆☆☆

从学生的课后作业及自评结果看，这节课达成了预期的教学目标。这主要得益于四个方面的新课标理念在课堂上的落实。首先，聚焦科普文章的阅读方法，通过情境化、结构化、有挑战的学习任务群，实现了以学生为主体的建构式学习，学生“有事做，有思维，有作为”；其次，挖掘恰当的跨学科内容，将语文学科与自然科学学科深度融合；再次，着力达成“教学评”的高度一致性；最后，由单篇到整本书，引导学生多读书、好读书、读好书、读整本书。